프랜차이즈 창업준비에서 성공경영까지 노하우

프랜차이즈

준비에서 분쟁해결까지

로 해결

차이즈창업연구회

법률감수 김태구 변호사

법문 북스

프랜차이즈 창업준비에서 성공경영까지 노하우

프랜차이즈

준비에서 분쟁해결까지
Q&A로 해결

편저 프랜차이즈창업연구회
법률감수 김태구 변호사

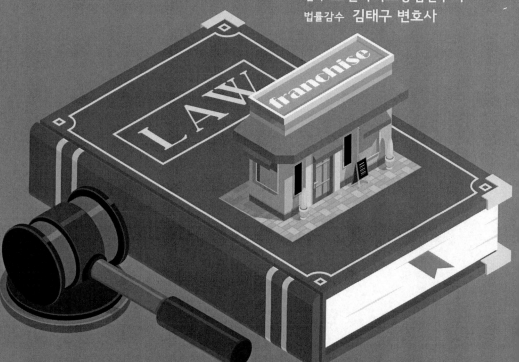

법문북스

머리말

프랜차이즈 즉 '가맹사업'이란 본사(프랜차이저)가 가맹점(프랜차이지)에게 자기의 상표, 상호, 서비스표, 휘장 등 영업표지를 사용하고, 일정한 품질기준이나 영업방식에 따라 상품(원재료 및 부재료 포함)이나 용역을 판매하며, 경영이나 영업활동 등에 대해 가맹본부로부터 지원·교육과 통제를 받는 대가로 가맹금을 가맹본부에 지급하는 계속적인 거래관계를 말합니다.

우리나라 정부에서는 「가맹사업거래의 공정화에 관한 법률」을 2002년도에 제정하였으며, 이 법에는 가맹사업 분야의 공정한 거래질서를 확립하고 상대적으로 불리한 지위에 있는 가맹희망자와 가맹점사업자의 권익을 보호하기 위하여 정보공개서의 등록, 가맹금 예치 외에 계약해지절차, 계약갱신 등 가맹계약과 관련하여 특별한 규정을 두고 있습니다.

가맹계약을 체결한 가맹점사업자와 가맹본부는 가맹사업을 영위하면서 법령이 정하고 있는 준수사항을 지켜야 합니다. 특히, 가맹본부는 가맹점사업자에게 불공정한 거래행위를 해서는 안 됩니다. 분쟁이 발생한 경우에는 한국공정거래조정원에 분쟁조정을 신청하여 해결할 수 있습니다.

이 책에서는 가맹사업의 개관 및 가맹계약 체결준비, 가맹계약 체결 및 사업의 유지, 가맹사업의 갱신 및 해지, 분쟁 등의 해결방법을 이론과 문답식으로 알기 쉽게 작성하여 모든 가맹본부와 가맹점을 운영하는 분들에게 알아두면 유용한 법령정보를 제공하고, 부록으로 표준정보공개서와 가맹희망자에 대한 정보제공 가이드라인 및 관련 용어정리와 법령을 수록하였습니다.

이러한 자료들은 법제처의 생활법령과 한국공정거래조정원의 분쟁조정사례 및 한국프랜차이즈산업협회의 상담사례 등을 참고하였으며, 이를 종합적으로 정리·분석하여 일목요연하게 편집하였습니다. 여기에 수록된 사례들은 개인의 법률문제 해결에 도움을 주고자 게재하였음으로 참고자료로 활용하시기 바랍니다.

이 책이 가맹사업의 계약절차가 복잡하고 또 잘 몰라서 손해를 보고 있는 분이나 가맹본부 종사자 및 이들에게 이 제도에 관해서 조언을 하고자 하는 실무자에게 큰 도움이 되리라 믿으며, 열악한 출판시장임에도 불구하고 흔쾌히 출간에 응해 주신 법문북스 김현호 대표에게 감사를 드립니다.

2020. 3.
편저자 드림

||| 목 차 |||

제1장 프랜차이즈(가맹사업)의 개념 및 내용

제2장 가맹계약 체결 준비

제4장 가맹계약의 갱신 및 해지

제5장 분쟁 등의 해결

부 록

제1장

프랜차이즈(가맹사업)의 개념 및 내용

1. 프랜차이즈(가맹사업)의 개념

1-1. 개념

① 프랜차이즈 즉 '가맹사업'이란 가맹점사업자가 가맹본부의 상표·서비스표·상호·간판 등의 영업표지를 사용하고, 일정한 품질기준이나 영업방식에 따라 상품(원재료 및 부재료 포함)이나 용역을 판매하며, 경영이나 영업활동 등에 대해 가맹본부로부터 지원·교육과 통제를 받는 대가로 가맹금을 가맹본부에 지급하는 계속적인 거래관계를 말합니다.

② '상표'란 자기의 상품(지리적 표시가 사용되는 상품을 제외하고는 서비스 또는 서비스의 제공에 관련된 물건 포함)과 타인의 상품을 식별하기 위해 사용하는 표장(標章)을 말합니다.

③ '상호'란 상인이 영업활동에 있어서 자신을 외부에 나타내는 명칭을 말하는 것으로, 이는 상인이 아닌 사업자나 사업의 명칭과 구별되고, 상품의 동일성을 표시하는 상표나 영업의 대외적인 인상을 부각시키기 위하여 사용하는 표장인 영업표와 구별됩니다.

1-2. 기본적 상행위

프랜차이즈(가맹사업)은 '상호, 상표 등의 사용 허락에 따른 영업에 관한 행위'로서 기본적 상행위의 일종입니다.

1-3. 가맹사업의 조건

가맹사업은 다음의 조건을 모두 만족해야 합니다.

① 가맹본부가 가맹점사업자에게 영업표지 사용을 허락
 - 영업표지의 상표 등록 여부와 관계없이 제3자가 독립적으로 인식
   할 수 있을 정도면 가능합니다.

② 가맹점사업자는 일정한 품질기준이나 영업방식에 따라 상품 또는
   용역을 판매
 - 가맹본부가 가맹점사업자의 주된 사업과 무관한 상품 등만 공급하
   는 경우에는 가맹사업이 아닙니다.

③ 가맹본부는 경영 및 영업활동 등에 대한 지원, 교육, 통제를 수행
 - 가맹본부의 영업방침을 따르지 않는 경우 아무런 불이익이 없다면
   가맹사업이 아닙니다.

④ 영업표지 사용 및 경영·영업활동 등에 대한 지원·교육에 대가로
   가맹금 지급
 - 가맹본부가 가맹점사업자에게 도매가격 이상으로 물품을 공급하는
   경우도 가맹금 지급에 해당합니다.

⑤ 계속적인 거래관계
 - 일시적 지원만 하는 경우는 가맹사업이 아닙니다.

1-4. 가맹사업 유사개념과의 구분

① 다음과 같은 형태의 상거래 또는 상인은 "가맹사업"이 아니므로
   주의해야 합니다.

가. 위탁매매인 : 자기의 이름으로 물건을 판매하여 생기는 이익이나 손해는 다른 자
   에게 속하게 하고, 자신은 판매에 따른 일정한 수수료를 가지는 자를 말합니다.

나. 대리상 : 자기가 상거래를 하는 것이 아니라 다른 상인을 위하여 거래를 대리하
   거나 중개하는 방법으로 영업을 보조하는 사람을 말합니다.

다. 체인사업 : 같은 업종의 여러 소매점포를 직영(자기가 소유하거나 임차한 매장에
   서 스스로의 책임과 계산으로 직접 매장을 운영하는 것을 말함)하거나 같은 업종
   의 여러 소매점포에 대하여 계속적으로 경영을 지도하고 상품·원재료 또는 용역
   을 공급하는 사업을 말합니다.

② 가맹사업에는 패스트푸드·제과점 등과 같은 음식점업, 안경·문구류 등 생활용품사업, 등산·스키 등 스포츠사업, 학원 등 교육관련사업 등이 있습니다.

2. 가맹사업의 당사자

2-1. 가맹희망자

① '가맹희망자'는 가맹계약을 체결하기 위해서 가맹본부 또는 가맹 지역본부와 상담하거나 협의하는 사람을 말합니다.

② "가맹지역본부"는 가맹본부와 계약을 체결하여 일정한 지역 안에서 가맹점사업자를 모집하고, 상품이나 용역의 품질을 유지하며, 가맹점사업자에게 경영이나 영업활동을 지원하고 교육하거나 통제하는 등 가맹본부의 업무의 전부나 일부를 대행하는 사업자를 말합니다.

2-2. 가맹점사업자

① '가맹점사업자'는 가맹사업의 영업을 하기 위해서 가맹본부로부터 가맹점운영권을 부여받은 사업자를 말합니다. 즉, 가맹희망자가 가맹본부와 가맹계약을 체결하면 가맹점사업자가 됩니다.

② "가맹점운영권"은 가맹점사업자가 가맹본부의 가맹사업과 관련해서 가맹점을 운영할 수 있는 계약상의 권리를 말합니다.

③ 가맹점사업자는 권익보호 및 경제적 지위 향상을 도모하기 위해 단체를 구성할 수 있습니다.

2-3. 가맹본부

'가맹본부'는 가맹점사업자에게 가맹점운영권을 부여하는 사업자를 말하며, 가맹본부가 많은 가맹점사업자를 직접 관리하기 어려울 때에는 지역별로 가맹본부를 두기도 합니다.

? 가맹본부가 가맹희망자에게 '중요사항을 누락한 경우' 가맹본부가 손해배상책임을 부담하는지요?

Q 가맹본부가 가맹계약을 체결하기 위하여 상담, 협의하는 단계에서 가맹희망자의 의사결정에 중대한 영향을 줄 수 있는 사실을 고의로 고지하지 않은 경우, 가맹희망자는 가맹본부에 대하여 손해배상책임을 물을 수 있나요?

A 가맹사업거래의 공정화에 관한 법률(약칭: 가맹사업법) 제9조 제1항에 의하면, 가맹본부는 가맹희망자나 가맹점사업자에게 정보를 제공함에 있어서 사실과 다르게 정보를 제공하거나 사실을 부풀려 정보를 제공하는 행위 또는 계약의 체결·유지에 중대한 영향을 미치는 사실을 은폐하거나 축소하는 방법으로 정보를 제공하는 행위를 하여서는 안 됩니다.

한편, 가맹사업법 제9조 제1항의 '중요사항을 누락한 경우'라 함은 가맹계약의 체결과 유지 등 가맹희망자의 의사결정에 중대한 영향을 줄 수 있는 사실 또는 가맹희망자가 일정한 사정에 관하여 고지를 받았더라면 가맹계약을 체결하지 않았을 것임이 경험칙상 명백한 경우 그와 같은 사정 등을 가맹계약을 체결하기 위하여 상담하거나 협의하는 단계에서 가맹희망자에게 고지하지 아니한 경우를 의미하는바, 이러한 행위는 가맹사업법 제9조 제1항에 따른 정보제공의무 내지 고지의무를 위반한 것으로서, 가맹본부는 가맹희망자에 대하여 가맹사업 법 제37조 제3항, 독점규제 및 공정거래에 관한 법률 제56조 제1항에 의한 손해배상책임을 부담하게 됩니다 (대법원 2015. 4. 9. 선고 2014다84824 판결).

Q 甲은 乙과 사이에 가맹사업에 관한 계약을 체결하고, 乙로 하여금 甲의 상호를 이용하여 영업을 할 수 있도록 허락하였습니다. 甲은 乙에게 가맹비를 면제하여 주고, 인테리어 및 집기 등의 구입권한도 전적으로 가맹점에 부여하는 등 많은 편의를 봐주었는데, 그럼에도 불구하고 乙은 甲이 가맹점간 통일성 및 가맹본부의 업무효율을 도모하기 위해서 요청하는 사항들에 전혀 협력하지 않았고, 판매상품도 임의로 선택하였으며, 상호 또한 가맹본부와 사이에 혼선이 초래되도록 사업자등록을 하는 등 많은 문제를 야기하고 있습니다.

이러한 경우 甲은 가맹사업에 관한 계약을 해지하는 외에, 지금까지 乙에게 투자한 비용을 반환받을 수 있을지요?

A 가맹사업의 공정한 거래질서를 확립하고 가맹본부와 가맹점사업자가 대등한 지위에서 상호보완적으로 균형있게 발전하도록 하기 위한 목적의 법률로, '가맹사업거래의 공정화에 관한 법률'이 제정, 시행되고 있습니다.

물론 위 법률은 일반적으로 우월한 경제적 지위에 있는 가맹본부가 가맹사업자에게 부당한 행위를 하는 것을 방지함이 주목적이기는 하지만, 가맹사업자가 준수하여야 할 사항에 관하여도 함께 규정하고 있습니다. 구체적인 내용은 아래와 같습니다.

「가맹사업거래의 공정화에 관한 법률」 제6조 (가맹점사업자의 준수사항)

가맹점사업자는 다음 각호의 사항을 준수한다.

1. 가맹사업의 통일성 및 가맹본부의 명성을 유지하기 위한 노력
2. 가맹본부의 공급계획과 소비자의 수요충족에 필요한 적정한 재고유지 및 상품진열
3. 가맹본부가 상품 또는 용역에 대하여 제시하는 적절한 품질기준의 준수
4. 제3호의 규정에 의한 품질기준의 상품 또는 용역을 구입하지 못하는 경우 가맹본부가 제공하는 상품 또는 용역의 사용
5. 가맹본부가 사업장의 설비와 외관, 운송수단에 대하여 제시하는 적절한 기준의 준수
6. 취급하는 상품·용역이나 영업활동을 변경하는 경우 가맹본부와의 사전 협의
7. 상품 및 용역의 구입과 판매에 관한 회계장부 등 가맹본부의 통일적 사업경영 및 판매전략의 수립에 필요한 자료   의 유지와 제공
8. 가맹점사업자의 업무현황 및 제7호의 규정에 의한 자료의 확인과 기록을 위한 가맹본부의 임직원 그 밖의 대리인의 사업장 출입허용
9. 가맹본부의 동의를 얻지 아니한 경우 사업장의 위치변경 또는 가맹점운영권의 양도 금지
10. 가맹계약기간중 가맹본부와 동일한 업종을 영위하는 행위의 금지
11. 가맹본부의 영업기술이나 영업비밀의 누설 금지
12. 영업표지에 대한 제3자의 침해사실을 인지하는 경우 가맹본부에 대한 영업표지침해사실의 통보와 금지조치에 필요한 적절한 협력

甲의 경우 乙이 가맹사업자로서 마땅히 준수하여야 할 계약상·법률상 의무를 제대

로 이행하지 아니하고 있는 사항이 여럿 있는 것으로 보이는바, 乙의 가맹계약상 의무불이행 또는 가맹사업거래의 공정화에 관한 법률 위반으로 인해 甲이 입은 손해에 관하여 乙에게 그 배상을 청구하는 소를 제기함으로써, 투자비용 상당액의 손실을 회수할 수도 있을 것으로 보입니다.

? 가맹점계약상 '판매지역권'을 부당하게 침해하는 조항도 효력이 있는지요?

Q 저는 1년 전 甲회사와 3년간의 물건운송가맹점계약을 체결하였는데, 가맹점약관에는 "판매지역 내에 본부에서는 언제든지 직영점을 개설하거나 다른 가맹점을 둘 수 있다." 라고 정하고 있으며, "가맹점이 3일 이상 계속 송금하지 않는 경우에는 가맹점계약을 해지한다."라는 조항이 있는데, 그 동안 어려운 경제적 환경 속에서 그 어려움을 딛고 이제 겨우 적자를 면하게 되었고, 계약기간이 2년이나 남아 있는 시점에서 甲회사가 저의 판매지역 내에 직영점을 개설한다고 하면서 제가 그에 대하여 불만을 표시하고 송금을 보류하겠다고 하자, 위 송금약정을 들어 위반 할 때에는 계약을 해지하겠다고 합니다. 甲회사의 그러한 행위가 타당한지요?

A 「약관의 규제에 관한 법률」은 상법 제3편(회사), 근로기준법 또는 그 밖에 대통령령으로 정하는 비영리사업분야에 속하는 계약에 관한 것을 제외한 나머지 약관에 관하여 규제를 하고 있는데(같은 법 제30조 제1항), 약관이란 그 명칭이나 형태 또는 범위에 상관없이 계약의 한쪽 당사자가 여러 명의 상대방과 계약을 체결하기 위하여 일정한 형식으로 미리 마련한 계약내용을 말합니다(같은 법 제2조 제1호). 그리고 약관의 규제에 관한 법률 제6조 제1항에서, 신의성실의 원칙을 위반하여 공정성을 잃은 약관조항은 무효라고 규정하고 있으며, 제6조 제2항에서는 약관내용 중 고객에게 부당하게 불리한 조항, 고객이 계약의 거래형태 등 관련된 모든 사정에 비추어 예상하기 어려운 조항, 계약목적을 달성할 수 없을 정도로 계약에 따르는 본질적 권리를 제한하는 조항은 공정성을 잃은 것으로 추정된다고 규정하고 있습니다. 또한, 「독점규제 및 공정거래에 관한 법률」 제23조 제1항 제5호에서, 거래의 상대방의 사업활동을 부당하게 구속하는 조건으로 거래하거나 다른 사업자의 사업 활동을 방해하는 행위로서 공정한 거래를 저해할 우려가 있는 행위(불공정거래행위)를 하거나, 계열회사 또는 다른 사업자로 하여금 이를 행하도록 하여서는 아니 된다고 규정하고 있습니다.

그런데 판례를 보면, 모든 가맹점계약에 있어서 가맹본부에 가맹점에 대한 판매지역권보장의무가 당연히 인정되는 것은 아니라 하더라도 가맹본부로서는 소속가맹점의 판매지역권을 부당하게 침해하는 것은 허용되지 않는다고 할 것이므로, 가맹본부가 아무런 제약 없이 언제라도 가맹점의 점포와 동일지역 내에 직영점을 개설하거나 가맹점을 둘 수 있도록 하는 조항을 두었다면 이는 가맹점에 대하여 부당하게 불리한 조항으로 약관의 규제에 관한 법률 제6조 제1항, 제2항 제1호에 의하여 무효라고 하였으나, 가맹점이 일일 송금의무를 위반한 경우 지체배상금을 부과하는 외에 3일 이상 계속 송금하지 아니하는 경우 가맹점계약을 해지할 수 있도록 한 약정이 독점규제 및 공정거래에 관한 법률 제23조 제1항 제5호 또는 약관의 규제에 관한 법률 제6조 제1항, 제2항 제1호 및 제3호에 해당하여 무효라고 볼 수 없다고 하였습니다(대법원 2000. 6. 9. 선고 98다45553 판결).

따라서 위 사안의 경우에도 귀하는 甲회사가 귀하의 판매지역 내에 직영점을 개설하려고 한다면 일일 송금의무를 위반하기 보다는 '직영점개설금지가처분'을 법원에 신청함이 좋을 듯합니다.

참고로 「가맹사업거래의 공정화에 관한 법률」 제5조 제6호에서도 가맹본부의 준수사항으로 가맹계약기간 중 가맹점사업자의 영업지역 안에서 자기의 직영점을 설치하거나 가맹점사업자와 유사한 업종의 가맹점을 설치하는 행위의 금지를 규정하고 있습니다. 또한, 「가맹사업거래의 공정화에 관한 법률」 제12조의 4 제1항에서는 가맹본부는 가맹계약 체결 시 가맹점사업자의 영업지역을 설정하여 가맹계약서에 이를 기재하여야 한다고 규정하고 있고, 같은 조 제3항에서는 가맹본부는 정당한 사유 없이 가맹계약기간 중 가맹점사업자의 영업지역 안에서 가맹점사업자와 동일한 업종(수요층의 지역적·인적 범위, 취급품목, 영업형태 및 방식 등에 비추어 동일하다고 인식될 수 있을 정도의 업종을 말한다)의 자기 또는 계열회사(「독점규제 및 공정거래에 관한 법률」 제2조제3호에 따른 계열회사를 말한다)의 직영점이나 가맹점을 설치하는 행위를 하여서는 아니 된다고 규정하여, 가맹사업자의 영업지역을 보호하고 있습니다.

3. 가맹사업 관련 법령의 적용범위

3-1.「가맹사업거래의 공정화에 관한 법률」의 적용배제

가맹금 총액이나 연간 매출액이 다음에 해당되면「가맹사업거래의 공정화에 관한 법률」이 적용되지 않습니다.

① 가맹점사업자가 가맹금의 최초 지급일부터 6개월 동안 가맹본부에 지급한 가맹금 총액이 100만원을 초과하지 않는 경우
② 가맹본부의 연간 매출액이 5천만원 미만인 경우. 다만, 가맹본부와 계약을 맺은 가맹점사업자의 수가 5개 이상인 경우는 제외합니다.
③ 가맹본부가 가맹사업을 시작하기 전에 해당 가맹사업과 같은 품질기준이나 영업방식에 따라 상품이나 용역을 판매하는 직영점을 개설하여 1년 이상 운영하고 있는 경우에는 연간 매출액이 2억원(직영점의 매출액 포함) 미만인 경우. 이 경우의 금액산정은 다음의 기준에 따릅니다.

가맹본부가 가맹사업을 시작한 지 1년이 지난 경우	①가맹본부가 손익계산서를 작성한 경우에는 바로 전 사업연도의 손익계산서 상의 매출액
	②가맹본부가 손익계산서를 작성하지 않은 경우에는 바로 전 2개 과세기간의 부가가치세확정신고서 상의 과세표준과 면세수입금액을 합한 금액
가맹본부가 가맹사업을 시작한 지 1년이 지나지 않은 경우	사업을 시작한 때부터 마지막으로 부가가치세확정신고서를 한 때까지의 부가가치세확정신고서(부가가치세확정신고를 하지 않은 경우에는 부가가치세예정신고서) 상의 과세표준을 합한 금액을 ②의 금액으로 봄

3-2. 예외

위와 같이 가맹금 총액이나 연간 매출액이 일정한 금액 또는 규모에 미달하더라도 다음과 같은「가맹사업거래의 공정화에 관한 법률」의 일부 규정은 적용됩니다.

① 가맹본부가 가맹희망자 또는 가맹점사업자에게 허위·과장된 정보
   를 제공하는 행위 금지 규정
② 가맹금의 반환에 관한 규정

? 가맹사업과 프랜차이즈는 다른 건가요?

Q 가맹사업과 프랜차이즈는 다른 건가요?

A 일반적으로 가맹사업과 프랜차이즈는 같은 용어로 볼 수 있습니다. 엄밀히 말해 경영학 분야에서 정의하는 프랜차이즈와 가맹사업법에서 정의하는 가맹사업은 다르지만 일반적으로 같은 용어로 사용하고 있습니다.

가맹사업법에서는 가맹사업의 정의는 다음과 같습니다.

"가맹본부가 가맹점사업자로 하여금 자기의 상표, 서비스표, 상호, 간판 그밖의 영업표지를 사용하여 일정한 품질 기준이나 영업방식에 따라 상품 또는 용역을 판매하도록 함과 아울러 이에 따른 경영 및 영업활동 등에 대한 지원, 교육과 통제를 하며, 가맹점사업자는 영업표지의 사용과 경영 및 영업활동 등에 대한 지원, 교육의 대가로 가맹본부에 가맹금을 지급하는 계속적인 거래관계를 말한다."

위의 모든 조건을 모두 함께 충족하는 경우에만 가맹사업으로 분류하고 있습니다.

Q 동일한 간판을 쓰게 하고 매장에 물류만 공급하는 유통업체도 가맹사업인가요?

A 가맹사업법에서 정의하고 있는 가맹사업은 아닙니다. 먼저, 가맹사업을 하는 가맹본
부가 되기 위해서는

1. 가맹점은 가맹본부의 상표, 서비스표, 상호, 간판 그밖의 영업표지 등을 가맹점이 동일하게 사용하여 합니다.
2. 가맹점에서는 가맹본부에서 정한 상품(메뉴) 또는 용역(서비스)을 일정한 품질 기준이나 영업방식에 따라 판매하여야 합니다.
3. 가맹본부는 가맹점에서 사용하는 물류 공급을 및 가맹점의 경영 및 영업활동 등에 대한 지원을 지속적으로 하여야 합니다.
4. 가맹본부는 가맹점 교육과 통제를 지속적으로 하여야 합니다.
5. 가맹본부와 가맹점은 이의 대가로 지속적으로 가맹금을 수령 및 지급하는 관계이어야 합니다.

가맹사업법에서는 위의 조건이 모두 충족하는 경우에만 가맹사업으로 인정하고 있습니다.

동일한 간판을 쓰게 하고 물류를 공급하는 경우 위의 1번과 3번, 5번 조건을 충족하는 것으로 볼 수 있으나, 거래관계를 검토해 볼 때 2번 및 4번 조건을 충족하는지의 여부에 따라 가맹사업인지 아닌지가 결정된다고 볼 수 있습니다.

참고로 가맹사업법의 적용을 받지 않는 기업은 "독점규제 및 공정거래에 관한 법률(이하 공정거래법)"에 적용되며, 불공정을 판단하는 기준 및 처벌 수위는 특별법인 가맹사업법 보다 공정거래법에서 더 강하게 규제되고 있습니다.

? 가맹사업인데 가맹사업법에 적용되지 않는 경우도 있나요?

Q 가맹사업인데 가맹사업법에 적용되지 않는 경우도 있나요?

A 가맹본부 사업 초기<아래 내용 참고>의 경우 예외 조항으로 법 적용을 배제하고 있습니다. 다만, 이의 경우에도 "허위 과장된 정보 제공의 금지" 및 "가맹금의 반환" 규정은 적용됩니다.

가맹사업법 제3조 (적용배제) 이 법은 다음 각 호의 1에 해당하는 경우에는 적용하지 아니한다. 다만, 제9조 (허위 과장된 정보 제공의 금지) 및 제10조 (가맹금의 반환) 규정의 경우 그러하지 아니하다.

1. 가맹점사업자가 가맹금의 최초 지급일부터 6개월까지의 기간 동안 가맹본부에게 지급한 가맹금의 총액이 대통령령이 정하는 금액(100만원)을 초과하지 아니하는 경우

2. 가맹본부의 연간 매출액이 대통령령이 정하는 일정규모미만(5천만원, 다만, 직영점 1년 이상 운영하고 있는 경우 2억원)인 경우

가맹사업법 적용배제. 즉, 적용 대상이 아니라는 것은 가맹점사업자에게는 불리한 조항임을 인지하시기 바랍니다.

? 주위에서 프랜차이즈로 음식점을 해보라고 권유하는데, 프랜차이즈가 무엇인가요?

Q 회사를 그만두고 사업을 시작해보려고 합니다. 주위에서 프랜차이즈로 음식점을 해보라고 권유하는데, 프랜차이즈가 무엇인가요?

A 프랜차이즈(프랜차이즈사업)는 체인점을 운영하는 사업자가 프랜차이즈 본부의 상표·상호·간판 등을 사용하여 일정한 품질기준이나 영업방식에 따라서 상품 등을 판매하는 영업을 말합니다.

체인점을 운영하는 사업자는 해당 점포의 경영이나 영업활동 등에 대해 프랜차이즈 본부로부터 지원, 교육 및 통제를 받으며, 상표 등을 사용하고 경영 및 영업활동 등에 대해 지원·교육받는 대가로 프랜차이즈 본부에 가맹금을 지급하는 계속적인 거래관계를 말합니다. 이러한 프랜차이즈에는 패스트푸드점, 제과점, 안경점, 문구점, 스포츠용품점, 학원 등이 있습니다.

? "신용카드 조회기" 판매업은 가맹사업에 해당됩니까?

Q "신용카드 조회기" 판매업은 가맹사업에 해당됩니까? 휴대전화기 대리점과 유사한 업무입니다. 본사의 van(전산) 서비스를 이용하는 가맹점을 확보하고 이를 유지하고 관리하며, 각종 장려금을 지급받고 있습니다.

A 가맹사업이란 가맹본부가 가맹점사업자로 하여금 자기의 영업표지를 사용하여 일정한 품질기준에 따라 상품 또는 용역을 판매하도록 함과 아울러 이에 따른 경영 및 영업활동 등에 대한 지원, 교육과 통제를 하며 가맹점사업자는 영업표지의 사용과 경영 및 영업활동 등에 대한 지원, 교육의 대가로 가맹금을 지급하는 계속적인 거래관계를 말합니다.

? 신용카드가맹점주인 甲이 법인 명의의 신용카드를 사용하는 乙의 본인 확인의무가 있는가요?

Q 신용카드가맹점주인 甲이 법인 명의의 신용카드를 사용하는 乙의 본인 확인의무가 있는가요?

A 「여신전문금융업법」제19조 제2항에서 신용카드가맹점은 신용카드로 거래를 할 때마다 그 신용카드를 본인이 정당하게 사용하고 있는지를 확인하여야 한다고 규정하고 있습니다.

하급심 판결은 위 질문과 같은 내용이 문제된 사안에서 "이 사건 신용카드의 가맹점인 피고로서는 법인카드로서 그 명의와 실제 사용자가 다를 수 있는 이 사건 신용카드에 의한 거래라면 원고 소속 직원임을 알 수 있는 신분증과 인감증명이 첨부된 위임장 등을 확인하는 방법으로 이 사건 신용카드의 실제 사용자에게 그 사용권한이 있는지 여부를 확인하는 데 최선의 방법을 강구하여야 하고, 특히 서로 다른 사람이 동일한 신용카드를 번갈아 사용하면서, 4개월 남짓의 짧은 기간 안에 5차례에 걸쳐 500,000원을 훨씬 초과하는 고액의 물품을 대량으로 구입하는 경우여서 본인 여부와 그 사용목적 등이 의심되는 상황이라면 더욱 세심한 주의를 기울여 적법한 사용권한에 의하여 정당하게 사용되고 있는지 여부를 확인하여야 한다."고 판시한 바 있습니다(부산지방법원 2007. 4. 4. 선고 2005가합24885 판결 참조).

따라서 신용카드가맹점주인 甲은 법인 명의의 신용카드를 사용하는 乙의 그 법인 소속 직원임을 알 수 있는 신분증과 인감증명이 첨부된 위임장 등을 확인하는 방법으로 그 법인 명의의 신용카드의 실제 사용자 乙에게 그 사용권한이 있는지 여부를 확인하여야 할 것입니다.

Q 저는 신용카드업자 甲은행의 사원으로 신용카드가맹점乙과 '비대면 방식의 신용카드 거래에서 乙의 귀책사유로 제3자의 부정사용에 의한 거래가 발생한 경우 및 해외신용카드 발급사로부터 부도가 접수되어 甲 은행에 손해가 발생한 경우 乙이 손해를 배상한다'는 조항을 둔 '수기판매를 위한 가맹점 특약'을 체결하였습니다. 그런데, 아프리카 우간다의 흑인 丙이 다른 사람들 명의로 신용카드 정보를 보내왔고, 이에 거래를 진행했으나, 이후 신용카드 명의인들이 '본인미사용거래'임을 이유로 이의를 제기하여 왔습니다. 이에 甲이 대금을 반환한 후 乙에게 손해배상을 청구하고 있습니다. 위 특약에 따르면 귀책사유는 경과실을 포함하여 당연히 乙 이 배상하여야 하는가요?

A 여신전문금융업법 제17조 제1항은 '신용카드업자는 분실하거나 도난당한 신용카드를 사용한 거래에 따른 손실을 신용카드가맹점이 부담하도록 할 수 없다. 다만, 신용카드업자가 그 거래에 대한 그 신용카드가맹점의 고의 또는 중대한 과실을 증명하면 그 손실의 전부 또는 일부를 신용카드가맹점이 부담하도록 할 수 있다는 취지의 계약을 신용카드가맹점과 체결한 경우에는 그러하지 아니하다'고 규정하고 있습니다. 판례는 위 규정의 취지에 비추어 위 특약조항은 갑에게 고의 또는 중과실이 있는 경우에만 손해배상책임을 부담시킨 것으로 제한 해석하여야 하고, 갑에게는 병이 신용카드회원 본인이 아님을 알면서 거래를 한 중대한 과실이 있으므로 손해배상책임이 있다고 하였습니다(대법원 2014. 11. 27. 2012다40639 판결).

나아가 위 사실관계와 같은 사안에서 신용카드가맹점에게 중과실을 인정하여 그 책임을 지운바, 이 사건 역시 乙의 책임을 인정할 수 있을 것입니다.

? 법인카드로 거래시 신용카드 가맹점이 부담하는 본인확인의무를 제대로 이행하였다고 볼 수 있나요?

Q 명의와 실제 사용자가 다를 수 있는 법인카드에 의한 거래시 실제사용자의 주민등록증, 그 명의자의 사업자등록증 등을 확인함으로써, 신용카드가맹점이 부담하는 본인확인의무를 제대로 이행하였다고 볼 수 있나요?

A 여신전문금융업법(이하, '여전법'이라 함) 제19조 제2항은 "신용카드 가맹점은 신용카드에 의한 거래를 할 때마다 당해 신용카드가 본인에 의하여 정당하게 사용되고 있는지의 여부를 확인하여야 한다"고 규정하고 있습니다.

짧은 기간 안에 고액을 대량으로 결제하는 경우여서 본인 여부와 그 사용목적 등이 의심되는 상황이라면 더욱 세심한 주의를 기울여 적법한 사용권한에 의하여 정당하게 사용되고 있는지 여부를 확인하여야 할 의무가 있다고 할 것입니다.

그럼에도 가맹점 약관이나 여전법 등에 규정된 본인확인의무를 제대로 확인하지 아니하여 신용카드회원이 손해를 입었다면, 신용카드가맹점에게 그 손해에 대한 배상책임이 인정된다고 할 것입니다. (부산지방법원 2007. 4. 4. 선고 2005가합 24885 판결)

제2장

가맹계약 체결 준비

1. 정보공개서의 확인

1-1. 정보공개서의 개념

① "정보공개서"란 가맹본부의 사업현황, 임원의 경력, 가맹점사업자의 부담, 영업활동의 조건, 가맹점사업자에 대한 교육·훈련, 가맹계약의 해제·해지 및 갱신 등과 같은 가맹사업에 관한 사항을 수록한 문서를 말합니다.

② 정보공개서는 가맹희망자가 가맹본부와 계약을 체결하기 전에 알아 두어야 할 중요한 사항을 수록한 문서로서, 가맹사업거래에 있어 가맹본부와 가맹희망자 또는 가맹점사업자간 정보의 불균형으로 인하여 발생할 수 있는 부작용을 예방하고 상대적으로 불리한 지위에 있는 가맹희망자와 가맹점사업자의 권익을 보호하기 위해 공정거래위원회에 등록할 것을 그 요건으로 하고 있습니다.

1-2. 정보공개서의 작성원칙 및 내용

1-2-1. 정보공개서의 작성원칙

① 내용은 명확하고 구체적이어야 합니다.

② 가맹희망자가 이해하기 쉽도록 영업표지별로 별도 작성되어야 합니다.

③ 표지, 목차 및 정보공개사항으로 구성합니다.

1-2-2. 정보공개서의 내용

① 정보공개서에 수록되는 내용은 다음과 같습니다.

가. 정보공개서의 표지

1) 정보공개서라는 한글 표시

2). 다음의 문장

가) 이 정보공개서는 귀하께서 체결하려는 가맹계약 및 해당 가맹사업에 대한 전반적인 정보를 담고 있으므로 그 내용을 정확하게 파악한 후에 계약체결 여부를 결정하시기 바랍니다.

나) 「가맹사업거래의 공정화에 관한 법률」에 따라 가맹희망자에게는 정보공개서의 내용을 충분히 검토하고 판단할 수 있도록 일정한 기간이 주어집니다. 따라서 이 정보공개서를 제공받은 날부터 14일(변호사나 가맹거래사의 자문을 받은 경우에는 7일)이 지날 때까지는 가맹본부가 귀하로부터 가맹금을 받거나 귀하와 가맹계약을 체결할 수 없습니다.

다) 이 정보공개서는 법령에서 정한 기재사항을 담고 있는 것에 불과하며 그 내용의 사실 여부를 한국공정거래조정원이나 가맹사업 분야의 전문성을 갖춘 법인·단체 중 해당 업무를 수행할 수 있다고 공정거래위원회가 인정하여 고시하는 기관에서 모두 확인한 것은 아닙니다. 또한, 귀하께서는 어디까지나 가맹계약서의 내용에 따라 가맹사업을 운영하게 되므로 정보공개서의 내용에만 의존하여서는 아니 됩니다.

3) 가맹본부의 상호, 영업표지, 주된 사무소의 소재지, 가맹사업과 관련하여 가맹본부가 운영하는 인터넷 홈페이지 주소, 가맹사업 담당부서, 가맹사업 안내 전화번호

4) 정보공개서의 등록번호 및 최초 등록일

5) 정보공개서의 최종 등록일

나. 가맹본부의 일반 현황

1) 가맹본부의 설립일(법인인 경우 법인설립등기일, 개인인 경우 최초 사업자등록일을 말한다), 법인등록번호(법인인 경우만 해당한다) 및 사업자등록번호

2) 가맹본부 및 가맹본부의 특수관계인[「독점규제 및 공정거래에 관한 법률 시행령」 제3조제1호에 따른 동일인관련자(가맹본부가 아닌 자의 사용인은 제외한다) 및 「독점규제 및 공정거래에 관한 법률 시행령」 제11조제1호에 따른 특수관계인을 말한다. 이하 같다] 중 정보공개일 현재 최근 3년 동안 가맹사업을 경영한 적이 있거나 경영하고 있는 특수관계인의 명칭, 상호, 영업표지, 주된 사무소의 소재지, 대표자의 이름, 대표전화번호(회사인 경우에는 회사의 대표번호를, 개인인 경우에는 주된 사무소의 대표번호를 기재한다. 이하 같다)

3) 가맹본부가 외국기업인 경우에는 가맹본부 및 가맹본부의 특수관계인 중 정보공개일 현재 최근 3년 동안 국내에서 가맹사업을 경영한 적이 있거나 경영하고 있는 특수관계인의 명칭, 상호, 영업표지, 국내의 주된 사무소의 소재지, 대표자의 이름, 대표전화번호, 국내에서 영업을 허락받은 기간(가맹본부가 다른 사업자에게 국내에서 가맹사업운영권을 부여한 경우에만 기재한다)

4) 가맹본부가 정보공개 바로 전 3년간 다른 기업(정보공개일 현재 최근 3년 동안 가맹사업을 경영한 적이 있거나 경영하고 있는 경우만 해당한다)을 인수·합병(다른 기업의 가맹사업 관련 사업을 양수 또는 양도한 경우도 포함한다. 이하 같다)하거나 다른 기업에 인수·합병된 경우 해당 기업의 명칭, 상호, 주된 사무소의 소재지, 대표자의 이름

5) 가맹희망자가 앞으로 경영할 가맹사업(이하 "해당 가맹사업"이라 한다)의 명칭, 상호, 서비스표, 광고, 그 밖의 영업표지

6) 가맹본부의 정보공개 바로 전 3개 사업연도의 재무상황에 관한 다음의 정보

가) 연도별 대차대조표 및 손익계산서. 다만, 가맹본부가 재무제표를 작성하지 아니하는 경우에는 매출액을 확인할 수 있는 「부가가치세법」에 따른 부가가치세신고서 등의 증명서류로 대신할 수 있다.

나) 연도별 가맹사업 관련 매출액(영업표지별로 나누어 기재하되, 분류가 어려운 경우에는 그 합계를 기재할 수 있다. 또한 관련 매출액 산정이 곤란한 경우 추정된 매출액임을 밝히고 상한과 하한을 표시한다)과 구체적인 산정기준

다) 개인사업자가 법인사업자로 전환한 경우 종전 개인사업자의 '가)'의 정보(정보공개 바로 전 3개 사업연도 정보만 해당한다)

7) 가맹본부의 현 임원(「독점규제 및 공정거래에 관한 법률」 제2조제5호에 따른 임원을 말한다. 이하 같다)의 명단(가맹사업 관련 임원과 관련되지 아니하는 임원을 나누어 기재한다) 및 정보공개일 현재 최근 3년 동안의 개인별 사업경력(재직했던 직위 및 사업기간을 포함한다)

8) 가맹본부의 정보공개 바로 전 사업연도 말 현재 임직원 수(상근·비상근 임원과 직원을 나누어 기재한다)

9) 가맹본부 및 가맹본부의 특수관계인이 정보공개일 현재 최근 3년 동안 가맹사업을 경영하였거나 경영하고 있는 경우 그러한 사실(영업표지별로 나누어 기재한다)

10) 가맹본부가 가맹점사업자에게 사용을 허용하는 지식재산권에 관한 다음의 정보

가) 등록 및 등록신청 여부(산업재산권의 경우 특허청 등록·등록신청 여부, 등록이 거부된 경우 그 사실, 등록·출원번호 및 등록일·출원일을 포함한다)

나) 지식재산권 소유자 및 등록신청자의 이름

다) 사용이 허용되는 지식재산권의 등록 만료일

라) 가맹본부가 지식재산권의 사용을 허용받은 기간 및 사용 범위

다. 가맹본부의 가맹사업 현황

1) 해당 가맹사업을 시작한 날

2) 해당 가맹사업의 연혁(해당 가맹사업을 시작한 날 이후 해당 가맹사업을 경영한 가맹본부의 상호, 주된 사무소의 소재지, 대표자의 이름, 가맹사업 경영 기간)

3) 해당 가맹사업의 업종

4) 정보공개 바로 전 3개 사업연도 말 현재 영업 중인 해당 가맹사업의 전국 및 광역지방자치단체별 가맹점 및 직영점 총 수(가맹점과 직영점을 나누어 기재한다)

5) 해당 가맹사업과 관련하여 정보공개 바로 전 3년간 신규 개점, 계약 종료, 계약 해지, 명의 변경의 사정이 있는 가맹점의 수(연도별로 나누어 기재한다)

6) 해당 가맹사업 외에 가맹본부 및 가맹본부의 특수관계인이 경영하는 가맹사업의 업종, 영업표지 및 사업 시작일과 정보공개 바로 전 3개 사업연도 말 현재 영업 중인 가맹점 및 직영점의 총 수

7) 직전 사업연도에 영업한 가맹점사업자(전국 및 광역지방자치단체별로 나누어 기재하되, 바로 전 사업연도 말 현재 5명 미만의 가맹점사업자가 영업 중인 지역은 기재를 생략할 수 있다)당 지역별 연간 평균 매출액(정확한 매출액이 산정되지 아니하는 경우에는 추정된 매출액임을 밝히고, 상한과 하한을 표시하며, 매장 전용 면적 3.3㎡당 연간 평균 매출액을 함께 적는다)과 구체적인 산정기준

8) 해당 가맹사업을 경영하는 가맹지역본부(가맹본부가 직접 운영하는 지역사무소 등을 포함한다. 이하 이 목에서 같다)에 관한 다음의 정보
 가) 가맹지역본부의 상호, 주된 사무소의 소재지, 대표자의 이름, 대표전화번호, 관리지역, 가맹본부와 맺은 계약기간
 나) 가맹지역본부가 가맹계약 체결의 상대방인지 여부
 다) 가맹지역본부가 관리하는 바로 전 사업연도 말 현재 영업 중인 가맹점 수)

9) 해당 가맹사업과 관련하여 가맹본부가 정보공개 바로 전 사업연도에 지출한 광고비 및 판촉비(광고 및 판촉 수단별로 나누어 기재하되, 분류가 어려운 경우에는 총액만 기재한다)

10) 가맹금 예치에 관한 사항
 가) 해당 업무를 수행하는 기관의 상호, 담당 지점이나 부서의 이름과 소재지, 안내 전화번호
 나) 가맹금 예치절차
 다) 가맹희망자 또는 가맹점사업자의 소재지에 따라 예치기관이 달라지는 경우 관련된 정보

11) 피해보상보험계약 등의 체결 내역(해당 사실이 있는 경　우만 기재한다)

가) 보험금액

나) 보장범위 및 지급조건

다) 보험금의 수령절차

라) 그 밖에 필요한 사항

라. 가맹본부와 그 임원의 법 위반 사실 등

1) 정보공개일 현재 최근 3년 동안 가맹사업거래와 관련하여 법, 「독점규제 및 공정거래에 관한 법률」 또는 「약관의 규제에 관한 법률」을 위반하여 공정거래위원회로부터 시정권고 이상의 조치를 받은 사실

2) 정보공개일 현재 최근 3년 동안 가맹사업거래와 관련하여 「가맹사업거래의 공정화에 관한 법률」 또는 「독점규제 및 공정거래에 관한 법률」을 위반하거나, 사기·횡령·배임 등 타인의 재물이나 재산상 이익을 영득 또는 이득하는 죄로 받은 유죄의 확정판결과 관련된 민사소송에서 패소의 확정판결을 받았거나, 민사상 화해를 한 사실

3) 정보공개일 현재 최근 3년 동안 사기·횡령·배임 등 타인의 재물이나 재산상 이익을 영득 또는 이득하는 죄를 범하여 형의 선고를 받은 사실

마. 가맹점사업자의 부담

1) 영업개시 이전의 부담

가) 가맹점사업자가 해당 가맹사업을 시작하기 위하여 가맹본부에게 지급하여야 하는 대가의 내역과 그 반환조건 및 반환할 수 없는 경우에는 그 사유(계약금, 가입비, 할부금의 첫 지불액, 선급임차료, 교육비, 개점행사비 등 대가에 포함되는 구체적인 내용을 나누어 기재한다)

나) 보증금·담보목적물 등 계약 종료 시 가맹점사업자에게 반환되는 대가(가맹점사업자의 귀책사유 등으로 반환되지 아니하는 경우에는 그 사유를 기재한다)

다) 예치가맹금의 범위와 그 금액(가맹본부가 피해보상보험계약 등에 가입한 경우에도 법 제6조의5제1항에 따라 예치대상이 되는 가맹금의 액수를 기재한다)

라) '가)'과 '나)' 외에 가맹점사업자 사업을 시작하는 데에 필요한 다른 대가(위치나 점포 크기 등에 따른 비용의 차이를 예시하되, 정확한 금액이 산정되지 않는 경우에는 추정된 금액임을 밝히고 상한과 하한을 표시하며, 매장 전용 면적 3.3㎡당 비용을 함께 적는다)의 내역, 지급대상과 그 반환조건 및 반환될 수 없는 경우에는 그 사유

(1) 필수설비 · 정착물 · 인테리어 비용(가맹사업의 통일성을 위하여 가맹본부가 강제 또는 권장하는 경우만 해당한다)

(2) 최초로 공급되는 상품의 비용 또는 용역의 비용

(3) 설계 및 감리 비용

(4) 그 밖의 필요 비용

마) 가맹점 입지 선정 주체 및 선정 기준

바) 가맹점사업자와 그 종업원의 채용 및 교육에 대한 기준

사) 가맹점 운영에 필요한 설비, 장비, 정착물 등의 물품 내역 및 공급 방법·공급 업체(가맹본부 또는 가맹본부가 지정한 자가 공급하는 경우만 해당한다)

2) 영업 중의 부담

가) 상표 사용료, 리스료, 광고·판촉료, 교육훈련비, 간판류 임차료, 영업표지 변경에 따른 비용, 리모델링(remodeling) 비용, 재고관리 및 회계처리 비용, 판매시점 관리 시스템(POS)을 포함한 운영 시스템 유지 비용 등 가맹점사업자가 해당 가맹사업을 경영하기 위하여 가맹본부 또는 가맹본부가 지정한 자에게 정기적으로 또는 비정기적으로 지급하여야 하는 모든 대가의 내역과 그 반환조건 및 반환될 수 없는 경우에는 그 사유(각각의 내역을 나누어 기재한다)

나) 가맹점사업자가 해당 가맹사업을 운영하는 과정에서 가맹본부가 가맹점사업자에게 가맹본부 또는 가맹본부가 지정한 자와 거래할 것을 강제 또는 권장하여 공급받는 품목에 대하여 가맹본부에 지급하는 대가 중 적정한 도매가격을 넘는 대가(이하 "차액가맹금"이라 한다)와 관련한 다음의 사항(부동산 임차료가 포함된 경우와 포함되지 않은 경우를 나누어 기재하며, 가맹본부가 직접 제조하거나 생산하여 가맹점사업자에게 공급하는 품목에 대한 정보는 기재하지 않을 수 있다)

(1) 직전 사업연도의 가맹점당 평균 차액가맹금 지급금액[직전 사업연도 영업기간이 6개월 이상인 가맹점이 가맹본부에 지급한 차액가맹금의 합계액(직전 사업연도의 영업기간이 1년 미만인 가맹점의 경우 지급한 차액가맹금을 1년치로 환산한 금액을 반영한다)/직전 사업연도 영업기간이 6개월 이상인 가맹점 수]

(2) 직전 사업연도의 가맹점당 매출액 대비 차액가맹금 지급금액의 비율[직전 사업연도 영업기간이 6개월 이상인 가맹점이 가맹본부에 지급한 차액가맹금의 합계액/직전 사업연도 영업기간이 6개월 이상인 가맹점 매출액의 합계액]

다) 가맹본부가 재고관리·회계처리 등에 관하여 가맹점사업자를 감독하는 내역

3) 계약 종료 후의 부담(부담이 없는 경우에는 그 사실을 기재한다)

가) 계약 연장이나 재계약 과정에서 가맹점사업자가 추가로 부담하여야 할 비용(점포 이전이 필요할 경우 그 비용도 포함한다)

나) 가맹본부의 사정에 의한 계약 등의 종료 시 조치사항

(1) 가맹본부가 가맹사업을 다른 사업자에게 양도하는 경우 기존 가맹점사업자와의 계약승계 여부

(2) 가맹본부가 사용을 허락한 지식재산권의 유효기간이 만료되는 경우 조치사항

(3) 가맹본부가 해당 가맹사업을 중단하는 경우 조치사항

다) 가맹점사업자가 다른 사업자에게 가맹점운영권을 이전하려는 경우, 가맹점사업자 또는
다른 사업자가 가맹본부에 부담하여야 할 대가

라) 계약종료 후 조치사항(가맹본부 또는 가맹본부가 지정한 자가 공급한 물품의 반품조건
등 재고물품 처리 방안을 포함한다)

바. 영업활동에 대한 조건 및 제한

1) 가맹점사업자가 해당 가맹사업을 시작하거나 경영하기 위하여 필요한 모든 부동산·
용역·설비·상품·원재료 또는 부재료의 구입 또는 임차에 관한 다음의 사항

가) 가맹본부가 가맹점사업자에게 가맹본부 또는 가맹본부가 지정한 자와 거래할 것을 강
제 또는 권장할 경우 그 강제 또는 권장의 대상이 되는 품목, 품목별 차액가맹금 수
취 여부 및 공정거래위원회 고시로 정하는 주요 품목별 직전 사업연도 공급가격의
상·하한[가맹본부가 직접 공급하는 품목과 가맹본부가 지정한 자가 공급하는 품목을
구분하여 기재한다. 다만, 가맹사업이 소매업(편의점 등 소비자에 대해 각종 잡화를
종합적으로 판매하는 업종을 의미한다)에 해당하거나 차액가맹금을 수취하지 않는 경
우에는 해당 정보의 기재를 생략할 수 있다]

나) 가맹본부가 가맹점사업자에게 가맹본부 또는 가맹본부가 지정한 자로부터 구입하도록
강제한 것과 관련하여 가맹본부의 특수관계인이 경제적 이익을 취하고 있는 경우 해
당 특수관계인의 명칭, 가맹본부와 특수관계인 간 관계의 내용, 경제적 이익의 대상
이 되는 상품 또는 용역의 명칭, 그 직전 사업연도에 해당 특수관계인에게 귀속된 경
제적 이익의 내용(매출액, 임대수익 등을 의미하며, 정확한 금액이 산정되지 않는 경
우에는 추정된 금액임을 밝히고 상한과 하한을 표시한다)

다) 가맹본부가 가맹점사업자에게 가맹본부 또는 가맹본부가 지정한 자와 거래할 것을 강
제 또는 권장한 품목과 관련하여 가맹본부가 직전 사업연도에 납품업체, 용역업체 등
으로부터 금전, 물품, 용역, 그 밖의 경제적 이익을 얻는 경우 해당 납품업체, 용역업
체 등의 명칭, 그 경제적 이익의 내용[금전인 경우 판매장려금, 리베이트(rebate) 등
그 명칭에 관계없이 그 합계액을 기재하되, 정확한 금액이 산정되지 않는 경우에는
추정된 금액임을 밝혀 상한과 하한을 표시하고, 금전이 아닌 경우에는 해당 상품이나
용역의 명칭·수량 등을 기재한다. 이하 4)에서도 같다]

라) 가맹본부가 가맹점사업자에게 가맹본부의 특수관계인과 거래(특수관계인의 상품 또는
용역이 가맹점사업자에게 직접 공급되거나 제3의 업체를 매개로 공급되는 경우를 포
함한다)할 것을 강제한 품목과 관련하여 특수관계인이 직전 사업연도에 납품업체, 용
역업체 등으로부터 경제적 이익을 얻는 경우 해당 납품업체, 용역업체 등의 명칭, 그
경제적 이익의 내용

2) 삭제

3) 삭제

4) 상품 또는 용역, 거래상대방 및 가맹점사업자의 가격 결정을 제한하는 경우 이에
　관한 상세한 내용

가) 가맹점사업자에게 지정된 상품 또는 용역만을 판매하도록 제한할 필요가 있는 경우에
　는 그 제한내용

나) 가맹점사업자의 거래상대방에 따라 상품 또는 용역의 판매를 제한할 필요가 있는 경
　우에는 그 제한내용

다) 가맹점사업자가 판매하는 상품 또는 용역의 가격을 정하여 이에 따르도록 권장하거나,
　가맹점사업자가 판매가격을 결정·변경하기 전에 가맹본부와 협의할 필요가 있는 경우
　에는 그 제한내용

5) 가맹점사업자의 영업지역을 보호하기 위한 구체적인 내용

가) 법 제12조의4에 따라 가맹계약 체결 시 가맹점사업자의 영업지역을 설정하여 가맹계
　약서에 적는다는 사실과 가맹계약기간 중에는 정당한 사유 없이 가맹점사업자의 영업
　지역에서 동일한 업종의 직영점·가맹점(가맹본부 또는 그 계열회사가 운영하는 직영
　점·가맹점으로 한정한다)을 설치하지 아니한다는 사실(가맹본부 또는 그 계열회사가
　보유하고 있는 영업표지 중 해당 가맹사업과 동일한 업종의 영업표지가 존재하는 경
　우 그 영업표지도 함께 적는다)

나) 영업지역의 설정 기준

다) 가맹계약 갱신과정에서 영업지역을 재조정할 수 있는 사유 및 영업지역을 재조정하는
　경우에 가맹점사업자에게 미리 알리는 절차와 동의를 받는 방법

라) 가맹점사업자가 가맹본부로부터 보장받는 영업지역 밖의 고객에게 상품 및 용역을 판
　매하는 데 따르는 제한

마) 가맹본부가 가맹점사업자의 영업지역 내에서 대리점, 다른 영업표지를 사용한 가맹점
　등을 통하여 가맹점사업자가 거래하는 상품이나 용역과 동일하거나 유사하여 대체재
　관계에 놓일 수 있는 상품이나 용역을 거래하고 있는 경우 이에 관한 내용

바) 가맹본부가 온라인, 홈쇼핑, 전화권유판매 등을 통하여 가맹점사업자가 거래하는 상품
　이나 용역과 동일하거나 유사하여 대체재 관계에 놓일 수 있는 상품이나 용역을 거래
　하고 있는 경우 이에 관한 내용

사) 그 밖에 영업지역에 관한 내용

6) 계약기간, 계약의 갱신·연장·종료·해지 및 수정에 관한 상세한 내용

가) 가맹계약의 기간(계약 갱신 기간을 포함하며, 여러 가지의 기간이 있으면 모두 기재한다)

나) 계약 갱신 거절 사유

다) 계약 연장이나 재계약에 필요한 절차

라) 계약 종료, 해지 사유 및 그 절차(가맹본부 및 가맹점사업자의 권리를 각각 기재한다)

마) 계약 수정의 사유, 사전 통보 여부 및 동의 절차

7) 가맹점운영권의 환매·양도·상속 및 대리행사, 경업금지, 영업시간 제한, 가맹본부의
   관리·감독 등에 관한 상세한 내용

 가) 가맹점운영권의 환매 및 양도에 필요한 절차

 나) 가맹점운영을 대행하거나 위탁할 수 있는지와 그에 필요한 요건

 다) 가맹점사업자의 경업금지 범위(경업금지 기간, 업종, 지역을 기재한다)

 라) 영업시간 및 영업일수 등의 제한에 대한 내용

 마) 가맹점사업자가 고용하도록 권장되는 종업원 수 및 가맹점사업자가 직접 영업장에서
     근무해야 하는지 여부

 바) 가맹본부가 가맹점사업자의 영업장을 관리·감독하는지와 관리·감독하는 항목

8) 광고 및 판촉 활동

 가) 광고의 목적(상품광고인지 가맹점 모집광고인지 등)에 따른 가맹본부와 가맹점사업자
     의 비용분담기준

 나) 가맹점사업자가 가맹본부와 별개로 광고 및 판촉을 하려는 경우에 필요한 조건 및 절차

9) 해당 가맹사업의 영업비밀 보호 등에 관한 내용(가맹점사업자가 누설하지 아니하여
   야 할 영업비밀의 범위 및 그 기간을 포함한다)

10) 가맹계약 위반으로 인한 손해배상에 관한 사항

사. 가맹사업의 영업 개시에 관한 상세한 절차와 소요기간

1) 가맹계약 체결을 위한 상담·협의 과정에서부터 가맹점 영업 개시까지 필요한 절차
   (시간 순서대로 기재하되 변호사나 가맹거래사의 자문을 받는 방법을 포함한다)

2) 각 절차에 걸리는 기간(기간이 늘어날 수 있다는 점과 그 사유를 기재하되, 정확한
   기간이 산정되지 아니하는 경우에는 추정된 기간임을 밝히고 상한과 하한을 포함한
   구간으로 표시한다)

3) 각 절차에 드는 비용(절차별로 구체적으로 기재하되, 정확한 비용이 산정되지 아니
   하는 경우에는 추정된 비용임을 밝히고 상한과 하한을 포함한 구간으로 표시한다)

4) 가맹계약 체결 이후 일어날 수 있는 분쟁의 해결 절차

아. 가맹본부의 경영 및 영업활동 등에 대한 지원(지원사항이 없는 경우에는 그 사실
을 적는다)

1) 가맹점사업자의 점포환경개선 시 가맹본부의 비용지원에 관한 사항(법 제12조의2제
   2항에 따라 의무적으로 지급하여야 하는 최소한의 비용을 지급하는 경우라도 해당
   내용을 적는다)

2) 판매촉진행사 시 인력지원 등 가맹본부가 지원하는 사항이 있는 경우 그 구체적 내용

3) 가맹본부가 가맹점사업자의 경영활동에 대한 자문을 하는 경우 그 구체적 방식 및 내용

4) 가맹본부가 가맹희망자 또는 가맹점사업자에게 직접 신용을 제공하거나 각종 금융 기관의 신용 제공을 주선하는 경우에는 신용 제공에 대한 구체적 조건 및 신용 제 공 금액

자. 교육·훈련에 대한 설명(교육·훈련 계획이 없는 경우에는 그 사실을 기재한다)

1) 교육·훈련의 주요내용(집단 강의 및 실습 교육을 구분한다) 및 필수적 사항인지 여부

2) 가맹점사업자에게 제공되는 교육·훈련의 최소시간

3) 가맹점사업자가 부담하는 교육·훈련비용

4) 교육·훈련을 받아야 하는 주체(가맹점사업자가 자기 대신에 지정한 자도 교육·훈련 을 받을 수 있는 경우에는 이를 기재한다)

5) 정기적이고 의무적으로 실시되는 교육·훈련에 가맹점사업자가 불참할 경우에 가맹 본부로부터 받을 수 있는 불이익

② 또한, 가맹본부는 위에서 언급한 내용 이외의 가맹사업의 경영에 필요한 내용을 정보공개서에 기재할 수 있습니다.

? 정보공개서가 무엇인가요?

Q 정보공개서가 무엇인가요?

A 정보공개서는 "가맹본부의 정보를 공정거래위원회에서 정한 기준에 의거하여 정리한 문서"입니다.

가맹사업법 제2조에서 "정보공개서"란 다음 각 목에 관하여 대통령령으로 정하는 사항을 수록한 문서를 말한다고 규정하고 있습니다..

　가. 가맹본부의 일반현황

　나. 가맹본부의 가맹사업 현황(가맹점사업자의 매출에 관한 사항을 포함한다)

　다. 가맹본부와 그 임원(독점규제 및 공정거래에 관한 법률 제2조제5호에 따른 임원을 말 한다. 이하 같다)이 이 법 또는 독점규제 및 공정거래에 관한 법률을 위반한 사실, 사 기·횡령·배임 등 타인의 재산을 영득 또는 편취하는 죄에 관련된 민사소송에서 패소의 확정판결을 받았거나 민사상화해를 한 사실, 사기 횡령 배임 등 타인의 재산을 영득 또 는 편취하는 죄를 범하여 형을 선고받은 사실

라. 가맹점사업자의 부담

마. 영업활동에 관한 조건과 제한

바. 가맹사업의 영업 개시에 관한 상세한 절차와 소요기간

사. 교육 훈련에 대한 설명(교육 훈련 계획이 있는 경우에 한한다)

? 정보공개서 표지에 등록번호가 없는데 믿을 수 있는 건가요?

Q 정보공개서 표지에 등록번호가 없는데 믿을 수 있는 건가요?

A 정보공개서 표지에 등록번호가 기재되어 있지 않다면 일단은 신뢰할 수 없는 문서입니다.

정보공개서는 공정거래위원회에 등록된 문서를 사용해야 하는 것이 원칙입니다. 문서 작성 후 공정위에 등록되지 않은 상태에서 가맹희망자에게 제공하는 것은 "정보공개서 제공의무"를 위반한 것으로 보고 있습니다.

가맹본부가 가맹점을 모집하고 가맹사업을 영위하기 위해서는 정보공개서라는 문서를 작성하여 공정거래위원회에 접수한 뒤 심사를 받아야 하며, 이에 통과되면 공정거래위원회는 "등록번호" 및 "최초 등록일"을 부여합니다.

가맹본부에서는 이 내용을 반드시 정보공개서 표지에 기재하여 사용하여야 하는 것이 원칙입니다. 다만, 등록 후 문서에 기재하지 않고 사용한다고 해서 법을 위반하는 것은 아닙니다. 따라서, 가맹본부 또는 "공정거래위원회 가맹사업거래" 홈페이지 http://franchise.ftc.go.kr/index.do 에서 등록 여부를 반드시 확인하시기 바랍니다.

참고로, 임의의 정보공개서 작성 후 공정위에 접수하지 않고 사용하는 가맹본부를 주의하시기 바랍니다.

? 정보공개서를 받고 14일이 지나야 계약 할 수 있다고 합니다. 좀 더 빠르게 할 수 없나요?

Q 정보공개서를 받고 14일이 지나야 계약 할 수 있다고 합니다. 좀 더 빠르게 할 수 없나요?

A 가맹거래사나 변호사에게 정보공개서에 대한 자문을 받은 경우 가맹점사업자는 정보공개서 수령 후 7일이 지난 후 가맹본부와 가맹계약을 체결할 수 있습니다. 다만, 가맹점사업자는 자문 받았음을 증명할 수 있는 서류를 가맹본부에 제출하여야 합니다.

? 정보공개서 및 가맹계약서 내용을 자세히 알고 싶습니다. 도움을 청할 곳이 있나요?

Q 정보공개서 및 가맹계약서 내용을 자세히 알고 싶습니다. 도움을 청할 곳이 있나요?

A 정보공개서 및 가맹계약서 내용은 상당히 어렵습니다. 전문용어가 생소하여 더욱 어렵게 느껴질 수 있습니다. 이럴 경우 가맹거래사나 변호사 등 전문가의 도움을 받으시기 바랍니다.

? 정보공개서 등록 현황은 어떻게 알 수 있나요?

Q 정보공개서 등록 현황은 어떻게 알 수 있나요?

A 정보공개서는 "공정거래위원회 가맹사업거래" 홈페이지에서 확인하실 수 있습니다.
공정거래위원회에서 공개되는 문서는 모든 내용이 공개되는 것은 아니고, 공정위가 일반적으로 영업비밀에 해당된다고 판단하는 내용 및 가맹본부에서 삭제 요청한 내용 등은 삭제되어 있습니다. 따라서, 홈페이지에 공개된 내용은 중요한 사항이 삭제되었기에 가맹본부를 정확히 검토하는 데는 한계가 있으며, 반드시 가맹본부에서 완전한 문서를 제공받아 검토하시기 바랍니다.
참고로, 공정거래위원회 가맹사업거래 홈페이지 공개 된 내용은 가맹사업법에서 적용하는 "가맹본부의 정보공개서 제공 의무"에 적용되지 않습니다.

? 정보공개서를 받지 않고 가맹계약을 체결하면 안 되나요?

Q 정보공개서를 받지 않고 가맹계약을 체결하면 안 되나요?

A 안됩니다. 가맹본부 입장에서 보면 "가맹본부의 정보공개서 제공의무"를 위반하는 것이기 때문에 정보공개서 받지 않고 가맹계약을 체결하면 안됩니다.

가맹희망자 입장에서 보면, 가맹본부를 정확히 검토, 평가한 뒤 선택하기 위해 다각도로 검토해 보는 과정에서 정보공개서 내용는 기초 자료에 해당하므로 필수적으로 검토하시기 바랍니다.

다만, 정보공개서의 내용 만으로 가맹본부 전체를 평가할 수 없음을 인지하시기 바랍니다.

참고로, 가맹사업법에서 적용하는 "가맹본부의 정보공개서 제공의무" 조항 내용은 다음과 같습니다.

가맹사업법 제7조 (정보공개서 제공의무 등)

① 가맹본부(가맹지역본부 또는 가맹중개인이 가맹점사업자를 모집하는 경우를 포함한다. 이하 같다)는 가맹희망자에게 정보공개서 등록 절차에 따라 등록한 정보공개서를 대통령령으로 정하는 바에 따라 제공하여야 한다.

② 가맹본부는 등록된 정보공개서를 제공하지 아니하였거나 정보공개서를 제공한 날부터 14일(가맹희망자가 정보공개서에 대하여 변호사 또는 가맹거래사의 자문을 받은 경우에는 7일로 한다)이 지나지 아니한 경우에는 다음 각 호의 어느 하나에 해당하는 행위를 하여서는 아니 된다.

1. 가맹희망자로부터 가맹금을 수령하는 행위. 이 경우 가맹희망자가 예치기관에 예치 가맹금을 예치하는 때에는 최초로 예치한날(가맹본부가 가맹희망자와 최초로 가맹금을 예치하기로 합의한 때에는 그날)에 가맹금을 수령한 것으로 본다.

2. 가맹희망자와 가맹계약을 체결하는 행위
가맹본부가 고의적으로 정보공개서를 제공하지 않고 가맹계약을 유도하거나 가맹금 수령을 유도한다면 명백한 법 위반이며, 가맹희망자는 계약 해지 시 가맹금 반환을 청구할 수 있습니다.

? 허위과장으로 처벌되는 내용은 정보공개서 문서에만 적용되나요?

Q 허위과장으로 처벌되는 내용은 정보공개서 문서에만 적용되나요?

A 아닙니다. 가맹본부에서 제공하는 모든 정보에 해당합니다. 공정거래위원회에서 허위과장에 대해 검토하는 범위는 가맹사업 관련 문서 및 행위 등 모든 부문에 해당됩니다.

기본적으로 정보공개서 내용의 진위여부, 가맹계약서와 정보공개서 내용이 상이한 경우, 가맹점 연간 평균 매출액 및 정보공개서에 가맹본부 및 가맹점 현황의 중요한 내용을 누락 시킨 경우도 허위과장에 해당됩니다. 또한, 홈페이지 내용, 회사 홍보 부르셔, 영업시 제공하는 자료, 신문 및 언론 홍보 자료, 홍보 문구, 영업시 안내하는 예상 매출액 등도 허위과장 범위에 해당됩니다.

참고로, 가맹사업법에서 적용하는 "허위과장된 정보제공 등의 금지" 조항 내용은 다음과 같습니다.

가맹사업법 제9조 (허위과장된 정보제공 등의 금지)

① 가맹본부는 가맹희망자에게 정보를 제공함에 있어서 허위 또는 과장된 정보를 제공하거나 중요사항을 누락하여서는 아니된다.

② 가맹본부는 가맹희망자나 가맹점사업자에게 다음 각 호의 어느 하나에 해당하는 정보를 제공하는 경우에는 서면으로 하여야 한다.

　1. 가맹희망자의 예상매출액, 수익, 매출총이익, 순이익 등 장래의 예상수익상황에 관한 정보

　2. 가맹점사업자의 매출액, 수익, 매출총이익, 순이익 등 과거의 수익상황이나 장래의 예상수익상황에 관한 정보

③ 가맹본부는 제2항에 따라 정보를 제공하는 경우에는 그 정보의 산출근거가 되는 자료로서 대통령령으로 정하는 자료를 가맹본부의 사무소에 비치하여야 하며, 영업시간 중에 언제든지 가맹희망자나 가맹점사업자의 요구가 있는 경우 그 자료를 열람할 수 있도록 하여야 한다.

참고로, 허위과장 정보제공 등의 금지 규정은 영업 시 뿐만 아니라, 영업 중 가맹본부가 가맹점에 제공하는 모든 문서, 자료 등 기타 정보에도 적용됩니다.

? 정보공개서 내용과 가맹계약서 내용이 다른 경우 어떤 문서가 더 중요한가요?

Q 정보공개서 내용과 가맹계약서 내용이 다른 경우 어떤 문서가 더 중요한가요?

A 가맹계약서 내용이 더 중요합니다.

원칙적으로 정보공개서 내용과 가맹계약서 내용은 반드시 일치하여야 합니다. 그러나, 그렇지 않을 경우 가맹계약서는 가맹본부와 가맹점사업자 간의 권리 의무를 법률로 구속하는 문서이기 때문에 정보공개서 보다 신중히 검토 후 가맹계약을 체결하여야 합니다.

쉽게 말해, 정보공개서는 가맹계약을 체결 하기 전 가맹본부의 정보를 알려주는 문서일 뿐이고, 이 내용을 바탕으로 상호 합의한 내용을 계약 관계로 규정짓는 문서이기 때문에 가맹계약서가 더 중요한 문서라고 볼 수 있습니다.

따라서, 정보공개서 제공받을 때 가맹계약서를 함께 요청하여 비교 검토하시면 더욱 도움이 될 것입니다.

? 어제 정보공개서를 받았습니다. 내일 계약체결하면 안 되나요?

Q 어제 정보공개서를 받았습니다. 내일 계약체결하면 안 되나요?

A 안됩니다. 가맹본부 입장에서 보면 "가맹본부의 정보공개서 제공의무"를 위반하는 것이기 때문에 정보공개서 받은 후 만 14일이 지나지 않고 가맹계약을 체결하면 안됩니다.

가맹희망자 입장에서 보면, 최소한 만 14일이라도 가맹본부를 신중히 검토해 볼 수 있도록 법으로 기간을 정해준 것이고, 충동적으로 결정하여 후회하지 않도록 가맹점사업자를 보호하기 위해 제정된 조항으로 충분히 활용하는 것이 도움이 됩니다.

? 정보공개서 등록신청의 대행이 가능합니까?

Q 정보공개서 등록신청의 대행이 가능합니까?

A 가맹본부의 위임장이 있는 경우 변호사나 가맹거래사 등이 등록신청을 대행할 수 있습니다.

? 정보공개서 파일의 제출방법을 알고 싶습니다.

Q 정보공개서 파일의 제출방법을 알고 싶습니다.

A 방문접수 또는 우편접수의 경우 CD나 USB 등을 통하여 파일을 제출합니다. 이 경우 정보공개서에 별첨되는 내용(재무제표, 가맹점 목록, 거래제한 상품 품목 등)이 있는 경우 파일에도 함께 담아야 합니다. 즉, 정보공개서 본문 외에 별첨되는 내용을 포함하여 파일로 제출하도록 합니다.

? 정보공개서 등록주체는 누구입니까?

Q 정보공개서 등록주체는 누구입니까?

A 정보공개서 등록 의무는 가맹본부에게 있습니다.
가맹본부가 다수의 지사를 운영하고 있고 지사는 독립적으로 가맹점 모집 및 관리를 하고 있는 경우에도 정보공개서 등록 의무는 가맹본부에게 있습니다. 다만, 가맹본부는 단순히 상표 사용 및 상품 공급만 수행하고 가맹점 운영에 대한 통제를 전혀 수행하지 않는다면 "가맹사업"의 정의에 해당하지 않는다고 생각할 수 있으나,
이 경우에도 가맹본부는 지사에 대한 관리·감독권이 있고 지사를 통하여 가맹점사업자를 간접적으로 통제하고 있으므로 가맹본부로서의 책임을 면제받기는 어렵다고 할 것입니다.

? 정보공개서 작성시 광고판촉비 지출 내역을 어떻게 기재하여야 하는지 알고 싶습니다.

Q 가맹본부가 다수의 가맹사업을 영위하고 있다면 정보공개서 작성시 광고판촉비 지출 내역을 어떻게 기재하여야 하는지 알고 싶습니다.

A 가맹본부가 손익계산서를 작성한다면 광고선전비를 상한으로 하여 각 가맹사업별로 지출한 실제 비용을 나누어 기재하여야 합니다. 만약 브랜드별로 구분하기 어렵다면 전체 금액을 가맹본부의 판단 기준에 따라 나누어 기재하거나 실제 지출 금액이 광고선전비로 표시된 금액보다 적다는 사실을 반드시 알려야 합니다.

? 정보공개서 작성시 가맹점 사업자 전체 명단을 기재하여야 합니까?

Q 정보공개서 작성시 가맹점 사업자 전체 명단을 기재하여야 합니까?

A 가맹사업법 시행령에는 최근 3년간 가맹점의 총수 및 변동현황만을 기재하도록 하고 있습니다. 다만, 시행령 제6조제4항에서 가맹희망자의 장래 점포 예정지 인근 10개의 점포 정보(상호, 대표자명, 소재지, 전화번호)를 제공하도록 하고 있으므로 참고하시기 바랍니다.
물론 가맹본부가 자율적으로 전체 가맹점사업자 명단을 기재하는 것은 가능합니다.

? 정보공개서 작성시 가맹점 계약의 종료와 해지 구별 기준을 알고 싶습니다.

Q 정보공개서 작성시 가맹점 계약의 종료와 해지 구별 기준을 알고 싶습니다.

A 계약 기간이 만료되었음에도 재계약을 하지 않고 계약 관계를 끝내는 경우에는 "계약 종료"로, 계약 기간 중 가맹본부나 가맹점사업자가 일방적(또는 상호합의)으로 계약 관계를 끝내는 경우에는 "계약 해지"로 분류합니다.
가맹본부가 가맹점사업자의 운영권을 다시 사들여 직영점으로 운영하는 경우에도 마찬가지 기준을 적용하여야 합니다.

? 정보공개서 작성시 가맹점과 직영점의 구별기준을 알고 싶습니다.

Q 정보공개서 작성시 가맹점과 직영점의 구별기준을 알고 싶습니다.

A 직영점은
1)가맹본부의 명의로,
2)가맹본부가 운영 전반을 직접 책임지고,
3)그 매출이 가맹본부에 귀속되어야 합니다.

따라서 법인사업자인 일부 가맹본부에서 대표자나 임원, 또는 그 친족의 명의로 가맹점을 운영하면서 직영점인 것처럼 홍보하는 경우 허위·과장 정보 제공의 가능성이 있습니다.

한편, 개인사업자의 경우 대표자의 명의로 운영하는 다른 점포는 당연히 직영점이 됩니다.

이 경우에도 임원이나 대표자의 친족의 명의로 운영하는 점포는 가맹점으로 분류하는 것이 타당합니다.

다만, 가맹본부에서 경영상의 이유로 직영점 형태로 운영하는 다른 사업자 명의의 점포가 있는 경우에는 그러한 사실을 별도로 표시하실 수 있습니다.(이 경우에도 가맹점으로 분류하여야 함)

? 정보공개서 작성시 "가맹사업을 시작한 날"의 의미를 알고 싶습니다.

Q 정보공개서 작성시 "가맹사업을 시작한 날"의 의미를 알고 싶습니다.

A 원칙적으로 최초의 가맹점이 영업을 시작한 날을 기재합니다. 다만, 영업을 시작한 날을 알기 어려운 경우에는 계약일을 기재하고 그 사실을 표시합니다.

직영점을 먼저 개설하고 운영하면서 새로 가맹사업을 시작한 경우에는 직영점을 시작한 날을 별도로 기재하고 그 사실을 표시합니다. 이 경우 가맹사업을 시작한 날은 비워둡니다.

? 정보공개서 작성시 인수합병의 의미를 알고 싶습니다.

Q 정보공개서 작성시 인수합병의 의미를 알고 싶습니다.

A 인수·합병은 다른 회사의 지분 인수, 임원 겸임, 영업양수 등을 통하여 실질적으로 다른 회사의 경영권을 행사할 수 있는 상태에 이른 것을 의미합니다.

합병회사의 지분을 반드시 50% 이상 획득할 필요는 없으며 임원의 선임권을 획득하는 등 사실상 경영권을 행사하고 있는 것으로 충분합니다.

인수·합병일은 인수·합병의 효력이 발생하는 날로서 합병 후 존속회사나 신설회사의 등기가 이루어진 날이 됩니다. 다만, 다른 기업의 일부(가맹사업 부문)를 인수한 경우 분할합병한 회사의 등기가 이루어진 날로 합니다. 또한, 개인사업자 간에 이루어진 인수·합병의 경우 그 계약의 효력일이 인수·합병일이 됩니다.

더 자세한 내용은 공정거래법 제7조제1항에 따른 기업결합 내용 및 상법 제3편(회사) 제4장(주식회사) 제10절(합병) 및 제11절(회사의 분할)의 관련 조항을 참고하시기 바랍니다.

? 정보공개서 작성시 특수관계인의 범위를 알고 싶습니다.

Q 정보공개서 작성시 특수관계인의 범위를 알고 싶습니다.

A 정보공개서에 기재하는 특수관계인은 독점규제 및 공정거래에 관한 법률 시행령 제3조 및 제11조에 따른 특수관계인이면서 최근 3년 이내에 가맹사업을 경영한 적이 있거나 현재 경영하고 있는 회사나 개인을 의미합니다. 보다 구체적으로

1) 해당 회사를 사실상 지배하고 있는 자: 일반적으로 오너가 되며 반드시 임원일 필요는 없음.
2) 오너의 친족
3) 가맹본부의 계열회사
4) 가맹본부 및 계열회사의 사용인(임원, 상업사용인 등)이 해당됩니다.

즉, 가맹본부가 법인인 경우 대표자(오너), 가맹본부의 임원 전원, 가맹사업을 영위하는 계열회사 및 그 임원, 가맹본부를 경영하거나 임원급으로 활동하는 대표자의 친족이 특수관계인이 됩니다.

한편, 가맹본부가 개인인 경우 가맹본부의 임원 전원, 가맹사업을 영위하는 계열회사 및 그 임원, 가맹본부를 경영하거나 임원급으로 활동하는 대표자의 친족이 특수관계인이 됩니다.(이 경우 오너는 가맹본부 자신이므로 특수관계인에는 해당하지 않음)

? 정보공개서의 내용을 믿을 수 있나요?

Q 정보공개서를 받았는데 그 내용을 다 믿을 수 있나요? 내용의 사실 여부가 불안하다면 어떻게 확인해 볼 수 있나요?

A 가맹본부가 실수로 내용을 빠뜨리거나 고의로 거짓된 내용을 제출할 경우에는 정보 공개서의 내용이 사실과 다를 수 있습니다. 정부가 등록과정에서 정보공개서의 기재 사항을 확인하고 있지만 그 내용의 사실 여부까지 모두 판단하는 것은 아니기 때문 입니다.

정보공개서의 내용을 신뢰할 수 없거나 확인하려 할 경우 가맹점(장래 점포 예정지 에서 가까운 지점, 직영점 등)을 직접 방문해서 먼저 창업을 한 사람에게 가맹본부 가 약속한대로 사업이 진행되고 있는지 물어보십시오. 그래도 불안하다면 전문가인 가맹거래사의 자문을 받아보는 것도 고려해 보십시오. 정보공개서의 내용은 물론 가 맹본부의 신뢰도, 점포입지, 사업전망 등 다양한 사항을 알아볼 수 있습니다.

? 가맹본부의 사업현황, 사업자의 부담, 영업활동 조건 등을 미리 알아 보고 싶은데 어떻게 해야 하나요?

Q 유명한 프랜차이즈(가맹사업) 음식점을 창업하려고 합니다. 가맹본부의 사업현황, 사업자 의 부담, 영업활동 조건 등을 미리 알아보고 싶은데 어떻게 해야 하나요?

A 가맹본부가 공정거래위원회에 등록한 가맹본부의 사업현황, 가맹점사업자의 부담, 영업활동의 조건 등이 수록된 정보공개서를 통해 확인할 수 있고, 또한 가맹계약 체결 14일 전에 정보공개서를 가맹희망자에게 제공하도록 의무화 하고 있으므로, 이를 통해 확인할 수 있습니다.

◇ 정보공개서의 개념

　정보공개서는 가맹본부의 사업현황, 임원의 경력, 가맹점사업자의 부담, 영업활동의 조건, 가 맹점사업자에 대한 교육·훈련, 가맹계약의 해제·해지 및 갱신 등과 같은 가맹사업에 관한 사항을 수록한 문서를 말합니다.

◇ 정보공개서의 수록내용

　정보공개서에는

　① 가맹본부의 일반 현황

　② 가맹본부의 가맹사업 현황(가맹점사업자의 매출에 관한 사항 포함)

　③ 가맹본부와 그 임원의 법 위반 사실 등

④ 가맹점사업자의 부담

⑤ 영업활동에 관한 조건과 제한

⑥ 가맹사업의 영업개시에 관한 절차와 소요기간

⑦ 교육, 훈련에 관한 설명

⑧ 그 밖에 경영에 필요한 내용 등이 수록됩니다.

◇ 정보공개서의 등록

가맹사업을 시작하는 가맹본부는 공정거래 위원회에 정보공개서를 신규 등록해야 하고, 정보공개서가 변경된 경우에는 변경된 내용도 등록해야 합니다.

◇ 정보공개서의 제공

① 가맹본부는 가맹계약을 체결하려는 가맹희망자에게 정보공개서를 제공할 의무가 있습니다. 이때, 가맹본부는 가맹희망자에게 거짓되거나 과장된 정보를 제공해서는 안 됩니다. 가맹희망자나 가맹점사업자는 수익상황 등에 관한 정보를 서면으로 받습니다.

② 가맹본부가 가맹희망자에게 정보공개서를 제공하지 못하였거나 제공한 지 14일이 지나지 않은 경우(가맹희망자가 정보공개서에 대하여 변호사 또는 가맹거래사의 자문을 받은 경우에는 7일)에는 가맹희망자와 가맹계약을 체결하거나 가맹금을 수령해서는 안 됩니다.

? 차액가맹금 관련 내용을 정보공개서에 기재해야 하는 이유는 무엇인가요?

Q 차액가맹금 관련 내용을 정보공개서에 기재해야 하는 이유는 무엇인가요?

A 가맹본부가 가맹점주에게 구입요구품목 등을 공급하는 과정에서 차액가맹금을 수취하는 경우가 있습니다. 그러나 이에 대한 정보가 제공되지 않아 가맹점주는 본인의 부담에 대해 정확히 알지 못한 채 계약을 체결하여, 계약 이후 가맹본부와 불필요한 분쟁이 발생하고 있습니다. 이러한 문제를 예방하기 위해 계약체결 전 정보공개서를 통해 가맹희망자가 그 내용을 알고 본인의 부담범위를 확인한 뒤 계약을 체결하도록 하려는 것입니다.

? 가맹본부로부터 정보공개서를 받았는데 그 내용을 다 믿을 수 있나요? 사실인지는 어떻게 확인해볼 수 있나요?

Q 가맹본부로부터 정보공개서를 받았는데 그 내용을 다 믿을 수 있나요? 사실인지는 어떻게 확인해볼 수 있나요?

A 가맹본부가 실수로 내용을 빠뜨리거나 고의로 거짓된 내용을 넣는 경우에는 정보공개서의 내용과 다를 수 있습니다. 정부가 등록과정에서 정보공개서의 기재사항을 확인하고 있지만 그 내용의 사실 여부까지 모두 판단하는 것은 아니기 때문입니다.

정보공개서 내용을 신뢰할 수 없거나 확인하고자 할 경우 이미 창업을 해서 영업을 하고 있는 다른 가맹점사업자에게 가맹본부가 약속한대로 정보공개서 내용대로 약속을 잘 지키는지를 물어볼 수 있습니다.

아니면 전문가인 가맹거래사에게 정보공개서의 내용은 물론 가맹본부의 신뢰도, 점포입지, 사업전망 등 다양한 사항에 대해 자문을 받을 수 있습니다.

◇ 정보공개의 내용 확인

① 가맹본부는 가맹희망자에게 정보공개서와 함께 장래 점포 예정지에서 가장 가까운 체인점(직영점도 포함) 10개(정보공개서 제공시점에 가맹희망자의 장래 점포 예정지가 속한 광역지방자치단체에서 영업 중인 가맹점 수가 10개 미만인 경우에는 해당 광역지방자치단체 내의 가맹점 전체)의 상호, 대표자의 이름, 소재지 및 전화번호가 적힌 문서를 제공해야 합니다.

② 다만, 정보공개서를 제공할 때 장래 점포 예정지가 확정되지 않은 경우에는 확정되는 즉시 제공하여야 합니다.

③ 그러므로 정보공개서의 내용을 신뢰할 수 없거나 내용이 사실인지 확인하고자 할 경우 이미 창업을 해서 영업을 하고 있는 다른 가맹점을 직접 방문해서 먼저 창업을 한 사람에게 가맹본부가 약속한대로 사업이 진행되고 있는지 물어볼 수 있습니다.

④ 그래도 불안하다면 전문가인 가맹거래사에게 정보공개서의 내용은 물론 가맹본부의 신뢰도, 점포입지, 사업전망 등 다양한 사항에 대한 검토를 의뢰해 볼 수 있습니다.

2-1. 신규등록

① 가맹본부는 가맹희망자에게 제공할 정보공개서를 다음의 구비서류를 제출함으로 공정거래위원회 또는 특별시장·광역시장·도지사·특별자치도지사(이하 "시·도지사"라고 함)에 등록해야 합니다.

가. 정보공개서 신규등록 신청서

나. 정보공개서(문서 형태의 정보공개서와 함께 정보통신망을 이용해 전자적 파일도 제출)

다. 바로 전 3년간의 대차대조표 및 손익계산서(가맹본부가 재무제표를 작성하지 않는 경우에는 바로 전 3년간의 매출액을 확인할 수 있는 서류)

라. 바로 전 사업연도 말 현재 운영 중인 직영점 및 가맹점 목록(대표자, 소재지, 가맹계약 체결일 및 전화번호를 기재해야함)

마. 가맹계약서 양식 사본

바. 바로 전 사업연도 말 현재 근무 중인 임직원 수를 확인할 수 있는 서류

사. 그 밖에 정보공개서 내용과 관련 있는 서류로서 공정거래위원회가 제출하도록 요구하는 서류

② 정보공개서 등록신청서를 제출받은 공정거래위원회는 행정정보의 공동이용을 통해 다음의 서류를 확인해야 합니다.

가. 법인 등기사항증명서(가맹본부가 법인인 경우로 한정)

나. 해당 법인의 설립등기 전에 등록신청을 하는 경우 법인을 설립하려는 발기인의 주민등록표 등본

다. 사업자등록증(정보공개서 등록증을 내준 날부터 30일 이내에 공정거래위원회가 확인하거나 신청인이 제출할 수 있음). 다만, 신청인이 행정정보의 공동이용을 통한 2)와 3)의 확인에 동의하지 않는 경우에는 그 서류[3)은 사본]를 제출하도록 해야 합니다.

③ 공정거래위원회는 정보공개서의 등록신청이 있으면 등록신청일부터 30일(취소된 가맹본부가 다시 등록을 신청한 경우에는 2개월) 이내에 가맹본부에 정보공개서 등록증을 내주어야 합니다.

2-2. 변경등록

① 가맹본부는 등록한 정보공개서의 기재사항을 변경하려는 경우 다음의 기한 내에 정보공개서 변경등록 신청서에 구비서류를 첨부하여 공정거래위원회 또는 시·도지사에게 기재사항의 변경등록을 해야 합니다.

구분	정보공개서 기재사항	변경 기한
변경등록사항	■ 「가맹사업거래의 공정화에 관한 법률 시행령」별표 1 제1호: 전체 ■ 「가맹사업거래의 공정화에 관한 법률 시행령」별표 1 제2호: 가목, 나목(가맹본부와 관련된 정보만 해당), 다목부터 마목까지, 사목(대표자와관련된정보만 해당) 및 자목 ■ 「가맹사업거래의 공정화에 관한 법률 시행령」별표 1 제3호: 나목 ■ 「가맹사업거래의 공정화에 관한 법률 시행령」별표 1 제4호: 전체	변경사유가 발생한 날부터 30일
	■ 「가맹사업거래의 공정화에 관한 법률 시행령」별표 1 제2호: 차목 ■ 「가맹사업거래의 공정화에 관한 법률 시행령」별표 1 제3호: 아목1) 및 2) ■ 「가맹사업거래의 공정화에 관한 법률 시행령」별표 1 제5호 및 제6호: 전체 ■ 「가맹사업거래의 공정화에 관한 법률 시행령」별표 1 제8호: 전체 ■ 「가맹사업거래의 공정화에 관한 법률 시행령」별표 1 제9호: 전체	변경사유가 발생한 분기가 끝난 후 30일
	■ 「가맹사업거래의 공정화에 관한 법률 시행령」별표 1 제2호: 바목, 아목 ■ 「가맹사업거래의 공정화에 관한 법률 시행령」별표 1 제3호: 다목부터 사목까지, 아목 3) 및 자목	매사업연도가 끝난 후 120일. 다만, 재무제표를 작성하는 개인사업자인 가맹본부는 매 사업연도가 끝난 후 180일 이내에 정보공개서 변경등록을신청할 수 있음

② 다만, 재무제표를 작성하는 개인사업자의 가맹본부는 매 사업연도가 끝난 후 180일 이내에 정보공개서 변경등록을 신청할 수 있습니다.

③ 구비서류

가. 변경된 정보공개서

나. 변경사항을 증명할 수 있는 서류

다. 정보공개서 등록증(등록증 기재사항을 변경하는 경우만 해당)

④ 신청서의 처리

공정거래위원회는 변경등록신청인 경우에는 그 신청일부터 20일 이내에 가맹본부에게 등록증을 재교부해야 합니다.

2-3. 변경신고

① 가맹본부는 등록된 사항 중 경미한 사항에 대하여는 아래의 기한 내에 정보공개서 변경신고서에 구비서류를 첨부하여 신고하면 됩니다.

구분	정보공개서 기재사항	변경 기한
변경등록사항	■ 「가맹사업거래의 공정화에 관한 법률 시행령」별표 1 제2호: 나목(가맹본부의 특수관계인과 관련된 정보만 해당), 사목(대표자 이외의 임원과 관련된 정보만 해당) ■ 「가맹사업거래의 공정화에 관한 법률 시행령」별표 1 제3호: 가목, 차목 및 카목 ■ 「가맹사업거래의 공정화에 관한 법률 시행령」별표 1 제7호: 전체	변경사유가 발생한 분기가 끝난 후 30일

② 신청서의 처리

변경신고의 처리절차는 접수 → 검토 → 기안·결재(신고·수리) → 등록증 변경사항 기재 순이며, 변경신고의 경우에는 등록증을 재교부하지 않습니다.

③ 위반 시 제재

가맹본부가 정보공개서의 경미한 사항이 변경된 것을 신고하지 않
거나 거짓으로 신고하는 경우에는 300만원 이하의 과태료 처분을
받게 됩니다.

2-4. 등록거부 또는 변경요구

공정거래위원회는 가맹본부가 한 정보공개서 등록 신청이 다음에 해
당하는 경우에는 정보공개서의 등록을 거부하거나 그 내용의 변경을
요구할 수 있습니다.

가. 정보공개서나 그 밖의 신청서류에 거짓이 있거나 필요한 내용을 적지 않은 경우

나. 정보공개서에 기재된 가맹사업의 내용에 다른 법률에서 금지하고 있는 사항이 포
함되어 있는 경우

2-5. 등록취소

다음의 경우에는 공정거래위원회 및 시·도지사가 정보공개서의 등록
을 취소할 수 있습니다.

가. 거짓이나 그 밖의 부정한 방법으로 정보공개서가 등록된 경우

나. 정보공개서에 기재된 가맹사업의 내용에 다른 법률에서 금지하고 있는 사항이 포
함되어 있는 경우

  1) 정보공개서의 표지

  2) 가맹본부의 일반현황[「가맹사업거래의 공정화에 관한 법률 시행령」 별표 1 제2호의
     가목, 나목(가맹본부와 관련된 사항만 해당), 다목부터 바목까지, 사목(대표자와 관
     련된 사항만 해당), 아목부터 차목까지]

  3) 가맹본부의 가맹사업 현황

  4) 가맹본부와 그 임원의 법 위반 사실 등

  5) 가맹점사업자의 부담

  6) 영업활동에 대한 조건 및 제한

  7) 가맹본부의 경영 및 영업활동 등에 대한 지원

  8) 교육·훈련에 대한 설명

다. 정보공개서의 기재사항 중 다음의 중요사항이 누락된 경우

라. 가맹본부가 폐업 신고를 한 경우

마. 가맹본부가 정보공개서 등록취소를 요청하는 경우

2-6. 정보공개서의 공개

① 공정거래위원회 및 시·도지사는 가맹본부가 등록하거나 신고한 정보공개서를 공개해야 합니다. 다만, 「개인정보 보호법」 제2조제1호에 따른 개인정보와 「부정경쟁방지 및 영업비밀보호에 관한 법률」 제2조제2호에 따른 영업비밀은 제외합니다.

② 이 경우 공개하는 내용과 방법을 해당 가맹본부에 미리 통지해야 하고, 사실과 다른 내용을 정정할 수 있는 기회를 주어야 합니다.

③ 다만, 개인정보와 영업비밀은 공개의 대상에서 제외됩니다.

④ 가맹희망자는 공정거래위원회의 가맹사업정보제공시스템 (http://www.ftc.go.kr/)에서 모든 가맹본부의 정보공개서를 확인할 수 있습니다.

■ 행정심판례

(판단)

가. 정보공개서의 중요사항 누락행위

피심인이 2006년 사업년도의 정보공개서에 가맹점사업자의 부담에 관한 사항을 공개하면서 가맹점사업자가 피심인에게 지급하여야 하는 가맹비 등에 대한 항목만 공개하고, 가맹점사업자가 부담하는 금액과 가맹점사업자가 지급한 금액이 반환될 수 없는 사유를 공란으로 두어 정보공개서에 공개하여야 할 중요사항을 누락한 행위는 「가맹사업거래의 공정화에 관한 법률」 제9조제1항에 위반된다.

나. 허위정보 제공행위

피심인이 2006년 사업년도의 정보공개서에 가맹본부의 일반현황을 공개하면서 상호가 개인사업자 ○○임에도 법인 사업자인 것처럼 (주)○○로 기재하고, 사업자등록증상의 대표가 ○○○임에도 ○○○을 대표이사로 기재하고, 직원 ○○○을 이사로 기재하여 가맹희망자들에게 허위의 정보를 제공한 행위는 「가맹사업거래의 공정화에 관한 법률」 제9조제1항에 위반된다.

다. 근거자료 없는 수익정보 제공행위

피심인이 사업설명자료를 통하여 자기의 사업내용을 홍보하면서, 근거자료를 가맹본부에 비치하지 아니하고 "○○점 월 순이익 10,924천원, ○○점 월 순이익 9,960천원, ○○점 월 순이익 12,300천원, ○○○점 월 순이익 13,670천원"이라고 가맹점사업자들의 수익상황을 게재한 행위는 「가맹사업거래의 공정화에 관한 법률」 제9조제2항에 위반된다.

3-1. 가맹본부 등의 정보공개서 제공의무

① 가맹본부(가맹지역본부나 가맹중개인이 가맹점사업자를 모집하는 경우 포함)는 가맹희망자에게 등록 또는 변경등록한 정보공개서를 내용증명우편 등 다음과 같이 제공시점을 객관적으로 확인할 수 있는 방법으로 제공해야 합니다.

가. 가맹본부가 가맹희망자에게 정보공개서를 직접 또는 우편으로 전달하는 방법. 이 경우 다음의 모든 사항을 적은 서면을 작성(㉮부터 ㉲까지의 사항은 가맹희망자가 자필로 작성하는 것을 말함)하여 가맹희망자에게 주어야 합니다.

  1) 정보공개서를 제공받았다는 사실, 제공받은 일시 및 장소

  2) 가맹희망자의 성명·주소 및 전화번호

  3) 가맹희망자의 서명 또는 기명날인

  4) 가맹본부의 서명 또는 기명날인

나. 가맹희망자에게 정보공개서의 제공시점을 확인할 수 있는 내용증명우편으로 제공하는 방법

다. 가맹본부가 정보통신망을 이용하여 정보공개서의 내용을 게시한 후 게시사실을 가맹희망자에게 알리는 방법(정보공개서의 내용을 읽어 본 시간을 그 가맹희망자 및 가맹본부가 확인할 수 있는 시스템 마련)

라. 가맹본부가 가맹희망자의 전자우편 주소로 정보공개서의 내용이 포함된 전자적 파일을 보내는 방법(전자우편의 발송시간과 수신시간의 확인이 가능한 방법으로 해야 함)

② "가맹중개인"은 가맹본부나 가맹지역본부로부터 가맹점사업자를 모집하거나 가맹계약을 준비하거나 체결하는 업무를 위탁받은 사람을 말합니다.

③ 가맹희망자가 위 ㉰ 및 ㉱의 방법으로 정보공개서를 받는 경우에는 가맹본부가 문서의 형태로 인쇄나 출력이 가능하도록 하는 조치를 취해야 합니다.

④ 가맹본부는 가맹희망자의 편의를 위하여 필요한 정보공개사항의

일부에 대하여 별도의 문서로 작성된 설명서를 가맹희망자에게 제공할 수 있는데, 이러한 설명서에 수록되는 정보공개사항의 목차는 정보공개서에 수록되어야 합니다.

⑤ 인근가맹점 현황문서 제공

가맹본부는 가맹희망자에게 정보공개서를 제공할 경우에는 가맹희망자의 장래 점포 예정지에서 가장 인접한 가맹점 10개(정보공개서를 제공하는 시점에 가맹희망자의 장래 점포 예정지가 속한 광역지방자치단체에서 영업 중인 가맹점의 수가 10개 미만인 경우에는 해당 광역지방자치단체 내의 가맹점 전체)의 상호, 소재지 및 전화번호가 적힌 문서를 함께 제공해야 합니다.

⑥ 다만, 가맹본부가 가맹희망자에게 정보공개서를 제공할 때 장래 점포 예정지가 확정되지 않은 경우에는 확정되는 즉시 제공해야 합니다.

3-2. 변경된 중요사항 제공

가맹본부는 정보공개서를 제공한 후 가맹계약 체결 전에 중요사항이 변경된 경우에는 변경된 내용을 직접 또는 우편으로 전달하는 방법, 전자적 파일로 제공하는 방법 등 정보공개서를 제공하는 방법으로 가맹희망자에게 지체 없이 알려야 합니다.

3-3. 정보공개서 미제공 등의 금지 행위

① 가맹본부는 등록된 정보공개서 및 인근가맹점 현황문서를 가맹희망자에게 제공하지 못했거나, 정보공개서를 제공한 날부터 14일(가맹희망자가 정보공개서에 대해 변호사나 가맹거래사의 자문을 받은 경우에는 7일)이 지나지 않은 경우에는 가맹희망자로부터 가맹금을 수령하거나 가맹계약을 체결하는 행위를 할 수 없습니다.

② 여기서 "가맹금을 수령하는 행위"로 보는 날은 가맹희망자가 가맹금을 예치기관에 최초로 예치한 날 또는 최초로 예치하기로 가맹본부와 합의한 날입니다.

3-4. 위반 시 제재

이를 위반하여 가맹본부가 가맹금을 수령하거나 가맹계약을 체결한 경우에는 시정조치 및 과징금처분을 받을 수 있고, 2년 이하의 징역 또는 5천만원 이하의 벌금에 처해집니다.

3-5. 허위 · 과장된 정보 등의 제공금지

가맹본부는 가맹희망자에게 정보를 제공할 때 다음과 같은 행위를 해서는 안 됩니다.

가. 허위·과장의 정보제공행위 : 사실과 다르게 정보를 제공하거나 사실을 부풀려 정보를 제공하는 행위

1) 객관적인 근거 없이 가맹희망자의 예상수익상황을 과장하여 제공하거나 사실과 다르게 가맹본부가 최저수익 등을 보장하는 것처럼 정보를 제공하는 행위

2) 가맹희망자의 점포 예정지 상권의 분석 등과 관련하여 사실 여부가 확인되지 않은 정보를 제공하는 행위

3) 가맹본부가 취득하지 않은 지식재산권을 취득한 것처럼 정보를 제공하는 행위

4) 위의 행위와 같이 사실과 다르게 또는 사실을 부풀려 정보를 제공하는 행위로서 공정거래위원회가 정하여 고시하는 행위

나. 기만적인 정보제공행위 : 계약의 체결·유지에 중대한 영향을 미치는 사실을 은폐하거나 축소하는 방법으로 정보를 제공하는 행위

1) 중요사항을 적지 않은 정보공개서를 가맹희망자에게 제공하는 행위

2) 가맹본부가 가맹점사업자에게 지원하는 금전, 상품 또는 용역 등이 일정 요건이 충족되는 경우에만 지원됨에도 불구하고 마치 모든 경우에 지원되는 것처럼 정보를 제공하는 행위

3) 위의 행위와 같이 계약의 체결·유지에 중대한 영향을 미치는 사실을 은폐하거나 축소하는 방법으로 정보를 제공하는 행위로서 공정거래위원회가 정하여 고시하는 행위

3-6. 정보의 서면제공 등

① 가맹본부는 가맹희망자나 가맹점사업자에게 다음의 정보를 서면으로 제공해야 합니다.

가. 가맹희망자의 예상매출액·수익·매출총이익·순이익 등 장래의 예상수익상황에 관

한 정보

나. 가맹점사업자의 매출액·수익·매출총이익·순이익 등 과거의 수익상황이나 장래의 예상수익상황에 관한 정보

② 다음에 해당하는 가맹본부는 가맹계약을 체결할 때 가맹희망자에게 예상매출액의 범위 및 그 산출 근거를 서면(이하 "예상매출액 산정서"라 함)으로 제공해야 합니다.

  1) 중소기업이 아닌 가맹본부
  2) 직전 사업연도 말 기준으로 가맹본부와 계약을 체결·유지하고 있는 가맹점사업자 (가맹본부가 복수의 영업표지를 보유하고 있는 경우에는 동일 영업표지를 사용하는 가맹점사업자에 한정)의 수가 100 이상인 가맹본부

③ 예상매출액의 범위는 가맹희망자의 점포 예정지에서 영업개시일부터 1년간 발생할 것으로 예상되는 매출액의 최저액과 최고액으로 확정된 범위를 말합니다. 이 경우 그 매출액의 최고액은 그 매출액의 최저액의 1.7배를 초과해서는 안 됩니다.

④ 가맹본부는 예산매출액 산정서를 가맹계약 체결일로부터 5년간 보관해야 합니다.

⑤ 공정거래위원회에서 정한 예상매출액 산정서의 표준양식이 권장됩니다.

⑥ 가맹본부가 위 정보를 제공하는 경우에는 그 정보의 산출근거가 되는 다음의 자료를 가맹본부의 사무소에 비치해야 합니다.

가. 현재수익 또는 예상수익의 산출에 사용된 사실적인 근거와 예측에 관한 자료

나. 현재수익 또는 예상수익의 산출근거가 되는 가맹사업의 점포(직영점과 가맹점을 포함)의 수와 그 비율

다. 최근의 일정기간 동안에 가맹본부나 가맹중개인이 표시 또는 설명하는 현재수익 또는 예상수익과 같은 수준의 수익을 올리는 가맹점사업자의 수와 그 비율(최근의 일정기간에 대하여는 시작하는 날짜와 끝나는 날짜를 표시해야 함)

⑦ 가맹희망자나 가맹점사업자는 가맹본부의 영업시간 중에 언제든지 비치된 자료를 열람할 수 있습니다.

3-7. 위반 시 제재

① 가맹본부가 가맹희망자에게 허위·과장의 정보제공행위나 기만적인 정보제공행위를 한 경우에는 5년 이하의 징역 또는 3억원 이하의 벌금에 처해집니다.

② 가맹본부가 가맹희망자나 가맹점사업자에게 서면으로 일정한 정보를 제공하지 않은 경우 및 열람할 수 있는 자료를 비치하지 않거나 자료요구에 응하지 아니한 경우에는 1천만원 이하의 과태료를 부과받습니다.

? 인근 점포 현황은 왜 주는 건가요?

Q 인근 점포 현황은 왜 주는 건가요?

A 가맹본부만 검토하지 말고, 실제 영업 중인 가맹점 현황도 파악하여 신중히 결정하라는 의미입니다.

프랜차이즈 창업을 준비함에 있어서 가맹본부의 선택 기준을 다각도로 평가해 보는 것이 중요합니다. 이에, 실제 운영중인 가맹점 운영 현황을 정확히 파악해 보는 것도 실패를 줄일 수 있는 방법 중 하나일 것입니다.

따라서, 법적으로도 정보공개서 제공 시 "인근 가맹점 현황"을 최소한 10개 정도 제공해야하는 것을 가맹본부의 정보공개서 제공 의무사항에 포함하고 있습니다.

참고로, 가맹사업법에서 적용하는 "인근 점포 현황 제공의무" 조항 내용은 다음과 같습니다.

가맹사업법 시행령 제6조 (정보공개서의 제공 등)

④ 가맹본부는 가맹희망자에게 정보공개서를 제공할 경우에는 가맹희망자의 장래 점포 예정지에서 가장 가까운 가맹점(직영점을 포함한다. 이하 이 항에서 같다) 10개(정보공개서 제공시점에 가맹희망자의 장래 점포 예정지가 속한 광역 지방자치단체에서 영업 중인 가맹점의 수가 10개 미만인 경우에는 해당 광역지방 자치단체 내의 가맹점 전체)의 상호, 대표자의 이름, 소재지 및 전화번호가 적힌 문서를 함께 제공하여야 한다. 다만, 정보공개서를 제공할 때 장래 점포예정지가 확정되지 아니한 경우에는 확정되는 즉시 제공하여야 한다.

4-1. 가맹금의 정의 및 형태

① "가맹금"이란 그 이름이나 지급의 형태가 어떻든 간에 가맹점사업자가 가맹본부에게 지급하는 다음의 대가를 말합니다.

가. 가맹점사업자가 가맹본부로부터 영업표지의 사용허락 등 가맹점운영권이나 영업활동에 대한 지원·교육 등을 받기 위해 지급하는 가입비·입회비·가맹비·교육비 또는 계약금 등

나. 가맹점사업자가 가맹본부로부터 공급받는 상품의 대금 등에 관한 채무액이나 손해배상액을 담보하기 위하여 지급하는 대가

다. 가맹점사업자가 가맹점운영권을 부여받을 당시 가맹사업을 착수하기 위해 가맹본부로부터 공급받는 정착물·설비·상품의 가격 또는 부동산의 임차료 명목으로 지급하는 대가

라. 가맹점사업자가 가맹본부와의 계약에 따라 영업표지의 사용과 영업활동 등에 관한 지원·교육, 그 밖의 사항에 대해 정기적 또는 비정기적으로 지급하는 것으로서 다음에 해당하는 대가

  1) 가맹점사업자가 상표 사용료, 리스료, 광고 분담금, 지도 훈련비, 간판류 임차료·영업지역 보장금 등의 명목으로 정액 또는 매출액·영업이익 등의 일정 비율로 가맹본부에 정기적으로 또는 비정기적으로 지급하는 대가

  2) 가맹점사업자가 가맹본부로부터 공급받는 상품·원재료·부재료·정착물·설비 및 원자재의 가격 또는 부동산의 임차료에 대하여 정기적으로 또는 비정기적으로 지급하는 대가 중 적정한 도매가격을 넘는 대가. 다만, 가맹본부가 취득한 자신의 상품 등에 관한 「특허법」에 따른 권리에 대한 대가는 제외됩니다.

마. 그 밖에 가맹희망자나 가맹점사업자가 가맹점운영권을 취득하거나 유지하기 위하여 가맹본부에 지급하는 모든 대가

4-2. 가맹금에 포함되지 않는 대가

가맹본부에 귀속되지 않는 다음의 대가는 가맹금에 포함되지 않습니다.

가. 소비자가 신용카드를 사용하여 가맹점사업자의 상품이나 용역을 구매한 경우 가맹점사업자가 신용카드사에 지불하는 수수료

나. 소비자가 상품권을 사용하여 가맹점사업자의 상품이나 용역을 구매한 경우 가맹점사업자가 상품권 발행회사에 지급하는 수수료나 할인금

다. 소비자가 직불전자지급수단·선불전자지급수단 또는 전자화폐를 사용하거나 전자지급결제대행 서비스를 이용하여 가맹점사업자의 상품이나 용역을 구매한 경우 가맹점사업자가 지급수단 발행회사나 지급결제 대행회사에 지급하는 수수료나 할인금

라. 가맹점사업자가 가맹점운영권을 부여받을 당시에 가맹사업을 착수하기 위하여 가맹본부로부터 공급받는 정착물·설비·상품의 가격이나 부동산의 임차료의 명목으로 가맹본부에 지급하는 대가 중 적정한 도매가격. 다만, 도매가격이 형성되지 아니하는 경우에는 가맹점사업자가 정상적인 거래관계를 통하여 해당 물품이나 용역을 구입·임차 또는 교환할 수 있는 가격을, 가맹본부가 해당 물품이나 용역을 다른 사업자로 부터 구입하여 공급하는 경우에는 그 구입가격을 말합니다.

마. 그 밖에 가맹본부에 귀속되지 않는 금전으로서 소비자가 제3의 기관에 지불하는 것을 가맹본부가 대행하는 것

❓ 차액가맹금도 가맹금에 해당하는 개념인가요?

Ⓠ 차액가맹금도 가맹금에 해당하는 개념인가요?

Ⓐ 차액가맹금은 가맹본부가 가맹점주에게 구입요구품목 공급 등의 대가로 수취하는 가맹금의 한 유형으로, 현행 가맹사업법제2조 제6호 및 동법 시행령 제3조 제2항 제2호에 정의되어 있습니다.

? 가맹금과 가맹비는 같은 건가요?

Q 가맹금과 가맹비는 같은 건가요?

A 가맹금과 가맹비는 다른 용어입니다. 쉽게 말해 가맹금은 가맹점에서 가맹본부가 수령하는 대가를 총칭하는 용어이고, 가맹비는 가맹금 중 일부분에 해당하는 대가를 지칭하는 용어입니다. 가맹사업법 제2조에서 "가맹금"이란 명칭이나 지급형태가 어떻든 간에 다음 각 목의 어느 하나에 해당하는 대가를 말합니다. 다만, 가맹본부에 귀속되지 아니하는 것으로서 대통령령으로 정하는 대가를 제외합니다.

> 가. 가입비·입회비·가맹비·교육비 또는 계약금 등 가맹점사업자가 영업표지의 사용허락 등 가맹점운영권이나 영업활동에 대한 지원·교육 등을 받기 위하여 가맹본부에 지급하는 대가
>
> 나. 가맹점사업자가 가맹본부로부터 공급받는 상품의 대금 등에 관한 채무액이나 손해배상액의 지급을 담보하기 위하여 가맹본부에 지급하는 대가
>
> 다. 가맹점사업자가 가맹점운영권을 부여받을 당시에 가맹사업을 착수하기 위하여 가맹본부로부터 공급받는 정착물·설비·상품의 가격 또는 부동산의 임차료 명목으로 가맹본부에 지급하는 대가
>
> 라. 가맹점사업자가 가맹본부와의 계약에 의하여 허락받은 영업표지의 사용과 영업활동 등에 관한 지원·교육, 그 밖의 사항에 대하여 가맹본부에 정기적으로 또는 비정기적으로 지급하는 대가로서 대통령령으로 정하는 것
>
> 마. 그 밖에 가맹희망자나 가맹점사업자가 가맹점운영권을 취득하거나 유지하기 위하여 가맹본부에 지급하는 모든 대가

? 제3업체와 가맹점주가 필수품목에 대해 거래하는 경우 차액가맹금은 없는 것인가요?

Q 가맹본부가 가맹점사업자에게 직접 필수품목을 공급하는 것이 아니라 제3업체와 가맹점주가 필수품목에 대해 거래(제3자물류)하는 경우 차액가맹금은 없는 것인가요?

A 본사가 가맹점으로부터 품목대금 등을 직접적으로 받지 않는 제3자 물류 형태의 거래구조에는 차액가맹금이 발생하지 않습니다. 다만, 이 경우 가맹본부가 제3업체로부터 수수료나 물품대금 등을 별도로 수령한다면 이를 "V. 영업활동에 대한 조건 및 제한, 2.거래 강제 또는 권장의 대가" 내역 란에 해당 내용과 금액을 작성하셔야 합니다.

한편, 물품거래계약의 당사자는 가맹본부와 가맹점사업자인데 제3 업체가 가맹본부

의 위탁으로 단순히 물류배송을 하고 물품대금의 수령행위를 대신해주는 것에 불과하다면 이 경우에는 차액가맹금이 존재한다고 할 것입니다.

결국 가맹점사업자에게 물품대금에 대한 세금계산서 발행주체가 누구인지, 물품거래계약의 당사자가 누구인지를 확인해야 합니다.

? 가맹금은 가맹본부에 직접 주는 것 아닌가요?

Q 가맹금은 가맹본부에 직접 주는 것 아닌가요?

A 가맹점이 개점하기 전 가맹본부에 지급하는 전체 가맹금 중 예치 가맹금에 해당하는 금액은 가맹본부에 직접 주어서는 안되고 가맹금 예치기관에 맡겨야 합니다. 다만, 가맹점이 개점한 후 지급한다던가, 가맹본부에게서 "가맹점사업자피해보상보험" 증권을 수령한 경우에는 가맹본부에 직접 지급해도 됩니다.

예치 가맹금이란 가맹사업법 제2조에서 다음과 같이 정의하고 있습니다.

> 가. 가입비·입회비·가맹비·교육비 또는 계약금 등 가맹점사업자가 영업표지의 사용허락 등 가맹점운영권이나 영업활동에 대한 지원·교육 등을 받기 위하여 가맹본부에 지급하는 대가
>
> 나. 가맹점사업자가 가맹본부로부터 공급받는 상품의 대금 등에 관한 채무액이나 손해배상액의 지급을 담보하기 위하여 가맹본부에 지급하는 대가에 해당하는 금전으로 지급하는 대가

가맹점사업자가 개점 전 예치 가맹금을 예치기관에 맡기게 되면 가맹금 지급 후 개점 전까지 가맹본부로부터 가맹점사업자의 가맹금을 보호받을 수 있습니다. 또한 가맹점사업자가 예치를 하지 않을 경우 가맹본부가 예치 의무를 위반한 것이 되므로 규정을 준수하는 것이 서로에게 도움이 됩니다.

? 최초 계약 시 가맹료를 납부했는데 재계약 때마다 납부를 해야 하나요?

Q 저는 학습지 프랜차이즈를 운영하는 가맹점사업자입니다. 계약기간이 종료되어 재계약하는데 가맹본부에서는 저에게 가맹료를 요구하고 있습니다. 최초 계약 시 가맹료를 납부했는데 재계약 때마다 납부를 요구하는 것이 본사의 횡포가 아닌가 생각 합니다. 참고로 계약기간은 2년으로 되어 있습니다.

A 계약기간이 종료가 되어 재계약을 하는 경우에 가입비를 받는 문제는 가맹계약기간, 업종의 특성, 가맹본부의 노하우 전수 정도 등을 종합적으로 고려하여 판단할 사항입니다. 만약, 가맹비가 가맹사업거래에 최초로 가입하면서 가맹본부에 지급하는 대가이거나 가맹사업을 시작하는데 필요한 기본지식, 사업성 분석 조력 등에 소요되는 개시지급비의 성격이라면 최초 계약 시 지급한 가맹비를 재가입시 이를 다시 요구하는 경우에는 불공정거래행위의 소지가 있습니다. 참고로, 가맹본부와 가맹점사업자간의 분쟁이 생긴경우에 자율적인 조정에 도움을 주고자 가맹사업거래분쟁조정협의회가 설치되어 있습니다. 가맹사업거래분쟁조정협의회에 상담을 받으신 후에 조정을 신청하는 것이 좋을 것으로 생각됩니다.

4-3. 가맹금의 예치

4-3-1. 예치가맹금

① 가맹희망자나 가맹점사업자는 가맹금 중에서 다음에 해당하는 대가를 예치가맹금 명목으로 예치기관에 예치해야 합니다.

가. 가맹점운영권이나 영업활동에 대한 지원·교육을 받기 위하여 지급하는 대가(계약의 체결 이전에 가맹금을 지급하는 경우도 포함)

나. 가맹본부로부터 공급받는 상품의 대금 등에 관한 채무액이나 손해배상액을 담보하기 위하여 지급하는 대가(계약의 체결 이전에 가맹금을 지급하는 경우도 포함). 다만, 2008년 8월 4일 이후 가맹본부가 가맹점사업자피해보상보험에 가입한 경우나 공제조합과 공제계약을 체결한 경우 등에는 가맹희망자나 가맹점사업자는 예치기관에 가맹금을 예치하지 않고 가맹본부에 직접 지급해야 합니다.

4-3-2. 가맹금의 예치기관

예치가맹금을 예치 받을 수 있는 예치기관은 다음과 같습니다.

가. 「은행법」에 따른 은행

나. 「우체국 예금·보험에 관한 법률」에 따른 체신관서

다. 「보험업법」에 따른 보험회사

라. 「자본시장과 금융투자업에 관한 법률」에 따른 신탁업자

4-4. 예치가맹금의 예치방법 등
4-4-1. 가맹금예치신청서 제출

가맹희망자나 가맹점사업자는 가맹본부로부터 가맹금예치신청서를 받아 가맹본부가 지정하는 은행 등에 가맹금을 예치해야 합니다.

4-4-2. 예치가맹금의 귀속에 대한 안내

가맹본부는 가맹희망자나 가맹점사업자에게 가맹금예치신청서를 교부할 때 다음과 같은 경우에는 예치가맹금이 가맹본부에 귀속된다는 사실을 알려주어야 합니다.

가. 가맹점사업자가 영업을 개시한 경우

나. 가맹계약 체결일부터 2개월이 경과한 경우

4-5. 가맹금예치증서의 수령

① 가맹금예치증서

가맹희망자나 가맹점사업자가 예치가맹금을 예치하면 예치기관의 장으로부터 가맹금예치증서를 교부받습니다.

② 위반 시 제재

가. 가맹본부가 가맹희망자나 가맹점사업자로부터 예치가맹금을 직접 수령하는 경우에는 2년 이하의 징역 또는 5천만원 이하의 벌금에 처해집니다.

나. 법인의 대표자나 법인 또는 개인의 대리인, 사용인, 그 밖의 종업원이 그 법인 또는 개인의 업무에 관하여 위의 위반행위를 하면 그 행위자를 벌하는 외에 그 법인 또는 개인도 5천만원 이하의 벌금에 처해집니다. 다만, 법인 또는 개인이

그 위반행위를 방지하기 위해 상당한 주의와 감독을 게을리하지 않은 경우는 예외로 합니다.

? **예치는 어디에 하는 건가요?**

Q 예치는 어디에 하는 건가요?

A 예치 가맹금은 가맹본부가 사전에 신청해 둔 은행의 전국 각 지점에 예치하는 것으로 가맹본부에서 안내해 드립니다. 다만, 가맹본부가 "가맹점사업자피해보상보험"을 체결하고 보험 증권을 지급하는 경우에는 가맹본부에 예치 가맹금을 직접 지급해도 됩니다.
- 예치 은행 : 우체국, 국민은행, 하나은행, 중소기업은행, 우리은행, 신한은행
- 예치 보험 : 서울보증보험

5. 예치가맹금 대체제도

5-1. 가맹점사업자피해보상보험계약 등의 체결

① 가맹본부는 가맹점사업자의 피해를 보상하기 위해 다음에 해당하는 계약(이하 '가맹점사업자피해보상보험계약 등'이라 함)을 체결할 수 있습니다.

가. 보험계약

나. 가맹점사업자 피해보상금의 지급을 확보하기 위한 기관의 채무지급보증계약

다. 공제조합과의 공제계약

② 가맹점사업자피해보상보험계약 등을 체결하려는 가맹본부는 가맹점사업자피해보상보험계약 등을 체결하기 위하여 매출액 등의 자료를 제출함에 있어서 거짓 자료를 제출해서는 안 됩니다.

③ 가맹본부는 가맹점사업자피해보상보험계약 등을 체결함에 있어서 가맹점사업자의 피해보상에 적절한 수준이 되도록 해야 합니다.

5-2. 가맹점사업자피해보상보험계약 등의 요건

가맹본부가 체결하는 가맹점사업자피해보상보험계약 등은 다음의 사항을 충족해야 합니다.

가. 가맹본부의 가맹금반환의무의 불이행 등으로 발생한 가맹점사업자의 피해를 보상하는 내용일 것

나. 피보험자·채권자 또는 수익자는 해당 가맹본부와 가맹계약을 체결하거나 체결할 예정인 가맹점사업자 또는 가맹점사업자가 지정한 자로 할 것

다. 계약금액은 예치가맹금 이상으로 할 것

라. 정당한 사유 없이 가맹점사업자의 의사표시 방법을 제한하거나 가맹점사업자에게 지나친 입증책임을 지우지 않을 것

마. 정당한 사유 없이 피해보상의 범위나 보험자·보증인·공제조합 또는 가맹본부의 책임을 한정하지 않을 것

바. 계약기간은 2개월 이상으로 하고, 정당한 사유 없이 쉽게 계약을 해지할 수 있도록 하여 가맹점사업자에게 불이익을 주지 않을 것

사. 그 밖에 가맹점사업자에게 예상하기 어려운 위험이나 손해를 줄 염려가 있거나 부당하게 불리한 약정을 두지 않을 것

아. 보험금·보증금 또는 공제금은 해당 가맹본부와 가맹계약을 체결하거나 체결할 예정인 가맹점사업자 또는 가맹점사업자가 지정한 자가 직접 수령할 수 있도록 할 것

5-3. 가맹점사업자피해보상보험계약 등의 표지의 사용

① 가맹점사업자피해보상보험계약 등을 체결한 가맹본부는 그 사실을 나타내는 표지를 사용할 수 있습니다.

② 가맹점사업자피해보상보험계약 등을 체결하지 않은 가맹본부는 가맹점사업자피해보상보험계약 등의 체결 표지를 사용하거나 이와 유사한 표지를 제작 또는 사용해서는 안 됩니다.

③ 가맹점사업자피해보상보험계약 등을 체결하지 않은 가맹본부가 가맹점사업자피해보상보험계약 등의 체결 표지를 사용하거나 이와 유사한 표지를 제작 또는 사용한 경우에는 2년 이하의 징역 또는 5천만원 이하의 벌금에 처해집니다.

5-4. 가맹점사업자 피해보상금의 지급

① 가맹점사업자피해보상보험계약 등으로 가맹점사업자 피해보상금을 지급할 의무가 있는 기관은 그 지급사유가 발생하면 지체 없이 이를 지급해야 합니다. 이를 지연한 경우에는 지연배상금도 지급해야 합니다.

② 가맹점사업자의 피해유형

가. 인테리어 시공 상의 하자와 과다한 비용징수

나. 원부자재 가격의 부당한 책정

다. 상권분석의 실패

라. 부당한 광고비용의 청구

마. 물품 등 공급의 지연

바. 영업지역의 침해 및 유사 가맹점의 설치

사. 부실한 교육과 신상품 개발의 미비 등

5-5. 가맹금의 반환

5-5-1. 가맹금의 반환요구 사유

① 가맹희망자나 가맹점사업자는 다음에 해당하는 경우에는 가맹본부에게 가맹금의 반환을 요구할 수 있습니다.

가. 가맹본부가 등록된 정보공개서를 제공하지 않았거나 정보공개서를 제공한 날부터 14일(가맹희망자가 정보공개서에 대해 변호사나 가맹상담사의 자문을 받은 경우는 7일)이 지나지 않았음에도 불구하고, 가맹희망자로부터 가맹금을 수령하거나 가맹계약을 체결한 경우로서 가맹희망자 또는 가맹점사업자가 가맹계약 체결 전 또는 가맹계약의 체결일부터 4개월 이내에 가맹금의 반환을 요구하는 경우

나. 가맹본부가 가맹희망자에게 거짓이나 과장된 정보를 제공하거나 중요한 사항을 빠뜨리고 제공한 경우로서 가맹희망자가 가맹계약 체결 전에 가맹금의 반환을 요구하는 경우

다. 가맹본부가 가맹희망자에게 거짓이나 과장된 정보를 제공하거나 중요한 사항을 빠뜨리고 제공한 경우에 허위 또는 과장된 정보나 중요사항의 빠진 내용이 계약 체결에 중대한 영향을 준 것으로 인정되어 가맹점사업자가 가맹계약의 체결일부터 4개월 이내에 가맹금의 반환을 요구하는 경우

라. 가맹본부가 정당한 사유 없이 가맹사업을 일방적으로 중단하고 가맹점사업자가 가맹사업의 중단일부터 4개월 이내에 가맹금의 반환을 요구하는 경우

② "가맹사업의 중단일"이란 ㉮ 가맹본부가 가맹점사업자에게 가맹사업의 중단일을 통지하는 경우 : 그 통지가 가맹점사업자에게 도달된 날, ㉯ 가맹본부가 가맹점사업자에게 미리 통지함이 없이 가맹사업을 영위하는데 중대한 영향을 미치는 부동산·용역·설비·상품 등의 거래를 10일 이상 중단하고, 가맹점사업자가 서면으로 거래재개일을 정하여 거래재개를 요청하였음에도 불구하고 가맹본부가 이에 따르지 않은 경우 : 그 서면으로 정한 거래재개일을 말합니다.

5-5-2. 가맹금의 반환요구 방법

가맹희망자나 가맹점사업자는 가맹본부에 다음의 사항이 기재된 서면으로 가맹금의 반환을 요구해야 합니다.

가. 가맹금의 반환을 요구하는 가맹점사업자 또는 가맹희망자의 주소·성명

나. 가맹본부가 허위 또는 과장된 정보를 제공하거나 중요사항을 누락한 사실

다. 가맹본부가 허위 또는 과장된 정보를 제공하거나 중요사항을 누락하여 계약체결에 중대한 영향을 준 것으로 인정되는 사실

라. 가맹본부가 정당한 이유없이 가맹사업을 일방적으로 중단한 사실과 그 일자

마. 반환대상이 되는 가맹금의 금액

바. 가맹본부가 정보공개서를 제공하지 않은 사실 또는 정보공개서를 제공한 날부터 14일(가맹희망자가 정보공개서에 대하여 변호사 또는 가맹거래사의 자문을 받은 경우에는 7일)이 지나지 않은 상태에서 가맹희망자로부터 가맹금을 수령하거나 가맹희망자와 가맹계약을 체결한 사실과 그 날짜

5-5-3. 가맹금의 반환시기

가맹본부는 가맹희망자나 가맹점사업자에게 서면으로 요구받은 날부터 1개월 이내에 가맹금을 반환해야 합니다.

? 프랜차이즈 계약을 해지하려고 합니다. 가맹금을 돌려받는 방법을 알려주세요.

Q 프랜차이즈 계약을 해지하려고 합니다. 가맹금을 돌려받는 방법을 알려주세요.

A 가맹희망자나 가맹점사업자는 가맹본부의 허위·과장광고 등 일정한 경우에는 가맹금의 반환을 요구할 수 있고, 이 경우 가맹본부는 1개월 이내에 가맹금을 반환해야 합니다.

◇ 가맹금의 반환을 요구할 수 있는 사유

가맹희망자나 가맹점사업자가 가맹본부에 가맹금의 반환을 요구할 수 있는 경우는 다음과 같습니다.

① 가맹본부가 등록된 정보공개서를 제공하지 않았거나 정보공개서를 제공한 날부터 14일(가맹점희망자가 정보공개서에 대해 변호사나 가맹상담사의 자문을 받은 경우는 7일)이 지나지 않았음에도 가맹금을 수령하거나 가맹계약을 체결한 경우로서 가맹희망자 또는

가맹점사업자가 가맹계약 체결 전 또는 가맹계약의 체결일부터 4개월 이내에 가맹금의 반환을 요구하는 경우

② 가맹본부가 가맹희망자에게 거짓이나 과장된 정보를 제공하거나 중요한 사항을 빠뜨리고 제공한 경우로서 가맹희망자가 가맹계약 체결 전에 가맹금의 반환을 요구하는 경우

③ 가맹본부가 가맹희망자에게 거짓이나 과장된 정보를 제공하거나 중요한 사항을 빠뜨리고 제공한 경우 그 내용이 계약 체결에 중대한 영향을 준 것으로 인정되어 가맹점사업자가 가맹점계약의 체결일부터 2개월 이내에 가맹금의 반환을 요구하는 경우

④ 가맹본부가 정당한 사유 없이 가맹사업을 일방적으로 중단하고 가맹점사업자가 가맹사업의 중단일부터 2개월 이내에 가맹금의 반환을 요구하는 경우

◇ 가맹금 반환요구 방법

가맹금의 반환을 원하는 가맹점사업자 또는 가맹희망자는 다음의 사항이 기재된 서면으로 요구해야 합니다.

① 가맹점사업자 또는 가맹희망자의 주소·성명

② 가맹본부가 허위 또는 과장된 정보를 제공하거나 중요사항을 누락한 사실

③ 가맹본부가 허위 또는 과장된 정보를 제공하거나 중요사항을 누락하여 계약체결에 중대한 영향을 준 것으로 인정되는 사실

④ 가맹본부가 정당한 이유없이 가맹사업을 일방적으로 중단한 사실과 그 일자

⑤ 반환대상이 되는 가맹금의 금액

⑥ 가맹본부가 정보공개서를 제공하지 아니한 사실 또는 정보공개서를 제공한 날부터 14일(가맹희망자가 정보공개서에 대하여 변호사 또는 가맹거래사의 자문을 받은 경우에는 7일)이 지나지 아니한 상태에서 가맹희망자로부터 가맹금을 수령하거나 가맹희망자와 가맹계약을 체결한 사실과 그 날짜

◇ 가맹금의 반환

가맹본부는 가맹희망자나 가맹점사업자에게 서면으로 요구받은 날부터 1개월 이내에 가맹금을 반환해야 합니다.

❓ 계약해지를 하고 가맹비 일부를 받을 수 있는지요?

Q 저는 6월초 잉크충전점을 계약하여 6월 17경 홍보물을 받아 영업활동을 하던 중 7월에 운동을 하던 큰아들이 수술을 하게 되어 병간호 및 재활기간 동안 영업활동을 못하게 되어 7월 28일 가맹본부장을 만나 가맹점 매각을 요청하였습니다. 당시 가맹비는 환불이 되지 않는다고 하였으나 가맹본부장이 저의 처지를 이해하여 양도를 해주기로 하였습니다. 그런데 현재까지 양도의 약속이 이행이 안 되고 있습니다. 그리고 가맹비가 많은 것은 아니지만 계약해지를 하고 가맹비 일부를 받을 수 있는지요?

A 「가맹사업거래의 공정화에 관한 법률」 제10조에 따르면 가맹금의 반환은 허위 또는 과장된 정보를 제공하거나 정보공개서의 중요사항을 누락한 것으로 인정된 경우 일정한 절차에 따라 가맹금을 요구할 수 있습니다. 그러나 계약해지에 의한 가맹금의 반환은 가맹계약서에 의해 고려할 사항입니다.

❓ 개점 전 가맹본부가 약속을 이행하지 않아 해지하는 경우 가맹금은 돌려 받을 수 있나요?

Q 개점 전 가맹본부가 약속을 이행하지 않아 해지하는 경우 가맹금은 돌려 받을 수 있나요?

A 가맹본부가 약속을 이행하지 않았다면 돌려받을 수 있습니다. 다만, 가맹계약의 체결 경위, 금전이나 그 밖에 지급된 대가의 성격, 가맹계약기간, 계약이행기간, 가맹사업당사자의 귀책정도 등을 고려하여 반환하는 금액이 정해질 수 있으니 참고하시기 바랍니다.

- 가맹사업법 제10조(가맹금의 반환)

  ① 가맹본부는 다음 각 호의 어느 하나에 해당하는 경우에는 가맹희망자나 가맹점사업자가 대통령령으로 정하는 사항이 적힌 서면으로 요구하는 날부터 1개월 이내에 가맹금을 반환하여야 한다.

    1) 가맹본부가 제7조제2항을 위반한 경우로서 가맹희망자 또는 가맹점사업자가 가맹계약 체결 전 또는 가맹계약의 체결일부터 2개월 이내에 가맹금의 반환을 요구하는 경우

    2) 가맹본부가 제9조제1항을 위반한 경우로서 가맹희망자가 가맹계약 체결 전에 가맹금의 반환을 요구하는 경우

    3) 가맹본부가 제9조제1항을 위반한 경우로서 허위 또는 과장된 정보나 중요사항의 누락된 내용이 계약 체결에 중대한 영향을 준 것으로 인정되어 가맹점사업자가 가맹계약의 체결일부터 2개월 이내에 가맹금의 반환을 요구하는 경우

4) 가맹본부가 정당한 사유 없이 가맹사업을 일방적으로 중단하고 가맹점사업자가 대통령령으로 정하는 가맹사업의 중단일부터 2개월 이내에 가맹금의 반환을 요구하는 경우

②제1항의 규정에 의하여 반환하는 가맹금의 금액을 정함에 있어서는 가맹계약의 체결경위, 금전이나 그 밖에 지급된 대가의 성격, 가맹계약기간, 계약이행기간, 가맹사업당사자의 귀책정도 등을 고려하여야 한다.

> ? 가맹계약을 체결한지 3개월이 지났는데 가맹계약이 해지되었습니다. 가맹금을 돌려 받을 수 있나요?

Q 가맹계약을 체결한지 3개월이 지났는데 가맹계약이 해지되었습니다. 가맹금을 돌려 받을 수 있나요?

A 가맹계약 체결 후 중도에 해지되는 경우, 귀책사유가 누구에게 있는가에 따라 가맹금을 돌려받을 수 도 있고, 없을 수 도 있습니다. 귀책사유가 가맹본부에게 있다면 가맹금은 돌려받을 수 있습니다. 다만, 가맹계약의 체결 경위, 금전이나 그 밖에 지급된 대가의 성격, 가맹계약기간, 계약이행기간, 가맹사업당사자의 귀책 정도 등을 고려하여 반환하는 금액이 정해질 수 있으니 참고하시기 바랍니다.

6. 가맹거래사 제도의 이용

6-1. 가맹거래사 제도

가맹거래사 제도는 가맹사업이라는 특수한 영역에 능력과 자질 있는 전문가를 양성하여 가맹사업 희망자의 무경험·전문지식 부족 등으로 인한 피해를 막고, 저렴한 비용을 통하여 가맹희망자에게 법률서비스를 제공하기 위해 도입한 제도입니다.

6-2. 가맹거래사 자격의 취득 및 제한

① 공정거래위원회가 실시하는 가맹거래사 자격시험을 합격한 후 실무수습을 마친 사람은 가맹거래사의 자격을 가집니다.
② 다음에 해당하는 사람은 가맹거래사가 될 수 없습니다.
가. 미성년자·피성년후견인 또는 피한정후견인
나. 파산선고를 받고 복권되지 않은 사람
다. 금고 이상의 실형의 선고를 받고 그 집행이 종료(종료된 것으로 보는 경우를 포함함)되거나 집행을 받지 않기로 확정된 후 2년이 경과되지 않은 사람
라. 금고 이상의 형의 집행유예를 받고 그 집행유예기간 중에 있는 사람
마. 가맹거래사의 등록이 취소된 날부터 2년이 경과되지 않은 사람
③ 가맹거래사 자격시험에 응시한 사람이 부정행위를 한 경우 해당 시험은 무효가 되고, 그 시험의 응시일부터 5년간 시험을 응시할 수 있는 자격이 정지됩니다.

6-3. 가맹거래사의 업무

가맹거래사는 다음의 업무를 수행합니다.
가. 가맹사업의 사업성에 관한 검토
나. 정보공개서와 가맹계약서의 작성·수정이나 이에 관한 자문
다. 가맹점사업자의 부담, 가맹사업 영업활동의 조건 등에 관한 자문
라. 가맹사업당사자에 대한 교육·훈련이나 이에 대한 자문
마. 가맹사업거래 분쟁조정 신청의 대행 및 의견의 진술
바. 정보공개서 등록의 대행

6-4. 가맹거래사의 책임

① 가맹거래사는 성실히 직무를 수행하며 품위를 유지해야 합니다.

② 가맹거래사는 직무를 수행함에 있어서 고의로 진실을 감추거나 허위의 보고를 해서는 안 됩니다.

6-5. 가맹거래사의 등록취소

① 공정거래위원회는 등록을 한 가맹거래사가 다음에 해당하는 경우에는 그 등록을 취소할 수 있습니다.

가. 허위 그 밖의 부정한 방법으로 등록 또는 갱신등록을 한 경우

나. 가맹거래사의 결격사유에 해당하게 된 경우

다. 업무수행과 관련하여 알게 된 비밀을 다른 사람에게 누설한 경우

라. 가맹거래사 등록증을 다른 사람에게 대여한 경우

마. 업무수행과 관련하여 고의 또는 중대한 과실로 다른 사람에게 중대한 손해를 입힌 경우

② 다만, 허위 그 밖의 부정한 방법으로 등록 또는 갱신등록을 한 경우나 결격사유에 해당하게 된 경우에는 그 등록을 취소해야 합니다.

③ 가맹거래사의 등록을 취소하려는 경우에는 청문을 실시해야 합니다.

6-6. 가맹거래사의 자격정지

가맹거래사는 5년마다 등록을 갱신해야 하며, 이에 따른 갱신등록을 하지 않은 가맹거래사는 그 자격이 정지됩니다. 이 경우 공정거래위원회가 고시로서 정하는 바에 따라 보수교육을 받고 갱신등록을 한 때에는 그 때부터 자격이 회복됩니다.

? 가맹거래사는 어떤 일을 하나요?

Q 가맹거래사는 어떤 일을 하나요?

A 가맹거래사는 공정거래위원회가 실시하는 시험에 합격한 후 실무수습을 마친 뒤 공정거래위원회에 등록하여야만 가맹거래사로 활동할 수 있습니다.
공정위에 등록된 가맹거래사는 다음과 같은 일을 합니다.
1. 가맹사업의 사업성에 관한 상담이나 검토
2. 정보공개서와 가맹계약서의 작성 및 수정에 관한 상담이나 자문
3. 가맹점사업자의 부담, 가맹사업 영업활동의 조건 등에 관한 상담이나 자문
4. 가맹사업당사자에 대한 교육·훈련에 관한 상담이나 자문
5. 가맹사업거래 분쟁조정 신청의 대행
6. 정보공개서 등록 신청의 대행

제3장

가맹계약 체결 및 사업의 유지

가맹계약 체결 및 사업의 유지

1. 계약의 체결

1-1. 계약체결 시 유의사항
1-1-1. 가맹계약서 검토 시 유의사항

가맹계약자는 보통 가맹본부가 만들어서 제공하는 가맹계약서를 가지고 가맹계약을 체결하게 되는데, 가맹본부는 이러한 가맹계약서를 작성할 때 가맹계약자의 정당한 이익이나 합리적인 기대에 반하지 않고 형평에 맞도록 계약의 내용을 정해야 합니다(대법원 1994.12.9. 선고 93다43873 판결 참조).

1-1-2. 가맹계약서의 공정성

가맹계약서가 다음의 내용을 정하고 있는 경우에는 공정성을 잃은 것으로 추정됩니다.

가. 가맹계약자에 대하여 부당하게 불리한 경우
나. 가맹계약자가 보통의 가맹계약의 영업이나 거래의 형태 등에 비추어 예상하기 어려운 경우
다. 가맹계약의 목적을 달성할 수 없을 정도로 가맹계약에 따른 가맹계약자의 본질적인 권리를 제한하는 경우

1-1-3. 면책조항의 금지

가맹계약서의 내용 중 가맹본부의 책임에 대해 다음과 같이 정하고 있는 조항은 무효입니다.

가. 가맹본부, 이행 보조자 또는 피고용자의 고의 또는 중대한 과실로 인한 법률상의 책임을 배제하는 조항
나. 상당한 이유 없이 가맹본부의 손해배상 범위를 제한하거나 가맹본부가 부담해야 할 위험을 가맹계약자에게 떠넘기는 조항
다. 상당한 이유 없이 사업자의 담보책임을 배제 또는 제한하거나 그 담보책임에 따르는 가맹계약자의 권리행사의 요건을 가중하는 조항
라. 계약목적물에 관한 견본이나 품질·성능 등에 관한 표시가 있는 경우 정당한 이유 없이 그 보장된 내용에 대한 책임을 배제 또는 제한하는 조항

1-1-4. 손해배상액의 예정

가맹계약자에게 부당하게 과중한 지연 손해금 등의 손해배상 의무를 부담시키는 약관 조항은 무효입니다.

1-1-5. 계약의 해제 및 해지

가맹계약서의 내용 중 계약의 해제·해지에 관해 다음과 같이 정하고 있는 조항은 무효입니다.
가. 법률에 따른 가맹계약자의 해제권 또는 해지권을 배제하거나 그 행사를 제한하는 조항
나. 법률에서 규정하고 있지 않은 해제권 또는 해지권을 가맹본부에게 부여하여 가맹계약자에게 부당하게 불이익을 줄 우려가 있는 조항
다. 법률에 따른 가맹본부의 해제권 또는 해지권의 행사 요건을 완화하여 가맹계약자에게 부당하게 불이익을 줄 우려가 있는 조항
라. 계약의 해제 또는 해지로 인한 원상회복의무를 상당한 이유 없이 가맹계약자에게 과중하게 부담시키거나 가맹계약자의 원상회복 청구권을 부당하게 포기하도록 하는 조항
마. 계약의 해제 또는 해지로 인한 가맹본부의 원상회복의무나 손해배상의무를 부당하게 경감하는 조항
바. 계속적인 채권관계의 발생을 목적으로 하는 계약에서 그 존속기간을 부당하게 단기 또는 장기로 하거나 묵시적인 기간의 연장 또는 갱신이 가능하도록 정하여 가맹계약자에게 부당하게 불이익을 줄 우려가 있는 조항

1-1-6. 채무의 이행

가맹계약서의 내용 중 채무의 이행에 관해 다음과 같이 정하고 있는 조항은 무효입니다.

가. 상당한 이유 없이 급부(給付)의 내용을 사업자가 일방적으로 결정하거나 변경할 수 있도록 권한을 부여하는 조항

나. 상당한 이유 없이 사업자가 이행하여야 할 급부를 일방적으로 중지할 수 있게 하거나 제3자에게 대행할 수 있게 하는 조항

1-1-7. 권익 보호

가맹계약서의 내용 중 가맹계약자의 권익에 관해 다음과 같이 정하고 있는 조항은 무효입니다.

가. 법률에 따른 가맹계약자의 항변권, 상계권 등의 권리를 상당한 이유 없이 배제하거나 제한하는 조항

나. 가맹계약자에게 주어진 기한의 이익을 상당한 이유 없이 박탈하는 조항

다. 가맹계약자가 제3자와 계약을 체결하는 것을 부당하게 제한하는 조항

라. 가맹본부가 업무상 알게 된 가맹계약자의 비밀을 정당한 이유 없이 누설하는 것을 허용하는 조항

1-1-8. 의사표시

가맹계약서의 내용 중 의사표시에 관해 다음과 같이 정하고 있는 조항은 무효입니다.

가. 일정한 행위를 했거나 하지 않은 경우 이를 이유로 가맹계약자의 의사표시가 표명되거나 표명되지 않은 것으로 보는 조항. 다만, 가맹계약자에게 상당한 기한 내에 의사표시를 하지 않으면 의사표시를 했거나 하지 않은 것으로 본다는 뜻을 명확하게 따로 고지한 경우이거나 부득이한 사유로 그런 고지를 할 수 없는 경우는 예외로 합니다.

나. 가맹계약자의 의사표시의 형식이나 요건에 대하여 부당하게 엄격한 제한을 두는 조항

다. 가맹계약자의 이익에 중대한 영향을 미치는 사업자의 의사표시가 상당한 이유 없이 가맹계약자에게 도달된 것으로 보는 조항

라. 가맹계약자의 이익에 중대한 영향을 미치는 가맹본부의 의사표시 기한을 부당하게 길게 정하거나 불확정하게 정하는 조항

1-1-9. 대리인의 책임

가맹계약자의 대리인이 계약을 체결한 경우 가맹계약자가 그 의무를 이행하지 않은 경우에 대리인이 대신 그 의무의 전부 또는 일부를 이행하도록 하는 내용의 가맹계약서 조항은 무효입니다.

1-1-10. 소송 제기의 금지

가맹계약서의 내용 중 소송 제기 등과 관련해 다음과 같이 정하고 있는 조항은 무효입니다.

가. 가맹계약자에게 부당하게 불리한 소송 제기 금지 조항 또는 재판관할의 합의 조항

나. 정당한 이유 없이 가맹계약자에게 입증책임을 부담시키는 약관 조항

1-2. 가맹계약 체결 시 주의사항

① 공정거래위원회 가맹사업거래 (http://www.ftc.go.kr/)의 <민원참여/공지사항/프랜차이즈 창업 피해예방을 위한 가이드라인>에서는 가맹계약자들이 유의해야 할 점들을 다음과 같이 소개하고 있습니다.

1-2-1. 가급적 피해야 할 7가지 가맹본부 유형

① 정보공개서가 없는 가맹본부

정보공개서는 가맹본부의 일반현황, 임원의 법위반 사실, 가맹점사업자가 부담해야 할 사항 및 영업활동에 대한 조건 등에 대한 설명, 가맹본부의 가맹점 수 등 가맹사업현황에 대한 설명, 영업개시에 관한 상세 절차 및 교육훈련 프로그램 등을 기재한 책자입니다. 「가맹사업거래의 공정화에 관한 법률」은 가맹본부가 가맹희망자에게 정보공개서를 제공할 것을 규정하고 있는데, 상당수

가맹본부들이 정보공개서를 갖추지 않았을 뿐 아니라, 그런 제도가 있다는 사실 조차 모르는 경우도 많습니다. 한마디로 이런 가맹본부에 대한 더 이상의 관심은 절대사절입니다.

② 객관적 근거가 없는 고수익 보장 등으로 유혹하는 가맹본부

향후 수익전망을 제시하는 프랜차이즈 업체라면 반드시 구체적이고 객관적인 자료를 요구하십시오. 어떤 가맹점이 그런 정도의 수익을 얻었는지에 대한 자료를 서면으로 받아야 합니다. 그래야 향후 분쟁이 제기되더라도 분쟁에서 이길 수 있습니다.

③ 공짜 가맹금을 내세우는 가맹본부

가맹금에는 초기 가맹금 뿐만 아니라 여러 가지가 포함되는데, 가맹금이 얼마 되지 않는다고 하여 이를 그대로 믿는 것은 절대 금물입니다. 실제로 프랜차이즈 업체들의 수익중에는 초기 가맹금 외에 인테리어 등 매장설치를 대신해 주거나, 물품대·교재대 등의 명목으로 떼어가는 돈이 더 많은 것이 일반적입니다. 구체적으로 들어가는 비용이 무엇인지 확인하고, 반드시 증빙으로 남겨두어야 합니다.

④ 일단 돈부터 요구하는 가맹본부

교육이나 교재비 명목으로 선금을 요구하는 가맹본부는 대부분 제대로 된 가맹점 관리보다는 일단 모집부터 하고 보자는 경우라고 보면 됩니다. 얼떨결에 돈을 선납하고 나중에 후회하지 말아야 합니다. 돈부터 주고나면 나중에 마음이 바뀌어도 이를 돌려받는 것은 쉽지 않습니다.

⑤ 너무 많은 브랜드를 가진 가맹본부

현실적으로 가맹본부의 수익은 가맹점으로부터 받는 가맹비, 그밖의 인테리어 비용 등 창업초기에 대부분 발생합니다. 제대로 된 브랜드 개발을 하려면 적게는 수개월에서 1년 이상 소요되는 것이 정상입니다. 한두달 만에 금방 만들어낸 브랜드는 그저 유행에 편승하기 위한 목적인 경우가 더 많다는 점을 유의해야 합니다.

브랜드 하나를 성공했다 하여 제2, 제3의 브랜드까지 성공한다는 보장은 없습니다. 하물며, 어느 하나 성공한 브랜드 없이 자꾸 새로운 브랜드만 만들어내는 가맹본부를 믿기는 어렵습니다.

⑥ 가맹점 수가 너무 많거나 적은 가맹본부

가맹점 수가 너무 많다는 것은 더 이상의 가맹점 개설이 어려우므로 기존의 가맹점에 대한 관리보다는 새로운 브랜드 개발이나 새로운 수익원을 찾는 원인이 됩니다. 새로운 브랜드 개발에 치중하다보면 기존 브랜드에 대한 관리가 소홀해질 가능성이 크고, 한편으로는 기존 가맹점주에 대한 불공정거래를 시도할 유인이 생기게 됩니다. 가맹점 수가 너무 적은 것은 아직까지도 상당한 위험이 있다는 의미이고 검증되지 않았기 때문에 사기로 인해 피해를 볼 가능성 또한 크다는 것을 의미합니다.

⑦ 직영점 운영기간이 짧은 가맹본부

상당수 가맹본부는 스스로 직영점을 설립함과 동시에 체인 모집을 하기도 합니다. 직영점 운영을 통해 사업성이 검증되지도 않은 상태에서는 아무리 좋은 아이디어라 하더라도 실패할 가능성이 큽니다. 회사 연혁 등을 확인하고, 직영점 운영기간과 운영 상태를 제대로 살펴서 충분한 사업성이 인정될 때 투자를 결심해야 합니다.

1-2-2. 창업 전에 반드시 지켜야 할 지침 7가지

① 정보공개서를 반드시 확인해야 합니다.

정보공개서의 내용이 얼마나 충실하게 담겨 있는지를 확인하는 것은 수천만원, 많게는 수억원의 돈을 투자하기 전에 반드시 해야 할 일입니다. 한 번 더 강조하지만 정보공개서가 없는 가맹본부는 쳐다보지도 말아야 합니다. 「가맹사업거래의 공정화에 관한 법률」에 따르면 정보공개서는 일정한 양식에 의해 서면으로 요청하도록 되어 있습니다.

② 본사와 물류시스템을 확인해야 합니다.

본사를 확인하는 순간, 계약하려는 마음이 싹 사라지는 경우가 많습니다. 사장과 직원 서너 명이 대충 모여 일하는 본사에서 가맹점 관리를 제대로 해 줄 리가 없습니다. 아울러 대표의 경력에 대한 확인은 필수입니다. 또한 프랜차이즈 사업이 제대로 되기 위해서는 제대로 된 물류가 갖추어지는 것이 필수적입니다. 제때 제대로 된 물품을 공급해 주느냐가 사업 성패의 관건일 수 있다는 점을 감안하여 물류시스템은 반드시 확인해야 합니다.

③ 반드시 기존 가맹점주에게 문의하십시오!

가맹점주로부터 살아 있는 정보를 얻는 것이 무엇보다 중요합니다. 생긴지 얼마 안 되는 가맹점과 계약한지 오래된 가맹점을 골고루 찾아보는 것도 지혜입니다. 최근에 생긴 가맹점으로부터는 창업 초기에 얼마나 제대로 지원이 되는지를 확인할 수 있고, 오래된 가맹점으로부터는 혹시라도 영업과정에서 본부의 횡포나 불공정행위가 없었는지 확인할 수 있습니다. 아울러, 점포를 내 놓으려는 가맹점주의 말은 액면 그대로 믿어서는 안 됩니다. 빨리 점포를 정리하려는 욕심에 정확한 정보를 전달해 주지 않는 경우가 많기 때문입니다.

④ 폐업율을 확인해야 합니다.

가맹본부의 재무제표 상 수익률이 높다거나 재무상태가 좋다는 점만으로는 좋은 가맹본부라는 증거가 될 수 없습니다. 거꾸로 해석한다면 얼마나 가맹점을 착취했는가에 대한 징표로 볼 수도 있기 때문입니다. 오히려, 중요한 것은 가맹점의 폐업율입니다. 어느 정도의 가맹점을 모집해서 얼마나 잘 유지·관리하고 있는지를 살피는 것이 나중에 할 후회를 막는 첩경입니다. 불행히도 아직까지는 법적으로 폐업율 자료를 정확히 제시하도록 할 근거규정이 없기 때문에 가맹본부가 거짓말을 할 수도 있다는 점도 항상 염두에 두어야 합니다.

⑤ 법인등기부등본을 확인해야 합니다.

상당수 프랜차이즈들은 대표이사 따로, 실제 운영자 따로인 경우가 많습니다. 또한 수시로 법인명을 바꾸거나 폐업과 신설을 반복하는 경우도 심심치 않게 나타납니다. 가맹점 모집을 한지는 오래되었는데 법인 설립은 최근에 이루어졌다면 일단 의심해 보는 것이 필요합니다. 기존에 계약을 체결할 때는 A법인 명의로 하였다가, 일정 수가 넘으면 A법인을 폐업하고 B법인을 설립하는 방식입니다. 즉, 더 이상 A법인과 계약한 가맹점주에 대해서는 책임지지 않겠다는 뜻입니다.

⑥ 분쟁조정협의회에 물어보십시오!

「가맹사업거래의 공정화에 관한 법률」에 따라 설치된 분쟁조정협의회는 프랜차이즈 분야의 각종 분쟁사례를 가장 많이 보유하고 있는 기관입니다. 자기가 가입하려는 가맹본부를 대상으로 한 분쟁이 어느 정도 있었는지와 그 결과까지 확인해 보는 것이 좋습니다. 분쟁조정협의회는 특히 가맹본부와 가맹점 사이에 분쟁이 발생할 경우 이를 해결해 주는 최우선기관입니다. 가맹금 반환이나 거래과정에서 가맹본부의 횡포로 인한 피해를 입었다면, 분쟁조정협의회에 문의하면 됩니다.

⑦ 가맹계약서는 아무리 꼼꼼하게 살펴도 지나치지 않습니다.

계약기간이 충분한지, 위약금 조항은 합리적인지, 상권보장과 관련하여 그 문구가 애매모호하지는 않은지, 재료 보급 등 물류시스템에 대한 사항이 제대로 정비되어 있는지, 계약해지의 사유가 합리적인지 등을 구체적으로 확인해야 합니다. 필요한 경우 가맹거래사에게 문의하는 것이 좋습니다.

[서식 예] 프랜차이즈계약서

프랜차이즈(외식업) 표준약관

제1조(목 적) 이 표준약관은 가맹사업자와 가맹계약자 간의 공정한 가맹사업(프랜차이즈)의 계약체결을 위해 그 계약조건을 제시함을 목적으로 한다.

※ 중간가맹사업자(sub franchisor)가 가맹사업자로부터 대리권을 얻어 가맹계약자를 모집할 경우 이는 별도의 가맹사업계약으로 이 약관이 표준이 될 수 있음.

제2조(용어의 정의) ① 가맹사업자(franchisor)라 함은 가맹계약자에게 자기의 상호, 상표, 서비스표, 휘장 등을 사용하여 자기와 동일한 이미지로 상품판매의 영업활동을 하도록 허용하고 그 영업을 위하여 교육.지원.통제를 하며, 이에 대한 대가로 가입비(franchise fee), 정기납입경비(royalty) 등을 수령하는 자를 말한다.

② 가맹계약자(franchisee)라 함은 가맹사업자로부터 그의 상호, 상표, 서비스표, 휘장 등을 사용하여 그와 동일한 이미지로 상품판매의 영업활동을 하도록 허용받고 그 영업을 위하여 교육.지원.통제를 받으며, 이에 대한 대가로 가입비, 정기납입경비 등을 지급하는 자를 말한다.

제3조(권리의 부여) 가맹사업자는 그가 개발한 가맹사업을 영위하기 위하여 다음의 권리를 별표에 명시한 가맹계약자에게 부여한다.

1. 상호, 상표, 서비스표, 휘장 등의 사용권
2. 가맹사업과 관련하여 등기.등록된 권리
3. 각종 기기를 대여 받을 권리
4. 상품 또는 원.부자재(이하 '상품.자재'라 함)의 공급을 받을 권리
5. 기술(know-how)의 이전 등 경영지원을 받을 권리
6. 기타 가맹사업자가 정당하게 보유하는 권리로서 당사자가 협의하여 정한 사항

【별표】가맹계약자의 표시

    ⑴ 점 포 명 :

    ⑵ 상호 및 대표자 :

    ⑶ 점포 소재지 :

    ⑷ 점 포 규 모 :   ㎡(평)

    ⑸ 영 업 지 역 : 첨부에 표시된 지역

제4조(영업지역) ①가맹사업자는 영업지역을 구분하고 이를 가맹계약자
가 선택한다.

②가맹사업자는 가맹계약자의 동의를 얻어 영업지역을 변경할
수 있으며, 가맹계약자의 동의를 얻지 않고 한 영업지역의 변경
은 효력이 없다.

③가맹사업자가 가맹계약자의 점포가 설치되어 있는 영업지역
내에 직영매장을 설치하거나 다른 가맹계약자의 점포의 설치를
허용하고자 하는 때에는 기존 가맹계약자의 동의를 얻어야 한
다. 이 경우 가맹사업자는 기존 가맹계약자의 매출감소가 초래
되지 않는다는 객관적 자료를 제시하여야 하며, 가맹계약자도
합리적인 사유없이 그 동의를 거부하여서는 아니된다.

제5조(계약기간) ① 계약기간은 특약이 없는 한 3년 이상으로 한다.

②가맹사업자 또는 가맹계약자가 계약을 종료하고자 하는 때에
는 기간 만료 2개월 전에 상대방에 대하여 계약의 종료를 통지
하여야 한다.

③제2항의 계약종료의 통지없이 계약기간을 경과한 때에는 계약
이 전과 같은 조건으로 갱신된 것으로 본다.

제6조(계약의 해지) ① 가맹사업자 또는 가맹계약자는 다음의 경우
에는 2주일 이상의 기간을 정하여 서면으로 이행 또는 시정을
최고하고 그 이행 또는 시정이 이루어지지 아니하면 계약을 해
지할 수 있다.

1. 가맹계약자에게 제25조 제1항 각호의 사유가 있는 경우

2. 가맹사업자가 약정한 상품.자재의 공급. 경영지원 등을 정당
한 이유없이 하지 않거나 지체하는 경우

② 가맹사업자 또는 가맹계약자는 다음의 경우에는 최고없이 즉시 계약을 해지할 수 있다.

1. 가맹계약자에게 제25조 제2항 제1호 내지 제3호의 사유가 있는 경우

2. 가맹계약자가 영업을 계속할 수 없는 객관적인 불가피한 사유가 있는 경우

3. 가맹사업자가 파산하는 경우

4. 가맹사업자가 발행한 어음·수표가 부도처리되는 경우

5. 가맹사업자가 강제집행을 당하는 경우

6. 천재지변이 있는 경우

제7조(계약의 종료와 조치) ① 계약이 기간만료 또는 해지로 종료된 때에는, 가맹계약자는 계약이행보증금을 지급한 경우에는 가맹사업자로부터 제10조 제2항의 정산잔액과 정산서를 받은 때로부터(정산잔액이 없는 경우에는 정산서를 받은 때로부터), 계약이행보증보험증권이나 물적담보를 제공한 경우에는 잔존 채무·손해배상액의 통지서를 받은 때로부터, 즉시 상호·상표·서비스표·휘장·간판 등의 사용을 중단하고 이를 철거하여 원상으로 복구한다.

② 가맹사업자가 제8조 제3항에 의하여 가입비의 일부를 반환해야 하는 경우에는, 가맹계약자가 제1항의 상호 등의 사용중단·원상복구를 하기 위해서는 그 반환도 있어야 한다.

③ 제1항의 철거·원상복구의 비용은 계약이 가맹계약자의 귀책사유로 인해 종료되는 경우에는 가맹계약자가, 가맹사업자의 귀책사유로 인해 종료되는 경우에는 가맹사업자가 부담한다.

제8조(가입비) ① 가맹계약자는 계약체결시에 가입비를 일시급으로 지급한다. 다만, 가맹사업자의 동의를 얻어 분할 지급할 수 있으며, 이 경우에는 (   )%의 이자를 가산한다.

② 가입비에는 점포개설에 따른 최초 훈련비·장소선정 지원비·가맹사업 운영매뉴얼 제공비·부가가치세 등을 포함하며, 가입비에 포함되는 사항은 가맹사업자와 가맹계약자가 협의하여 정한다.

③ 가맹계약자가 그의 책임없는 사유로 최초 계약기간 내에 영

업을 중단하는 경우에는, 가맹사업자는 가입비를 최초 계약기간 중의 미경과 일수에 따라 일할 계산하여 반환한다.

④ 가맹사업자가 제3항에 의해 가입비의 일부를 반환해야 하는 경우에는 가맹계약자의 청구가 있는 날로부터 10일 이내에 반환해야 한다.

제9조(정기납입경비[Royalty, 로얄티]) ① 가맹계약자는 가맹사업자의 상호.상표.서비스표.휘장 등의 사용 및 경영지원에 대한 대가로 정기납입경비를 毎 分期마다 가맹사업자에게 지급하며, 그 금액은 당해 분기 동안의 총매출액의 ( )%로 한다.

② 제1항의 분기는 ( )개월로 한다.

※ ( )개월은 3개월 이상이어야 함.

③ 가맹계약자는 다음 분기의 첫달의 말일까지 직전 분기의 총매출액을 가맹사업자에게 서면으로 통지하고 정기납입경비를 지급한다.

제10조(계약이행보증금) ① 가맹계약자는 상품.자재의 대금, 정기납입경비, 광고.판촉비(가맹계약자가 책임지기로 약정한 금액에 한함) 등의 채무액 또는 손해배상액의 지급을 담보하기 위하여 계약체결시에 계약이행보증금으로 ( )원을 가맹사업자에게 지급하거나 이에 상당하는 계약이행보증보험증권 또는 물적담보를 제공한다.

② 계약이 기간만료 또는 해지로 종료된 때에는 가맹사업자는 기간만료일 또는 해지일로부터 10일 이내에 계약이행보증금으로 잔존 채무.손해배상액을 정산하여 잔액을 상환하고 정산서를 교부한다.

③ 물적담보가 제공된 경우에는 가맹사업자는 가맹계약자가 잔존 채무.손해배상액을 지급하는 즉시 물적담보의 말소에 필요한 서류를 교부하여야 한다.

제11조(교육 및 훈련) ① 가맹사업자가 정한 교육 및 훈련과정을 이수하지 아니하는 자는 가맹계약자의 점포 관리자로 근무할 수 없다.

② 교육은 개업시 교육, 정기교육, 특별교육으로 구분한다.

③ 정기교육은 이를 실시하기 1개월 전에 그 교육계획을 수립하

여 가맹계약자에게 서면으로 통지한다.

④ 비정기교육은 이를 실시하기 1주일 전에 장소와 시간을 정하여 서면으로 통지한다.

⑤ 교육비용은 가맹사업자가 책정하고 가맹계약자에게 그 산출근거를 서면으로 통지한다.

⑥ 가맹계약자는 필요시 자신의 비용부담으로 가맹사업자에게 교육 및 훈련요원의 파견을 요청할 수 있다.

제12조(경영지도) ① 가맹사업자는 가맹계약자의 경영활성화를 위하여 경영지도를 할 수 있다.

② 가맹계약자는 자신의 비용부담으로 가맹사업자에게 경영지도를 요청할 수 있다.

③ 제2항의 요청을 받은 가맹사업자는 경영지도계획서를 가맹계약자에 제시하여야 한다.

④ 경영지도계획서에는 지도할 내용, 기간, 경영진단 및 지도할 자의 성명, 소요비용 등을 기재하여야 한다.

⑤ 가맹사업자는 경영지도결과 및 개선방안을 가맹계약자에게 서면으로 제시하여야 한다.

제13조(감독.시정권) ① 가맹사업자는 가맹계약자의 점포 경영상태를 파악하기 위하여 월(주)( )회 점포를 점검하고 기준에 위반하는 결과에 대해 시정을 요구할 수 있다.

② 점포의 점검은 위생, 회계처리, 각종설비관리, 원.부자재관리 등의 상태를 점검한다.

③ 가맹사업자는 점포의 노후시설의 교체.보수를 명할 수 있다. 이 경우 가맹사업자는 가맹계약자와 협의하여 직접 교체.보수하거나 제3자에게 의뢰할 수 있다.

④ 가맹사업자는 첨부한 것과 같은 관리기준을 서면으로 가맹계약자에 제시해야 하고, 제시후 ( )일 후부터 이 기준에 의거하여 점검한다. 기준을 변경하는 경우에도 같다.

제14조(점포의 설치장소의 선정) ① 가맹사업자는 가맹계약자와 협의하여 점포를 설치할 장소를 선정한다.

② 장소의 선정은 통행인의 수.교통량 및 질.시장특성.통행인의

구매습성.주요한 근린시설.업종별 특성에 따른 매출성향 등을 항목별로 구분하여 종합적으로 판단한다.

③ 가맹사업자는 제2항의 분석결과에 대한 의견과 예상오차를 서면으로 가맹계약자에게 제시하여야 한다.

제15조(점포의 설비) ① 가맹계약자의 점포설비(인테리어)는 가맹사업 전체의 통일성과 독창성을 유지할 수 있도록 가맹사업자가 정한 사양에 따라 설계.시공한다.

② 가맹사업자는 가맹계약자의 의뢰가 있는 경우에 직접 시공할 수 있다.

③ 가맹계약자는 가맹사업자가 정한 사양에 따라 직접 시공하거나 가맹사업자가 지정한 업체를 선정하여 시공할 수 있다. 이 경우 가맹사업자는 공사의 원활한 진행을 위하여 직원을 파견할 수 있다.

④ 점포설비에 따른 제반 인.허가는 이 계약체결일로부터 ( ) 일 이내에 가맹계약자가 자신의 책임과 비용으로 취득하는 것으로 한다.

⑤ 가맹계약자는 청결한 점포환경을 유지하기 위하여 노후된 시설을 교체.보수한다.

⑥ 가맹사업자는 가맹사업의 개선을 위하여 필요한 때에는 점포의 실내장식, 시설, 각종의 기기를 교체.보수할 것을 요구할 수 있다. 이 경우 가맹사업자는 비용분담에 관해 가맹계약자와 협의하여야 한다.

제16조(주방기기의 설치 및 유지) ① 가맹계약자는 가맹사업자가 제시한 모델과 동일한 주방기기를 사용하여야 한다.

② 가맹사업자는 직접 주방기기를 공급할 수 있다.

③ 가맹계약자가 주방기기를 설치하는 경우에 공사의 원활한 진행을 위하여 가맹사업자는 직원을 파견할 수 있다.

④ 가맹계약자는 가맹사업자가 공급한 주방기기의 수리를 가맹사업자에 의뢰할 수 있다.

⑤ 제4항의 경우 가맹사업자는 수리비의 견적 및 수리에 소요되는 기간을 즉시 통지하여야 하고, 수리가 불가능한 때에는 이유

를 명시하여 소정기일 내에 회수하여야 하며 이유없이 신품의 교체를 강요할 수 없다.

제17조(설비 및 기기의 대여) ① 가맹사업자는 가맹계약자의 요청이 있는 경우 설비.기기의 전부 또는 일부를 대여할 수 있다.

② 가맹사업자로부터 대여 받은 설비.기기의 소유권은 가맹사업자에게 있다.

③ 가맹계약자는 대여 받은 각종의 설비.기기를 매매, 담보제공 또는 질권설정의 목적으로 할 수 없다.

④ 가맹계약자는 대여 받은 설비.기기를 자신의 비용으로 보존.관리한다.

⑤ 가맹계약자는 대여 받은 설비.기기에 대하여 가맹사업자의 반환요구가 있으면 현물로 반환할 수 있다.

⑥ 가맹계약자가 대여 받은 설비.기기를 분실.훼손한 경우에는 구입가격에서 감가상각한 잔액으로 배상한다.

⑦ 가맹계약자는 월 ( )원의 사용료를 지급한다. 단 면제의 합의가 있으면 그에 따른다.

제18조(광 고) ① 가맹사업자는 가맹사업의 활성화를 위하여 전국규모 및 지역단위의 광고를 할 수 있다.

② 광고의 횟수.시기.매체 등에 관한 세부적 사항은 가맹사업 운영매뉴얼에서 정하는 바에 의한다. 단, 가맹사업자는 가맹사업의 원활한 운영과 필요에 따라 이를 조정할 수 있다.

③ 광고에 소요되는 비용은 가맹사업자가 ( )%, 가맹계약자측 (전국규모의 광고의 경우에는 전국의 가맹계약자들, 지역단위의 광고의 경우에는 해당 지역의 가맹계약자들)이 ( )%씩 분담한다. 각 가맹계약자 간의 비용부담의 배분은 각각의 총매출액에 따른 비율에 의한다.

④ 가맹사업자는 매 분기 지출한 광고비 중에서 각 가맹계약자가 부담해야 할 광고비를 다음 분기 첫달의 말일까지 그 명세서를 첨부하여 통지하고, 가맹계약자는 그 통지를 받은 날로부터 2주일 이내에 지급한다.

제19조(판 촉) ① 가맹사업자는 가맹사업의 활성화를 위하여 전국

규모 및 지역단위의 할인판매, 경품제공, 시식회, 이벤트 등과 같은 판촉활동을 할 수 있다.

② 판촉활동의 횟수.시기.방법.내용 등에 관한 세부적 사항은 가맹사업 운영매뉴얼에서 정하는 바에 의한다. 단, 가맹사업자는 가맹사업의 원활한 운영과 필요에 따라 이를 조정할 수 있다.

③ 가맹계약자가 직접 판매하는 상품의 할인비용이나 직접 제공하는 경품.기념품 등의 비용은 당해 가맹계약자가 부담하며, 판촉활동을 위한 통일적 팜플렛.전단.리플렛.카달로그의 제작비용 등은 가맹사업자가 부담한다.

④ 제3항에서 규정하지 아니하는 그 밖의 판촉행위에 소요되는 비용은 가맹사업자와 가맹계약자가 분담한다. 이 경우 가맹사업자는 산출근거를 서면으로 제시하여 가맹계약자의 동의를 얻어야 한다.

⑤ 가맹계약자는 자기의 비용으로 자기 지역 내에서 판촉활동을 할 수 있다. 이 경우 가맹계약자는 가맹사업자와 협의하여야 한다.

제20조(영업양도 및 담보제공) ① 가맹계약자는 가맹사업자의 승인을 얻어 점포의 영업을 양도, 전대하거나 영업재산을 담보로 제공할 수 있다.

② 제1항의 승인은 2개월 전에 가맹사업자에 대하여 서면으로 청구하여야 한다.

③ 가맹사업자는 승인청구를 받은 날로부터 1개월 이내에 서면으로 승인 또는 거절을 하여야 한다. 단, 거절을 하는 경우에는 그 사유를 구체적으로 명시하여야 한다.

④ 양수인, 전차인은 가맹계약자의 가맹사업자에 대한 권리와 의무를 승계한다.

⑤ 양수인, 전차인에 대하여는 가입비가 면제된다. 단, 소정의 교육비는 부담한다.

⑥ 양수인이 요청하는 경우에는 가맹계약자의 잔여 계약기간 대신에 완전한 계약기간을 부여할 수 있다. 이 경우에는 신규계약으로 한다.

제21조(영업의 상속) ① 가맹계약자의 상속인은 가맹계약자의 영업

을 상속할 수 있다.

② 상속인이 영업을 상속할 경우에는 가맹사업자에게 상속개시일로부
터 3개월 이내에 상속사실을 통지하여야 한다.

③ 상속인에 대해서는 가입비를 면제한다. 단, 소정의 교육비는
부담한다.

제22조(지적소유권의 확보) ① 가맹사업자는 상호.상표.휘장 등에 대
한 배타적 독점권을 확보하는데 필요한 절차를 갖춘다.

② 가맹사업자는 가맹계약자에게 상호.상표.휘장 등을 사용할 정
당한 권한을 부여하였음을 증명하는 증서를 교부한다.

③ 가맹사업자는 가맹계약자에게 사용을 허가한 각종의 권리에
대하여 책임을 진다.

제23조(상품의 조달과 관리) ① 가맹사업자는 브랜드의 동일성을
유지하는데 필요한 상품.자재를 가맹계약자에게 공급한다. 단,
상품.자재 범위에 이견이 있는 경우에는 가맹사업자와 가맹계약
자가 협의하여 결정한다.

② 가맹사업자가 정당한 사유 없이 공급을 중단하거나 공급하지 않
는 상품.자재는 이를 가맹계약자가 직접 조달하고 판매할 수 있
다. 이 경우 가맹계약자는 브랜드의 동일성을 해치지 않도록
하여야 한다.

③ 가맹계약자가 제2항에 의해 직접 조달하는 상품.자재에 대해서
는 가맹사업자는 품질관리기준을 제시하고 그 품질을 검사할 수
있다. 이 경우 가맹계약자는 가맹사업자의 품질검사에 협조하여
야 한다.

④ 가맹사업자와 가맹계약자는 식품위생법과 기타 관련법률의
규정에서 정한 설비와 장비를 갖추어 상품.자재의 성질에 적합한
방법으로 상품.자재를 운반.보관하여야 한다.

⑤ 가맹사업자는 가맹사업의 목적달성을 위한 필요한 범위를 벗
어나서 가맹계약자에게 상품.자재를 자기 또는 자기가 지정한
자로부터만 구입하게 할 수 없다.

⑥ 가맹계약자는 가맹사업자의 허락 없이 공급받은 상품.자재를 타
인에게 제공하거나 대여할 수 없다.

제24조(상품의 하자와 검사) ① 가맹계약자는 상품.자재를 공급받는 즉시 수량 및 품질을 검사한 후 그 하자 유무를 서면으로 가맹사업자에 통지하여야 한다.

② 상품.자재의 성질상 수령 즉시 하자를 발견할 수 없는 경우에는 6개월 이내에 이를 발견하여 통지하고 완전물로 교환을 청구할 수 있다.

③ 가맹계약자가 검사를 태만히 하여 손해가 발생한 경우에는 반품.수량보충.손해배상을 청구할 수 없다. 단, 가맹사업자가 하자 있음을 알면서 공급한 경우에는 가맹계약자는 제2항의 기간과 상관없이 가맹사업자에게 손해배상 등을 청구할 수 있다.

④ 가맹사업자는 그의 상표를 사용하여 공급한 상품.자재의 하자로 인하여 소비자나 제3자가 입은 손해에 대하여 책임을 진다. 그러나 가맹사업자는 그가 공급하지 않은 상품.자재를 가맹계약자가 판매하여 제3자에게 손해를 가한 경우에는 책임을 지지 않는다.

⑤ 계약이 기간만료, 해지로 인해 종료한 때에는 가맹계약자는 공급된 상품.자재 중에서 완전물을 가맹사업자에 반환하여야 하며, 이 경우 가맹사업자는 출고가격으로 상환한다. 그러나 하자물에 대해서는 그 상태를 감안하여 가맹사업자와 가맹계약자의 협의로 상환가격을 정한다.

제25조(상품공급의 중단)

① 가맹사업자는 다음의 경우에 1주일 전에 서면으로 예고한 후 가맹계약자에 대한 상품.자재의 공급을 중단할 수 있다. 이 경우 재공급조건을 지체 없이 가맹계약자에게 통지하여야 한다.

1. 가맹계약자가 ( )개월에 걸쳐 3회 이상 상품.자재의 대금지급을 연체하는 경우

2. 가맹계약자가 2회 이상 정기납입경비의 지급을 연체하는 경우

3. 가맹계약자가 정기납입경비의 산정을 위한 총매출액 또는 매출액 증가비율을 3회 이상 허위로 통지하는 경우

4. 가맹사업자의 품질관리기준을 3개월에 3회 이상 위반하는 경우

5. 가맹계약자의 채무액이 계약에서 정한 한도액을 초과하는 경우

6. 가맹계약자가 가맹사업자와의 협의 없이 점포 운영을 5일 이상

방치하는 경우

7. 가맹계약자가 가맹사업자와 약정한 판매촉진활동을 이행하지 않는 경우

8. 가맹계약자가 노후된 점포설비의 교체.보수의 요청에 따르지 않는 경우

9. 가맹계약자의 종업원이 규정된 복장을 착용하지 않는 경우

② 가맹사업자는 다음의 경우에는 즉시 상품의 공급을 중단할 수 있다.

1. 가맹계약자가 파산하는 경우

2. 가맹계약자가 발행한 어음.수표가 부도처리되는 경우

3. 가맹계약자가 강제집행을 당하는 경우

4. 천재지변이 있는 경우

제26조(영 업) ① 가맹계약자는 주 ( )일 이상 월 ( )일 이상 개장 하여야 하고 연속하여 ( )일 이상 휴업할 수 없다.

② 가맹계약자가 휴업할 경우에는 사전에 가맹사업자에 사유를 기재한 서면으로 통지하여야 한다.

제27조(복 장) ① 가맹계약자 및 종업원은 가맹사업자가 지정한 복장 을 착용한다.

② 가맹사업자는 종업원의 복장을 지정한 경우에는 복장의 색깔, 규격을 서면으로 통지한다.

③ 가맹사업자는 가맹계약자의 청구에 따라 종업원의 복장을 공 급할 수 있다.

제28조(보고의무) ① 가맹계약자는 년 ( )회 매출상황과 회계원 장 등을 가맹사업자에 서면으로 보고하여야 한다.

② 가맹계약자는 가맹사업자가 파견한 경영지도위원의 서면에 의한 요구가 있을 때에는 장부 등 서류를 제시하여야 한다.

③ 가맹계약자는 가맹사업자로부터 사용허가를 받은 상호, 상표, 서비스표, 특허권 등에 대한 침해를 이유로 제3자가 소를 제기 한 경우에는 이를 가맹사업자에 보고하여야 한다.

제29조(보 험) ① 가맹사업자는 가맹계약자에게 그의 영업상의 과실, 상품의 하자, 점포의 화재로 인하여 소비자나 제3자가 입은 손해를

배상하기 위하여 보험가입을 권유할 수 있다.

② 가맹계약자는 자신의 책임으로 보험업자, 보험의 종류, 피보험자를 정한다.

제30조(가맹계약자의 의무) ① 가맹계약자는 계약 및 경영상 알게 된 가맹사업자의 영업상의 비밀을 계약기간은 물론이고 계약종료 후에도 제3자에게 누설해서는 안 된다.

② 가맹계약자는 가맹사업자의 허락 없이 교육과 세미나자료, 편람의 내용 등을 인쇄 또는 복사할 수 없다.

③ 가맹계약자는 계약의 존속 중에 가맹사업자의 허락 없이 자기 또는 제3자의 명의로 가맹사업자의 영업과 동종의 영업을 하지 않는다.

제31조(가맹사업자의 의무) ① 가맹사업자는 가맹사업계약을 체결하는 과정에서 가맹희망자들이 가맹 여부를 적정하게 판단할 수 있도록 필요한 자료 및 정보를 충분히 공개하여야 한다.

②가맹사업자는 가맹희망자들의 요구가 있을 때에는 다음의 자료 및 정보를 서면으로 제공하여야 한다.

1. 가맹사업자의 재무상황, 등기부등본, 최근 5년간의 사업경력, 가맹사업과 관련하여 진행중인 소송

2. 계약체결시 또는 계약체결후 부담해야 할 가입비, 정기납입경비(로얄티), 계약이행보증금, 기타 공과금 등의 금전에 관한 내용

3. 상품.자재의 공급조건, 경영지원과 이에 대한 대가지급방법, 영업의 통제사항, 계약의 해제.해지

4. 가맹희망자가 운영할 점포 인근지역의 가맹계약자현황, 가맹사업자가 제시한 예상 매출액 산정내역

제32조(지연이자) 제8조 제4항, 제10조 제2항 등에 의해 가맹사업자가 가맹계약자에게 금전을 지급해야 하는 경우나 제9조 제3항, 제18조 제4항 등에 의해 가맹계약자가 가맹사업자에게 금전을 지급해야 하는 경우에, 그 지급기간을 경과하면 미지급액에 대하여 지급기간 경과일의 다음날로부터 지급하는 날까지 연 이율 ( )%의 지연이자를 가산한다.

제33조(재판의 관할) 이 계약에 관한 소송은 가맹계약자의 주소지나 점포소재지를 관할하는 법원으로 한다. 다만, 가맹사업자와 가맹계약자가 합의하여 관할법원을 달리 정할 수 있다.

20○○년 ○월 ○일

가 맹 사업자	주 소					
	성 명 또 는 상 호	인	주민등록번호 또 는 사업자등록번호	-	전 화 번 호	
가 맹 계약자	주 소					
	성 명 또 는 상 호	인	주민등록번호 또 는 사업자등록번호	-	전 화 번 호	

? 가맹계약서 내용이 어려운데 가장 중점적으로 검토해야 하는 내용은 어떤 건가요?

Q 가맹계약서 내용이 어려운데 가장 중점적으로 검토해야 하는 내용은 어떤 건가요?

A 가맹계약서의 모든 내용은 다 중요하다고 볼 수 있습니다. 다만, 가맹사업법에서 정하는 가맹계약서 필수기재사항은 반드시 검토하여야 합니다.

가맹계약서에는 다음 각호의 사항을 포함해야 합니다.

1. 영업표지의 사용권 부여에 관한 사항
2. 가맹점사업자의 영업활동 조건에 관한 사항
3. 가맹점사업자에 대한 교육·훈련, 경영지도에 관한 사항
4. 가맹금 등의 지급에 관한 사항
5. 영업지역의 설정에 관한 사항
6. 계약기간에 관한 사항
7. 영업의 양도에 관한 사항
8. 계약해지의 사유에 관한 사항
9. 가맹희망자 또는 가맹점사업자가 가맹계약을 체결한 날부터 2개월(가맹점사업자가 2개월 이전에 가맹사업을 개시하는 경우에는 가맹사업개시일)까지의 기간 동안 예치가맹금을 예치기관에 예치하여야 한다는 사항. 다만, 가맹본부가 제15조의2에 따른 가맹점사업자피해보상보험계약 등을 체결한 경우에는 그에 관한 사항으로 한다.
10. 가맹희망자가 정보공개서에 대하여 변호사 또는 제27조에 따른 가맹거래사의 자문을 받은 경우 이에 관한 사항
11. 그 밖에 가맹사업당사자의 권리·의무에 관한 사항으로서 다음에 정하는 사항
- 가맹금 등 금전의 반환조건에 관한 사항
- 가맹점사업자의 영업설비·집기 등의 설치와 유지·보수 및 그 비용의 부담에 관한 사항
- 가맹계약의 종료 및 해지에 따른 조치 사항
- 가맹본부가 가맹계약의 갱신을 거절할 수 있는 정당한 사유에 관한 사항
- 가맹본부의 영업비밀에 관한 사항
- 가맹계약 위반으로 인한 손해배상에 관한 사항
- 가맹본부와 가맹점사업자 사이의 분쟁 해결 절차에 관한 사항
- 가맹본부가 다른 사업자에게 가맹사업을 양도하는 경우에는 종전 가맹점사업자와의 계약에 관한 사항
- 가맹본부의 지식재산권 유효기간 만료 시 조치에 관한 사항

? **가맹계약 기간을 10년동안 법으로 보장해 준다는데 사실인가요?**

Q 가맹계약 기간을 10년 동안 법으로 보장해 준다는데 사실인가요?

A 가맹점사업자가 계약기간 만료 전 180일에서 90일 사이 서면으로 갱신을 요구하는 계약갱신요구권을 행사하는 경우, 가맹본부는 정당한 사유 없이 거절할 수 없습니다. 다만, 가맹점사업자의 귀책사유가 없어야 하며, 재계약마다 반복적으로 계약갱신요구권을 행사하여야 합니다. 최초계약기간으로부터 전체 계약기간이 최대 10년까지 행사할 수 있다는 의미이지, 가맹점사업자에게 무조건 10년을 보장해 주는 것은 아니니 유의하시기 바랍니다.

- 가맹사업법 제13조(가맹계약의 갱신 등)

① 가맹본부는 가맹점사업자가 가맹계약기간 만료 전 180일부터 90일까지 사이에 가맹계약의 갱신을 요구하는 경우 정당한 사유 없이 이를 거절하지 못한다. 다만, 다음 각 호의 어느 하나에 해당하는 경우에는 그러하지 아니하다.

1. 가맹점사업자가 가맹계약상의 가맹금 등의 지급의무를 지키지 아니한 경우

2. 다른 가맹점사업자에게 통상적으로 적용되는 계약조건이나 영업방침을 가맹점사업자가 수락하지 아니한 경우

3. 가맹사업의 유지를 위하여 필요하다고 인정되는 것으로서 다음 각 목의 어느 하나에 해당하는 가맹본부의 중요한 영업방침을 가맹점사업자가 지키지 아니한 경우

　가. 가맹점의 운영에 필요한 점포·설비의 확보나 법령상 필요한 자격·면허·허가의 취득에 관한 사항

　나. 판매하는 상품이나 용역의 품질을 유지하기 위하여 필요한 제조공법 또는 서비스기법의 준수에 관한 사항

　다. 그 밖에 가맹점사업자가 가맹사업을 정상적으로 유지하기 위하여 필요하다고 인정되는 것으로서 대통령령으로 정하는 사항

② 가맹점사업자의 계약갱신요구권은 최초 가맹계약기간을 포함한 전체 가맹계약기간이 10년을 초과하지 아니하는 범위 내에서만 행사할 수 있다.

③ 가맹본부가 제1항에 따른 갱신 요구를 거절하는 경우에는 그 요구를 받은 날부터 15일 이내에 가맹점사업자에게 거절 사유를 적어 서면으로 통지하여야 한다.

④ 가맹본부가 제3항의 거절 통지를 하지 아니하거나 가맹계약기간 만료 전 180일부터 90일까지 사이에 가맹점사업자에게 조건의 변경에 대한 통지나 가맹계약을 갱신하지 아니한다는 사실의 통지를 서면으로 하지 아니하는 경우에는 계약 만료 전의 가맹계약과 같은 조건으로 다시 가맹계약을 체결한 것으로 본다. 다만, 가맹점사업자가 계약이 만료되는 날부터 60일 전까지 이의를 제기하거나 가맹본부나 가맹점사업자에게 천재지변이나 그 밖에 대통령령으로 정하는 부득이한 사유가 있는 경우에는 그러하지 아니하다.

? 가맹상이 계약갱신 요청을 하였을 때, 가맹업자는 이를 자유롭게 거절할 수 있나요?

Q 가맹상이 계약갱신 요청을 하였을 때, 가맹업자는 이를 자유롭게 거절할 수 있나요?

A 종래 판례(2010다30041)에서는 가맹상이 계약갱신 요청을 하여도 가맹업자가 이를 자유롭게 거절할 자유를 인정하였습니다. 그러나 가맹사업거래법이 개정되며 계약기간 10년의 범위 내에서는 원칙적으로 가맹상의 계약갱신 요구를 가맹업자가 정당한 이유 없이 거절하지 못하게 되었습니다.(가맹사업거래법 제13조 제1항, 제2항)

□ **관련판례**

모든 가맹점계약에 있어서 가맹본부에 가맹점에 대한 판매지역권 보장의무가 당연히 인정되는 것은 아니라 하더라도 가맹본부로서는 소속 가맹점의 판매지역권을 부당하게 침해하는 것은 허용되지 않는다고 할 것이므로, 가맹본부가 아무런 제약 없이 언제라도 가맹점의 점포와 동일 지역 내에 직영점을 개설하거나 가맹점을 둘 수 있도록 하는 조항을 두었다면 이는 가맹점에 대하여 부당하게 불리한 조항으로 「약관의 규제에 관한 법률」제6조제1항, 제2항제1호에 의하여 무효라고 보아야 할 것이다(대법원 2000. 6. 9. 선고 98다45553,45560,45577 판결).

1-3. 가맹계약의 체결

1-3-1. 가맹계약서의 필수 기재사항

① 계약의 내용을 어떻게 결정할 것인지는 계약당사자가 결정할 문제이나, 「가맹사업거래의 공정화에 관한 법률」에서는 가맹희망자 또는 가맹점사업자의 보호를 위하여 가맹계약서에 반드시 포함되어야 할 사항을 규정하고 있습니다.

② 가맹계약서에 포함되어야 하는 19가지의 필수 기재사항은 다음과 같습니다.

가. 영업표지의 사용권 부여에 관한 사항

나. 가맹점사업자의 영업활동 조건에 관한 사항

다. 가맹점사업자에 대한 교육·훈련, 경영지도에 관한 사항

라. 가맹금 등의 지급에 관한 사항

마. 영업지역의 설정에 관한 사항

바. 계약기간에 관한 사항

사. 영업의 양도에 관한 사항

아. 계약해지의 사유에 관한 사항

자. 가맹희망자 또는 가맹점사업자가 가맹계약을 체결한 날부터 2개월(가맹점사업자가 2개월 이전에 가맹사업을 개시하는 경우에는 가맹사업개시일)까지의 기간 동안 예치가맹금을 예치 기관에 예치해야 한다는 사항. 다만, 가맹본부가 가맹점사업자피해보상보험계약 등을 체결한 경우에는 그에 관한 사항으로 함.

차. 가맹희망자가 정보공개서에 대해 변호사 또는 가맹거래사의 자문을 받은 경우 그에 관한 사항

카. 가맹본부 또는 가맹본부 임원의 위법행위 또는 가맹사업의 명성이나 신용을 훼손하는 등 사회상규에 반하는 행위로 인해 가맹점사업자에게 발생한 손해에 대한 배상의무에 관한 사항

타. 그 밖에 가맹사업당사자의 권리·의무에 관한 다음의 사항
- 가맹금 등 금전의 반환조건에 관한 사항
- 가맹점사업자의 영업설비·집기 등의 설치와 유지·보수 및 그 비용의 부담에 관한 사항
- 가맹계약의 종료 및 해지에 따른 조치 사항
- 가맹본부가 가맹계약의 갱신을 거절할 수 있는 정당한 사유에 관한 사항
- 가맹본부의 영업비밀에 관한 사항
- 가맹계약 위반으로 인한 손해배상에 관한 사항
- 가맹본부와 가맹점사업자 사이의 분쟁 해결 절차에 관한 사항
- 가맹본부가 다른 사업자에게 가맹사업을 양도하는 경우에는 종전 가맹점사업자와의 계약에 관한 사항
- 가맹본부의 지식재산권 유효기간 만료 시 조치에 관한 사항

1-3-2. 가맹계약서의 내용

① 가맹계약을 체결하려는 가맹희망자와 가맹본부는 서로 합의하여 가맹계약서에 필수 기재사항 외에 가맹사업과 관련된 다른 사항을 추가할 수 있습니다.

② 가맹본부는 가맹계약서에 다음과 같은 불공정 조항을 계약의 내용에 포함시켜서는 안 되는데, 이를 위반한 경우에는 공정거래위원회로부터 불공정약관조항의 삭제·수정, 시정명령을 받은 사실의

공표, 그 밖에 약관을 시정하기 위해 필요한 조치 등을 하도록 명령을 받을 수 있습니다.

1) 가맹점사업자에게 부당하게 불리한 조항이 신의성실의 원칙에 반하여 공정을 잃는 경우
2) 가맹본부나 가맹본부의 이행보조자 또는 피용자의 고의 또는 중대한 과실이 있을 때에는 법률상 책임을 지지 않는다는 조항
3) 가맹점사업자에게 부당하게 과중한 지연손해금 등의 손해배상의무를 부담시키는 경우
4) 법률에 따른 가맹점사업자의 해제권 또는 해지권을 배제하거나 그 행사를 제한하는 경우
5) 정당한 이유 없이 급부의 내용을 가맹본부가 일방적으로 결정하거나 변경할 수 있도록 권한을 부여하는 경우(「약관의 규제에 관한 법률」 제10조)
6. 법률에 따른 가맹점사업자의 항변권, 상계권 등의 권리를 정당한 이유 없이 배제 또는 제한하는 경우
7) 가맹점사업자가 자신의 의사를 표시함에 있어 형식이나 요건을 갖추도록 부당하게 엄격한 제한을 가하는 경우
8) 가맹점사업자의 대리인이 가맹계약을 체결한 경우 가맹점사업자가 그 의무를 이행하지 않을 때에는 대리인이 의무의 전부 또는 일부를 이행해야 한다고 책임을 지우는 경우
9) 가맹점사업자에게 부당하게 소제기를 금지시키는 경우

③ 가맹계약의 조항이 위에 해당되어 무효인 경우, 그 가맹계약은 나머지 부분만 유효하게 존속되나, 유효한 부분만으로는 계약의 목적을 달성하는 것이 불가능하거나 가맹점사업자에게 부당하게 불리한 경우에는 해당 계약은 무효가 됩니다

④ 가맹본부가 가맹계약서에 필수 기재사항을 누락한 경우에는 시정조치, 과징금 등을 받을 수 있습니다.

⑤ 가맹계약을 체결하려는 가맹희망자는 가맹본부가 가맹계약서에 필수 기재사항을 누락시킨 경우 그 사실을 공정거래위원회에 신고할 수 있습니다.

1-3-3. 가맹계약서의 효력

① 가맹계약은 일방 당사자인 가맹본부와 다수의 상대방인 가맹희망자 간에 이루어지므로 거의 모든 계약이 약관에 의한 계약형식을 따르게 됩니다.

② 이러한 약관에 의한 가맹계약서는 「약관의 규제에 관한 법률」에서 말하는 "약관"에 해당되어 같은 법의 적용을 받게 됩니다.

③ "약관"이란 그 명칭이나 형태 또는 범위를 불문하고 계약의 한쪽 당사자가 여러 명의 상대방과 계약을 체결하기 위하여 일정한 형식으로 미리 마련한 계약의 내용을 말합니다.

④ 개별약정을 체결하는 경우

약관에서 정하고 있는 사항에 관해 가맹본부와 가맹계약을 체결하려는 가맹희망자가 약관의 내용과 다르게 합의한 사항이 있을 경우에는 해당 합의사항은 약관에 우선한다고 명시하고 있습니다. 따라서, 가맹계약을 체결하려는 가맹희망자가 가맹본부와 약관의 조항과 다른 내용을 체결한 개별약정은 「약관의 규제에 관한 법률」이 적용되지 않고 「민법」이나 「상법」의 적용을 받아 그 계약서의 내용대로 권리와 의무가 발생한다고 할 것입니다.

1-3-4. 가맹계약서 제공

① 가맹본부는 가맹희망자가 가맹계약의 내용을 미리 이해할 수 있도록 가맹계약서를 가맹희망자에게 제공한 날부터 14일이 지나지 않은 경우에는 다음의 어느 하나에 해당하는 행위를 해서는 안됩니다.

가. 가맹희망자로부터 가맹금을 수령하는 행위(가맹희망자가 예치기관에 예치가맹금을 예치하는 때에는 최초로 예치한 날에, 가맹희망자가 최초로 가맹금을 예치하기로 가맹본부와 합의한 날이 있는 경우에는 그 날에 가맹금을 수령한 것으로 봄)

나. 가맹희망자와 가맹계약을 체결하는 행위

1-3-5. 가맹계약의 성립

① 계약을 체결하려는 자들의 대립하는 의사표시가 일치하면 계약은 성립하는데, 보통 계약서를 작성하여 그 내용을 확인하고 서명이나 날인함으로써 계약이 성립됩니다.

② 따라서 가맹계약도 가맹본부와 가맹희망자가 가맹계약서의 내용을 확인하고 서명이나 날인함으로써 성립하게 됩니다.

1-3-6. 가맹본부의 가맹계약서 보관의무

① 가맹본부는 가맹계약서를 가맹점사업자와의 거래가 종료된 날부터 3년간 보관해야 합니다.

② 이를 위반할 경우 가맹본부는 1천만원 이하의 과태료를 부과받습니다.

? 가맹계약을 체결하려고 하는데 계약서에서 반드시 확인해야 할 사항에는 무엇이 있나요?

Q 프랜차이즈로 음식점을 창업하려고 합니다. 가맹계약을 체결하려고 하는데 계약서에서 반드시 확인해야 할 사항에는 무엇이 있나요?

A 계약체결은 아무리 신중해도 지나치지 않습니다. 계약서 내용이 조금이라도 부족하다고 생각되면 해당 조항을 수정한 다음에 계약을 체결해야 합니다. 또한 계약서 내용과 정보공개서 내용에 차이가 있는 경우에는 반드시 가맹본부에 확인해야 합니다.

일단 계약서에 서명을 하고 나면 쉽게 계약을 해지할 수 없으며 해지하더라도 위약금을 내는 등 여러 제약이 따르기 때문입니다.

「가맹사업거래의 공정화에 관한 법률」에서는 가맹희망자 또는 가맹자사업자의 권익보호를 위해 가맹계약서에 포함되어야 할 사항을 정하고 있습니다.

◇ 가맹계약서에 포함되어야 하는 사항

가맹계약서에는 다음 사항이 반드시 포함되어 있어야 합니다.

1. 영업표지의 사용권 부여에 관한 사항
2. 가맹점사업자의 영업활동 조건에 관한 사항

3. 가맹점사업자에 대한 교육·훈련, 경영지도에 관한 사항

4. 가맹금 등의 지급에 관한 사항

5. 영업지역의 설정에 관한 사항

6. 계약기간에 관한 사항

7. 영업의 양도에 관한 사항

8. 계약해지의 사유에 관한 사항

9. 가맹희망자 또는 가맹점사업자가 가맹계약을 체결한 날부터 2개월(가맹점사업자가 2개월 이전에 가맹사업을 개시하는 경우에는 가맹사업개시일)까지의 기간 동안 예치가맹금을 예치기관에 예치하여야 한다는 사항. 다만, 가맹본부가 가맹점사업자피해보상보험계약 등을 체결한 경우에는 그에 관한 사항.

10. 가맹희망자가 정보공개서에 대하여 변호사 또는 가맹거래사의 자문을 받은 경우 이에 관한 사항

11. 가맹본부 또는 가맹본부 임원의 위법행위 또는 가맹사업의 명성이나 신용을 훼손하는 등 사회상규에 반하는 행위로 인해 가맹점사업자에게 발생한 손해에 대한 배상의무에 관한 사항

12. 그 밖에 가맹사업당사자의 권리·의무에 관한 다음의 사항

  - 가맹금 등 금전의 반환조건에 관한 사항

  - 가맹점사업자의 영업설비·집기 등의 설치와 유지·보수 및 그 비용의 부담에 관한 사항

  - 가맹계약의 종료 및 해지에 따른 조치 사항

  - 가맹본부가 가맹계약의 갱신을 거절할 수 있는 정당한 사유에 관한 사항

  - 가맹본부의 영업비밀에 관한 사항

  - 가맹계약 위반으로 인한 손해배상에 관한 사항

  - 가맹본부와 가맹점사업자 사이의 분쟁 해결 절차에 관한 사항

  - 가맹본부가 다른 사업자에게 가맹사업을 양도하는 경우에는 종전 가맹점사업자와의 계약에 관한 사항

  - 가맹본부의 지식재산권 유효기간 만료 시 조치에 관한 사항

Q 지사와 가맹계약을 체결해도 되는 건가요?

A 가맹지사와 가맹본부가 정상적으로 지사계약이 체결되어 있다면 지사와 가맹계약을 체결하여도 가맹본부와 체결한 것과 같은 효력이 있습니다. 다만, 가맹본부에서 부여하는 지사의 권한을 확인하시고 계약 체결 및 가맹금을 지급하는 것이 유리합니다.

지사 계약이 종료되었거나, 가맹본부가 없는 실체없는 지사가 많이 있습니다. 가맹계약 체결 및 가맹금 지급 전에 가맹본부에 전화하여 지사가 맞는지를 반드시 확인하시기 바랍니다.

지사임을 확인할 수 있는 또 하나의 방법은 가맹계약서에 계약 당사자 란에 "갑"(가맹본부), "을"(가맹점사업자), "병"(가맹지사) 등으로 3가 간의 관계가 명기되어 있습니다. 계약 기간 중 가맹지사가 없어지는 경우 가맹본부에 계약이행을 요구할 수 있으니 반드시 확인하시기 바랍니다.

? 지사가 계약 이행을 하지 않고 있습니다. 가맹본부에 이행을 요구할 수 있나요?

Q 지사가 계약 이행을 하지 않고 있습니다. 가맹본부에 이행을 요구할 수 있나요?

A 가맹계약서에 "갑"(가맹본부), "을"(가맹점사업자), "병"(가맹지사) 3자 간의 관계로 계약을 체결하였을 경우 가맹본부에 계약 이행을 요구할 수 있습니다. 다만, 지사와 특별하게 맺은 계약 내용은 이행을 요구할 수 없습니다.

따라서, 지사와의 특별한 계약 내용인지 가맹본부의 역할을 위임받은 계약 내용인지 정확하게 검토 후 계약 이행을 요구하여야 합니다.

Q 저는 甲과 회사를 인수하는 계약을 체결하면서, 매매대금은 1억원, 계약금은 3000만원으로 정하였습니다. 또한 계약서에 "본 계약을 '갑'이 불이행 할 때에는 '을'로부터 수령한 계약금의 배액을 배상하고 '을'이 불이행 할 때에는 본 계약을 무효로 하고 계약금 10/1.갑에게 귀속된다."고 손해배상 책임을 정하여 두었습니다. 그런데 제가 사정상 회사 인수를 하지 못하게 되었는데 甲은 저에게 계약금의 10배인 3억원을 달라고 합니다. 저는 얼마를 배상해야 할까요?

A 계약 당사자 간에 정한 계약금은 계약체결의 증거로서의 의미를 가질 뿐 아니라 어느 일방이 계약을 어겼을 경우 손해배상 해야 하는 그 '손해배상액의 예정'을 한 의미를 갖습니다. 민법 제398조 제2항은 "손해배상의 예정액이 부당히 과다한 경우에는 법원은 적당히 감액할 수 있다"고 규정하고 있어서 과도한 손해배상액을 정한 경우 그 한계로써 손해배상 예정액을 감액할 수 있습니다.

이 사안의 경우 甲의 채무 불이행에 대한 손해배상의 예정액으로는 계약금의 배액을 지불하도록 하면서 乙의 채무 불이행에 대한 손해배상액은 10배를 지급하도록 한 것이기 때문에 계약 당사자 일방에게 부당히 과다한 책임을 지운 것으로 보아 乙은 민법 제398조 제2항에 따라 손해배상 예정액 감액을 주장할 수 있을 것입니다.

다만 이 경우 손해배상액 예정의 감액 주장에 앞서 이 사건 계약조항 중 '계약금 10/1.갑에게 귀속 된다'는 부분의 해석이 어떻게 하여야 할지를 먼저 살펴보아야 합니다.

"계약당사자 간에 어떠한 계약 내용을 처분문서인 서면으로 작성한 경우, 문언의 객관적인 의미가 명확하다면 특별한 사정이 없는 한 문언대로의 의사표시의 존재와 내용을 인정하여야 하지만, 문언의 객관적인 의미가 명확하게 드러나지 않는 경우에는 당사자의 내심의 의사 여하에 관계없이 문언의 내용과 계약이 이루어지게 된 동기 및 경위, 당사자가 계약에 의하여 달성하려고 하는 목적과 진정한 의사, 거래의 관행 등을 종합적으로 고찰하여 사회정의와 형평의 이념에 맞도록 논리와 경험의 법칙, 그리고 사회일반의 상식과 거래의 통념에 따라 당사자 사이의 계약의 내용을 합리적으로 해석하여야 하고, 특히 당사자 일방이 주장하는 계약의 내용이 상대방에게 중대한 책임을 부과하는 경우에는 문언의 내용을 더욱 엄격하게 해석하여야 한다(대법원 2014. 6. 26. 선고 2014다14115 판결 등 참조)."는 것이 판례의 태도입니다.

이 사건 계약 조항 중 '계약금 10/1.갑에게 귀속 된다'는 부분은 조사가 생략되어 있고 띄어쓰기도 제대로 되어 있지 않을 뿐만 아니라 '귀속 된다'라는 표현 또한 추가로 지급의무가 발생한다는 의미로 해석되기는 어렵기 때문에 판례에 따라 '사회일반의 상식과 거래의 통념'에 따라 계약의 내용을 합리적으로 해석할 필요가 있습니다. 계약금은 매매계약을 체결함에 있어서 어느 일방이 계약위반으로 매매계약이 해제되어 손해배상을 하게 되는 경우를 대비한 '배상액의 예정'을 한 것으로 보는데 그 계약금의 액수는 통상 '매매대금의 1/10에 상당하는 금액인 것이 사회일반의 상식과 거래의 통념이라고 할 것이므로 이는 '사실인 관습'이라고 할 수 있습니다. 따라서 이사건 계약서 규정인 "계약금 10/1"은 '매매대금의 10분의 1'이라고 해석됩니다. (대법원 2015. 10. 15. 선고 2015다33755 판결)

이 사안의 경우 '乙'이 배상해야할 금액은 매매대금의 1/10인 1000만원입니다. (참고로 '甲'이 배상하는 경우도 이사건 계약금 3000만원 전액을 '배상액의 예정'으로 볼 수 없고 그 중 매매대금의 1/10인 1000만원만을 '배상액의 예정'으로 보아야 할 것으로 '갑'이 배상하게 되거나 '을'이 배상하게 되거나 간에 그 배상액은 같은 것이 됩니다.)

1-4. 예치가맹금의 지급 및 반환

1-4-1. 예치가맹금의 지급요청

① 가맹본부는 다음의 경우 예치기관의 장에게 예치가맹금의 지급을 요청할 수 있습니다.

가. 가맹점사업자가 영업을 개시한 경우

나. 가맹계약 체결일부터 2개월이 경과한 경우

② 가맹본부가 예치기관의 장에게 예치가맹금의 지급을 요청할 때 거짓이나 그 밖의 부정한 방법을 사용해서는 안 됩니다.

③ 거짓이나 그 밖의 부정한 방법으로 예치가맹금의 지급을 요청한 자는 예치가맹금의 2배에 상당하는 금액 이하의 벌금에 처해집니다.

1-4-2. 예치가맹금의 지급

① 가맹본부로부터 예치가맹금의 지급을 요청받은 예치기관의 장은 10일 이내에 예치가맹금을 가맹본부에 지급해야 합니다.

② 그러나, 예치기관의 장은 가맹희망자나 가맹점사업자가 가맹계약 체결일부터 2개월이 경과하기 전에 다음과 같은 조치를 취한 사

실을 서면으로 통보받은 경우에는 가맹본부에게 예치가맹금을 지급해서는 안 됩니다.

가. 예치가맹금을 반환받기 위하여 소를 제기한 경우
나. 예치가맹금을 반환받기 위하여 알선, 조정, 중재 등을 신청한 경우
다. 가맹금 반환에 관한 규정을 위반하여 가맹본부가 공정거래위원회에 신고된 경우

1-4-3. 예치가맹금의 지급보류

① 예치기관의 장은 다음에 해당하는 경우에는 가맹본부에게 예치가맹금의 지급을 보류합니다.

가. 가맹희망자나 가맹점사업자가 예치가맹금을 반환받기 위해 소송을 제기한 경우
나. 가맹희망자나 가맹점사업자가 예치가맹금을 반환받기 위하여 알선, 조정, 중재 등을 신청한 경우
다. 가맹희망자나 가맹점사업자가 가맹본부가 가맹금 반환에 관한 규정을 위반하였음을 이유로 가맹본부를 공정거래위원회에 신고한 경우 등

② 가맹희망자나 가맹점사업자는 지급보류 사유가 발생한 경우에는 그 사실을 증명하는 서류를 첨부하여 예치가맹금지급보류요청서를 예치기관의 장에게 제출해야 합니다.

③ 예치기관의 장은 가맹사업거래분쟁조정협의회의 조정이나 그 밖의 분쟁해결의 결과가 확정될 때까지, 또는 공정거래위원회의 시정조치가 확정될 때까지 예치가맹금의 지급을 보류합니다.

④ 공정거래위원회의 "시정조치가 확정될 때"란 공정거래위원회의 시정조치에 대하여 이의신청이 제기된 경우에는 재결이, 시정조치나 재결에 대하여 소가 제기된 때에는 확정판결이 확정된 때를 말합니다.

1-4-4. 예치가맹금의 지급거부 등

가맹본부가 거짓이나 그 밖의 부정한 방법으로 예치가맹금의 지급을 요청한 경우 예치기관의 장은 가맹본부에 대하여 예치가맹금의 지급요청을 거부하거나 그 내용의 변경을 요구합니다.

1-4-5. 예치가맹금의 지급 등

① 가맹본부 또는 가맹희망자 및 가맹점사업자가 분쟁조정 등의 결과나 시정조치 결과를 증명하는 서류를 첨부한 가맹금지급요청서를 예치기관의 장에게 제출하여 예치가맹금의 지급이나 반환을 요청합니다.

② 가맹본부 또는 가맹희망자 및 가맹점사업자는 지급이나 반환을 요청한 날부터 30일 이내에 그 결과에 따라 예치가맹금을 지급받거나 돌려받습니다.

③ 다만, 가맹희망자나 가맹점사업자가 가맹본부의 동의서를 첨부한 가맹금지급요청서로 예치기관의 장에게 반환을 요청한 경우, 해당 가맹희망자나 가맹점사업자는 10일 이내에 예치가맹금을 돌려받습니다.

2-1. 가맹사업자의 준수사항

① 가맹점사업자는 영업활동을 하며 다음의 사항을 준수해야 합니다.

가. 가맹사업의 통일성 및 가맹본부의 명성을 유지하기 위한 노력

나. 가맹본부의 공급계획과 소비자의 수요충족에 필요한 적정한 재고유지 및 상품진열

다. 가맹본부가 상품 또는 용역에 대하여 제시하는 적절한 품질기준의 준수

라. 3.에 따른 품질기준의 상품 또는 용역을 구입하지 못하는 경우 가맹본부가 제공하는 상품 또는 용역의 사용

마. 가맹본부가 사업장의 설비와 외관, 운송수단에 대하여 제시하는 적절한 기준의 준수

바. 취급하는 상품·용역이나 영업활동을 변경하는 경우 가맹본부와의 사전 협의

사. 상품 및 용역의 구입과 판매에 관한 회계장부 등 가맹본부의 통일적 사업경영 및 판매전략의 수립에 필요한 자료의 유지와 제공

아. 가맹점사업자의 업무현황 및 사)에 따른 자료의 확인과 기록을 위한 가맹본부의 임직원 그 밖의 대리인의 사업장 출입의 허용

자. 가맹본부의 동의를 얻지 않은 경우 사업장의 위치변경 또는 가맹점운영권의 양도 금지

차. 가맹계약기간 중 가맹본부와 동일한 업종을 영위하는 행위의 금지

카. 가맹본부의 영업기술이나 영업비밀의 누설 금지

타. 영업표지에 대한 제3자의 침해사실을 인지하는 경우 가맹본부에 대한 영업표지침해사실의 통보와 금지조치에 필요한 적절한 협력

파. 가맹본부의 동의를 얻지 않은 경우 사업장의 위치변경 또는 가맹점운영권의 양도 금지

하. 가맹계약기간 중 가맹본부와 동일한 업종을 영위하는 행위의 금지

거. 가맹본부의 영업기술이나 영업비밀의 누설 금지

너. 영업표지에 대한 제3자의 침해사실을 인지하는 경우 가맹본부에 대한 영업표지침해사실의 통보와 금지조치에 필요한 적절한 협력

Q 프랜차이즈로 편의점을 창업한 사람입니다. 가맹점사업자가 준수해야 할 사항들에는 어떤 것이 있나요?

A 가맹점사업자는 영업활동을 하며 다음과 같은 사항을 준수해야 합니다.

1. 가맹사업의 통일성 및 가맹본부의 명성을 유지하기 위한 노력
2. 가맹본부의 공급계획과 소비자의 수요충족에 필요한 적정한 재고유지 및 상품진열
3. 가맹본부가 상품 또는 용역에 대하여 제시하는 적절한 품질기준의 준수
4. 품질기준의 상품 또는 용역을 구입하지 못하는 경우 가맹본부가 제공하는 상품 또는 용역의 사용
5. 가맹본부가 사업장의 설비와 외관, 운송수단에 대하여 제시하는 적절한 기준의 준수
6. 취급하는 상품·용역이나 영업활동을 변경하는 경우 가맹본부와의 사전 협의
7. 상품 및 용역의 구입과 판매에 관한 회계장부 등 가맹본부의 통일적 사업경영 및 판매전략의 수립에 필요한 자료의 유지와 제공
8. 가맹점사업자의 업무현황 및 자료의 확인과 기록을 위한 가맹본부의 임직원 그 밖의 대리인의 사업장 출입허용
9. 가맹본부의 동의를 얻지 아니한 경우 사업장의 위치변경 또는 가맹점운영권의 양도 금지
10. 가맹계약기간 중 가맹본부와 동일한 업종을 영위하는 행위의 금지
11. 가맹본부의 영업기술이나 영업비밀의 누설 금지
12. 영업표지에 대한 제3자의 침해사실을 인지하는 경우 가맹본부에 대한 영업표지침해사실의 통보와 금지조치에 필요한 적절한 협력

? 가맹본부가 정한 거래처를 반드시 거래해야 하는 건가요?

Q 가맹본부가 정한 거래처를 반드시 거래해야 하는 건가요?

A 반드시 거래하여야 하는 것은 아닙니다. 가맹본부가 부당하게 특정한 거래상대방을 구속하는 행위는 불공정거래에 해당합니다. 다만, 가맹본부가 정한 거래와 거래하지 않을 경우 가맹사업 동일성 유지가 힘들다는 점을 객관적으로 입증하는 경우 가맹점사업자는 반드시 거래하여야 합니다.

? 가맹본부가 정한 소비자판매가격은 반드시 지켜야 하는 건가요?

Q 가맹본부가 정한 소비자판매가격은 반드시 지켜야 하는 건가요?

A 반드시 지켜야 하는 것은 아닙니다. 가맹본부가 정당한 이유 없이 판매가격을 준수하도록 강제하는 것은 불공정거래 행위에 해당합니다. 다만, 가맹본부는 가맹사업 동일성 유지를 위하여 합리적인 가격을 권장할 수 있는 권한이 있음을 참고하시기 바랍니다.

〈참고〉

가맹사업법에서 정하는 불공정거래행위의 유형

　1. 구속조건부 거래

　가. 가격의 구속

　　정당한 이유없이 가맹점사업자가 판매하는 상품 또는 용역의 가격을 정하여 그 가격을 유지하도록 하거나 가맹점사업자가 상품 또는 용역의 가격을 결정하는 행위를 부당하게 구속하는 행위. 다만, 다음의 어느 하나에 해당하는 행위는 제외한다.

　　(1) 판매가격을 정하여 가맹점사업자에게 이를 따르도록 권장하는 행위

　　(2) 가맹점사업자에게 판매가격을 결정하거나 변경하는 경우 그 내용에 관하여 사전에 협의하도록 하는 행위. 다만, 사전협의를 통해 판매가격을 강요하는 행위는 가격을 구속하는 행위로 본다.

? 가맹본부가 정한 판매상품은 반드시 지켜야 하는 건가요?

Q 가맹본부가 정한 판매상품은 반드시 지켜야 하는 건가요?

A 반드시 지켜야 하는 것은 아닙니다. 가맹본부가 부당하게 상품 또는 용역을 강제하는 것은 불공정거래행위에 해당합니다. 다만, 가맹사업 동일성 유지를 위하여 필수적이라는 사실이 객관적으로 입증되는 경우에는 반드시 지켜야 합니다.

2-2. 가맹본부의 준수사항

2-2-1. 불공정거래행위의 금지

가맹본부는 가맹점사업자에 대하여 가맹사업의 공정한 거래를 저해할 우려가 있는 아래와 같은 행위를 하거나 다른 사업자에게 그러한 행위를 하도록 해서는 안 됩니다.

가. 거래거절: 가맹본부는 가맹점사업자의 계약위반 등 가맹점사업자의 책임있는 사유로 가맹사업의 거래관계를 지속하기 어려운 사정이 발생한 경우를 제외하고, 가맹점사업자에게 상품이나 용역의 공급 또는 영업의 지원 등을 부당하게 중단 또는 거절하거나 그 내용을 현저하게 제한하는 다음과 같은 행위를 해서는 안 됩니다.

유형	세부기준
영업지원 등의 거절금지	정당한 이유 없이 거래기간 중에 가맹사업을 영위하는데 필요한 부동산·용역·설비·상품·원재료 또는 부재료의 공급과 이와 관련된 영업지원, 정보공개서 또는 가맹계약서에서 제공하기로 되어 있는 경영 및 영업활동에 관한 지원 등을 중단 또는 거절하거나 그 지원하는 물량 또는 내용을 현저히 제한하는 행위를 해서는 안 됩니다.
부당한 계약갱신 거절금지	부당하게 가맹점사업자와의 계약갱신을 거절하는 행위를 해서는 안 됩니다.
부당한 계약해지의 금지	부당하게 계약기간 중에 가맹점사업자와의 계약을 해지하는 행위를 해서는 안 됩니다.

나. 구속조건부 거래: 가맹본부는 가맹점사업자가 취급하는 상품 또는 용역의 가격, 거래상대방, 거래지역이나 가맹점사업자의 사업 활동을 부당하게 구속하거나 제한하는 다음과 같은 행위를 해서는 안 됩니다.

유형	세부기준
가격의 구속금지	1. 정당한 이유 없이 가맹점사업자가 판매하는 상품 또는 용역의 가격을 정해 그 가격을 유지하도록 하거나 가맹점사업자가 상품 또는 용역의 가격을 결정하는 행위를 부당하게 구속하는 행위, 사전 협의를 통해 판매가격을 강요하는 행위 등을 해서는 안 됩니다. 2. 그러나, 판매가격을 정해 가맹점사업자에게 이를 따르도록 권장하는 행위, 가맹점사업자에게 판매가격을 결정하

	거나 변경하는 경우 그 내용에 관해 사전에 협의하도록 하는 행위는 가격의 구속금지에 해당하지 않습니다.
거래상대방의 구속금지	1. 부동산·용역·설비·상품·원재료 또는 부재료의 구입·판매 또는 임대차 등과 관련하여 부당하게 가맹점사업자에게 특정한 거래상대방(가맹본부 포함)과 거래할 것을 강제 하는 행위를 해서는 안 됩니다. 2. 그러나, 부동산·용역·설비·상품·원재료 또는 부재료가 가 맹사업을 경영하는 데에 필수적이라고 객관적으로 인정 되고, 특정한 거래상대방과 거래하지 않는 경우에는 가 맹본부의 상표권을 보호하고 상품 또는 용역의 동일성을 유지하기 어렵다는 사실이 객관적으로 인정되며, 가맹본 부가 미리 정보공개서를 통하여 가맹점사업자에게 해당 사실을 알리고 가맹점사업자와 계약을 체결하는 경우 등 은 거래상대방의 구속금지에 해당하지 않습니다.
가맹점사업자의 상품 또는 용역의 판매제한 금지	1. 가맹점사업자에게 부당하게 지정된 상품 또는 용역만을 판매하도록 하거나 거래상대방에 따라 상품 또는 용역의 판매를 제한하는 행위를 해서는 안 됩니다. 2. 그러나, 가맹점사업자의 상품 또는 용역의 판매를 제한 하지 않는 경우 가맹본부의 상표권을 보호하고 상품 또 는 용역의 동일성을 유지하기 어렵다는 사실이 객관적으 로 인정되고, 가맹본부가 미리정보공개서를 통하여 가맹 점사업자에게 해당 사실을 알리고 가맹점사업자와 계약 을 체결하는 경우에는 가맹점사업자의 상품 또는 용역의 판매제한 금지에 해당하지 않습니다.
영업지역의 준수강제 금지	1. 부당하게 가맹점사업자에게 영업지역을 준수하도록 조건 을 붙이거나 이를 강제하는 행위를 해서는 안 됩니다. 2. 그러나, 가맹본부가 가맹점사업자의 영업거점지역을 정 하거나, 가맹점사업자가 자기의 영업지역에서의 판매책 임을 다한 경우에 영업지역 외의 다른 지역에서 판매할 수 있도록 하는 행위, 또는 가맹점사업자가 자기의 영업 지역 외의 다른 지역에서 판매하려는 경우 그 지역의 가맹점사업자에게 광고 선전비 등 판촉비용에 상당하는 일정한 보상금을 지불하도록 하는 행위의 경우에는 영업 지역의 준수강제 금지에 해당하지 않습니다.
그 밖에 가맹점사업자의 영업활동의 제한 금지	1. 위의 행위에 준하는 것으로서 부당하게 가맹점사업자의 영업활동을 제한하는 행위를 해서는 안 됩니다. 2. 그러나, 가맹점사업자의 영업활동을 제한하지 않는 경우 가맹본부의 상표권을 보호하고 상품 또는 용역의 동일성 을 유지하기 어렵다는 사실이 객관적으로 인정되고, 가 맹본부가 미리 정보공개서를 통해 가맹점사업자에게 해 당 사실을 알리고 가맹점사업자와 계약을 체결하는 행위 는 가맹점사업자의 영업활동의 제한 금지에 해당하지 않 습니다.

다. 거래상 지위의 남용: 가맹본부는 거래상의 지위를 이용해 부당하게 가맹점사업자에게 불이익을 주는 다음과 같은 행위를 해서는 안 되나, 다음에 해당하는 행위를 허용하지 않으면 가맹본부의 상표권을 보호하고 상품 또는 용역의 동일성을 유지하기 어렵다는 사실이 객관적으로 인정되는 경우로서 해당 사실에 관해 가맹본부가 미리 정보공개서를 통해 가맹점사업자에게 알리고 가맹점사업자와 계약을 체결하는 경우에는 다음의 행위가 허용됩니다.

유형	세부기준
구입 강제금지	가맹점사업자에게 가맹사업의 경영과 무관하거나 그 경영에 필요한 양을 넘는 시설·설비·상품·용역·원재료 또는 부재료 등을 구입 또는 임차하도록 강제하는 행위를 해서는 안 됩니다.
부당한 강요금지	부당하게 경제적 이익을 제공하도록 강요하거나 가맹점사업자에게 비용을 부담하도록 강요하는 행위를 해서는 안 됩니다.
부당한 계약조항의 설정 또는 변경금지	가맹점사업자가 이행하기 곤란하거나 가맹점사업자에게 불리한 계약조항을 설정 또는 변경하거나 계약갱신과정에서 종전의 거래조건 또는 다른 가맹점사업자의 거래조건보다 뚜렷하게 불리한 조건으로 계약조건을 설정 또는 변경하는 행위를 해서는 안 됩니다.
경영의 간섭금지	정당한 이유 없이 특정인과 가맹점을 같이 운영하도록 강요하는 행위를 해서는 안 됩니다.
판매목표 강제금지	부당하게 판매 목표를 설정하고 가맹점사업자로 하여금 이를 달성하도록 강제하는 행위를 해서는 안 됩니다.
불이익제공금지	위의 행위에 준하는 경우로서 가맹점사업자에게 부당하게 불이익을 주는 행위를 해서는 안 됩니다.

라. 부당한 손해배상의무 부과행위: 가맹본부는 계약의 목적과 내용, 발생할 손해 등 다음과 같이 정한 기준에 비해 과중하게 위약금을 부과하는 등 가맹점사업자에게 부당하게 손해배상 의무를 부담시키는 행위를 해서는 안 됩니다.

유형	세부기준
과중한 위약금 설정·부과행위	계약해지의 경위 및 거래당사자 간 귀책사유 정도, 잔여 계약기간의 정도, 중도해지 후 가맹본부가 후속 가맹점사업자와 계약을 체결하기 위하여 통상 소요될 것으로 예상되는 기간에 상당하는 손해액 등에 비추어 부당하게 과중한 위약금을 설정하여 계약을 체결하거나 이를 부과하는 행위를 해서는 안 됩니다. 상품 또는 용역에 대한 대금지급의 지연 시 지연경위, 정상적인 거래관행 등에 비추어 과중한 지연손해금을 설정하여 계약을 체결하거나 이를 부과하는 행위를 해서는 안 됩니다.
소비자 피해에 대한 손해배상의무 전가행위	가맹본부가 가맹점사업자에게 공급한 물품의 원시적 하자 등으로 인해 소비자 피해가 발생한 경우까지도 부당하게 가맹점사업자가 손해배상의무를 모두 부담하도록 계약을 체결하는 행위를 해서는 안 됩니다.
그 밖의 부당한 손해배상의무 부과행위	위의 과중한 위약금 설정·부과행위 또는 소비자 피해에 대한 손해배상의무 전가행위에 준하는 경우로서 가맹점사업자에게 부당하게 손해배상의무를 부담하도록 하거나 가맹본부가 부담해야 할 손해배상의무를 가맹점사업자에게 전가하는 행위를 해서는 안 됩니다.

마. 그 밖의 불공정거래행위: 가맹본부는 부당하게 다른 경쟁가맹본부의 가맹점사업자를 자기와 거래하도록 유인하는 행위 등을 통해 자기의 가맹점사업자의 영업에 불이익을 주거나 다른 경쟁가맹본부의 가맹사업에 불이익을 주는 행위 등의 공정한 거래를 저해할 우려가 있는 행위를 해서는 안 됩니다.

2-2-2. 위반 시 제재

가맹본부는 가맹점사업자에게 불공정거래행위를 한 경우에는 공정거래위원회로부터 시정조치, 과징금 등을 받습니다.

2-3. 부당한 영업지역 침해금지

2-3-1. 부당한 영업지역 침해금지

① 가맹본부는 가맹계약 체결 시 가맹점사업자의 영업지역을 설정하여 가맹계약서에 이를 기재하여 영업지역이 침해되지 않도록 해야 합니다.

② 다만, 가맹본부가 가맹계약 갱신과정에서 상권의 급격한 변화 등 다음에 해당하는 사유가 발생하여 기존 영업지역을 변경하기 위해서는 가맹점사업자와 합의해야 합니다.

가. 재건축, 재개발 또는 신도시 건설 등으로 인하여 상권의 급격한 변화가 발생하는 경우

나. 해당 상권의 거주인구 또는 유동인구가 현저히 변동되는 경우

다. 소비자의 기호변화 등으로 인하여 해당 상품·용역에 대한 수요가 현저히 변동되는 경우

라. 위에서 열거한 경우에 준하는 경우로서 기존 영업지역을 그대로 유지하는 것이 현저히 불합리하다고 인정되는 경우

③ 가맹본부는 정당한 사유 없이 가맹계약기간 중 가맹점사업자의 영업지역 안에서 가맹점사업자와 동일한 업종(수요층의 지역적·인적 범위, 취급품목, 영업형태 및 방식 등에 비추어 동일하다고 인식될 수 있을 정도의 업종)의 자기 또는 계열회사「독점규제 및 공정거래에 관한 법률」제2조제3호에 따른 계열회사)의 직영점이나 가맹점을 설치해서는 안 됩니다.

2-3-2. 위반 시 제재

가맹본부는 가맹점사업자에게 부당하게 영업지역을 침해한 경우에는 공정거래위원회로부터 과징금을 받게 됩니다.

? 영업지역 보호 제도가 법으로 정해져 있는 건가요?

Q 영업지역 보호 제도가 법으로 정해져 있는 건가요?

A 영업지역 보호 제도는 가맹계약서 내용에 정한 규정을 따릅니다. 만일, 가맹계약서에 "당사는 영업지역 보호 규정이 없습니다." 또는 "귀하의 영업지역을 보호하지 않습니다"라고 규정되어 있다면 영업지역 보호 제도가 없다는 의미입니다.

영업지역 보호 제도는 가맹본부가 가맹본부의 직영점이나 다른 가맹점을 그 지역에 개설하지 않겠다는 의미입니다.

영업지역 보호 제도가 가맹점사업자 입장에서는 유리한 조건이나, 가맹본부 입장에서는 가맹점사업자를 위하여 손해를 감수하고 보호해 주고 있다고 볼 수 있습니다.

? 가맹본부에서 계약 기간 중 영업지역을 변경하자고 합니다. 반드시 동의해야 하는 건가요?

Q 가맹본부에서 계약 기간 중 영업지역을 변경하자고 합니다. 반드시 동의해야 하는 건가요?

A 가맹본부가 일방적으로 가맹점사업자에게 불리하게 영업지역을 변경하는 것은 부당한 계약 조항의 변경으로 불공정거래 행위입니다. 다만, 가맹점사업자에게 유리하게 변경하는 것은 불공정거래 행위에 해당되지 않습니다.

? 영업지역을 벗어나서 광고판촉을 하면 안 되는 건가요?

Q 영업지역을 벗어나서 광고판촉을 하면 안 되는 건가요?

A 가맹점사업자가 진행하는 광고 판촉 행위는 영업지역의 제한을 받지 않습니다. 따라서 영업지역을 벗어나서 광고 판촉 행위를 하여도 됩니다. 가맹본부가 부당하게 영업지역을 준수하도록 제한하는 행위는 불공정거래 행위에 해당합니다. 다만, 가맹점사업자 간 충돌을 방지하기 위하여 가맹본부는 자기의 영업지역 내에서 판매 책임을 다한 후 다른 지역에서 판매하거나, 일정부분의 광고판촉비를 보상할 것을 중재할 수 있습니다.

Q A 브랜드의 가맹점을 운영하면서 B 브랜드의 가맹점을 하나 더 하려고 합니다. 안되나요?

A 가맹점사업자가 계약기간 내에 A 브랜드를 운영하면서 다른 사업을 준비하는 것은 자영업이든 다른 브랜드의 가맹점이든 영업의 자유입니다. 다만, 동일한 지역에서 동일한 업종의 영업을 하는 것은 가맹본부의 노하우가 유출될 우려가 상당히 높은 경업금지 계약 위반 사항으로 볼 수 있습니다.

가맹점사업자가 경업을 하고자 하는 경우에는 동일과 유사 업종의 범위를 정확히 검토할 필요가 있습니다.

가맹본부 입장에서 해석하는 동일하다는 범위와 가맹점사업자 입장에서 해석하는 동일하다는 범위의 차이가 상당히 클 수 있으므로 객관적으로 검토할 필요가 있습니다.

2-4. 부당한 점포환경개선 강요 금지

2-4-1. 부당한 점포환경개선 금지

가맹본부는 다음에 해당하는 경우 외에는 점포환경개선을 강요해서는 안 됩니다.

가. 점포의 시설, 장비, 인테리어 등의 노후화가 객관적으로 인정되는 경우

나. 위생 또는 안전의 결함이나 이에 준하는 사유로 가맹사업의 통일성을 유지하기 어렵거나 정상적인 영업에 현저한 지장을 주는 경우

2-4-2. 가맹본부의 점포환경개선 비용 부담

① 가맹본부는 가맹사업자의 점포환경개선에 소요되는 간판 교체비용과 인테리어 공사비용(장비·집기의 교체비용을 제외한 실내건축공사에 소요되는 일체의 비용)의 100분의 40 이내의 범위에서 다음의 비율에 해당하는 금액을 부담해야 합니다.

가. 점포의 확장 또는 이전을 수반하지 않는 점포환경개선의 경우: 100분의 20

나. 점포의 확장 또는 이전을 수반하는 점포환경개선의 경우: 100분의 40

② 다만, 인테리어 공사비용 중 가맹사업의 통일성과 관계 없이 가맹점사업자가 추가 공사를 함에 따라 드는 비용은 가맹본부의 부담에서 제외됩니다.

③ 또한 다음에 해당하는 경우에도 가맹본부는 점포환경개선 비용을 부담하지 않아도 됩니다.

가. 가맹본부의 권유 또는 요구가 없음에도 가맹점사업자의 자발적 의사에 의하여 점포환경개선을 실시하는 경우

나. 가맹점사업자의 귀책사유로 인하여 위생·안전 및 이와 유사한 문제가 발생하여 불가피하게 점포환경개선을 하는 경우

2-4-3. 위반 시 제재

가맹본부는 가맹점사업자에게 부당하게 점포환경개선을 강요한 경우에는 공정거래위원회로부터 과징금을 받게 됩니다.

2-5. 부당한 영업시간 구속 금지

2-5-1. 부당한 영업시간 구속 금지

가맹본부는 정상적인 거래관행에 비추어 부당하게 가맹점사업자의 영업시간을 구속하는 행위(이하 "부당한 영업시간 구속"이라 함)를 해서는 안 됩니다.

2-5-2. 부당한 영업시간 구속에 해당하는 행위

부당한 영업시간의 구속으로 보는 행위는 다음과 같습니다.

가. 가맹점사업자의 점포가 위치한 상권의 특성 등의 사유로 오전 0시부터 오전 6시까지 또는 오전 1시까지의 매출이 그 영업에 소요되는 비용에 비해 저조하여 가맹점사업자가 영업   시간 단축을 요구한 날이 속한 달의 직전 3개월 동안 영업손실이 발생함에 따라 가맹점사업자가 영업시간 단축을 요구함에도 이를 허용하지 않는 행위

나. 가맹점사업자가 질병의 발병과 치료 등 불가피한 사유로 필요 최소한의 범위에서 영업시간의 단축을 요구함에도 이를 허용하지 않는 행위

2-5-3. 위반 시 제재

가맹본부는 가맹점사업자에게 부당하게 영업시간을 강요한 경우에는 공정거래위원회로부터 과징금을 받게 됩니다.

2-6. 광고·판촉행사에 대한 정확한 정보 및 열람 제공

2-6-1. 광고·판촉행사에 대한 집행 내역 통보

가맹본부는 가맹점사업자가 비용의 전부 또는 일부를 부담하는 광고나 판촉행사를 실시하는 경우 매 사업연도 종료 후 3개월 이내에 다음의 사항을 가맹점사업자에게 통보해야 합니다.

가. 해당 사업연도에 실시한 광고나 판촉행사별(일부라도 비용이 집행된 경우 포함) 명칭, 내용 및 실시기간

나. 해당 사업연도에 광고나 판촉행사를 위해 전체 가맹점사업자로부터 지급받은 금액

다. 해당 사업연도에 실시한 광고나 판촉행사별로 집행한 비용 및 가맹점사업자가 부담한 총액

2-6-2. 광고·판촉행사에 대한 열람

가맹본부는 가맹점사업자가 광고나 판촉행사 집행내역의 열람을 요구하는 경우 열람의 일시 및 장소를 정해 해당 자료를 열람할 수 있도록 해야 합니다.

2-6-3. 위반 시 제재

가맹본부는 광고·판촉행사에 대한 정확한 정보 및 열람을 제공하지 않은 경우 공정거래위원회로부터 시정조치, 과징금 등을 받습니다.

2-7. 가맹사업 모범거래기준

구분		치킨	피자	제과·제빵
신규 점포 거리 제한		800m 이내 거리제한	1,500m 이내 거리제한	500m 이내 거리제한
리뉴얼	주기	7년	7년	5년
	가맹본부 비용 지원	20%~40%지원	20%~40%지원	20%~40%지원
	기타	과도한 감리비 등 제한	관련내용 없음	관련내용 없음
광고		연도별 총 광고비 사전 동의 - 분기별 광고내역 송부 - 세부내역 열람요구시 열람의무	관련내용 없음	
판촉		원칙: 동의하는 가맹점만 판촉요구가능 예외: 전체가맹점 참여가 불가피한 　　　판촉행사의 경우 70%이상 사전 　　　동의 시만 가능	관련내용 없음	
적용 브랜드		비비큐·BHC·교촌 · 페리카나	미스터피자 · 도미노피자	파리바게트 · 뚜레쥬르

2-7-1. 제과·제빵분야 모범거래기준

구분	거래기준
적용대상	가맹점 수가 1,000개 이상이거나 가맹점수가100개 이상이면서 매출액이 1,000억원 이상인 제과·제빵 분야 가맹본부
영업지역 보호	가맹본부는 다음에 해당하는 경우를 제외하고 기존 가맹점사업자의 매장으로부터 반경 500m 내에 신규 가맹점 및 직영점을 출점할 수 없습니다. 1. 기존 가맹점이 영업지역 내에서 폐점 후 재출점하거나 가맹점을 이전하는 경우 2. 다음에 해당하는 사유로 가맹본부가 인근 가맹점사업자들의 동의를 받은 경우 (1) 3,000세대 이상의 대규모 단지가 새로 들어서거나, 300병상 이상의 대형종합병원에 출점하는 경우 (2) 철길, 왕복 8차선 이상 도로 등에 의해 상권이 확연히 구분되는 경우 (3) 그 밖에 이와 유사한 사유로서 신규 출점으로 인해 기존 가맹점의 고객들이 신규 출점한 가맹점으로 이용 점포를 전환할 가능성이 적은 경우
매장 리뉴얼	1. 리뉴얼 주기 가맹본부는 다음에 해당하는 경우를 제외하고 가맹점 영업개시일로부터 5년(리뉴얼 시행 시 해당 리뉴얼 완료일로부터 5년)이 경과하지 않은 경우에는 리뉴얼 요구를 할 수 없습니다. (1) 가맹점 귀책사유로 위생·안전 등의 문제로 리뉴얼이 불가피한 경우 (2) 가맹본부가 리뉴얼 공사비용을 모두 지원하는 경우 2. 비용부담 - 매장의 확장이나 이전이 없는 리뉴얼에는 가맹본부가 인테리어 공사, 간판 설치비용(다만, 설비·집기 교체비용도 가맹본부가 리뉴얼을 요구한 경우에는 20% 이상 비용을 지원)의 20% 이상을 지원해야 합니다. - 매장을 확장하거나 이전하는 리뉴얼은 가맹점이 원하는 경우에만 가능하며, 가맹본부가 인테리어 공사, 간판 설치비용(다만, 설비·집기 교체비도 가맹본부가 리뉴얼을 요구한 경우에는 40% 이상 비용을 지원)의 40% 이상을 지원해야 합니다. 3. 가맹본부의 금지행위 가맹본부는 리뉴얼 요구를 거부하는 가맹점과의 계약갱신을 거절하거나, 리뉴얼 시 부당하게 가맹본부가 지정하는 특정 업체와만 거래하도록 할 수 없습니다.
※ 가맹본부는 모범거래기준 내용을 정보공개서와 가맹계약서에 반영하여 성실하게 이행해야 합니다.	

2-7-2. 치킨 · 피자분야 모범거래기준

구분	거래기준
적용대상	가맹점수가 1천 개 이상이거나, 가맹점수가 1백 개 이상이면서 매출액이1천억원 이상인 치킨 가맹본부 및 피자 가맹본부

영업지역 보호	1. 치킨 가맹본부는 다음에 해당하는 경우를 제외하고 기존 가맹점 사업자의 매장으로부터 반경 800m 내에 신규 가맹점 및 직영점을 출점할 수 없습니다.
	 - 기존 가맹점이 영업지역 내에서 폐점 후 재출점하거나 가맹점을 이전하는 경우
	 - 다음에 해당하는 사유로 가맹본부가 인근 가맹점사업자들의 동의를 받은 경우
	   (1) 3,000세대 이상의 대규모 단지가 새로 들어서거나, 300병상 이상의 대형종합병원, 대학교가 새로 들어서는 경우
	   (2) 철길 등에 의해 상권이 확연히 구분되는 경우
	   (3) 그 밖에 이와 유사한 경우
	 2. 피자 가맹본부는 다음에 해당하는 경우를 제외하고 기존 가맹점 사업자의 매장으로부터 반경 1,500m 내에 신규 가맹점 및 직영점을 출점할 수 없습니다.
	 - 기존 가맹점이 영업지역 내에서 폐점 후 재출점하거나 가맹점을 이전하는 경우
	 - 다음에 해당하는 사유로 가맹본부가 인근 가맹점사업자들의 동의를 받은 경우
	   (1) 5,000세대 이상의 대규모 단지가 새로 들어서는 경우
	   (2) 철길 등에 의해 상권이 확연히 구분되는 경우
	   (3) 놀이공원 내 등 특수 상권 내에 출점하는 경우
	   (4) 배달전문매장 인근에 내점전문매장이 출점하는 등 기존 가맹점의 고객들이 신규 가맹점으로 거래를 전환할 가능성이 적은 경우

매장 리뉴얼	1. 리뉴얼 주기 치킨·피자 가맹본부는 가맹점 영업개시일로부터 7년(단, 내점판매 매출액 비율이 전체 매출액의 5% 이상인 매장은 5년)이 경과하지 않은 경우에는 원칙적으로 리뉴얼 요구를 할 수 없습니다. 2. 비용부담 - 매장의 확장이나 이전이 없는 리뉴얼에는 가맹본부가 리뉴얼 비용의 20% 이상을 지원해야 합니다. - 매장을 확장하거나 이전하는 리뉴얼에는 리뉴얼 비용의 40% 이상을 지원해야 합니다. - 다만, 10년 이후 리뉴얼 시에는 가맹본부가 비용지원을 하지 않을 수 있도록 예외를 인정하고 있습니다. 3. 가맹본부의 금지행위 - 가맹본부는 가맹점이 가맹본부 이외의 업체를 통해 리뉴얼할 경우 통상 수준보다 감리비를 과도하게 수취하는 등의 방식으로 사실상 가맹본부와 리뉴얼 계약을 하도록 강요하는 행위를 해서는 안 됩니다.

	- 가맹본부는 가맹점이 가맹본부와 직접 리뉴얼 계약을 할 경우에는 인테리어 공사업체와 체결하는 도급계약서 및 도급 금액 정보를 해당 가맹점에 제공해야 합니다.
광고·판촉 절차	1. 치킨·피자 가맹본부가 가맹점에 광고비를 분담시키는 경우 가맹점으로부터 연도별로 총 광고비 부담액을 사전 동의 받아야 합니다. 2. 치킨·피자 가맹본부는 분기별로 광고집행의 구체적 내용을 가맹점에 통보하고, 광고내역을 통보받은 가맹점이 광고단가 등 세부 원가 내용을 요구할 경우에는 가맹본부가 이를 열람할 수 있도록 해야 합니다. 3. 원칙적으로 가맹본부가 판촉행사를 할 경우 가맹점의 사전동의 절차를 진행하고, 동의하지 않는 가맹점에 대해서는 판촉행사를 요구해서는 안 됩니다. 다만, 사전동의한 가맹점만 참여하는 방식으로는 판촉효과를 달성하기 어려운 판촉행사라고 인정되는 경우에는 투표를 통해서 판촉행사 실시여부를 결정할 수 있도록 하되, 전체 가맹점의 70% 이상이 찬성하는 행사만 진행할 수 있도록 제한합니다.

2-8. 그 밖의 가맹본부의 준수사항

가맹본부는 가맹사업을 영위함에 있어서 다음의 사항을 준수해야 합니다.

가. 가맹사업의 성공을 위한 사업구상

나. 상품이나 용역의 품질관리와 판매기법의 개발을 위한 계속적인 노력

다. 가맹점사업자에 대하여 합리적 가격과 비용에 의한 점포설비의 설치, 상품 또는 용역 등의 공급

라. 가맹점사업자와 그 직원에 대한 교육·훈련

마. 가맹점사업자의 경영·영업활동에 대한 지속적인 조언과 지원

바. 가맹계약기간중 가맹점사업자의 영업지역에서 자기의 직영점을 설치하거나 가맹점사업자와 유사한 업종의 가맹점을 설치하는 행위의 금지

사. 가맹점사업자와의 대화와 협상을 통한 분쟁해결 노력

Q 신용카드 정보통신부가사업회사인 甲 주식회사와 가맹점 관리대행계약, 대리점계약, 단 말기 무상임대차계약, 판매장려금계약을 각 체결하고 甲 회사의 대리점으로서 카드단말 기의 판매 및 설치, 가맹점 관리업무 등을 수행하는 乙 주식회사 대표이사인 A가, 그 임무에 위배하여 甲 회사의 기존 가입 가맹점을 甲 회사와 경쟁관계에 있는 다른 신 용카드 정보통신부가사업회사 가맹점으로 임의로 전환하여 甲 회사에 재산상 손해를 가 한 경우 A에게 업무상 배임죄가 성립하나요?

A 甲 회사가 보유하는 가맹점은 甲 회사의 수익과 직결되는 재산적 가치를 지니고 있 어 A가 甲 회사를 대신하여 가맹점을 모집·유지 및 관리하는 것은 본래 甲 회사 의 사무로서 A에 대한 인적 신임관계에 기하여 그 처리가 A에게 위탁된 것이고, 이는 단지 A 자신의 사무만에 그치지 아니하고 甲 회사의 재산적 이익을 보호 내 지 관리하는 것을 본질적 내용으로 하며, 그 업무가 A 자신의 계약상 의무를 이행 하고 갑 회사로부터 더 많은 수수료 이익을 취득하기 위한 A 자신의 사무의 성격을 일부 가지고 있다고 하여 달리 볼 것이 아니므로, A는 甲 회사와 신임관계에 기하 여 甲 회사의 가맹점 관리업무를 대행하는'타인의 사무를 처리하는 자'의 지위에 있 다고 할 것입니다(대법원 2012. 5. 10. 선고 2010도3532 판결).
따라서 A에게는 업무상 배임죄가 성립합니다.

Q 갑은 유명브랜드인 을로부터 치킨 사업에 대한 예상수익을 제공받고, 가맹사업 계약을 체결하였습니다. 그러나 을이 제공한 정보는 사실과 다르게 크게 부풀려져 있었습니다. 을은 위와 같은 행위에 대하여 처벌 받을까요?

A 을의 예상수익에 관한 허위의 정보제공 사실은 가맹사업거래의 공정화에 관한 법률 제41조 제1항, 제9조 제1항 제1호 및 동법 시행령 제8조에 따라 5년 이하의 징역 또는 3억원 이하의 벌금에 해당하는 범죄에 해당합니다. 한편 위 법률 제44조 제1 항은 "제41조제1항·제2항제1호 및 제3항의 죄는 공정거래위원회의 고발이 있어야 공소를 제기할 수 있다"고 하고 있기 때문에 우선 갑을 피해사실을 공정거래위원회 에 알리고 공정거래위원회의 고발이 있는 경우 을은 처벌받을 수 있을 것입니다.

□ 관련판례

가맹본부가 가맹점사업자의 판매상품 또는 용역을 자기 또는 자기가 지정한 자로부 터 공급받도록 하거나 그 공급상대방의 변경을 제한하는 행위가 가맹사업의 목적달 성을 위한 필요한 범위 내인지 여부는 가맹사업의 목적과 가맹점계약의 내용, 가맹 금의 지급방식, 가맹사업의 대상인 상품과 공급상대방이 제한된 상품과의 관계, 상 품의 이미지와 품질을 관리하기 위한 기술관리·표준관리·유통관리·위생관리의 필요 성 등에 비추어 가맹점사업자에게 품질기준만을 제시하고 임의로 구입하도록 하여 서는 가맹사업의 통일적 이미지와 상품의 동일한 품질을 유지하는 데 지장이 있는 지 여부를 판단하여 결정하여야 한다(대법원 2006.3.10. 선고 2002두332 판결).

? 가맹점을 다른 사람에게 양도하려고 합니다. 가맹본부에게 꼭 알려야 하나요?

Q 가맹점을 다른 사람에게 양도하려고 합니다. 가맹본부에게 꼭 알려야 하나요?

A 가맹점을 다른 사람에게 양도하는 것은 점포의 권리만 양도하는 것이지 가맹본부와의 계약 관계를 양도하는 것은 아닙니다.

따라서 반드시 가맹본부에 사전 승인을 받은 후 양도하여야 합니다.

가맹본부의 승인 없이 가맹점을 양도하는 경우 일방적인 가맹계약 해지로 볼 수 있으며, 경우에 따라서는 손해배상을 해야할 수도 있습니다. 또한, 양수인은 가맹점으로 인정을 받을 수 없으며, 이에 간판을 포함 실내외 가맹본부의 영업표지를 철거하여야 합니다.

양도인 양수인 가맹본부 모두에게 손해가 있을 수 있으므로 양도양수 전에 3자 간 계약 관계를 명확히 할 필요가 있습니다.

□ **관련판례**

가맹본부가 가맹점에 설치할 점포의 실내외장식 등의 설비의 구입 및 설치를 자기 또는 자기가 지정한 자로부터 하도록 하는 행위가 가맹사업의 목적달성을 위한 필요한 범위 내인지 여부는 가맹사업의 목적과 가맹점계약의 내용, 가맹금의 지급방식, 가맹사업의 대상인 상품 또는 용역과 설비와의 관계, 가맹사업의 통일적 이미지 확보와 상품의 동일한 품질유지를 위한 기술관리·표준관리·유통관리·위생관리의 필요성 등에 비추어 가맹점사업자에게 사양서나 품질기준만을 제시하고 임의로 구입 또는 설치하도록 방치하여서는 가맹사업의 통일적 이미지 확보와 상품의 동일한 품질을 보증하는 데 지장이 있는지 여부를 판단하여 결정하여야 한다(대법원 2006.3.10. 선고 2002두332 판결).

Q 가맹본부 정한 물품의 양은 반드시 다 구입해야 하는 건가요?

A 가맹본부가 일방적으로 물품의 양을 정하여 공급하는 것을 반드시 다 구입할 필요는 없습니다. 가맹본부가 가맹사업과 무관하거나 필요한 양을 초과하여 공급하는 행위는 불공정거래에 해당합니다. 다만, 가맹사업 동일성 유지를 위하여 필수적이라는 사실을 객관적으로 인정되는 경우에는 불공정거래가 아닐 수도 있으니 사전에 정보공개서 또는 가맹계약서에 규정이 되어있는 내용인지 확인하시기 바랍니다.

〈참고〉

가맹사업법에서 정한 불공정거래행위 유형

3. 거래상 지위의 남용

법 제12조제1항제3호에 해당하는 행위의 유형 및 기준은 다음 각 목의 어느 하나와 같다. 다만, 다음 각 목의 어느 하나에 해당하는 행위를 허용하지 아니하는 경우 가맹본부의 상표권을 보호하고 상품 또는 용역의 동일성을 유지하기 어렵다는 사실이 객관적으로 인정되는 경우로서 해당 사실에 관하여 가맹본부가 미리 정보공개서를 통하여 가맹점사업자에게 알리고 가맹점사업자와 계약을 체결하는 경우에는 그러하지 아니하다.

가. 구입강제 : 가맹점사업자에게 가맹사업의 경영과 무관하거나 그 경영에 필요한 양을 넘는 시설·설비·상품·용역·원재료 또는 부재료 등을 구입 또는 임차하도록 강제하는 행위

☐ 관련판례

가맹사업에서는 가맹사업의 통일성과 가맹본부의 명성을 유지하기 위하여 합리적으로 필요한 범위 내에서 가맹점사업자가 판매하는 상품 및 용역에 대하여 가맹점사업자로 하여금 가맹본부가 제시하는 품질기준을 준수하도록 요구하고, 그러한 품질기준의 준수를 위하여 필요한 경우 가맹본부가 제공하는 상품 또는 용역을 사용하도록 요구할 수 있다고 봄이 상당하다(대법원 2005. 6. 9. 선고 2003두7484 판결).

? 가맹본부가 매월 일정 금액 이상 판촉을 요구하면 당연히 해야 하는 건가요?

Q 가맹본부가 매월 일정 금액 이상 판촉을 요구하면 당연히 해야 하는 건가요?

A 가맹본부가 정당한 이유 없이 판촉 행사를 강요하는 것은 이행하지 않아도 됩니다. 가맹본부가 부당하게 판촉 행사를 강요하는 것은 불공정거래 행위에 해당합니다. 다만, 가맹사업 동일성 유지를 위하여 필수적이라고 객관적으로 인정되는 경우 또는 비용 부담이 통상적으로 적용되는 비용 이하인 경우에는 불공정거래에 해당하지 않습니다.

〈참고〉

가맹사업법에서 정하는 불공정거래행위 유형

　3. 거래상 지위의 남용

　　법 제12조제1항제3호에 해당하는 행위의 유형 및 기준은 다음 각 목의 어느 하나와 같다. 다만, 다음 각 목의 어느 하나에 해당하는 행위를 허용하지 아니하는 경우 가맹본부의 상표권을 보호하고 상품 또는 용역의 동일성을 유지하기 어렵다는 사실이 객관적으로 인정되는 경우로서 해당 사실에 관하여 가맹본부가 미리 정보공개서를 통하여 가맹점사업자에게 알리고 가맹점사업자와 계약을 체결하는 경우에는 그러하지 아니하다.

　　나. 부당한 강요 : 부당하게 경제적 이익을 제공하도록 강요하거나 가맹점사업자에게 비용을 부담하도록 강요하는 행위

? 가맹본부가 요구하는 매출액을 달성하지 못하면 일방적으로 해지할 수 있는 건가요?

Q 가맹본부가 요구하는 매출액을 달성하지 못하면 일방적으로 해지할 수 있는 건가요?

A 가맹본부가 판매목표를 강제하는 경우는 불공정거래에 해당합니다. 따라서 가맹본부의 일방적인 해지는 부당한 가맹계약 해지가 될 수 있습니다. 다만, 가맹사업 동일성 유지를 위하여 필수적이라는 점이 객관적으로 인정되는 경우에는 불공정거래에 해당하지 않습니다. 그러나, 가맹본부가 정하는 매출액을 달성해야만 가맹사업 동일성을 유지할 수 있다는 점이 객관적으로 인정될 수 있는 점이 상당히 미미하므로 거의 불공정거래 행위에 해당한다고 볼 수 있습니다.

또한, 가맹점 매출액이 기준 이하인 경우 로열티 등을 수령하는 가맹본부는 가맹점의 경영지도를 해야하는 의무가 있기 때문에 가맹본부의 책임도 일부 있다고 볼 수

있음을 참고하시기 바랍니다.

<참고>

3. 거래상 지위의 남용

법 제12조제1항제3호에 해당하는 행위의 유형 및 기준은 다음 각 목의 어느 하나와 같다.
다만, 다음 각 목의 어느 하나에 해당하는 행위를 허용하지 아니하는 경우 가맹본부의 상표
권을 보호하고 상품 또는 용역의 동일성을 유지하기 어렵다는 사실이 객관적으로 인정되는
경우로서 해당 사실에 관하여 가맹본부가 미리 정보공개서를 통하여 가맹점사업자에게 알리
고 가맹점사업자와 계약을 체결하는 경우에는 그러하지 아니하다.

　마. 판매목표 강제 : 부당하게 판매 목표를 설정하고 가맹점사업자로 하여금 이를 달성하
　　도록 강제하는 행위

■ 관련판례

가맹본부가 전국적인 판매촉진행사를 하면서 가맹점사업자의 영업지역에 판매촉진
행사를 광고하는 광고전단지를 배포하게 하고 그 광고전단지 비용을 부담시킨 행위
가「독점규제 및 공정거래에 관한 법률 시행령」제36조제1항 별표 1 제6호(라)목의
규정에 의한 불이익제공행위에 해당하는지 여부는 가맹사업의 거래특성, 전국적인
판매촉진행사의 목적과 그에 관한 가맹점계약의 규정내용, 판매촉진행사의 수립 및
집행과정, 가맹점사업자와의 사전협의 여부, 비용분담의 적정성 등을 종합하여 구체
적으로 판단하여 결정하여야 한다(대법원 2005. 6. 9. 선고 2003두7484 판결).

Q 학원업을 하고 있는 사람입니다. 작년 겨울 동업종 관련 가맹사업을 하는 곳을 알게 되어서 가맹계약을 하게 되었고 가맹비를 지불하였으나, 학원내의 장비시설을 구비하는데 가격이 너무 비싸 서로 구두로 합의하고 시설을 설치하지 않았습니다. 그런데 장비를 구입하지 않자 교육 및 학원운영에 관한 가맹 본부에서 관리사항을 이행하지 않고 가맹점에서 모두 알아서 하라고 하여 가맹점으로서는 수업진행이 어려워 고민을 하던 중 다른 가맹점과 가맹계약을 하게 되었습니다. 이러한 행위는 불공정거래행위가 아닌지요?

A 정당한 이유없이 거래기간 중에 가맹사업을 영위하는데 필요한 부동산·용역·설비·상품·원재료 또는 부재료의 공급과 이와 관련된 영업지원, 정보공개서 또는 가맹계약서에서 제공하기로 되어 있는 경영 및 영업활동에 관한 지원 등을 중단 또는 거절하거나 그 지원하는 물량 또는 내용을 현저히 제한하는 행위를 하는 경우 불공정거래행위의 거래거절로 보고 있습니다. 귀하가 주장하신 상황이 불공정거래행위의 영업지원 등의 거절에 해당여부는 공정거래위원회의 지방사무소나 분쟁조정위원회에 증거자료를 제출하여 신고하시면 검토해 판단할 사항입니다.

□ 관련판례

가맹사업거래의 특성에 비추어 가맹본부가 가맹점사업자에 대하여 상품이나 용역의 공급 또는 영업의 지원 등을 중단 또는 거절하는 행위가 불공정거래행위로서의 거래거절에 해당하기 위해서는, 가맹점사업자의 계약위반 등 가맹점사업자의 귀책사유로 인하여 가맹사업의 거래관계를 지속하기 어려운 중대한 사정이 없음에도 불구하고 가맹점사업자의 계속적인 거래기회를 박탈하여 그 사업활동을 곤란하게 하거나 가맹점사업자에 대한 부당한 통제 등의 목적달성을 위하여 그 실효성을 확보하기 위한 수단 등으로 부당하게 행하여진 경우라야 한다(대법원 2005. 6. 9. 선고 2003 두7484 판결).

? 가맹점에게 판촉물을 일방적으로 판매할 수 있나요?

Q 본사가 정한 판촉물을 가맹점에게 일괄적으로 분배하여 판매할 수 있나요? 이 곳은 지역이 작아서 판촉물을 모두 소진하지 못하고 무용지물이 되어 버려지게 되는데, 이런 경우에도 본사에서는 가맹점에게 판촉물을 일방적으로 판매할 수 있나요?

A 귀하와 본사의 관계가 「가맹사업거래의 공정화에 관한 법률」 제2조에 따른 가맹본부와 가맹점사업자의 정의에 부합되는 경우, 「가맹사업거래의 공정화에 관한 법률 시행령」 제13조에서는 부당하게 가맹점사업자에게 비용을 부담하도록 강요하는 행위를 금하고 있습니다. 단, 그러한 사실에 관하여 미리 정보공개서를 통하여 가맹점사업자에게 알리고 가맹점사업자와 계약을 체결하거나 가맹점사업자의 동의를 얻는 경우에는 제외됩니다.

□ 관련판례

가맹사업은 가맹본부가 가맹점사업자로 하여금 자기의 상표·서비스표·상호·간판 그 밖의 영업표지를 사용하여 일정한 품질기준에 따라 상품(원재료 및 부재료를 포함한다) 또는 용역을 판매하도록 함과 아울러 이에 따른 경영 및 영업활동 등에 대한 지원·교육과 통제를 하고, 가맹점사업자는 영업표지 등의 사용과 경영 및 영업활동 등에 대한 지원·교육의 대가로 가맹본부에 가맹금을 지급하는 계속적인 거래관계를 말하므로, 가맹사업은 가맹본부와 가맹점사업자 사이의 상호의존적 사업방식으로서 신뢰관계를 바탕으로 가맹점사업자의 개별적인 이익보호와 가맹점사업자를 포함한 전체적인 가맹조직의 유지발전이라는 공동의 이해관계를 가지고 있으며, 가맹사업에 있어서의 판매촉진행사는 비록 전국적인 것이라고 하더라도 1차적으로는 가맹점사업자의 매출증가를 통한 가맹점사업자의 이익향상에 목적이 있고, 그로 인하여 가맹점사업자에게 공급하는 원·부재료 매출증가에 따른 가맹본부의 이익 역시 증가하게 되어 가맹본부와 가맹점사업자가 모두 이익을 얻게 되므로, 가맹점계약에서 가맹본부와 가맹점사업자 사이에 판매촉진행사에 소요된 비용을 합리적인 방법으로 분담하도록 약정하고 있다면, 비록 가맹본부가 판매촉진행사의 시행과 집행에 대하여 가맹점사업자와 미리 협의하도록 되어 있지 않더라도 그러한 내용의 조항이 「약관의 규제에 관한 법률」 제6조제2항제1호 소정의 고객에 대하여 부당하게 불리한 조항에 해당한다고 할 수는 없다(대법원 2005. 6. 9. 선고 2003두7484 판결).

? 상호사용료라는 이름으로 터무니없는 금액을 요구하고 재계약을 종용하고 있는 행위는 불공정거래행위가 아닌지요?

Q DVD방을 운영하는 사람입니다. 2003년 3월경 프랜차이즈 DVD방 업체와 계약을 했습니다. 이의가 없을 경우 1년 단위의 계약은 자동으로 갱신되는 계약이었습니다. 그런데 얼마 전 상호사용료라는 명목 아래 월 5만원을 납입하라는 공문을 본사로부터 받으면서 변경된 계약내용으로 재계약을 요구받았습니다. 저는 분명히 매월 내는 로열티가 없는 계약을 했는데 로열티라는 말 대신에 상호사용료라는 이름으로 터무니없는 금액을 요구하고 재계약을 종용하고 있습니다. 이러한 행위는 불공정거래행위가 아닌지요?

A 가맹본부가 가맹점사업자에게 이행하기 곤란하거나 가맹점사업자에게 불리한 계약조항을 설정 또는 변경하고 가맹점사업자에게 강제하거나 이를 따르지 않을 경우 불이익을 주는 행위(「가맹사업거래의 공정화에 관한 법률 시행령」 제13조제1항 별표 2)는 「가맹사업거래의 공정화에 관한 법률」 위반 소지가 있습니다. 단, 그러한 사실에 관하여 가맹본부가 미리 정보공개서를 통하여 가맹점사업자에게 알리고 가맹점사업자와 계약을 체결하거나 가맹점사업자의 동의를 얻는 경우에는 제외됩니다.

□ 관련판례

가맹사업거래의 특성에 비추어 가맹본부가 가맹점사업자에 대하여 상품이나 용역의 공급 또는 영업의 지원 등을 중단 또는 거절하는 행위가 불공정거래행위로서의 거래거절에 해당하기 위해서는 가맹점사업자의 계약위반 등 가맹점사업자의 귀책사유로 인하여 가맹사업의 거래관계를 지속하기 어려운 중대한 사정이 없음에도 불구하고 가맹점사업자의 계속적인 거래기회를 박탈하여 그 사업활동을 곤란하게 하거나 가맹점사업자에 대한 부당한 통제 등의 목적달성을 위하여 그 실효성을 확보하기 위한 수단 등으로 부당하게 행하여진 경우라야 한다(대법원 2006.3.10. 선고 2002두332 판결).

Q ○○라는 고기집을 운영하고 있습니다. 그런데 저희 가게에서 800미터도 안 되는 두 블럭 정도 떨어진 거리에 같은 체인점이 개업 예정이라는 소식을 들었습니다. 어제 그 소식을 듣고 본사에 전화했지만 인테리어 중이라 어쩔 수 없다는 대답을 들었습니다. 본사에선 상권이 틀리다고 주장하는데, 걸어서 10분도 채 걸리지 않는 거리입니다. 또한 ○○라는 체인점은 저렴한 가격에 고기를 팔기 때문에 저렴한 식사를 원하는 가족단위의 손님은 일부러 찾아오는 경우도 많습니다. 그런데 개업 예정인 곳은 주택가라서 저희 매출에 크게 영향을 줄 것 같습니다. 같은 동에 그것도 멀지 않은 곳에 개업 예정이면서 저희에게는 한 마디의 상의도 없었습니다. 이러한 행위는 불공정거래행위가 아닌지요?

A 「가맹사업거래의 공정화에 관한 법률」에 따르면 가맹본부의 준수사항으로 가맹계약기간 중 가맹점사업자의 영업지역 안에 자기의 직영점을 설치하거나 가맹점사업자와 유사한 업종의 가맹점을 설치하는 행위를 금지하고 있으나, 이 규정은 준수사항으로 처벌기준은 없습니다. 그러므로 가맹본부와 가맹점사업자간에 분쟁이 생길 경우 당사자간의 자율적 조정에 도움을 주고자 「가맹사업거래의 공정화에 관한 법률」에 따라 가맹사업거래분쟁조정협의회가 설치되어 있습니다. 귀하의 경우에는 가맹사업거래분쟁조정협의회의 상담을 거쳐 분쟁조정을 신청하는 것이 좋을 것으로 생각됩니다.

□ 관련판례

가맹본부가 모든 가맹점사업자에게 판매촉진활동의 일환으로 실시하는 할인판매행사에 참여하도록 한 행위가 거래상의 지위를 이용하여 부당하게 가맹사업자에게 불이익을 주는 행위로서 가맹사업의 공정한 거래를 저해할 우려가 있는 행위인지 여부는 가맹점계약의 내용, 할인판매행사의 목적과 내용, 할인판매행사비용의 구체적인 분담내역, 할인판매행사에의 참여 및 할인판매행사비용의 분담에 대한 가맹점사업자의 의사반영의 여부, 할인판매행사로 인하여 가맹점사업자에게 생길 수 있는 손해발생의 개연성과 내용, 관련 업계의 거래관행과 거래형태 등 여러 사정을 종합하여 구체적으로 판단하여 결정하여야 한다(대법원 2006.3.10. 선고 2002두332 판결).

? 사업자 등록증이 없는 가맹본부(노점상)의 경우에도 가맹사업법이 적용되나요?

Q 사업자 등록증이 없는 가맹본부(노점상)의 경우에도 가맹사업법이 적용되나요?

A 법적용 대상에 해당하지 않습니다.

가맹사업이란?

가맹사업거래의 공정화에 관한 법률 제2조제1호에 따른 가맹사업의 요건은 다음의 다섯 가지에 해당되어야 합니다.

1. 가맹본부가 가맹점사업자에게 영업표지 사용을 허락
2. 가맹점사업자는 일정한 품질기준이나 영업방식에 따라 상품 또는 용역을 판매
3. 가맹본부는 경영 및 영업활동 등에 대한 지원, 교육, 통제를 수행
4. 영업표지 사용 및 경영·영업활동 등에 대한 지원·교육에 대가로 가맹금 지급
5. 계속적인 거래관계

? 가맹점주가 부가가치세를 환급받기 위하여 필요한 서류는 무엇입니까?

Q 가맹점주가 부가가치세를 환급받기 위하여 필요한 서류는 무엇입니까?

A 프랜차이즈 가맹창업을 하면 가맹점주는 본사에게 일반적으로 교육비, 시설비, 집기비품비 등을 지불하고, 가맹점주는 위 금액의 10%인 부가가치세를 본사에 지급해야 합니다. 부담한 부가가치세를 환급받기 위해서는 가맹점주는 일반과세자로 창업을 해야 합니다.

본사로 부터 세금계산서를 받아서 가맹점주는 부가가치세 조기환급을 신청해서 부가가치세를 환급받아야 합니다.

세무서에서 부가가치세를 환급해주기 전에 본사에 대금지급내역서(일반적으로 통장내역), 가맹계약서, 세금계산서 사본 등을 제출하라 합니다. 그러므로, 가맹점을 창업시는 일반창업과는 달리 위의 서류들을 미리미리 준비를 해 놓는 것이 기본일 것입니다.

? 부가가치세 조기환급은 아무나 가능한가요?

Q 부가가치세 조기환급은 아무나 가능한가요?

A 조기환급이란, 사업자가 사업설비(예를들면, 시설장치, 비품 등)를 신설, 취득, 확정하는 경우 거액의 금액을 지출하게 되는데, 이런 자금압박을 덜어주기 위해 사업자가 부담한 부가가치세를
빨리 환급해주는 것을 말합니다.
세금계산서 상 작성연월일의 다음달 25일내 조기환급을 신청하면, 신청월의 다음달 10일이내 부가가치세를 환급해 주고 있습니다.
사업자가 조기환급을 신청하지 않고, 부가가치세 확정신고(7월25일, 1월25일)때 환급을 신청해도 됩니다. 하지만, 이왕이면 빨리 환급받아서 자금을 융통하는 것이 자본주의의 기본이 아닐까요.
이처럼 부가가치세를 환급받기 위해서는 반드시 사업장을 일반과세자로 해야 합니다. 간이과세자로 하면 부가가치세를 환급해주지 않기 때문입니다.

? 6월달에 일반과세자로 프랜차이즈 가맹점을 하려는데, 천안에 있는 간이과세자 사업장도 일반과세자로 해야 하나요?

Q 6월달에 일반과세자로 프랜차이즈 가맹점을 하려는데, 천안에 있는 간이과세자 사업장도 일반과세자로 해야 하나요?

A 한 사람이 여러 사업장을 동일명으로 가지고 있는 경우에는 한 사업장이 일반과세자가 되면 다른 사업장도 일반과세자로 사업을 해야 합니다.
프랜차이즈 가맹점을 하게 되면, 본사에 부가가치세 지급한 것을 환급받기 위해서는 일반과세자로 해야 환급이 되므로, 일반과세자로 사업자등록을 신청해야 합니다.
이런 경우 다른 간이과세자 사업장도 일반과세자로 과세유형이 바뀐다는 의미입니다.

Q 프랜차이즈 가맹점을 간이과세자로 할 수 있나요?

A 일반적으로 개인이 개업시에는 면세사업자이외의 개인사업자는 일반과세자와 간이과세자 중에 유리한 것을 선택할 수가 있습니다. 간이과세자는 일반과세자에 비해 부가가치세를 적게 내는 장점이 있는 반면에, 부담한 부가가치세를 환급받지 못하는 단점도 있습니다.

국세청입장에서는 간이과세자가 많으면 일단 부가가치세 세금이 덜 거치므로, 몇몇 경우에는 반드시 일반과세자로 개업을 해야 하는 조항을 마련했습니다.

자주 적용되는 조항은 다음과 같습니다.
- 프랜차이즈 음식업 사업장면적이 50메타제곱(약 15평)초과시
- 사업장이 특정상권지역인 경우
- 사업장이 반드시 일반과세자로 창업해야 하는 지역인 경   우
- 도매업, 건설업 등 특정한 업종의 경우
- 지역별로 사업장면적이 일정규모를 초과하는 경우 등

이외에도 적지 않은 규정들이 있음을 유념하시기 바랍니다.

? 자영업자가 내는 세금은 무엇이 있나요?

Q 자영업자가 내는 세금은 무엇이 있나요?

A 대한민국에서 개인사업자는 크게 면세사업자과 과세사업자로 나뉩니다.

면세사업자는 면세품을 판매하는 사업자로서, 부가가치세를 따로 신고하고 납부할 의무는 없습니다. 다만 매년 1월말까지 국세청에 면세사업자 수입금액 신고를 하면 됩니다.

여기서 면세품이란, 농산물, 수산물, 축산물, 인가받은 학원 등을 말합니다. 면세사업자는 종합소득세와 종합소득세의 10%인 지방소득세만을 내면 됩니다.

면세사업자이외의 개인사업자을 과세사업자라 합니다.

과세사업자는 부가가치세와 종합소득세 그리고 종합소득세의 10%인 지방소득세 신고하고 납부하면 됩니다.

Q 간이과세자는 세금신고는 언제하는 가요?

A 간이과세자는 반기별로 부가가치세를 신고하고 납부하면 됩니다.

상반기 실적(1-6월)을 7월25일까지, 하반기 실적(7-12월)을 내년 1월25일 까지 신고하고 납부해야 합니다. 25일이 토요일 일요일면 월요일까지, 25일이 공휴일이면 다음일까지 하면 됩니다.

그리고 다음년도 5월31일까지 종합소득세를 신고하고 납부하면 됩니다. 종합소득세의 10%인 지방소득세는 따로 신고할 필요는 없고요, 납부만 하시면 됩니다.

? 2월에 창업한 일반과세자인데요. 올해 부가가치세 신고를 몇 번해야 하나요?

Q 2월에 창업한 일반과세자인데요. 올해 부가가치세 신고를 몇 번해야 하나요?

A 일반과세자로 창업한 개인사업자의 부가가치세 신고기한은 다소 복잡합니다. 이번 기회에 이해하시기 바랍니다.

2월에 창업을 했으면 개업일 부터 3월까지의 실적을 4월25일까지 부가가치세 예정신고하고 납부해야 합니다.

4-6월의 실적은 7월25일까지 부가가치세 확정신고를 해야 하구요. 만약, 두 번의 신고시 최종적으로 부가가치세를 환급받은 급액이 더 크다면, 7-9의 실적을 10월 25일 부가가치세 예정신고를, 10-12월의 실적을 다음연도 1월25일에 부가가치세 확정 신고를 해야 합니다.

만약, 상반기 신고시 최종적으로 부가가치세를 납부했다면, 7-12월의 실적을 다음년도 1월25일까지 부가가치세 확정신고를 하면 됩니다.

세무서에서 10월달에 납부고지서가 나오면 10월25일까지 납부하시면 됩니다. 납부할 금액이 20만원이 되지 않으면 세무서에서 고지서를 발송하지 않습니다.

? 시설공사비 5천만원을 법정증빙서류를 받지 않고 지급했는데, 종합소득세 신고시 비용 인정되나요?

Q 시설공사비 5천만원을 법정증빙서류를 받지 않고 지급했는데, 종합소득세 신고시 비용 인정되나요?

A 자영업자가 사업을 위해서 부담한 대부분의 비용은 종합소득세에서 비용으로 인정이 됩니다. 다만, 법정증빙서류를 받고 지급해야 하는데, 그렇지 않았다면 증빙불비가산세 2%을 부담해야 합니다.

위의 사례는 시설비 5천만원을 지급하고 법정증빙서류를 받지 않았으므로, 5천만원에 대하여는 5년간에 나눠 비용으로 인정하되 증빙불비가산세를 따로 부담해야 합니다.

자영업자의 사업비용 지출시 상대방에게 세금계산서, 신용카드영수증, 현금영수증, 직불카드영수증, 체크카드영수증 등의 법정증빙서류를 구비하는 것이 원칙이기 때문에 증빙불비가산세를 부과하는 것입니다.

? 아르바이트 직원에게 지급하는 인건비도 세무서에 신고해야 하나요?

Q 아르바이트 직원에게 지급하는 인건비도 세무서에 신고해야 하나요?

A 사업체를 운영하면서 인건비를 지출하면 세무서에 인건비 신고를 해야 합니다.

아르바이트 인건비는 매달 신고를 하면 사업에 지장이 되므로, 분기별로 세무서에 지급조서를 제출해야 합니다.

1분기(1-3월)은 4월말까지, 2분기(4-6월)은 7월말까지, 3분기(7-9월)은 10월말까지, 4분기(10-12월)은 다음년도 1월말까지 신고해야 합니다.

참고로 아르바이트 인건비는 일일 10만원이 초과하지 않으면 소득세가 과세되지 않습니다.

Q 종합소득세 절세를 위해서는 언제가 가장 중요한가요?

A 종합소득세는 1년동안의 실적을 다음연도 5월말일까지 개인사업자는 신고하고 납부해야 하는 세금입니다.

종합소득세를 합법적으로 절세하기 위한 가장 좋은 시점은 개업초년도입니다. 개업초년도에는 대부분의 사업자금이 지출이 발생합니다.

업종마다 다르지만, 대표적으로 공사비, 초두재료구입비, 점포권리금 등 일 겁니다.

이런 소중한 창업자금을 지출하면서 계약서와 금융기관 지출내역서를 구비해서 간편장부를 만들어 결손(-) 신고를 하게 되면 결손(-)은 향후 10년동안의 이익(+)과 상쇄됩니다.

예를 들어, 나창업씨가 2010년 1월에 창업해서 2011년 5월31일 간편장부에 의한 종합소득세 신고를 했더니, (-)5천만원이 되었고, 다음년도 종합소득세 신고시(+)5천만원이 되었다면 각 년도의 종합소득세는 얼마인지 계산해보기로 합니다.

올해 5월에는 당연히 종합소득세가 없습니다.

왜냐하면 결손 5천만원을 간편장부로 소득세 신고를 했기때문이죠.

다음해 5월에도 역시 종합소득세가 없습니다.

왜냐하면 전년도의 결손과 재계산을 했더니 이익이 제로(이익 5천만원 - 결손 5천만원)가 되었기 때문이죠.

만약, 나창업씨가 2011년 5월에 장부기장하지 않고, 단순경비율로 신고를 해서 종합소득세 10만원을 납부했다면, 다음해 5월에 내야 할 종합소득세는 393만원 (1,200만원까지는 6%, 1,200만원과 4,600만원의 사이인 3,400만원은 15%, 나머지 400만원은 24%의 높은 종합소득세를 부과)의 종합소득세를 납부해야 합니다.

그리고, 종합소득세의 10%인 393,000을 추가로 지방소득세도 납부해야 합니다.

세금을 많이 내면 사장님의 국민연금과 건강보험료 납부금액도 올라갑니다.

이렇게 나창업씨가 종합소득세를 많이 내는 이유는 창업초년도에 장부를 만들지 않았기 때문입니다.

참고로, 단순경비율이란 자영업자에게 사업초년도에 해당하는 종합소득세 신고시 업종별로 높게 달리 비용을 인정해는 제도이지만, 결손이 인정되지 않는 단점이 있습니다.

? 음식업 가맹점을 2사람이 공동대표로 하다가 단독대표로 하려는데 어떤 절차로 하나요?

Q 음식업 가맹점을 2사람이 공동대표로 하다가 단독대표로 하려는데 어떤 절차로 하나요?

A 먼저 영업신고증상에 남는 분의 성함만으로 된 영업신고증으로 하고 사본을 세무서에 제출하여야 합니다.

다음의 서류도 같이 첨부해서 세무서에 사업자정정신고서를 제출하시면 됩니다.

- 동업해지계약서(임차보증금등은 어떻게 할 것인지? 등을 정해야 합니다)
- 두 분 신분증사본
- 부동산임대차계약서 사본(남는 분의 이름이 기재)
- 사업자등록증 원본

이렇게 해서 단독사업자로 사업자등록증을 재발급 받아야 합니다.

제4장

가맹계약의 갱신 및 해지

1. 가맹계약의 갱신

1-1. 가맹계약의 갱신요구권
① 가맹계약의 갱신

가맹점사업자는 가맹계약의 기간이 만료하기 전 180일부터 90일
까지의 사이에 가맹본부에게 가맹계약의 갱신을 요구할 수 있습니
다. 이 경우 가맹본부는 정당한 사유 없이 계약의 갱신을 거절할
수 없습니다.

② 갱신요구권의 행사기간

가맹점사업자의 갱신요구권은 최초의 가맹계약기간을 포함하여 전
체 가맹계약기간이 10년을 초과하지 않는 범위에서만 행사할 수 있
습니다.

1-2. 갱신의 거절
1-2-1. 가맹계약의 갱신 거절
가맹본부는 다음에 해당하는 사유가 있는 경우 가맹점사업자와의 계
약 갱신을 거절할 수 있습니다.

가. 가맹점사업자가 가맹계약상의 가맹금 등의 지급의무를지키지 않은 경우

나. 다른 가맹점사업자에게 통상적으로 적용되는 계약조건이나 영업방침을 가맹점사
업자가 수락하지 않은 경우

다. 가맹사업의 유지를 위해 필요하다고 인정되는 것으로서 다음에 해당하는 가맹본
부의 중요한 영업방침을 가맹점사업자가 지키지 않은 경우

1) 가맹점의 운영에 필요한 점포·설비의 확보나 법령상 필요한 자격·면허·허가의 취득에 관한 사항

2) 판매하는 상품이나 용역의 품질을 유지하기 위해 필요한 제조공법 또는 서비스기법의 준수에 관한 사항

3) 가맹점사업자가 가맹사업을 정상적으로 유지하기 위해 필요하다고 인정되는 사항, 즉 가맹본부의 가맹사업 경영에 필수적인 지식재산권의 보호에 관한 사항, 가맹본부가 가맹점사업자에게 정기적으로 실시하는 교육·훈련의 준수에 관한 사항. 다만, 교육·훈련 비용이 같은 업종의 통상적인 비용보다 뚜렷하게 높은 경우는 제외합니다.

1-2-2. 갱신거절의 방법

가맹본부가 가맹점사업자로부터의 가맹계약의 갱신요구를 거절하는 경우에는 그 요구를 받은 날부터 15일 이내에 가맹점사업자에게 거절의 사유가 적힌 서면으로 통지해야 합니다.

1-3. 가맹계약의 묵시적 갱신

① 가맹점사업자가 가맹계약의 갱신을 요구한 경우 가맹본부가 다음에 해당하는 통지를 하지 않은 경우에는 계약 만료 전의 가맹계약과 같은 조건으로 다시 가맹계약을 체결한 것으로 봅니다.

가. 갱신거절의 통지를 하지 않은 경우

나. 가맹계약 기간 만료 전 180일부터 90일까지 사이에 조건의 변경에 대한 통지나 가맹계약을 갱신하지 않는다는 사실의 통지를 서면으로 하지 않은 경우

② 다만, 다음에 해당하는 사유가 있는 경우에는 같은 조건으로 다시 가맹계약을 체결한 것으로 보지 않습니다.

가. 가맹점사업자가 계약이 만료되는 날부터 60일 전까지 이의를 제기하는 경우

나. 가맹본부나 가맹점사업자에게 천재지변이 있는 경우

다. 가맹본부나 가맹점사업자에게 파산신청이 있거나 강제집행절차 또는 회생절차가 개시된 경우

라. 가맹본부나 가맹점사업자가 발행한 어음·수표가 부도 등으로 지급이 거절된 경우

마. 가맹점사업자에게 중대한 일신상의 사유 등이 발생하여 더이상 가맹사업을 경영할 수 없게 된 경우

? 가맹본부에서 계약해지를 통보해왔습니다. 어떻게 해야 하나요?

Q 저는 가맹점사업자이고 가맹계약 종료 6개월 전부터 계약갱신을 요청해왔습니다. 그런데 계약기간이 1달 밖에 남지 않은 지금 가맹본부에서 계약해지를 통보해왔습니다. 저는 어떻게 해야 하나요?

A 가맹본부가 가맹계약기간 만료 전 180일부터 90일까지 사이에 가맹점사업자에게 조건변경이나 계약 미갱신에 관한 통지를 서면으로 하지 않은 경우에는 계약 만료 전과 동일한 조건으로 다시 계약을 체결한 것으로 봅니다.

◇ 가맹계약의 갱신요구권

① 가맹점사업자는 가맹계약의 기간이 만료하기 전 180일부터 90일까지의 사이에 가맹본부에게 가맹계약의 갱신을 요구할 수 있습니다. 이 때 가맹본부는 정당한 사유 없이 갱신을 거절할 수 없습니다.

② 다만, 다음의 어느 하나에 해당하는 경우에는 그렇지 않습니다.

1. 가맹점사업자가 가맹계약상의 가맹금 등의 지급의무를 지키지 않은 경우

2. 다른 가맹점사업자에게 통상적으로 적용되는 계약조건이나 영업방침을 가맹점사업자가 수락하지 않은 경우

3. 가맹사업의 유지를 위하여 필요하다고 인정되는 다음의 어느 하나에 해당하는 가맹본부의 중요한 영업방침을 가맹점사업자가 지키지 않은 경우

- 가맹점의 운영에 필요한 점포·설비의 확보나 법령상 필요한 자격·면허·허가의 취득에 관한 사항

- 판매하는 상품이나 용역의 품질을 유지하기 위하여 필요한 제조공법 또는 서비스기법의 준수에 관한 사항

- 가맹본부의 가맹사업 경영에 필수적인 지식재산권의 보호에 관한 사항

- 가맹본부가 가맹점사업자에게 정기적으로 실시하는 교육·훈련의 준수에 관한 사항(다만, 가맹점사업자가 부담하는 교육·훈련비용이 같은 업종의 다른 가맹본부가 통상적으로 요구하는 비용보다 뚜렷하게 높은 경우는 제외함).

③ 가맹점사업자의 계약갱신요구권은 최초 가맹계약기간을 포함한 전체 가맹계약기간이 10년을 초과하지 않는 범위 내에서만 행사할 수 있습니다.

◇ 가맹계약의 묵시적 갱신

① 가맹점사업자의 가맹계약 갱신요구를 받은 날부터 15일 이내에 거절 사유를 적은 서면으로 갱신거절의 통지를 하지 않은 경우나 가맹계약기간 만료 전 180일부터 90일까지 사이에 조건 변경에 대한 통지나 프랜차이즈 계약을 갱신하지 않는다는 사실의 통지를 서면으로 하지 않은 경우에는 계약 만료 전의 계약과 같은 조건으로 다시 계약을 체결한 것으로 봅니다.

② 다만, 다음에 해당하는 경우에는 같은 조건으로 다시 프랜차이즈 계약을 체결한 것으로 보지 않습니다.

1. 체인점 사업자가 계약이 만료되기 60일 전까지 이의를 제기하는 경우

2. 가맹본부나 가맹점사업자에게 파산 신청이 있거나 강제집행절차 또는 회생절차가 개시된 경우
3. 가맹본부나 가맹점사업자가 발행한 어음·수표가 부도 등으로 지급거절된 경우
4. 가맹점사업자에게 중대한 일신상의 사유 등이 발생하여 더 이상 가맹사업을 경영할 수 없게 된 경우
5. 천재지변의 사유로 갱신할 수 없는 경우

2. 가맹계약의 해지

2-1. 가맹점사업자의 가맹계약 해지

① 가맹점사업자는 가맹계약서에서 정한 계약해지의 사유가 발생한 경우 가맹본부에 계약해지를 통보하고 가맹계약을 해지할 수 있습니다.

② "계약의 해지"란 계속적 계약에 있어서 계약사항이 정상적으로 이행되지 않은 경우 한 당사자가 다른 당사자에게 일방적인으로 해지의 뜻을 밝혀 계약의 효력을 소멸시키는 것을 말하는데, 계약이 해지되면 그 이후부터 효력을 잃게 됩니다.

③ 다만, 계약이 해지되기 전에 계약의 당사자 사이에서 발생한 채권과 채무는 그대로 유효하고, 계약이 해지된 경우에도 손해가 발생한 때에는 손해배상을 청구할 수 있습니다.

④ 가맹점사업자와 가맹본부 사이에 가맹계약이 해지되면 상표사용권 등과 같은 가맹사업과 관련된 권리와 의무는 종료되나, 이미 가맹본부로부터 외상으로 구입한 물품·용역대금 등과 같은 채권과 채무는 그대로 유효합니다.

2-2. 가맹본부의 가맹계약 해지권 제한

2-2-1. 가맹계약 해지의 제한

① 가맹본부는 가맹점사업자와의 가맹계약을 해지하려는 경우 2개월 이상의 유예기간을 두고 "구체적인 계약위반 사실"과 "그 위반사실을 고치지 않으면 계약을 해지한다는 사실"을 서면으로 2회 이상 가맹점사업자에게 통지해야만 합니다.

② 다만, 가맹사업의 거래를 지속하기 어려운 다음의 경우에는 통지하지 않고 가맹계약을 해지할 수 있습니다.

가. 가맹점사업자가 파산 신청을 하거나 강제집행절차 또는 회생절차가 개시된 경우

나. 가맹점사업자가 발행한 어음·수표가 부도 등으로 지불 정지된 경우

다. 천재지변, 중대한 일신상의 사유 등으로 가맹점사업자가 더 이상 가맹사업을 경영할 수 없게 된 경우

라. 다음에 해당하여 가맹사업에 중대한 장애를 초래한 경우

　1) 가맹점사업자가 공연히 허위사실을 유포함으로써 가맹본부의 명성이나 신용을 뚜렷이 훼손한 경우

　2) 가맹점사업자가 가맹점 운영과 관련되는 법령을 위반해 다음의 행정처분을 받음으로써 가맹본부의 명성이나 신용을 뚜렷이 훼손한 경우

　　가) 그 위법사실을 시정하라는 내용의 행정처분

　　나) 그 위법사실을 처분사유로 하는 과징금·과태료 등 부과 처분

　　다) 그 위법사실을 처분사유로 하는 영업정지 명령

　3) 가맹점사업자가 가맹본부의 영업비밀 또는 중요정보를 유출한 경우

마. 가맹점사업자가 가맹점 운영과 관련되는 법령을 위반해 이를 시정하라는 내용의 행정처분(과징금·과태료 등의 부과처분 포함)을 통보받고도 행정청이 정한 시정기한(시정기한을 정하지 않은 경우에는 통보받은 날부터 10일) 내에 시정하지 않는 경우

바. 가맹점사업자가 가맹점 운영과 관련되는 법령을 위반해 자격·면허·허가 취소 또는 영업정지 명령(15일 이내의 영업정지 명령을 받은 경우 제외) 등 그 시정이 불가능한 성격의 행정처분을 받은 경우(법령에 근거해 행정처분에 갈음하는 과징금 등의 부과 처분을 받은 경우 제외)

사. 가맹점사업자가 가맹본부의 시정요구에 따라 위반사항을 시정한 날부터 1년(계약 갱신이나 재계약된 경우에는 종전 계약기간에 속한 기간 합산) 이내에 다시 같은 사항을 위반한 경우(가맹본부가 시정 요구한 사항을 다시 1년 이내에 위반한 경우 가맹계약의 해지절차를 거치지 않고 가맹계약이 해지될 수 있다는 사실을 미리 고지하지 않은 경우는 제외)

아. 가맹점사업자가 가맹점 운영과 관련된 행위로 형사처벌을 받은 경우

자. 가맹점사업자가 공중의 건강이나 안전에 급박한 위해를 일으킬 염려가 있는 방법이나 형태로 가맹점을 운영하는 경우

차. 가맹점사업자가 정당한 사유 없이 연속하여 7일 이상 영업을 중단한 경우

2-2-2. 통지 없는 가맹계약 해지의 효력

가맹본부가 가맹점사업자에게 통지하지 않고 한 가맹계약의 해지는 그 효력이 없습니다.

2-3. 가맹금의 반환

가맹희망자나 가맹점사업자는 다음의 경우 가맹본부에게 가맹금의 반환을 요구할 수 있습니다.

가. 가맹본부가 가맹희망자에게 거짓이나 과장된 정보를 제공하거나 중요한 사항을 빠뜨리고 제공한 경우에 허위 또는 과장된 정보나 중요사항의 빠진 내용이 계약 체결에 중대한 영향을 준 것으로 인정되어 가맹점사업자가 가맹계약의 체결일부터 4개월 이내에 가맹금의 반환을 요구하는 경우

나. 가맹본부가 정당한 사유 없이 가맹사업을 일방적으로 중단하고 가맹점사업자가 가맹사업의 중단일부터 4개월 이내에 가맹금의 반환을 요구하는 경우

> **?** 가맹본부로부터 일방적인 계약 해지를 통보를 받았는데 이게 가능한가요?

Q 프랜차이즈로 음식점 영업을 하고 있습니다. 계약 종료 한달 전 가맹본부로부터 일방적인 계약 해지를 통보를 받았는데 이게 가능한가요?

A ① 가맹본부는 가맹점사업자와의 가맹계약을 해지하려고 하는 경우에는 2개월 이상의 유예기간을 두고 구체적인 계약위반 사실과, 그 위반사실을 고치지 않으면 계약을 해지한다는 사실을 서면으로 2회 이상 가맹점사업자에게 통지해야 합니다. 다만, 다음의 어느 하나에 해당하는 경우에는 통지하지 않고 가맹계약을 해지할 수 있습니다.

1. 가맹점사업자에게 파산 신청이 있거나 강제집행절차 또는 회생절차가 개시된 경우
2. 가맹점사업자가 발행한 어음·수표가 부도 등으로 지불정지된 경우
3. 천재지변, 중대한 일신상의 사유 등으로 가맹점사업자가 더 이상 가맹사업을 경영할 수 없게 된 경우
4. 다음의 어느 하나에 해당하여 가맹사업에 중대한 장애를 초래한 경우
   - 가맹점사업자가 공연히 허위사실을 유포함으로써 가맹본부의 명성이나 신용을 뚜렷이 훼손한 경우

    - 가맹점사업자가 가맹점 운영과 관련되는 법령을 위반하여 다음의 어느 하나에 해당하는 행정처분을 받음으로써 가맹본부의 명성이나 신용을 뚜렷이 훼손한 경우
      ㉮ 그 위법사실을 시정하라는 내용의 행정처분
      ㉯ 그 위법사실을 처분사유로 하는 과징금·과태료 등 부과처분
      ㉰ 그 위법사실을 처분사유로 하는 영업정지 명령
    - 가맹점사업자가 가맹본부의 영업비밀 또는 중요정보를 유출한 경우
  5. 가맹점사업자가 가맹점 운영과 관련되는 법령을 위반하여 이를 시정하라는 내용의 행정처분을 통보받은 후 10일 이내에 이를 시정하지 않는 경우
  6. 가맹점사업자가 가맹점 운영과 관련되는 법령을 위반하여 자격·면허·허가 취소 또는 영업정지 명령(15일 이내의 영업정지 명령을 받은 경우는 제외한다) 등 그 시정이 불가능한 성격의 행정처분을 받은 경우. 다만, 행정처분을 대신하는 과징금 등의 부과 처분을 받은 경우는 제외함
  7. 가맹점사업자가 가맹본부의 시정요구에 따라 위반사항을 시정한 날부터 1년(계약갱신이나 재계약된 경우에는 종전계약기간에 속한 기간을 합산한다) 이내에 다시 같은 사항을 위반한 경우. 다만, 가맹본부가 시정을 요구하는 서면에 다시 같은 사항을 1년 이내에 위반하는 경우에는 가맹해지의 절차를 거치지 않고 가맹계약이 해지될 수 있다는 사실을 누락한 경우는 제외합니다.
  8. 가맹점사업자가 가맹점 운영과 관련된 행위로 형사처벌을 받은 경우
  9. 가맹점사업자가 공중의 건강이나 안전에 급박한 위해를 일으킬 염려가 있는 방법이나 형태로 가맹점을 운영하는 경우
  10. 가맹점사업자가 정당한 사유 없이 연속하여 7일 이상 영업을 중단한 경우
② 위의 사유에 해당하지 않으면서도 가맹본부가 가맹점사업자에게 통지하지 않고 행한 프랜차이즈 계약의 해지는 효력이 없습니다.

□ 관련판례

프랜차이즈계약이 계약기간의 중간에 해지되었을 경우에 계약 체결 시에 가맹본부(franchisor)가 받은 금전 중에 일부를 가맹점(franchisee)에게 반환하여야 하는가 하는 문제는, 가맹점이 가맹본부에게 지급한 금전이 어떤 이름으로 지급하였는가를 가지고만 볼 것이 아니라 무엇에 대한 대가로 지급한 것이고, 프랜차이즈 계약의 해지 경위와 그에 있어서 당사자의 귀책사유 유무 등을 종합적으로 고려하여 판단하여야 한다(수원지법 성남지원 2002. 12. 24. 선고 2002가단13668 판결).

? 가맹본부에서 시정조치 및 계약을 해지하겠다는 공문을 받았습니다. 바로 해지되는 건가요?

Q 가맹본부에서 시정조치 및 계약을 해지하겠다는 공문을 받았습니다. 바로 해지되는 건가요?

A 가맹본부는 가맹점사업자의 귀책사유로 가맹계약을 해지하는 경우 2개월 이상의 유예기간을 두고 계약 위반 사실을 구체적으로 밝히고, 이를 시정하지 아니하면 계약을 해지하겠다는 사실을 서면으로 2회 이상 통지하여야 가맹계약을 해지할 수 있습니다. 다만, 가맹점사업자의 귀책사유가 가맹사업법에서 정하는 즉시해지사유에 해당하는 경우 공문에 기재된 날짜로 해지될 수 있습니다

? 가맹점을 10일 동안 운영하지 않았다고 해지공문이 왔습니다. 바로 해지되는 건가요?

Q 가맹점을 10일 동안 운영하지 않았다고 해지공문이 왔습니다. 바로 해지되는 건가요?

A 가맹점사업자가 가맹본부에 별도의 통지없이 가맹점을 10일 동안 운영하지 않았다면 가맹사업법에서 정한 즉시해지사유에 해당하여 해지될 수 있습니다.
따라서, 가맹점사업자가 부득이하게 7일 이상 가맹점을 운영하지 않을 경우 가맹본부에 통지하여 승인을 받아둘 필요가 있습니다.

□ 관련판례

○○○○ 햄버거의 영업표지를 사용하는 것에 대한 대가로 지급한 프랜차이즈 수수료는 가맹금의 성격을 가지는 금전으로 봄이 상당하고, 영업표지의 사용에 대한 이익은 기간에 따라 균등의 비율로 귀속되는 것이 원칙이므로, 가맹본부가 가맹점으로부터 점포를 인수(또는 우선매수)하여 직영하는 방법으로 가맹점이 투하자본을 회수하기로 프랜차이즈 계약이 합의해지된 경우라면, 가맹본부가 지급받은 가맹금 중 프랜차이즈 계약의 합의해지 후 잔여기간에 해당하는 부분은 가맹점에게 반환함이 상당하다고 본 사례(수원지법 성남지원 2002. 12. 24. 선고 2002가단13668 판결).

? 계약 해지는 언제까지 통보를 했어야 하는 것인가요?

Q 가맹대리점과의 재계약 시점이 10월 1일입니다. 가맹대리점과의 계약종료의 통보는 90일 이내에 시행되어야 하고, 계약해지 시에는 2개월에 걸쳐 3회 서면통지 하여야 하는 것으로 알고 있습니다. 그럼 9월 중에 계약 해지 통보를 하게 되면 지금부터 90일 이후에 계약 해지가 가능한 것인지요? 10월 1일이 재계약 시점이므로 10월 1일의 90일 이전인 7월 1일까지 통보를 했어야 하는 것인가요?

A 가맹본부가 계약을 종료하려는 경우에는 계약이 만료되는 날부터 90일 전에 가맹점사업자에게 그 사실을 서면으로 통지하여야 합니다. 통지하지 않는 경우에는 동일한 조건으로 다시 가맹계약을 체결한 것으로 보고 있습니다. 그러므로 귀하의 질의 내용으로 볼 때 재연장이 된 것으로 보입니다. 또한, 가맹본부는 가맹계약서에서 정한 가맹계약 해지의 사유가 발생하여 가맹계약을 해지하려는 경우에는 『가맹사업거래의 공정화에 관한 법률』의 절차를 따라야 하며 절차를 거치지 아니한 가맹계약의 해지는 효력이 없습니다. 그러므로 가맹본부에서는 2개월 이내에 3번의 시정요구를 하여야 하며 그 이후 시정요구에 응하지 않는 경우에는 해지할 수 있음을 알려드립니다.

제5장

분쟁 등의 해결

1. 분쟁조정 및 손해배상청구

1-1. 분쟁조정의 절차

가맹점사업자 및 가맹본부는 가맹사업거래에 관한 분쟁이 발생한 경우에는 가맹사업거래분쟁조정협의회(이하 "협의회"라 함)에 분쟁조정 신청을 할 수 있고, 협의회는 제기된 분쟁에 대하여 다음과 같은 절차를 거쳐서 처리합니다.

제1차	제2차	제3차	제4차
분쟁조정의 신청 (분쟁조정신청서의 제출)	협의회의 회의	조정조서의 작성	분쟁조정협의회의 조정결과 통보

1-2. 분쟁조정의 신청

1-2-1. 분쟁당사자의 분쟁조정신청

① 가맹점사업자 또는 가맹본부 등 가맹사업당사자(이하 "분쟁당사자"라 함)는 가맹사업거래에 관한 분쟁을 해결하기 위하여 다음 사항을 기재한 서면에 구비서류를 첨부하여 협의회에 분쟁조정을 신청할 수 있습니다.

가. 신청인과 피신청인의 성명 및 주소(분쟁당사자가 법인인 경우 법인의 명칭, 주된 사무소의 소재지, 그 대표자의 성명 및 주소)

나. 대리인이 있는 경우 그 성명 및 주소

다. 신청의 이유

라. 동일 사안에 대하여 다른 협의회에 분쟁조정을 신청한 경우에는 그 사실

마. 동일 사안에 대하여 분쟁당사자의 분쟁조정신청을 통지받은 경우에는 그 사실

② 분쟁조정신청서에 첨부해야 하는 구비서류

가. 분쟁조정신청의 원인 및 사실을 증명하는 서류

나. 대리인이 신청하는 경우 그 위임장

다. 그 밖에 분쟁조정에 필요한 증거서류 또는 자료

③ 분쟁조정의 중복 신청

분쟁당사자가 서로 다른 협의회에 분쟁조정을 신청하거나 여러 협의회에 중복하여 분쟁조정을 신청한 때에는 다음의 협의회 중 가맹점사업자가 선택한 협의회에서 이를 담당합니다.

가. 조정원 협의회

나. 가맹점사업자의 주된 사업장이 소재한 시·도협의회

다. 가맹본부의 주된 사업장이 소재한 시·도협의회

④ 시효중단의 효력

㉮ 분쟁조정의 신청은 시효중단의 효력이 있습니다.

㉯ 중단된 시효는 다음의 어느 하나에 해당하는 때부터 새로이 진행합니다.

가. 분쟁조정이 이루어져 조정조서를 작성한 때

나. 분쟁조정이 이루어지지 아니하고 조정절차가 종료된 때

㉰ 다만, 분쟁조정의 신청이 취하되거나 각하된 때에는 시효중단의 효력이 없습니다.

㉱ 6개월 내에 재판상의 청구, 파산절차참가, 압류 또는 가압류, 가처분을 한 때에는 시효는 최초의 분쟁조정의 신청으로 인하여 중단된 것으로 봅니다.

⑤ 공정거래위원회의 조정 의뢰

공정거래위원회는 협의회에 가맹사업거래의 분쟁에 관한 사건의 조정을 의뢰할 수 있습니다.

1-2-2. 신청의 보완 등

① 신청의 보완

협의회의 위원장은 신청서 등의 보완이 필요하다고 인정되는 경우 상당한 기간을 정해 그 보완을 요구합니다.

② 당사자에의 통지

협의회는 조정의 신청을 받는 즉시 그 조정사항을 분쟁당사자에게 통지합니다.

③ 소제기 등의 통지

분쟁당사자는 조정을 신청한 후 해당 사건에 대하여 소를 제기하거나 중재합의를 한 때에는 즉시 협의회에 이러한 사실을 통지해야 합니다.

1-2-3. 분쟁조정신청 시의 유의사항

① 대표자의 선정

㉮ 여러 사람이 공동으로 분쟁의 조정을 신청하는 경우에는 신청인 중 3명 이내의 대표자를 선정할 수 있는데, 대표자를 변경하는 경우에는 그 사실을 지체없이 협의회의 위원장에게 통지해야 합니다.

㉯ 그런데, 신청인이 대표자를 선정하지 않은 경우 위원장은 신청인에게 대표자를 선정할 것을 권고할 수 있습니다.

② 당사자의 지위승계

협의회는 조정절차가 종료되기 전에 분쟁당사자가 사망, 능력의 상실 그 밖의 사유로 절차를 계속할 수 없는 경우, 서면으로 승계 신청을 받아 결정을 통해 그 지위를 다른 사람에게 승계하도록 할 수 있습니다.

1-3. 조정의 거부 또는 중지

① 협의회는 조정 신청을 받거나 조정 의뢰를 받은 경우 지체 없이 분쟁조정 절차를 개시해야 합니다.

② 분쟁당사자로부터의 분쟁조정신청이 있는 때에도 다음과 같은 사

유가 있는 경우에는 협의회가 조정신청을 각하해야 합니다.

가. 조정신청의 내용과 직접적인 이해관계가 없는 자가 조정신청을 한 경우

나. 「가맹사업거래의 공정화에 관한 법률」의 적용 대상이 아닌 사안에 대하여 조정신
청을 한 경우

다. 조정신청이 있기 전에 공정거래위원회가 「가맹사업거래의 공정화에 관한 법률」
제32조의3제2항에 따라 조사를 개시한 사건에 대하여 조정신청을 한 경우

1-4. 협의회의 회의

1-4-1. 기피신청

분쟁당사자는 공정한 조정을 기하기 어려운 사정이 있는 위원에 대하
여 기피신청을 할 수 있습니다.

1-4-2. 의견의 진술 등

분쟁당사자는 협의회의 회의에 출석하여 의견을 진술하거나 관계 자
료를 제출할 수 있습니다.

1-4-3. 회의의 비공개

협의회의 회의는 원칙적으로 공개하지 않으나, 위원장이 필요하다고
인정하는 경우에는 분쟁당사자나 그 밖의 이해관계인에게 방청을 허
락할 수 있습니다.

1-4-4. 분쟁당사자의 출석

① 협의회는 분쟁당사자에게 관련된 자료를 제출하게 하거나 출석을
요구할 수 있습니다.

② 출석 통지를 받은 분쟁당사자가 부득이한 사유로 출석을 할 수 없
는 경우에는 미리 서면으로 의견을 제출할 수 있습니다.

1-5. 조정의 종료

1-5-1. 조정 종료

협의회는 다음의 경우에는 조정절차를 종료합니다.

1. 분쟁당사자가 협의회의 권고 또는 조정안을 수락하거나 스스로 조정하는 등 조정이 성립된 경우
2. 조정을 신청 또는 의뢰 받은 날부터 60일(분쟁당사자 쌍방이 기간연장에 동의한 경우는 90일)이 경과해도 조정이 성립되지 않은 경우
3. 분쟁당사자의 일방이 조정을 거부하거나 해당 조정사항에 대하여 법원에 소를 제기하는 등 조정절차를 진행할 실익이 없는 경우

1-5-2. 시정권고 및 시정조치

① 공정거래위원회는 조정사항에 관하여 조정절차가 종료될 때까지 해당 분쟁당사자에게 시정조치를 권고하거나 명해서는 안 됩니다.
② 다만, 공정거래위원회가 위반행위의 신고가 있거나「가맹사업거래의 공정화에 관한 법률」에 위반되는 혐의가 있다고 인정하여 필요한 조사를 개시한 사건에 대하여는 그렇지 않습니다.

1-6. 조정조서의 작성

1-6-1. 조정조서의 작성 및 보고

① 협의회는 조정이 성립된 경우 조정에 참가한 위원과 분쟁당사자가 기명날인하거나 서명한 조정조서를 작성하고(「가맹사업거래의 공정화에 관한 법률」제24조제1항), 조정조서의 사본을 첨부한 조정결과를 공정거래위원회에 보고합니다.
② 다만, 분쟁당사자가 조정절차를 개시하기 전에 조정사항을 스스로 조정하고 조정조서의 작성을 요구하는 경우에는 협의회가 그 조정조서를 작성해야 합니다.

1-6-2. 합의사항의 이행 및 이행결과 제출

① 분쟁당사자는 조정에서 합의된 사항을 이행해야 하고, 이행결과를 공정거래위원회에 제출해야 합니다.

② 공정거래위원회는 위의 이행이 이루어진 경우에는 시정조치 및 시정권고를 하지 않습니다.

1-6-3. 조정조서의 효력

조정조서를 작성한 경우 조정조서는 재판상 화해와 동일한 효력을 갖습니다.

1-7. 조정결과 통보 등

협의회가 조정신청을 각하하거나 종료하는 경우에는 공정거래위원회 및 시·도에 조정의 경위, 조정신청 각하 또는 조정절차 종료의 사유, 관계서류 등을 서면으로 보고하고, 분쟁당사자에게도 그 사실을 통보합니다.

? 가맹본부와 대화로 해결이 안됩니다. 도움 받을 수 있는 곳이 있나요?

Q 가맹본부와 대화로 해결이 안됩니다. 도움 받을 수 있는 곳이 있나요?

A 가맹본부와 가맹점사업자 간의 분쟁을 조정해주는 기관이 있습니다. 공정거래위원회 산하 한국공정거래조정원의 분쟁조정협의회를 통해 분쟁을 해결할 수 있습니다.

? 분쟁 신청하면 어떻게 진행되나요?

Q 분쟁 신청하면 어떻게 진행되나요?

A 가맹점사업자가 한국공정거래조정원에 조정을 신청하면 양 당사자의 사실관계를 확인하고, 분쟁조정협의회가 구성되어 조정사항을 양 당사자에게 권고하게 됩니다.

양 당사자가 모두 이를 수락하는 경우 조정이 성립되는 것이고, 어느 일방이 거부할 경우에는 조정이 불성립하게 됩니다. 조정이 성립되건 불성립되건 조정 절차는 종료하게 됩니다. 분쟁 신청은 가맹점사업자 및 가맹본부 모두 할 수 있습니다. 분쟁 조정이 성립되면 양 당사자 중 법 위반 사실이 있는 경우라도 법 위반에 따른 처벌은 내려지지 않습니다.

분쟁 조정이 불성립하게 되면 양 당사자 중 법 위반 사실 등에 따른 공정거래위원회의 시정명령, 과태료, 과징금 등의 행정 처벌 및 법 위반 정도에 따른 징역, 벌금 등의 형사 처벌도 내려질 수 있습니다.

? 조정이 성립된 경우 이행여부는 어떻게 되나요?

Q 조정이 성립된 경우 이행여부는 어떻게 되나요?

A 조정이 성립한 경우는 원칙적으로 조정기간 중에 그 이행이 되도록 하고 있습니다. 다만 이행시기가 당사자 간의 합의로 결정되면 그에 따르게 됩니다. 만일 당사자 간에 합의된 사항이 이행되지 않는 경우 합의서 내지 조정조서가 법원에서 집행할 수 있는 집행권원이 되지는 못하므로, 신청인은 이를 첨부하여 집행권원을 얻기 위한 별도의 소송절차를 거쳐야 합니다.

? 가맹본부가 계약 내용 중 영업지역 설정에 대한 내용을 위반하여 영업에 손해를 입었을 경우에는 어떤 보상을 받을 수 있을까요?

Q 가맹본부가 계약 내용 중 영업지역 설정에 대한 내용을 위반하여 영업에 손해를 입었습니다. 이런 경우에는 어떻게 하면 보상을 받을 수 있을까요?

A 가맹본부가 가맹사업거래에서 계약내용이나 법령을 위반하여 고의 또는 과실로 가맹점사업자에게 손해를 입힌 경우 가맹점사업자는 ① 가맹사업거래분쟁조정협의회에 분쟁조정을 신청하거나, ② 가맹본부에 손해배상을 청구할 수 있습니다.

◇ 분쟁조정

① 가맹점사업자 또는 가맹본부는 가맹사업거래에 관한 분쟁이 발생한 경우 이를 해결하기 위해 한국공정거래조정원에 설치되어 있는 가맹사업거래분쟁조정협의회에 분쟁조정을 신청할 수 있습니다.

② 분쟁조정을 신청하려면 다음 서류를 가맹사업거래분쟁조정협의회에 제출해야 합니다.

1. 분쟁조정신청서
2. 분쟁조정신청의 원인 및 사실을 증명하는 서류
3. 대리인이 신청하는 경우 그 위임장
4. 그 밖에 분쟁조정에 필요한 증거서류 또는 자료

◇ 손해배상 책임

가맹사업자가 가맹거래에서 가맹본부의 행위로 인하여 피해를 입은 경우에는 해당 가맹 본부를 상대로 민사소송으로 손해배상을 청구할 수 있습니다.

◇ 손해배상액

가맹사업자가 가맹본부의 행위 때문에 손해를 입은 것은 인정되지만, 그 손해액을 입증하는 것이 해당 사실의 성질상 극히 곤란한 경우에는 법원이 변론의 전체적인 취지와 증거조사의 결과에 기초하여 상당한 손해액을 인정할 수 있습니다.

Q 3월에 학원을 개원하기 전에 도움을 받고자 학원프랜차이즈와 계약을 했습니다. 본사에서는 가맹비를 모두 지급해야 초도물품을 주겠다고 해서 일백만원을 입금했지요. 그러나 초도물품은 보잘 것 없을뿐더러 그 후로는 전화도 없고요. 온라인 학습과 성적관리도 할 수 없게 홈페이지도 없어졌으며 교재 또한 오타와 오답이 여러 군데 발견되어 저번 주부터 계약해지의 의사를 밝혔는데도 계속 미루며 기다리라고만 하고 연락을 주지 않아 제가 직접 전화했더니 무조건 기다리라고하며 책임을 회피하고 있습니다. 도움을 받고 싶습니다.

A 신고절차를 안내해드리겠습니다. 공정거래위원회 홈페이지 오른쪽 하단 부분 → '가맹사업거래' 클릭 → '서식자료' 클릭 → '분쟁조정신청서'를 다운받으셔서 증빙서류를 구비하여 가맹사업거래분쟁조정협의회로 제출하여 주시기 바랍니다. 조정이 불성립되면 공정거래위원회 업무를 담당하는 부서로 이첩이 되어 조사를 하게 됩니다.

1-8. 손해배상 청구

1-8-1. 손해배상책임

가맹점사업자가 가맹사업거래에서 가맹본부 등의 행위로 피해를 입은 경우 해당 가맹본부 등에게 손해배상을 청구할 수 있으나, 가맹본부 등이 고의나 과실이 없음을 입증한 경우 가맹점사업자는 그 손해를 배상받을 수 없습니다.

1-8-2. 손해배상액의 인정 특례

가맹점사업자가 가맹본부 등의 행위로 손해를 입은 것은 인정되나, 그 손해액을 입증하는 것이 해당 사실의 성질상 극히 곤란한 경우에는 법원이 변론의 전체적인 취지와 증거조사의 결과에 기초하여 상당한 손해액을 정할 수 있습니다.

[서식 예] 손해배상[기]청구의 소[계약불이행]

소 장

원 고 의료법인 ○○재단
       ○○시 ○○구 ○○길 ○○ (우편번호)
       대표자 이사장 ○○○
       전화·휴대폰번호:
       팩스번호, 전자우편(e-mail)주소:

피 고 ◇◇생약협동조합
       ○○시 ○○구 ○○길 ○○ (우편번호)
       대표이사 ◇◇◇
       전화·휴대폰번호:
       팩스번호, 전자우편(e-mail)주소:

손해배상(기)청구의 소

청 구 취 지

1. 피고는 원고에게 금 10,000,000원 및 이에 대한 2000. 10. 1.부터 이 사건 소장부본 송달일까지는 연 5%의, 그 다음날부터 다 갚는 날까지 연 12%의 각 비율에 의한 돈을 지급하라.
2. 소송비용은 피고의 부담으로 한다.
3. 위 제1항은 가집행 할 수 있다.
라는 판결을 구합니다.

청 구 원 인

1. 원고재단은 ○○한방병원 등을 설립·경영하는 의료법인으로서 2000. 1. 30. 원고재단은 피고조합과 한약재 공급계약을 체결한바 있는데, 그 내용은 원고가 필요로 하는 한약재의 생산·채집 및 공급을 피고가 책임지기로 하고, 그 연간 생산계약과 공급가격 및 품질검사방법에 관하여는 매년 상호합의하에 결정하기로 하는 것이었습니다.

구체적으로 원고재단 사무국장인 소외 박○○는 원고재단의 대표자를 대리하여 피고조합의 위 계약에 기한 구체적인 한약재 수요공급계약을 체결한바 있는데, 그 주요내용은 피고조합은 2000. 8. 30.까지 한약재 5,000근을 근당 가격 금 10,000원에 원고재단에게 공급하기로 하고, 원고재단은 피고조합에게 계약금으로 금 5,000,000원을 지급하고, 정당한 이유 없이 원고재단이 계약을 위약하면 계약금을 포기하고 피고조합이 위약할 때에는 계약금의 배액을 손해배상액으로 지급하기로 하였습니다.

2. 그 뒤 피고조합은 아무런 정당한 이유 없이 공급하기로 한 약정기일인 2000. 8. 30.까지 위 한약재를 공급하지 않고 있어 원고재단은 2000. 9. 30.까지 약정 공급수량인 5,000근의 한약재를 공급하지 않으면 2000. 10. 1. 위 계약이 해제될 것임을 통고하였음에도 불구하고 피고조합은 위 한약재의 공급을 이행하지 않았으므로 위 계약은 2000.10.1. 해제되었다 할 것입니다.

3. 따라서 원고재단은 피고조합에 대하여 계약불이행으로 인한 손해배상으로 계약서상 약정된 계약금의 배액인 금 10,000,000원 및 이에 대한 2000.10.1.부터 이 사건 소장부본 송달일까지민법에서 정한 연 5%의, 그 다음날부터 다 갚는 날까지는 소송촉진등에관한특례법에서 정한 연 12%의 각 비율에 의한 지연손해금의 지급을 구하기 위하여 이 사건 청구에 이른 것입니다.

입 증 방 법

1. 갑 제1호증　　　　　　공급계약서
1. 갑 제2호증　　　　　　통고서(내용증명)

첨 부 서 류

1. 위 입증방법　　　　　　각 1통
1. 법인등기사항증명서　　　1통
1. 소장부본　　　　　　　　1통
1. 송달료납부서　　　　　　1통

20○○. ○. ○.

위 원고   의료법인 ○○재단

이사장 ○○○(서명 또는 날인)

○○지방법원 귀중

■ 참고

관할법원	※ 아래(1)참조	소멸시효	※ 아래(2)참조
제출부수	소장원본 1부 및 피고 수만큼의 부본 제출		
불복절차 및기 간	.항소(민사소송법 제390조) .판결서가 송달된 날부터 2주 이내(민사소송법 제396조 제1항)		
기 타	- 무불이행으로 인한 손해배상액의 예정이 있는 경우에는 채권자는 채무불이행 사실만 증명하면 손해의 발생 및 그 액을 증명하지 아니하고 예정배상액을 청구할 수 있음(대법원 2000. 12. 8. 선고 2000다50350 판결). - 법 제398조 제2항에서는 "손해배상의 예정액이 부당히 과다한 경우에는 법원은 적당히 감액할 수 있다."라고 규정하고 있음. - 원이 손해배상 예정액이 부당히 과다하다 하여 감액하려면, 채권자와 채무자의 경제적 지위, 계약의 목적과 내용, 손해배상액을 예정한 경위(동기), 채무액에 대한 예정액의 비율, 예상 손해액의 크기, 그 당시의 거래관행과 경제상태, 채무자가 계약을 위반한 경우 등을 두루 참작한 결과, 손해배상 예정액의 지급이 채권자와 채무자 사이에 공정을 잃는 결과를 초래한다고 인정되는 경우라야 함(대법원 1997. 6. 10. 선고 95다37094 판결).		

※ (1) 관 할

1. 소(訴)는 피고의 보통재판적(普通裁判籍)이 있는 곳의 법원의 관할에 속하고, 사람의 보통재판적은 그의 주소에 따라 정하여지나, 대한민국에 주소가 없거나 주소를 알 수 없는 경우에는 거소에 따라 정하고, 거소가 일정하지 아니하거나 거소도 알 수 없으면 마지막 주소에 따라 정하여짐.

2. 재산권에 관한 소를 제기하는 경우에는 거소지 또는 의무이행지의 법원에 제기할 수 있음.

3. 따라서 사안에서 원고는 피고의 주소지를 관할하는 법원이나 의무이행지(특정물의 인도는 채권성립당시에 그 물건이 있던 장소에서 하여야 하지만, 그 밖의 채무변제는 채권자의 현주소에서 하여야 하므로 당사자간에 특별한 약정이 없는 한 채권자는 자기의 주소지를 관할하는 법원에 소를 제기할 수 있음 : 민법 제467조 제1항, 제2항)관할 법원에 소를 제기할 수 있음.

※ (2) 소멸시효

채무불이행으로 인한 손해배상청구권은 계약채권의 확장 내지 변형이므로 일반 채권의 소멸시효기간인 10년이 경과함으로써 소멸하고(민법 제162조 제1항), 채무불이행으로 인한 손해배상청구권의 소멸시효는 채무불이행시로부터 진행함(대법원 1995. 6. 30. 선고 94다54269 판결).

[서식 예] 가맹사업거래 분쟁조정 신청 안내

※ 가맹사업거래의 공정화에 관한 법률 제2조에 따라 가맹사업거래 분쟁조정 신청 대상이 되는 가맹본부의 (주요)행위는 다음과 같습니다.

1. 가맹금을 예치하지 않고 직접 수령하는 행위(제6조의5)
  * 가맹본부가 가맹사업법 제15조의2에 따른 가맹점사업자피해보상보험계약 등을 체결한 경우에는 예치의무가 면제됨
2. 공정거래위원회에 등록된 정보공개서를 가맹희망자에게 제공하지 아니하거나, 제공한지 14일 이내에 가맹계약 체결/가맹금 수령을 하는 행위(제7조)
3. 가맹계약 체결 과정에서 예상매출액 등에 관한 허위·과장 정보를 제공하는 행위(제9조)
4. 가맹점사업자에 대해 상품이나 용역의 공급 또는 영업의 지원 등을 부당하게 중단 또는 거절하거나 그 내용을 현저히 제한하는 행위(제12조 제1항 제1호)
5. 가맹점사업자가 취급하는 상품 또는 용역의 가격, 거래상대방, 거래지역이나 가맹점사업자의 사업활동을 부당하게 구속하거나 제한하는 행위(제12조 제1항 제2호)
6. 거래상의 지위를 이용하여 부당하게 가맹점사업자에게 불이익을 주는 행위(제12조 제1항 제3호)
7. 계약의 목적과 내용, 발생할 손해액의 크기, 당사자간 귀책사유 유무 및 정도, 해당 업종의 정상적인 거래관행에 비하여 과중한 위약금을 부과하는 등 가맹점사업자에게 부당하게 손해배상 의무를 부담시키는 행위(제12조 제1항 제5호)
8. 정당한 사유 없이 점포환경개선을 강요하는 행위(제12조의2)
9. 정상적인 거래관행에 비추어 부당하게 가맹점사업자의 영업
10. 정당한 사유 없이 가맹계약서에 기재된 영업지역 안에 가맹점사업자와 동일한 업종의 자기 또는 계열회사의 직영점이나 가맹점을 설치하는 행위(제12조의4)
11. 정당한 사유없이 가맹점사업자의 가맹계약기간 만료 전 180일부터 90일 사이의 계약 갱신 요구를 거절하는 행위(제13조)
12. 가맹점사업자에게 2개월 이상의 유예기간을 두고 계약의 위반 사실을 구체적으 로 밝히고 이를 시정하지 아니하면 그 계약을 해지한다는 사실을 서면으로 2회 이상 통지하지 아니하고 가맹계약 해지를 통보한 행위(제14조)

※ 조정신청 대상에서 제외되는 경우(가맹사업법 제 3조에 따라 적용 제외)는 다음과 같습니다.

1. 가맹점사업자가 가맹금의 최초 지급일부터 6개월까지의 기간동안 가맹본부에게 지급한 가맹금의 총액이 100만원을 초과하지 아니하는 경우
2. 가맹본부의 연간 매출액이 5천만 원 미만이면서 가맹본부와 계약을 맺은 가맹점사업자의 수가 5개 미만인 경우
   다만, 해당 가맹본부가 가맹사업을 시작하기 전에 해당 가맹사업과 같은 품질기준이나 영업방식에 따라 상품이나 용역을 판매하는 직영점을 개설하여 1년 이상 운영하고 있는 경우에는 연간 매출액이 2억 원 미만인 경우
※ 연간 매출액 판단을 위한 금액 산정은 바로 전 사업연도의 손익계산서상의 매출액으로 하고, 가맹본부가 손익계산서를 작성하지 아니하는 경우에는 바로 전 2개 과세기간의 부가가치세확정신고서 상의 과세표준과 면세수입금액을 합한 금액을 기준으로 함

[서식 예] 분쟁조정신청 접수절차 안내

1. 신청방법
   ○ 신청서를 작성하고 관련 서류 및 증빙 자료를 구비한 후 한국공정거
     래조정원에 **직접 방문**하시거나 **우편**으로 제출하시면 됩니다.
     *주소 : (04513) 서울 중구 세종대로 39 상공회의소회관 9층 한국공정
             거래조정원
     *전화(분쟁조정콜센터) : 1588-1490(代)
   ○ 한국공정거래조정원 홈페이지(http://kofair.or.kr/)에서 **온라인 신청**
     도 가능합니다.
2. 조정 기간
   ○ 분쟁조정 기간은 접수일로부터 60일 이내이며, 사안에 따라 사실관계
     를 조사하는데 상당한 기간이 소요되거나 당사자의 요청에 의해 조정
     기간이 연장될 수 있습니다.
3. 조사 및 절차
   ○ 신청서 접수→ 당사자 통지 → 피신청인 답변서 제출 → 당사자 출석
     조사 → 협의회 상정(자세한 사항은 홈페이지 절차도 참조)
4. 분쟁조정신청이 접수되면 접수사실통지가 신청인 및 피신청인에게 발송
   되며, 필요에 따라서 신청인 혹은 피신청인에게 자료제출 요청이 있을
   수 있습니다.

[서식 예] 분쟁조정신청서 작성 안내

※ 다음 내용을 잘 읽어보시고 해당 자료를 **3부*** 제출해주시기 바랍니다.

 * 원본 보관용, 피신청인 송달용, 공정거래위원회 송달용

(1) 신청서 표지 기재사항

① 신청인

- 신청인이 개인 사업자인 경우, 사업자등록증 상의 상호·대표자의 성명·생년월일·사업자등록번호·송달 가능한 주소 및 연락 가능한 연락처를 기재하여 주시기 바랍니다.
- 신청인이 법인인 경우, 법인명(상호), 대표자의 성명·법인등록번호·사업자등록번호·본점 등기지 주소 및 송달 가능한 주소·담당자 및 담당자의 연락처를 기재하여 주시기 바랍니다.
- 만약 신청인의 본점 등기지 주소와 송달 주소지가 다를 경우 둘 다 기재합니다.

② 피신청인

- 피신청인이 개인 사업자인 경우, 사업자등록증 상의 상호·대표자의 성명·사업자등록번호·송달 가능한 주소 및 연락 가능한 연락처를 기재하여 주시기 바랍니다.
- 피신청인이 법인인 경우, 법인명(상호), 대표자의 성명·법인등록번호·사업자등록번호·본점 등기지 주소 및 송달 가능한 주소·담당자 및 담당자의 연락처를 기재하여 주시기 바랍니다.
- 만약 피신청인의 본점 등기지 주소와 송달 주소지가 다를 경우 둘 다 기재합니다.
- 피신청인의 사업자등록번호와 법인등록번호는 모를 경우 생략해도 무방합니다.

③ 신청 전 확인사항

- 동일한 사안에 대하여 공정거래위원회에 신고하였거나, 다른 분쟁조정협의회에 분쟁조정을 신청하는 등에 해당할 경우 이를 표시하고 공정거래위원회 담당부서 또는 조정을 신청한 기관명 등을 함께 기재하여 주시기 바랍니다.

(2) 신청서 별지 기재사항

① 신청취지

- 신청취지는 피신청인을 상대로 신청인이 요구하는 핵심적인 내용을 말하며, 행위를 요청하는 경우에는 피신청인이 어떠한 행위를 하라고 청구하는 것인지 구체적으로 기재하여 주시고, 금전의 지급을 요청하는 경우에는 그 금액을 명시하여 주시기 바랍니다.

※ 기재 예시

'피신청인은 신청인에게 ()년 ()월 ()자 계약 해지는 무효임을 확인한다'
라는 조정을 구합니다.

'피신청인은 허위·과장 정보제공에 따른 손해배상으로 00천 원을 지급'
라는 조정을 구합니다.

② 신청이유

- 신청이유는 신청인이 분쟁조정신청에 이르게 된 이유 및 신청취지의
작성 근거 등을 말하며, 최대한 자세하게 작성하여 주시기 바랍니다.

※ 기재 예시

- 분쟁당사자의 현황(예: 신청인과 피신청인의 업종 등)
- 분쟁조정신청에 이르게 된 경위(예: 계약 체결일 및 계약 내용, 피신
청인과의 거래 비중, 분쟁이 발생하게 된 배경 및 경위* 등)
  * 사안이 다양할 경우 피해 금액이 큰 주장 위주로 작성합니다.
- 기타 관련된 내용(예: 조정절차 진행 시 참고하여야 할 내용 등)

(3) 신청서 첨부 서류

① 신청인의 일반현황에 대한 기초 자료(사업자등록증, 법인등기부등본)를
첨부하여 주시기 바랍니다.(해당자료는 1부만 제출하여도 됩니다.)

② 신청이유에 기재한 사실을 입증할 수 있는 근거 서류 및 자료를 첨부
하여 주시기 바랍니다.

   (ex. 계약서, 세금계산서, 거래명세표, 당사자 간 주고받은 문서(ex 공
문, 내용증명) 등)

③ 신청인의 대리인이 신청하는 경우 위임장과 본인 인감증명서를 제출하
여 주시기 바라며, 대리인이 있는 경우 분쟁조정절차 상의 모든 통지는
대리인에게 이루어지므로 위임장에 정확한 정보를 기재하여 주시기 바
랍니다.(해당 자료는 1부만 제출하여도 됩니다)

(4) 일반현황표 기재사항 및 증빙 자료(해당 자료는 1부만 제출하여도 됩니다)

- 일반현황표는 조정대상 적격 여부 등의 확인을 위하여 활용되는 자료
로서 다음 각 항목을 사실대로 기재하여 주시기 바랍니다.
- 신청인이 개인사업자인 경우 등을 이유로 일반현황표 기재사항을 작
성하기 어려운 경우는 공란으로 비워두시기 바랍니다.

① 사업체명, ② 대표자, ③ 사업자등록번호·법인등록번호를 신청서 표지
와 동일하게 기재하여 주시기 바랍니다.

④ 신청인이 영위하는 사업의 업종과 설립년월일을 기재하여 주시기 바랍
니다.

⑤ 주요재무현황(자본금, 자산총액, 총매출액, 영업이익)을 이를 증명할 수

있는 자료(ex 각 해당년도의 감사보고서/재무제표증명원/부가가치세 과세제표준 증명원 중 해당 부분)에 근거하여 기재하여 주시고, 증명 자료로서 그 사본을 1부 제출하시기 바랍니다.

⑥ 사건 관련 확인사항으로 최근계약체결일과 최근계약기간을 기재하여 주시기 바랍니다.

⑦ 기타 확인사항으로 소송·타 분쟁조정기구의 조정이나 중재·공정위 조사 여부 등을 표시하고, 조정을 신청한 기관명 등을 함께 기재하여 주시기 바랍니다.

⑧ 분쟁당사자가 개인사업자인 경우에는 배우자, 4촌 안의 친족, 또는 변호사가 대리인이 될 수 있고, 법인사업자인 경우에는 공정거래법 제2조 제5호 소정의 임직원 또는 변호사만이 대리인이 될 수 있으며, 대리인으로서 분쟁조정을 담당할 담당자의 인적사항을 기재하여 주시기 바랍니다.

[서식 예] 가맹사업거래분쟁조정신청서 [거래상 지위남용]

<table>
<tr><td colspan="5" align="center">가 맹 사 업 거 래 분 쟁 조 정 신 청 서</td></tr>
<tr><td rowspan="4">신청인</td><td>상　　호</td><td>△△빵집 ☆☆점</td><td>대표자</td><td>홍길동</td></tr>
<tr><td>주　　소</td><td colspan="3">(12345) 서울 중구 0000로</td></tr>
<tr><td>전 화 번 호</td><td>02-123-4567</td><td>H.P</td><td>010-1234-5678
(홍길동)</td></tr>
<tr><td>사업자등록번호</td><td>123456-789012</td><td>생년월일
(법인등록번호)</td><td>00.00.00</td></tr>
<tr><td rowspan="4">피
신청인</td><td>상　　호</td><td>(주)△△제과</td><td>대표자</td><td>이을동</td></tr>
<tr><td>주　　소</td><td colspan="3">(67890) 서울 강남구 0000로</td></tr>
<tr><td>전 화 번 호</td><td>02-987-6543</td><td>FAX</td><td>02-987-3210</td></tr>
<tr><td>사업자등록번호</td><td>234567-890123</td><td>법인등록번호</td><td>987654-321012</td></tr>
<tr><td colspan="2">신 청 취 지 및 이 유</td><td colspan="3" align="center">(별지 첨부)</td></tr>
</table>

○ 귀하는 어떠한 경로를 통해 조정제도를 알고 조정신청을 하였습니까?
(① 한국공정거래조정원 민원상담실 ② 공정거래위원회 고객지원담당관실 ③
인터넷 검색 ④ 언론기사 ⑤ 기타 :　　　　　　　　　　　)

※ 신청 전 확인사항

<table>
<tr><td>○ 동일한 사안으로 공정거래위원회에 신
　고하였는지 여부</td><td>예 □ (담당부서명:　　　)
아니오 ■</td></tr>
<tr><td>○ 동일한 사안으로 다른 분쟁조정 협의
　회에 조정을 신청하였는지 여부</td><td>예 □ (담당부서명:　　　)
아니오 ■</td></tr>
<tr><td>○ 동일한 사안으로 민사소송 제기 또는
　조정.중재 신청을 하였는지 여부</td><td>예 □ (기관명:　　　　)
아니오 ■</td></tr>
</table>

「가맹사업거래의 공정화에 관한 법률」제22조 제1항 및 동법 시행령 제19조
의 규정에 의하여 위와 같이 분쟁조정을 신청합니다.
　붙임 :
　　1. 분쟁조정신청의 원인 및 사실을 증명하는 서류 3부
　　2. 대리인이 신청하는 경우 그 위임장 1부
　　3. 신청인의 사업자등록증(및 법인의 경우 법인등기부 등본) 1부
　　4. 일반현황표 및 이에 대한 증빙자료 각 1부

20XX ．　00．　00．

신청인　　　　홍길동　　(인)

가맹사업거래분쟁조정협의회 위원장 귀하

주1) 상호, 주소의 경우 신청인과 피신청인이 법인인 경우에는 법인의 명칭, 주된
사무소의 소재지, 법인이 아닌 경우 상호 및 주소를 말함
주2) 대리인이 있는 경우에는 그 성명 및 주소를 명시하여야 함

(별지)-거래상 지위남용의 경우

신청 취지
　신청인은 피신청인에 대하여, '피신청인의 불이익제공 행위에 따른 신청인의 손해액(　　)원을 지급하라'는 조정을 구합니다.

신청 이유

1. 분쟁당사자의 현황
　피신청인은 제과제빵 가맹사업을 영위하고 있는 가맹본부이며, 신청인은 피신청인으로부터 △△빵집 ☆☆점(이하 '이 사건 가맹점')의 운영권을 부여받은 개인사업자입니다.

2. 분쟁조정신청에 이르게 된 경위
　신청인은 20XX년 XX월 피신청인과 가맹계약(이하 '이 사건 계약'이라 합니다)을 체결하고, 현재까지 이 사건 가맹점을 운영하고 있습니다.
　이 사건 계약에 따르면 신청인은 피신청인으로부터 빵 제조과정에 필수적인 밀가루, 반죽 등을 공급받아 사용하되 커피원두는 신청인이 직접 조달하여 사용할 수 있다고 명시되어 있었습니다.(첨부1. 가맹계약서)
　신청인은 이 사건 가맹점 운영을 시작하는 시점부터 커피원두를 직접 조달하여 사용하고 있었는데 피신청인은 이 사건 계약 체결일로부터 약 X년이 지난 시점인 20XX. XX월 신청인에게 커피원두 또한 피신청인으로부터 공급받아야 한다고 통보하였습니다.
　신청인은 피신청인이 공급하는 커피원두의 단가가 신청인이 사용하던 커피원두의 단가보다 약 30% 이상 비싸서 이를 거부하였으나 피신청인은 신청인에게 커피원두를 피신청인이 아닌 자로부터 공급받아 사용할 경우 이 사건 계약 해지 사유가 될 것이라고 엄포를 놓았습니다.
　신청인은 이 사건 가맹점 운영을 위하여 어쩔수 없이 피신청인으로부터 커피원두를 공급받아 사용하게 되었고 이에 따라 커피원두를 시장가격보다 비싼 가격으로 공급받게 되는 손해를 입게 되어 본 조정을 신청하게 되었습니다.

3. 기타 관련된 내용
　신청인이 손해배상금으로 피신청인에게 청구한 (　　)원은 신청인이 직접 커피원두를 조달하였을 때의 커피원두 단가와 피신청인으로부터 공급받은 커피원두의 단가의 차이에 커피원두 사용량을 곱한 것으로 구체적인 계산 근거 자료는 첨부(첨부2. 손해배상 관련 산출근거 자료)로 제출하였습니다.

첨부목록　1.···

신청인　　홍 길 동　　(인)

(별지) 속조건부 거래의 경우

신청 취지

신청인은 피신청인에 대하여, '피신청인은 계약기간 중 신청인에게 부당한 거래상대방의 강요를 철회하는 한편, 계약기간 중 이로 인하여 신청인에게 발생한 손해에 대한 손해배상금 (   )원을 지급하라'는 조정을 구합니다.

신청 이유

1. 분쟁당사자의 현황

피신청인은 외식 가맹사업을 영위하고 있는 가맹본부이며, 신청인은 피신청인으로부터 △△한식당 ☆☆점(이하 '이 사건 가맹점')의 운영권을 부여받은 개인사업자입니다.

2. 분쟁조정신청에 이르게 된 경위

신청인은 20XX년 XX월 피신청인과 가맹계약(이하 '이 사건 계약'이라 합니다)을 체결하였으며, 이 사건 계약의 기간은 3년이며, 계약체결 시 피신청인에게 가맹금으로 (   )원을 지급하였습니다.

이 사건 가맹점은 이상의 상호에서도 알 수 있듯이 한식이 주요 메뉴입니다. 그런데 피신청인은 신청인의 개점에 앞서 식재료에 사용되는 감식초 등 자재 및 인테리어 공사 시 소요되는 부자재 등 소품(이하 '품목들')들을 반드시 A사(자재), B사(부자재)의 것으로만 사용해야 한다고 신청인에게 종용하였고, 이에 신청인은 그 품목들을 들여오는 대가로 월 평균 (   )원을 지급(첨부1. 품목들에 대한 총 소요금액 내역)하였습니다.

신청인은 기왕 이 사건 계약을 체결하였으므로, 해당 품목들을 매장에 배치시켰으나, 이는 가뜩이나 좁은 매장(전용면적 기준 9.5평)의 공간을 차지하게 되면서 실제 영업행위에 필수불가결하거나, 하등의 도움이 되지 않았습니다. 이후 신청인이 계약기간 중 알게된 사실은 해당 품목 업체 A사 및 B사의 대표이사가 모두 피신청인 측 직계가족이 대표이사로 운영되고 있음을 알게 되었습니다.

신청인은 분쟁조정 신청과정에서 가맹본부인 피신청인의 일련의 행위는 상품·원재료 또는 부재료의 구입·판매 또는 임대차 등과 관련하여 부당하게 가맹점사업자에게 특정한 거래상대방(가맹본부를 포함한다)과 거래할 것을 강제하는 행위라는 것을 알게 되었습니다.

아울러 신청인은 해당 품목들에 대하여 시장에서 훨씬 저렴한 가격으로 품질 저하 없이 가맹점 운영이 가능하므로 이에 대한 시정을 피신청인에게 요구(20XX년 X월)하였으나, 피신청인이 이를 거부하였으므로 계약기간 중에 해당 품목들에 대한 신청인의 손해금액을 산출하여 본 조정을 신청하게 되었습니다.

3. 기타 관련된 내용
 신청인이 손해배상금으로 피신청인에게 청구한 (　　)원은 이 사건 가맹점을 개점하기에 앞서 투입한 비용 등을 항목별로 산출한 것으로. 계산 근거 자료는 첨부(첨부2. 손해배상 관련 산출근거 자료)로 제출하였습니다.

첨부목록　1.…

신청인　홍 길 동　(인)

(별지) 부당한 계약 종료의 경우

신청 취지

신청인과 피신청인은 신청인과 피신청인 사이에 20XX년 X월 XX일 체결한 가맹계약을 동일한 내용으로 갱신하되, 갱신된 계약기간을 20XX년 X월 XX일까지로 한다는 조정을 구합니다.

신청 이유

1. 분쟁당사자의 현황
피신청인은 '○○도시락'이라는 영업표지로 가맹사업을 운영하고 있는 가맹본부이고, 신청인은 피신청인으로부터 '○○도시락 △△점'에 대한 운영권을 부여받은 가맹점사업자입니다.

2. 분쟁조정신청에 이르게 된 경위
신청인은 20XX년 X월 XX일 피신청인과 계약기간을 2년으로 하여 '○○도시락 △△점'에 대한 가맹계약(이하 '이 사건 가맹계약'이라 합니다)을 체결하고, 같은 날 영업을 개시하여 가게를 성실하게 운영해 왔습니다.

처음에는 가게 운영에 어려움이 있었지만, 신청인이 홍보를 열심히 하고 정성을 다하여 가게 운영을 하자 단골손님도 많이 생기고 매출액도 점점 올랐습니다. 신청인은 당연히 피신청인과의 가맹계약을 갱신하여 영업을 지속하기를 원하였고, 계약기간 만료 전인 20XX년 X월 X일 피신청인에게 공문을 보내어 이 사건 가맹계약의 갱신을 요청하였습니다.

그런데 피신청인은 20XX년 X월 XX일 신청인에게 공문을 보내어, 신청인이 가맹본부가 지정한 원.부재료를 사용하지 않고 임의로 가게 운영을 하였으므로 가맹계약을 갱신할 수 없다고 통보하였습니다.

이에 신청인은 피신청인의 담당자에게 전화를 하여, 신청인은 임의로 원.부재료를 사용한 사실이 없다고 해명하면서 구체적으로 어떤 계약 위반 사실이 있는지 질의하였으나, 피신청인의 담당자는 명확한 대답을 회피하면서 이 사건 가맹계약은 20XX년 X월 XX일 부로 종료된다는 이야기만 반복하였습니다.

신청인은 원.부재료의 임의 사용 등 이 사건 가맹계약을 위반한 사실이 없습니다. 가맹사업법 제13조 제1항에 의하면 가맹본부는 정당한 사유 없이 갱신 요구를 거절할 수 없다고 규정하고 있으므로, 피신청인의 갱신 거절은 적법하다고 보기 어렵습니다. 또한 동조 제3항에 의하면 가맹본부는 갱신 요구를 거절하는 경우 그 요구를 받은 날부터 15일 이내에 가맹점사업자에게 서면으로 통지하여야 한다고 규정하고 있으나, 피신청인은 이 기간 또한 준수하지 않았습니다.

이에 신청인은 이 사건 가맹계약을 갱신하기 위하여 분쟁조정을 신청하였습니다.

3. 기타 관련된 내용

피신청인과 체결한 가맹계약서 사본과 피신청인이 발송한 공문을 소명자료로 첨부하였습니다. 피신청인과 조속한 협의가 이루어지지 않는 경우, 신청인은 영업중단에 따른 손해배상도 함께 청구할 예정입니다.

첨부목록 1. …

신청인   홍 길 동   (인)

(별지) 부당한 손해배상의무 부담의 경우

신청 취지

신청인과 피신청인은 신청인과 피신청인 사이에 20XX년 XX월 XX일 체결한 가맹계약의 종료에 기하여 신청인이 피신청인에 대하여 (   )원을 초과하는 범위의 지급의무가 부 존재함을 확인한다는 조정을 구합니다.

신청 이유

1. 분쟁당사자의 현황

피신청인은 '○○카페'라는 영업표지로 가맹사업을 운영하고 있는 가맹본부이고, 신청인은 피신청인으로부터 '○○카페 △△점'에 대한 운영권을 부여받은 가맹점사업자입니다.

2. 분쟁조정신청에 이르게 된 경위

신청인은 20XX년 XX월 XX일 피신청인과 계약기간을 X년으로 하여 '○○카페 △△점'에 대한 가맹계약(이하 '이 사건 가맹계약'이라 합니다)을 체결하였습니다.

그런데 신청인은 최근에 일신상의 이유로 ○○카페 △△점을 더 이상 운영하기 어렵게 되었습니다.

이 사건 가맹계약서 제31조에서는 신청인이 개인적인 사유로 가맹계약을 종료하는 경우에는 위약금 (   )원을 피신청인에게 지급한다고 되어 있었습니다.

신청인도 기왕에 시작한 가게를 계속해서 운영하고 싶었으나, 개인적인 여건상 도저히 운영하기가 어려워 피신청인에게 위약금을 지급하고서라도 영업을 종료하여야겠다는 결정을 내리게 되었습니다.

신청인은 20XX년 X월 XX일 철거비용을 개인적으로 들여서 가게를 정리하였고, 이 사건 가맹계약을 종료하면서 피신청인에게 위약금 (   )원을 지급하는 것으로 마무리하고자 하였습니다.

그런데 피신청인은 가맹본부가 인테리어와 가게 홍보, 교육 등 지원을 많이 해 주었는데 1년도 안 되어 가맹계약을 종료하는 것은 받아들일 수 없다고 하였습니다.

피신청인은 신청인에게 위약금 (   )원은 물론이고 그 동안 지급받은 영업지원금을 반환하고 잔여 계약기간에 해당하는 로열티를 전부 일시로 지급하라고 하였습니다.

 그러나 위약금은 손해배상금의 예정으로 추정하므로, 위약금을 지급함으로써 계약종료에 따른 손해도 함께 배상하는 것인데 피신청인의 주장은 너무 지나치다고 생각합니다.

 이에 신청인은 피신청인에게 위약금 (   )원을 지급하고 이 사건 가맹계약을 원만하게 종료하고자 분쟁조정을 신청하였습니다.

3. 기타 관련된 내용
 피신청인과 체결한 가맹계약서 사본을 소명자료로 첨부하였습니다.

첨부목록 1.…

신청인   홍 길 동   (인)

(별지) 영업지역 침해의 경우

신청 취지

신청인은 피신청인에 대하여, '피신청인은 영업지역 침해 행위로 인한 손해배상 (   )원을 배상하라'라는 조정을 구합니다.

신청 이유

1. 분쟁당사자의 현황

피신청인은 '○○식당'라는 상호의 양식 가맹사업을 운영하고 있는 법인이고, 신청인은 피신청인과 '○○식당'를 운영하기로 하는 가맹계약을 체결한 개인사업자입니다.

2. 분쟁조정신청에 이르게 된 경위

신청인은 20XX년 X월 XX일 피신청인과 계약기간을 5년으로 하여 '○○식당' 가맹계약을 체결하였습니다.

신청인과 피신청인은 △△시 □□구를 신청인의 영업지역으로 정하였고, 가맹계약서에도 이를 기재하였습니다.

신청인이 가맹점을 개점한지 약 두 달 정도 되었을때 신청인의 영업지역 중 일부가 '☆☆☆길'이라는 이름으로 갑자기 유명세를 타게 되었고, 이로 인하여 유동인구가 많이 몰려 장사가 잘 되었습니다.

그런데 신청인의 가맹점을 개점한 지 약 3달 후, 피신청인이 신청인의 영업지역인 △△시 □□구에 직영점을 개점한 사실을 알게 되었습니다.

더군다나 피신청인이 개점한 직영점은 신청인의 매장에서 도보로 약 300미터 떨어진 가까운 곳이었고 그 이후부터 신청인의 가맹점의 매출액이 기존에 비하여 50% 감소하였습니다.

신청인은 피신청인에게 직영점 개점에 대해 항의하였으나, 피신청인은 '가맹점을 낸 것도 아니고 직영점 개점으로 인하여 오히려 홍보가 더 잘될 것'이라는 무책임한 말만 되풀이 하고 있습니다.

신청인은 매출액 감소로 인한 고통보다 사업 파트너라고 생각했던 피신청인의 영업지역 침해 행위로 인한 정신적 고통도 큽니다. 신청인은 피신청인으로부터 피신청인의 영업지역 침해에 따른 신청인의 손해를 배상 받고자 합니다.

3. 기타 관련된 내용

피신청인의 직영점 개점 이후 신청인 가맹점의 매출액이 감소하였다는 사실을 증명하기 위하여 가맹점 개점 일부터 현재까지의 월별 매출액 자료를 첨부하였습니다.

첨부목록 1.…

신청인   홍 길 동   (인)

(별지) 정보공개서 사전제공 의무 및 가맹금 예치 의무의 경우

신청 취지

신청인은 피신청인에 대하여, '피신청인은 신청인과 가맹계약을 위약금 없이 해지해 줄 것을 요구하며, 또한 정보공개서 사전제공 의무 및 가맹금 예치의무 등 위반으로 인하여 계약기간 중 신청인에게 발생한 손해에 대한 손해배상금 (   )원을 지급하라'는 조정을 구합니다.

신청 이유

1. 분쟁당사자의 현황

피신청인은 편의점 가맹사업을 영위하고 있는 가맹본부이며, 신청인은 피신청인으로부터 □□편의스토어 ☆☆☆점(이하 '이 사건 가맹점')의 운영권을 부여받은 개인사업자입니다.

2. 분쟁조정신청에 이르게 된 경위

신청인은 20XX년 X월 경 피신청인과 가맹계약(이하 '이 사건 계약'이라 합니다)을 체결하였으며, 이 사건 계약의 기간은 5년이며, 계약체결 시 피신청인에게 가맹금으로 (   )원을 지급하였습니다.

그런데 피신청인은 이 사건 계약체결에 앞서 신청인에게 가맹금 지급 방법과 관련하여 계좌이체로 해당 금원을 송금하지 말고, 이 사건 계약이 체결되는 장소에서 직접 현금으로 지급해 줄 것을 요구하였습니다.

이에 신청인은 불안감을 떨치기 어려워 당시 피신청인 담당자(영업담당 △△△과장)에게 가맹금 이체 방법에 대하여 이의를 제기하자, 피신청인 담당자는 계약 체결 당일 가맹금 납입 영수증을 발행하는 것으로 일단락지었습니다.

신청인은 분쟁조정 신청 과정에서 가맹본부인 피신청인이 가맹금을 받을 시에는 반드시 가맹사업법 시행령에서 정하고 있는 금융회사, 체신관서 등 예치기관에 예치하도록 정하고 있다고 확인한 바, 이 사건 계약 체결과정에서 피신청인이 가맹금 예치 관련 법규를 위반하였고, 이와 관련하여 가맹금납입영수증 및 직접 지급을 요구한 문자 내역 등을 첨부(첨부1. 가맹금 예치 관련 피신청인 법규위반 증빙 자료)합니다.

또한 피신청인은 이 사건 계약 체결에 앞서 신청인에게 이 사건 가맹점을 개점 시 월 매출 (   )원 달성이 가능하다고 구두로 제시하였습니다. 이것은 신청인이 피신청인을 믿고 이 사건 계약을 체결하게 된 결정적인 이유였습니다.

이후, 피신청인은 계약 체결 당일에 이르러서야 피신청인 측 일반현황 및 재무상황 등이 상세 기재된 정보공개서와 인근 가맹점 10여개 점포의 현황 문서(이하 '정보공개서 등')를 제공하면서 상기 정보공개서 등을 확인하였다는 내용의 서면에 날인해 줄 것을 요구하였는데, 확인서 상 정보공개서 등의 제공일자가 소급 기재되어 있었습니다.

신청인은 분쟁조정 신청과정에서 가맹본부인 피신청인이 정보공개서 등을 제공한 날부터 14일이 지나지 아니한 경우에는 당시 가맹희망자인 신청인과 가맹계약을 체결하거나 가맹금을 수령하는 행위를 금한다는 것을 확인하였습니다. 이에 피신청인은 정보공개서 제공의무에 대하여 관련 법규를 위반하였으며, 이를 증빙하는 내용의 첨부(첨부2. 정보공개서 관련 피신청인 법규 위반 증빙자료)합니다.

이러한 피신청인의 가맹사업법 위반행위 등으로 인하여 신청인은 이 사건 계약기간 중에 예상한 수익을 거둘 수 없었으며, 이후 지속적인 적자로 인하여 더 이상 영업이 불가능한 상황에 이를 수밖에 없어 피신청인에게 조건 없는 이 사건 계약 해지 및 상기 기재된 손해배상을 청구하는 바입니다.

3. 기타 관련된 내용

신청인이 손해배상금으로 피신청인에게 청구한 (   )원은 이 사건 가맹점을 개점하기에 앞서 투입한 비용 등을 항목별로 산출한 것으로 계산 근거 자료는 첨부(첨부3. 손해배상 관련 산출근거 자료)로 제출하였습니다.

첨부목록   1.…

신청인   홍 길 동   (인)

(별지) 허위·과장 정보제공 금지의무의 경우

신청 취지

신청인은 피신청인에 대하여, '피신청인은 신청인에게 예상매출액과 관련한 허위·과장 정보를 제공하였으므로 신청인이 입은 손해 (   )원을 배상하라' 라는 조정을 구합니다.

신청 이유

1. 분쟁당사자의 현황
피신청인은 '○○카페'라는 상호의 가맹사업을 운영하고 있는 법인이고, 신청인은 피신청인과 '○○카페'를 운영하기로 하는 가맹계약을 체결한 가맹점사업자입니다.

2. 분쟁조정신청에 이르게 된 경위
신청인은 20XX년 X.초 창업박람회에서 피신청인의 회사를 알게 되었고, 신청인은 다음 날 피신청인에게 전화하여 가맹점 창업 상담을 받았습니다.

피신청인은 상담과정에서 신청인에게 ○○카페는 테이크아웃 전문점으로 운영되어 임대료와 인건비가 적다며 가맹점 개점을 권유하였습니다.

또한 피신청인은 자신이 가맹사업을 한 지 2년 만에 모든 가맹점의 매출액이 월 (   )원 이상이 되었다며 '가맹점 평균 매출액 분석'이라는 프레젠테이션 형태의 자료를 보여주었습니다.

신청인은 피신청인이 보여준 자료에 매장별 구체적인 매출액이 기재되어 있어서 이를 신뢰할 수밖에 없었고 테이크아웃 매장이라 적은 비용으로도 수익을 올릴 수 있다고 생각되어, 20XX년 X월 XX일 피신청인과 ○○카페 가맹계약(이하 '이 사건 계약'이라 함)을 체결하였고, 당시 피신청인 회사의 이사 □□□가 가맹계약의 상담 및 체결을 전반적으로 담당하였습니다.

신청인은 피신청인과 인테리어 공사대금 (   )원과 장비시설대금 (   )원인 인테리어 계약서를 작성하고 20XX. X. XX.까지 피신청인이 요청한 계좌로 해당 금액을 지급하였습니다.

신청인은 기대감을 가지고 20XX년 X.경 까페를 개점하였으나 예상과는 다르게 영업이 잘 되지 않았고, 같은 해 X월에는 맞은편에 유명한 카페가맹점이 개점하여 매출액은 더 떨어져 현재 매출액은 월 (   )원도 안 되는 상황입니다.

이에 대해 신청인은 계약을 담당하였던 피신청인의 이사 □□□에게 전화를 하여 대책을 문의하였으나 피신청인은 20XX년 X.경 '곧 연락줄 것'이라는 문자를 보낸 후 신청인의 전화도 문자도 받고 있지 않습니다.

신청인이 나중에 확인해보니 피신청인이 계약을 체결하면서 신청인에게 제공한 '가맹점 평균 매출액 월 (   )원'은 매출액이 높은 일부 가맹점의 경우만을 평균하여 산출한 것임을 알게 되었습니다.

신청인은 현재 어쩔 수 없이 매장을 폐점한 상황으로 창업박람회에 간 것을 후회하며 하루하루 고통 속에서 지내고 있습니다.

따라서 신청인은 피신청인의 허위 및 과장정보 제공으로 인하여 투입된 인테리어 비용 등 총 (   )원을 손해배상금으로 지급받고 싶습니다.

3. 기타 관련된 내용

피신청인이 제공한 '가맹점 평균 매출액 분석' 자료와 신청인 가맹점의 실제 매출 자료를 첨부하였습니다. 이 사건 계약 관련 녹취록은 추후에 제출하겠습니다.

첨부목록   1.…

신청인   홍 길 동   (인)

일 반 현 황 표

①	신청인의 가맹점명	△△빵집 ☆☆점			
②	계 약 체 결 일	20XX. X. X.			
③	계 약 기 간	20XX. X. X. ~ 20XX. X . XX .		(X 년)	
④	정보공개서 수령일 (또 는 제 공 일)	20XX. X. X.			
⑤	가 맹 금 금 액	( )원	⑥	가 맹 금 예 치 일 (또 는 수 령 일)	20XX. X. XX.
⑦	가맹금 예치 여부	□ 예 ■ 아니오	⑧	가맹금 예치기관	-

⑨	기타 확인 사항	다른 분쟁조정기관 조정 진행여부 * 예시: 시·도 협의회 분쟁조정 등	□ 예(협의회:) ■ 아니오
		민사소송 및 민사조정 진행여부	□ 예(법원·사건번호:) ■ 아니오
		중재법에 따른 중재 진행여부	□ 예(중재기관:) ■ 아니오
		공정거래위원회 조사 ·심사 진행여부	□ 예(담당부서:) ■ 아니오

⑩ 사 업 체 명		⑪ 대 표 자	
⑫ 사업자등록번호		(법인등록번호:)	
⑬ 설 립 년 월 일		⑭ 현재 가맹점수	
⑮ 업 종		⑯ 영 업 표 지	
⑰ 직전 사업연도 총매출액			

⑱ 정보공개서 등록(공정거래위원회) 여부	□ 예 □ 아니오
⑲ 가맹금 예치제 실시 여부	□ 예 □ 아니오 □ 기타( ) * 예시: 보험계약, 채무지급보증계약 체결 등

⑳ 담당자 인적 사항			
성 명		당사자와의관계	
부서 및 직급		연 락 처	
팩 스 번 호		전자우편주소	

※ ⑩~⑲는 피신청인만 작성

※ 증 빙 자 료

ㅇ 위 ⑰의 재무현황을 증명하는 각 해당년도의 감사보고서/재무제표증명원/부가가
치세 과세제표준 증명원 1부

[서식 예] 신청취하서

<table>
<tr><td colspan="5" align="center">신청취하서</td></tr>
<tr><td rowspan="2">신 청 인</td><td>상 호 (명 칭)</td><td></td><td>대표자</td><td></td></tr>
<tr><td>주   소</td><td colspan="3"></td></tr>
<tr><td rowspan="2">피신청인</td><td>상 호 (명 칭)</td><td></td><td>대표자</td><td></td></tr>
<tr><td>주   소</td><td colspan="3"></td></tr>
<tr><td colspan="2">사   건   번   호</td><td colspan="3"></td></tr>
</table>

신청인 OOO가 피신청인 OOO 을 상대로 가맹사업거래분쟁조정협의회
에 신청한 분쟁사안은 아래와 같은 사유로 신청을 취하합니다.

<취하사유>

20 .   .   .

신청인 O O O (인)

한국공정거래조정원
가맹사업거래분쟁조정협의회 귀중

[서식 예] 위임장

<table>
<tr><td colspan="5" align="center">위 임 장</td></tr>
<tr><td colspan="5">◦ 사건번호:
◦ 신 청 인:
◦ 피신청인:
위 사건에 대하여 아래와 같이 대리인을 지명하고, 권한을 위임합니다.</td></tr>
<tr><td colspan="5">■ 권한을 위임받은 사람</td></tr>
<tr><td>성　　명</td><td colspan="4"></td></tr>
<tr><td>주　　소</td><td colspan="4"></td></tr>
<tr><td rowspan="2">연 락 처</td><td>전화번호</td><td></td><td>휴대폰</td><td></td></tr>
<tr><td>팩　스</td><td></td><td>이메일</td><td></td></tr>
<tr><td>당사자와의
관계</td><td colspan="4">(해당란에 V해주시기 바랍니다.)

□ 배우자　□ 직계혈족(부모, 자 등)　　□ 형제자매

□ 당사자의 고용인(소속 및 직위:　　　　　　　)

□ 법률 대리인

□ 기타(　　　　　　　　　　　　　　　　)</td></tr>
<tr><td colspan="5">■ 위임의 범위</td></tr>
<tr><td colspan="5">◦ 분쟁조정을 신청하는 행위
◦ 자료의 제출 및 의견을 진술하는 행위
◦ 분쟁조정협의회 권고결정에 대한 수락여부의 결정
◦ 조정신청에 대한 취하
◦ 조정 거부
◦ 기타(특정사항 기재요)</td></tr>
<tr><td colspan="5">[첨부서류]
　1. 위임인의 인감증명서 1부
　2. 신분관계 증빙 서류

　　　　　　　　　　　　20　　.　　.　　.
　　　　　　위 위임인　　　　　　　(날인 또는 서명)

한국공정거래조정원　맹사업거래분쟁조정협의회 귀중</td></tr>
</table>

2. 행정제재 등

2-1. 시정조치

2-1-1. 시정조치

가맹본부는 다음에 해당하는 위반행위를 한 경우에는 공정거래위원회로부터 가맹금의 예치, 정보공개서등의 제공, 점포환경개선 비용의 지급, 가맹금 반환, 위반행위의 중지, 위반내용의 시정을 위한 필요한 계획 또는 행위의 보고 등의 시정조치를 받게 됩니다.

가. 예치가맹금 예치 규정 위반, 거짓 등의 방법으로 예치가맹금의 지급요청

나. 등록된 정보공개서를 가맹희망자에게 제공하지 않은 경우 등

다. 허위 또는 과장된 정보를 가맹희망자에게 제공하는 경우 등

라. 법령에서 정한 반환사유에 해당하는 경우 가맹희망자나 가맹점사업자가 서면으로 요구하는 날부터 1개월 이내에 가맹금을 반환하지 않은 경우

마. 가맹계약서의 기재사항을 누락한 경우 등

바. 불공정거래행위를 한 경우

사. 부당하게 점포환경개선을 강요한 경우

아. 부당하게 영업시간을 구속한 경우

자. 부당하게 영업지역을 침해한 경우

차. 가맹점사업자에게 보복조치를 한 경우

카. 가맹점 사업자가 비용의 전부 또는 일부를 부담하는 광고나 판촉행사를 실시함에도 그 내역을 사업자에게 통보하지 않고, 가맹점 사업자의 요구가 있음에도 이를 열람할 수 없도록 한 경우

타. 가맹점사업자단체의 구성·가입·활동 등의 이유로 불이익을 주거나 가맹사업자단체에 가입 또는 가입하지 않을 것을 조건으로 가맹계약을 체결하는 경우

파. 가맹본부가 가맹점사업자피해보상보험계약 등을 체결하지 않았음에도 보험계약 등을 체결한 사실을 나타내는 표지를 사용하는 경우 등

2-1-2. 시정명령 사실의 공표 및 통지

가맹본부는 공정거래위원회로부터 시정명령 외에 그 명령을 받은 사실을 공표하거나 거래상대방에게 통지하도록 하는 명령도 받을 수 있습니다.

2-1-3. 시정조치 불응 시 제재

① 가맹본부가 시정조치의 명령을 받고 그에 따르지 않는 경우에는 3년 이하의 징역 또는 1억원 이하의 벌금에 처해집니다.

② 법인의 대표자나 법인 또는 개인의 대리인, 사용인, 그 밖의 종업원이 그 법인 또는 개인의 업무에 관해 시정조치 명령을 받고 그에 따르지 않으면 그 행위자를 벌하는 외에 그 법인 또는 개인도 1억원 이하의 벌금에 처해집니다. 다만, 법인 또는 개인이 그 위반행위를 방지하기 위해 상당한 주의와 감독을 게을리하지 않은 경우는 제외됩니다.

2-2. 과징금의 부과

2-2-1. 과징금

① 가맹본부는 다음에 해당하는 위반행위를 한 경우 공정거래위원회로부터 시정조치 외에 과징금을 부과받을 수 있습니다.

가. 예치가맹금 예치 규정 위반, 거짓 등의 방법으로 예치가맹금의 지급요청

나. 등록된 정보공개서를 가맹희망자에게 제공하지 않은 경우 등

다. 허위 또는 과장된 정보를 가맹희망자에게 제공하는 경우 등

라. 법령에서 정한 반환사유에 해당하는 경우 가맹희망자나 가맹점사업자가 서면으로 요구하는 날부터 1개월 이내에 가맹금을 반환하지 않은 경우

마. 가맹계약서의 기재사항을 누락한 경우 등

바. 불공정거래행위를 한 경우

사. 부당하게 점포환경개선을 강요한 경우

아. 부당하게 영업시간을 구속한 경우

자. 부당하게 영업지역을 침해한 경우

차. 가맹점사업자에게 보복조치를 한 경우

카. 가맹점 사업자가 비용의 전부 또는 일부를 부담하는 광고나 판촉행사를 실시함에
도 그 내역을 사업자에게 통보하지 않고, 가맹점 사업자의 요구가 있음에도 이를
열람할 수 없도록 한 경우

타. 가맹점사업자단체의 구성·가입·활동 등의 이유로 불이익을 주거나 가맹사업자단
체에 가입 또는 가입하지 않을 것을 조건으로 가맹계약을 체결하는 경우

파. 가맹본부가 가맹점사업자피해보상보험계약 등을 체결하지 않았음에도 보험계약
등을 체결한 사실을 나타내는 표지를 사용하는 경우 등

② 다만, 그 위반행위를 한 가맹본부가 매출액이 없거나 매출액의 산
정이 곤란한 경우로서 영업중단 등으로 영업실적이 없는 경우, 위
반기간 등을 확정할 수 없어 관련매출액의 산정이 곤란한 경우,
재해 등으로 매출액 산정자료가 소멸 또는 훼손되는 등 객관적인
매출액의 산정이 곤란한 경우에는 5억원을 초과하지 않는 범위에
서 과징금을 부과받게 됩니다

2-2-2. 과징금의 산정방법

① 과징금은 매출액[해당 가맹본부가 위반행위(위반행위의 개시일부터
종료일까지의 기간을 말함) 동안 관련 가맹사업자 또는 가맹희망자
에게 판매한 상품이나 용역의 매출액 또는 이에 준하는 금액]에
100분의 2를 곱한 금액을 초과하지 않는 범위에서 정합니다.

② 다만, 그 위반행위를 한 가맹본부가 매출액이 없거나 매출액의 산
정이 곤란한 경우로서 다음에 해당하는 경우에는 5억원을 초과하
지 않는 범위에서 과징금을 부과할 수 있습니다.

가. 영업중단 등으로 영업실적이 없는 경우

나. 위반기간 등을 확정할 수 없어 관련매출액의 산정이 곤란한 경우

다. 재해 등으로 매출액 산정자료가 소멸 또는 훼손되는 등 객관적인 매출액의 산정
이 곤란한 경우

2-3. 소송의 제기

① 소송의 제기

가맹본부가 공정거래위원회로부터 시정조치나 과징금처분을 받고 이에 불복하는 경우에는 행정소송을 제기할 수 있습니다.

② 소송의 제기기간

가맹본부는 처분의 통지를 받은 날 또는 이의신청에 대한 재결서의 정본을 송달받은 날부터 30일 이내에 행정소송을 제기해야 합니다.

③ 소송의 관할

행정소송은 공정거래위원회의 소재지를 관할하는 서울고등법원에 제기해야 합니다.

3. 시정권고

3-1. 시정권고

가맹본부가 「가맹사업거래의 공정화에 관한 법률」을 위반한 경우 공정거래위원회는 시정조치를 명할 시간적 여유가 없으면 시정방안을 마련하여 그에 따를 것을 권고할 수 있습니다.

3-2. 시정권고의 절차와 효력

3-2-1. 시정권고의 절차

① 시정권고는 공정거래위원회가 가맹본부에게 법위반내용, 권고사항, 시정기한, 수락여부 통지기한, 수락거부 시의 조치를 명시한 서면으로 통지하는데, 이 서면에는 가맹본부가 시정권고를 수락하면 시정조치를 한 것으로 본다는 뜻도 함께 기재해야 합니다.

② 시정권고를 받은 가맹본부는 그 권고를 통지받은 날부터 10일 이내에 권고를 수락하는지의 여부를 공정거래위원회에 통지해야 합니다.

3-2-2. 시정권고의 효력

시정권고를 받은 가맹본부가 그 권고를 수락한 때에는 시정조치를 한 것으로 봅니다.

■ 음료 가맹본부의 허위과장 정보제공 관련 분쟁조정 사례 [허위, 과장 정보제공 금지의무]

1. 사건의 개요

가. 분쟁의 경위

신청인이 피신청인과 가맹계약을 체결하는 과정에서 피신청인이 개점 예정인 점포가 독립공간이 아닌 대형 마트 공용공간 내에 위치한다는 사실을 피신청인으로부터 고지 받지 못했다고 주장하며 피신청인에게 손해배상금 지급을 요구하여 이 사건 분쟁이 발생하였다.

나. 사안의 쟁점

이 사안의 경우 피신청인이 신청인에게 점포예정지에 대한 중요한 정보를 제공하지 않았는지 여부와 이러한 행위를 허위·과장 정보제공 행위로 볼 수 있는지가 문제된다.

다. 조정대상 적격여부

분쟁당사자 간의 거래는 가맹사업법 제2조 제1항에 따른 가맹사업 거래에 해당하므로 조정대상이 된다.

2. 분쟁사실 및 당사자 주장

가. 분쟁사실

o 신청인은 2016. 7월 피신청인과 '◇◇ □□점(이하 '이 사건 가맹점'이라 한다) 가맹계약'(이하 '이 사건 계약'이라 한다)을 체결하였다.

o 이 사건 가맹점은 대형마트 내 고객쉼터에 위치하여 이 사건 가맹점의 전용공간은 음료 제조공간 뿐이고, 신청인 고객만을 위한 테이블 없어 신청인의 고객은 음료를 테이크아웃하거나 고객쉼터의 공용테이블을 이용하여 음료를 마셔야 한다.

o 그런데 신청인은 이 사건 가맹점의 이러한 입지조건을 피신청인이 신청인에게 고지하지 않았고, 신청인으로 하여금 고객쉼터가 신청인 고객을 위한 전용공간으로 오인하게 만들어 이 사건 계약을 체결하였다고 주장하며 피신청인에게 손해배상금 지급을

요구하여 이 사건 분쟁이 발생하였다.

나. 당사자 주장

1) 신청인 주장

피신청인은 신청인에게 이 사건 가맹점이 대형마트 내 공용공간에 위치한다는 사실을 고지하지 않아 신청인으로서는 당연히 이 사건 가맹점이 일반적인 음료 가맹점과 같이 독립적인 공간에 위치할 것으로 예상하게 되었는데, 이러한 피신청인의 기만적인 정보제공 행위에 따라 신청인에게 손해가 발생하였다.

2) 피신청인 주장

피신청인은 이 사건 계약 직후 이 사건 가맹점의 인테리어 도면을 신청인에게 제시하여 신청인의 동의를 얻었으므로 피신청인이 부당하게 신청인을 속여 이 사건 계약을 체결한 것이 아니다.

3. 조정결과

당사자는 조정원의 의견을 받아들여 '신청인과 피신청인은 2019. 12. 31. 이 사건 계약이 해지됨을 확인하고 피신청인은 2019. 12. 31.까지 신청인에게 손해배상금 1천만원을 지급한다'는 내용으로 합의하여 이 사건 조정이 성립하였다.

■ 세탁 가맹본부의 영업지원 거절 관련 분쟁조정 사례 [불공정거래행위-거래상 지위 남용]

1. 사건의 개요

가. 분쟁의 경위

신청인이 피신청인과 가맹계약을 체결하고 세탁소를 운영하는 과정에서 피신청인으로부터 납품받은 빨래 건조기 3대에서 잦은 고장이 발생함에도 불구하고 피신청인이 이를 수리해주지 않는다고 주장하며 피신청인에게 빨래 건조기의 교환을 요구하여 이 사건 분쟁이 발생하였다.

나. 사안의 쟁점

이 사안의 경우 피신청인이 신청인의 반복적인 수리 요청에도 불구하고 이에 대한 조치를 취하지 않았는지 여부와 이러한 행위를 거래상 지위남용 행위로 볼 수 있는지가 문제된다.

다. 조정대상 적격여부

분쟁당사자 간의 거래는 가맹사업법 제2조 제1항에 따른 가맹사업 거래에 해당하므로 조정대상이 된다.

2. 분쟁사실 및 당사자 주장

가. 분쟁사실

○ 신청인은 2019. 3월 피신청인과 '□□ OO점(이하 '이 사건 가맹점'이라 한다) 가맹계약(이하 '이 사건 계약'이라 한다)'을 체결하였다.

○ 신청인은 피신청인으로부터 빨래 건조기 3대를 납품받아 사용하였는데 이 중 2대에서 수 차례 고장이 발생하여 피신청인에게 수리를 요청하였음에도 피신청인이 수리를 지연하거나 수리를 완료하지 못하였다.

○ 신청인은 피신청인이 이 사건 가맹점 내 장비수리 등의 영업 지원활동을 지연하거나 거절하여 신청인에게 손해가 발생하였다고 주장하여 이 사건 분쟁이 발생하였다.

나. 당사자 주장

1) 신청인 주장

신청인은 피신청인에게 수 차례 빨래 건조기의 수리를 요구했으나 피신청인은 수리를 지연하거나, 실제로 빨래 건조기를 교환해주지는 않으면서 빨래 건조기를 교환해줄 예정이라고 말하는 등 이러한 피신청인의 영업 지원 중단 또는 거절 행위에 따라 신청인에게 손해가 발생하였다.

2) 피신청인 주장

문제가 되는 빨래 건조기의 고장은 신청인의 조작 미숙 등의 원인이 복합적으로 작용하였을 것이므로 피신청인이 즉각적인 수리하는 것은 불가 능하고 신청인에게 빨래 건조기를 교환해 주겠다고 약속한 사실도 없다.

3. 조정결과

ㅇ 당사자는 조정원의 의견을 받아들여 '피신청인은 3대의 건조기에서 고장이 발생할 시 10일 이내에 이를 교환해 준다'는 내용으로 합의하여 이 사건 조정이 성립하였다.

■ 의류 가맹본부의 부당한 계약해지 관련 분쟁조정 사례 [부당한 계약 종료]

1. 사건의 개요
가. 분쟁의 경위
신청인이 피신청인과 가맹계약을 체결하고 소비자에게 의류를 판매하는 과정에서 피신청인이 승인되지 않은 신청인의 중고물품 거래 웹사이트를 통한 의류 판매를 사유로 신청인에게 계약해지 통보를 하여 이 사건 분쟁이 발생하였다.

나. 사안의 쟁점
이 사안의 경우 피신청인이 신청인에게 확인되지 않은 계약위반 사실을 사유로 2개월의 유예기간을 두지 않고 계약해지를 통보한 행위가 부당한 계약해지 행위로 볼 수 있는지가 문제된다.

다. 조정대상 적격여부
분쟁당사자 간의 거래는 가맹사업법 제2조 제1항에 따른 가맹사업 거래에 해당하므로 조정대상이 된다.

2. 분쟁사실 및 당사자 주장
가. 분쟁사실
o 신청인은 2013. 6월 피신청인과 'OO □□점 가맹계약'(이하 '이 사건 계약'이라 한다)을 체결하고 이 사건 계약을 갱신하며 영업을 유지하고 있다.

o 이 사건 계약에 따르면 신청인은 피신청인으로부터 공급받은 의류를 신청인의 점포가 아닌 곳에서 판매할 수 없다고 규정하고 있다.

o 그런데 피신청인은 2019. 7월 신청인이 피신청인으로부터 공급받은 의류를 중고물품 거래 웹사이트를 통해 판매한 정황을 발견하였다며 2019. 8. 2., 2019. 8. 5. 두 차례에 걸쳐 휴대폰 문자메세지를 통해 이러한 사실을 지적한 후 2019. 8. 10. 신청인에게 이 사건 계약 해지를 통보하였다.

나. 당사자 주장
1) 신청인 주장

피신청인은 신청인이 중고물품 거래 웹사이트를 통해 피신청인으로부터 공급받은 의류를 판매하였다고 주장하나 신청인은 그러한 행위를 한 사실이 없고 피신청인이 일방적으로 이 사건 계약을 해지한 행위가 부당하다.

2) 피신청인 주장

신청인이 피신청인으로부터 공급받은 의류를 중고물품 거래 웹사이트에 판매목적으로 업로드한 사실을 확인하였는데 이는 이 사건 계약을 즉시 해지할 수 있는 사유에 해당하므로 피신청인의 이 사건 계약 해지 통보가 부당하지 않다.

3. 조정결과

당사자는 조정원의 의견을 받아들여 '신청인과 피신청인은 2019. 12. 31.까지 이 사건 계약을 유지한다'는 내용으로 합의하여 이 사건 조정이 성립하였다.

■ 외식 가맹본부의 허위과장 정보제공 관련 분쟁조정 사례 [정보공개서 사전제공 의무]

1. 사건의 개요

가. 분쟁의 경위

신청인은 피신청인과 가맹계약을 체결하는 과정에서 피신청인으로부터 예상매출액 산정서 외에 예상손익분석 자료를 제공받아 이를 신뢰하고 가맹계약을 체결하였는데 실제 발생하는 매출액이 이에 미치지 않아 이 사건 분쟁이 발생하였다.

나. 사안의 쟁점

이 사안의 경우 피신청인이 신청인에게 매출액 등의 산정근거가 불분명한 예산손익분석 자료를 제공한 행위가 허위·과장 정보제공 행위로 볼 수 있는지가 문제된다.

다. 조정대상 적격여부

분쟁당사자 간의 거래는 가맹사업법 제2조 제1항에 따른 가맹사업 거래에 해당하므로 조정대상이 된다.

2. 분쟁사실 및 당사자 주장

가. 분쟁사실

o 신청인은 2017. 9. 25. 피신청인과 '△△ OOO점 가맹계약'(이하 '이 사건 계약'이라 한다)을 체결하였다.

o 피신청인은 이 사건 계약을 체결하기 전 신청인과 교섭하는 과정에서 신청인에게 가맹사업법 제9조 제5항에 따라 작성된 예상매출액 산정서를 제공하는 한편 이와 별도로 '예상손익분석'이라는 자료를 제공하였는데 이 자료에는 특별한 근거없이 신청인의 매출액, 재료원가 및 각종 비용이 산정되어 신청인의 월평균 이익을 약 10,000,000원으로 특정하고 있다.

o 그러나 실제로 △△ OOO점의 매출은 '예상손익분석'자료 상 매출액보다 훨씬 적게 발생하였고 신청인에게는 매월 손해가 발생하였다.

나. 당사자 주장

1) 신청인 주장

피신청인은 명확한 산정근거 없이 △△ ○○○점의 매출액, 재료원가 및 각종 비용을 예상하여 그 자료를 신청인에게 제공하는 방법으로 허위·과장 정보제공을 하였고, 이에 의하여 신청인에게 손해가 발생 하였으므로 피신청인은 신청인에게 손해배상금을 지급하여야 한다.

2) 피신청인 주장

피신청인은 신청인의 요구에 의하여 특정 매출액 발생 시 예상되는 손익현황을 참고용으로 작성하여 신청인에게 제공한 것일 뿐이므로 해당 매출액이 실제로 발생하지 않는다는 이유로 피신청인이 신청 인에게 손해배상금을 지급할 의무는 없다.

3. 조정결과

당사자는 조정원의 의견을 받아들여 '피신청인은 신청인에게 합의 금 40,000,000원을 지급하고 이 사건 계약을 합의해지한다.'는 내 용으로 합의하여 이 사건 조정이 성립하였다.

■ 오락 가맹본부의 정보공개서 미제공 관련 분쟁조정 사례 [정보공개서 사전제공 의무]

1. 사건의 개요

가. 분쟁의 경위

신청인은 피신청인과 가맹계약을 체결하는 과정에서 계약 체결 당일 피신청인으로부터 정보공개서를 제공받아 충분한 검토 기간 없이 가맹계약을 체결하게 되어 이 사건 분쟁이 발생하였다.

나. 사안의 쟁점

이 사안의 경우 피신청인이 신청인에게 계약 당일에 정보공개서를 제공한행위가 가맹본부의 정보공개서 사전 제공 의무를 위반한 행위로 볼 수 있는지가 문제된다.

다. 조정대상 적격여부

분쟁당사자 간의 거래는 가맹사업법 제2조 제1항에 따른 가맹사업 거래에 해당하므로 조정대상이 된다.

2. 분쟁사실 및 당사자 주장

가. 분쟁사실

○ 신청인은 2019. 3. 22. 피신청인과 '△△ OOO점 가맹계약'(이하 '이 사건 계약'이라 한다)을 체결하였다.

○ 피신청인은 이 사건 계약 당일 신청인에게 정보공개서를 제공하면서 신청인에게 '정보공개서 제공 확인서'라는 서류에 정보공개서 제공일을 2019. 3. 15.로 기재하라고 요구하였고, 신청인은 피신청인의 요구에 따라 정보공개서 제공일을 기재하고 날인하였다.

나. 당사자 주장

1) 신청인 주장

피신청인은 이 사건 계약 당일에서야 신청인에게 정보공개서를 제공하여 신청인은 이 사건 계약 체결에 대하여 충분히 검토할 시간이 없이 이 사건 계약을 체결하게 되었고 신청인은 △△ OOO점을 운영하며 금전적 손실이 누적되고 있으므로 피신청인은 이 사건 계약을 해지하고 신청인에게 손해배상금을 지급하여야 한다.

2) 피신청인 주장

피신청인은 신청인이 이 사건 계약을 빨리 체결하고 싶다고 요구하여 불가피하게 정보공개서 제공일을 허위로 기재하게 한 것일 뿐이다.

3. 조정결과

당사자는 '피신청인은 신청인으로부터 매월 지급받는 가맹금을 기존 가맹금의 1/3으로 감액한다'는 내용으로 합의하여 이 사건 조정이 성립하였다.

■ 교육 가맹본부의 거래상 지위남용 관련 분쟁조정 사례 [불공정거래행위-거래상 지위 남용]

1. 사건의 개요

가. 분쟁의 경위

신청인은 피신청인과 가맹계약을 체결하고 학원을 운영하다가 가맹계약을 해지하는 과정에서 피신청인이 계약보증금 일부를 반환하지 아니하여 이 사건 분쟁이 발생하였다.

나. 사안의 쟁점

이 사안의 경우 피신청인이 신청인에게 계약보증금 일부를 반환하지 않은 행위가 거래상 지위를 이용하여 부당하게 가맹점 사업자에게 불이익을 주는 행위로 볼 수 있는지가 문제된다.

다. 조정대상 적격여부

분쟁당사자 간의 거래는 가맹사업법 제2조 제1항에 따른 가맹사업 거래에 해당하므로 조정대상이 된다.

2. 분쟁사실 및 당사자 주장

가. 분쟁사실

○ 신청인은 2018. 7월경 피신청인과 'OOO학원 △△점 가맹계약'(이하 '이 사건 계약'이라 한다)을 체결하고 계약보증금 10,000,000원을 지급하였다.

○ 신청인은 이 사건 계약 만료일 전인 2019. 2월경 피신청인에게 이 사건 계약 해지 절차에 대하여 문의하였고 피신청인은 신청인에게 영업표지를 철거한 사실이 확인되면 이 사건 계약을 종료하고 계약보증금을 반환해 주겠다고 답변하였다.

○ 신청인은 2019. 2월말 피신청인에게 이 사건 계약 해지 요청서와 간판 등 피신청인의 영업표지를 철거한 사실을 확인할 수 있는 사진을 송부한 후 계약보증금 10,000,000원의 반환을 요청하였는데, 피신청인은 신청인이 일방적으로 이 사건 계약을 해지하였다는 이유로 계약보증금에서 위약벌 5,000,000원을 제외한 5,000,000원만을 반환하였다.

나. 당사자 주장

1) 신청인 주장

이 사건 계약 해지 절차 문의시 피신청인이 신청인에게 신청인의 이 사건 계약 해지 요청서 제출이 위약벌 부과사유가 된다는 사실을 고지하지 않은 채 일방적으로 계약보증금 일부를 반환하지 않은 행위는 부당하다.

2) 피신청인 주장

이 사건 계약은 당사자 간 합의에 의하여 해지된 것이 아니라 신청인의 일방적인 요청에 의하여 해지된 것이므로 이 사건 계약 위약벌 규정에 따라 계약보증금에서 5,000,000원을 차감한 금액을 반환하는 것은 정당하다.

3. 조정결과

당사자는 '피신청인은 신청인에게 미반환 계약보증금 5,000,000원을 반환한다'는 내용으로 합의하여 이 사건 조정이 성립하였다.

■ 한식 가맹본부의 허위.과장 정보제공 관련 분쟁
[허위, 과장 정보제공 금지의무]

1. 사건의 개요
가. 분쟁의 경위
신청인은 피신청인으로부터 '○○○'(이하 '이 사건 가맹점'이라 한다)의 운영권을 부여받은 가맹사업자로서 가맹점사업자에 해당하며, 피신청인은 '◇◇◇'를 영업표지로 하여 한식전문점 가맹사업을 영위하는 가맹본부인데, 신청인은 피신청인으로부터 피신청인이 직영으로 운영 중인 매장의 매출액 정보를 제공받고 매장을 인수하였으나 실제 POS기계를 통한 매출액이 피신청인으로부터 제공받은 매출액 정보와 다르다는 이유로 피신청인의 허위.과장 정보제공 행위가 있었다고 주장하며 조정을 신청하였다.

나. 사안의 쟁점
이 사안의 경우 피신청인이 신청인에게 사실과 다르게 예상매출액에 대한 정보를 제공하였는지 여부가 문제된다.

다. 조정대상 적격여부
분쟁당사자 간의 거래가 가맹사업법 제2조 제1항에 따른 가맹사업 거래에 해당하므로 조정대상이 된다.

2. 분쟁사실 및 당사자 주장
가. 분쟁사실
○ 신청인은 피신청인이 직영으로 운영하던 이 사건 가맹점의 매출액 정보를 제공받고 피신청인으로부터 이 사건 가맹점을 인수하여 운영하기 시작하였다.
○ 신청인은 이 사건 가맹점을 운영하는 과정에서 POS기계를 통해 과거 매출액을 확인하였는데 피신청인으로부터 제공받은 매출액보다 낮은 수준의 매출액이 기록되어 있어 피신청인이 허위.과장 정보제공 행위를 하였다고 주장하여 이 사건 분쟁이 발생하였다.

나. 당사자 주장
1) 신청인 주장

신청인은 POS기계의 매출기록에 의하면 이 사건 가맹점의 일 평균 매출액이 약 900,000원임에도 불구하고 피신청인이 신청인에게 이 사건 가맹점의 매출액이 약 1,200,000원이라고 홍보하여 가맹계약을 체결하도록 유도한 행위는 허위,과장 정보제공 행위에 해당하므로 피신청인은 위약금 없이 가맹계약을 해지하고 신청인에게 손해배상금을 지급하여야 한다고 주장한다.

2) 피신청인 주장

피신청인은 POS기계에 기록되지 않은 현금매출과 배달시 발생하는 이동식 단말기 매출이 있으므로 POS기계 매출만을 기준으로 한 신청인의 주장을 받아들일 수 없다고 주장한다.

3. 조정결과

신청인과 피신청인은, 이 사건 가맹점에 대한 가맹계약을 해지하고 계약해지에 따라 신청인이 피신청인에게 지급하여야 할 위약금 10,000,000원을 5,000,000원으로 감액하는 것으로 합의하여 조정이 성립되었다.

■ 교육 가맹본부의 부당한 계약해지 관련 분쟁조정 사례 [부당한 계약 해지]

1. 사건의 개요

가. 분쟁의 경위

신청인은 피신청인으로부터 '○○○'(이하 '이 사건 가맹점'이라 한다)의 운영권을 부여받은 가맹사업자로서 가맹점사업자에 해당하며, 피신청인은 '◇◇◇'를 영업표지로 하여 교육 가맹사업을 영위하는 가맹본부인데, 신청인은 피신청인이 신청인의 경업금지 위반을 이유로 일방적으로 가맹계약을 해지하였다고 주장하며 조정을 신청하였다.

나. 사안의 쟁점

이 사안의 경우 피신청인이 신청인과 가맹계약을 해지하는 과정에서 신청인의 계약위반 사실을 구체적으로 밝히고 서면으로 2회 이상 통지하여 가맹계약을 해지하였는지 여부가 문제된다.

다. 조정대상 적격여부

분쟁당사자 간의 거래는 가맹사업법 제2조 제1항에 따른 가맹사업거래에 해당하므로 조정대상이 된다.

2. 분쟁사실 및 당사자 주장

가. 분쟁사실

o 신청인은 2012. 5월경 피신청인과 이 사건 가맹점에 대한 가맹계약을 체결하였고 신청인의 배우자인 신청 외 □□□는 2016. 10월경 피신청인과 ◇◇◇ △△△점(이하 '△△△점'이라 한다)의 가맹계약을 체결하였다.

o 피신청인은 2019. 5. 20. 신청인에게 신청인의 배우자 □□□가 다른 교육가맹본부와 가맹계약을 체결하여 경업금지 의무를 위반하였다는 이유로 신청인 및 신청인의 배우자 □□□과의 가맹계약을 해지하겠다고 통보하였고, 2019. 6. 11. 재차 계약해지를 통보하자 신청인은 피신청인에게 가맹계약의 유지를 요구하기 위하여 분쟁조정을 신청하였다.

나. 당사자 주장

1) 신청인 주장

신청인은 신청인의 배우자 □□□가 경업금지 의무를 위반한 것이 아니고, 설사 신청인의 배우자 □□□가 경업금지 의무를 위반하였다고 하더라도 이는 신청인과는 관련이 없음에도 피신청인이 일방적으로 신청인과의 가맹계약을 해지하는 것은 부당하다고 주장한다.

2) 피신청인 주장

피신청인은 신청인이 실질적으로 신청인의 배우자 □□□와 함께 공동으로 ◇◇◇ △△△점과 다른 교육가맹본부의 가맹점을 운영하였으므로 신청인과 신청인의 배우자 □□□ 모두 경업금지 의무를 위반한 것이고, 피신청인은 적법한 가맹계약 해지 절차를 준수하였다고 주장한다.

3. 조정결과

신청인과 피신청인은, 피신청인이 신청인 및 신청인 배우자 □□□과의 가맹계약 해지의사를 철회하고 신청인과 신청인 배우자 □□□은 다른 교육가맹본부의 가맹점 운영을 중단하고 어떠한 형태로든 경업을 하지 않기로 약속한다는 내용으로 합의하여 조정이 성립되었다.

■ 제과제빵 가맹본부의 허위,과장 정보제공 관련 분쟁조정 사례

1. 사건의 개요

가. 분쟁의 경위

신청인은 피신청인으로부터 '○○○'(이하 '이 사건 가맹점'이라 한다) 운영권을 부여받은 가맹사업자로서 가맹점사업자에 해당하며, 피신청인은 '◇◇◇'를 영업표지로 하여 독서실 가맹사업을 영위하는 가맹본부인데, 신청인은 피신청인이 신청인으로부터 계약금 명목으로 지급받은 금원을 가맹계약 체결 전 신청인의 반환요청에도 불구하고 반환하지 않는 행위가 가맹금 반환 의무 위반 행위에 해당한다고 주장하며 조정을 신청하였다.

나. 사안의 쟁점

이 사안의 경우 피신청인이 가맹계약 체결 전 신청인으로부터 지급받은 계약금을 반환하지 않은 행위가 가맹금 반환 의무 위반 행위에 해당하는지 여부가 문제된다.

다. 조정대상 적격여부

분쟁당사자 간의 거래가 가맹사업법 제2조 제1항에 따른 가맹사업거래에 해당하므로 조정대상이 된다.

2. 분쟁사실 및 당사자 주장

가. 분쟁사실

ㅇ 신청인은 2019. 2월 피신청인과 가맹계약 체결을 위한 상담을 하는 과정에서 가맹점 출점 예정지를 선점하고 인테리어 공사 착수를 위한 계약금 명목으로 피신청인에게 3,000,000원을 지급하였다.

ㅇ 신청인은 2019. 3월 피신청인과의 가맹계약 체결 의사를 철회하고 피신청인에게 계약금 3,000,000원의 반환을 요구하였으나, 피신청인은 이미 인테리어 공사에 착수하여 비용이 발생하였다는 이유로 신청인의 계약금 반환 요구를 거부하여 이 사건 분쟁이 발생하였다.

나. 당사자 주장

1) 신청인 주장

신청인은 피신청인과의 가맹계약이 체결되지 않았고 인테리어 공사 또한 착수되지 않았으므로, 피신청인으로부터 계약금 3,000,000원을 반환받아야 한다고 주장한다.

2) 피신청인 주장

피신청인은 이미 인테리어 공사를 위한 점포실측 및 도면제작이 시작되었으므로, 계약금에서 이미 발생한 비용을 제외한 금원을 반환할 수 있다고 주장한다.

3. 조정결과

신청인과 피신청인은, 피신청인이 신청인에게 1,500,000원을 반환한다는 내용으로 합의하여 조정이 성립되었다.

■ 독서실 가맹본부의 가맹금 반환 관련 분쟁조정 사례

1. 사건의 개요

가. 분쟁의 경위

신청인은 피신청인으로부터 '○○○'(이하 '이 사건 가맹점'이라 한
다) 운영권을 부여받은 가맹사업자로서 가맹점사업자에 해당하며,
피신청인은 '◇◇◇'를 영업표지로 하여 독서실 가맹사업을 영위하
는 가맹본부인데, 신청인은 피신청인이 신청인으로부터 계약금 명
목으로 지급받은 금원을 가맹계약 체결 전 신청인의 반환요청에도
불구하고 반환하지 않는 행위가 가맹금 반환 의무 위반 행위에 해
당한다고 주장하며 조정을 신청하였다.

나. 사안의 쟁점

이 사안의 경우 피신청인이 가맹계약 체결 전 신청인으로부터 지급
받은 계약금을 반환하지 않은 행위가 가맹금 반환 의무 위반 행위
에 해당하는지 여부가 문제된다.

다. 조정대상 적격여부

분쟁당사자 간의 거래가 가맹사업법 제2조 제1항에 따른 가맹사업
거래에 해당하므로 조정대상이 된다.

2. 분쟁사실 및 당사자 주장

가. 분쟁사실

ㅇ 신청인은 2019. 2월 피신청인과 가맹계약 체결을 위한 상담을
하는 과정에서 가맹점 출점 예정지를 선점하고 인테리어 공사
착수를 위한 계약금 명목으로 피신청인에게 3,000,000원을 지급
하였다.

ㅇ 신청인은 2019. 3월 피신청인과의 가맹계약 체결 의사를 철회하
고 피신청인에게 계약금 3,000,000원의 반환을 요구하였으나,
피신청인은 이미 인테리어 공사에 착수하여 비용이 발생하였다
는 이유로 신청인의 계약금 반환 요구를 거부하여 이 사건 분쟁
이 발생하였다.

나. 당사자 주장

1) 신청인 주장

신청인은 피신청인과의 가맹계약이 체결되지 않았고 인테리어 공사
또한 착수되지 않았으므로, 피신청인으로부터 계약금 3,000,000원
을 반환받아야 한다고 주장한다.
2) 피신청인 주장
피신청인은 이미 인테리어 공사를 위한 점포실측 및 도면제작이 시
작되었으므로, 계약금에서 이미 발생한 비용을 제외한 금원을 반환
할 수 있다고 주장한다.

3. 조정결과
신청인과 피신청인은, 피신청인이 신청인에게 1,500,000원을 반환
한다는 내용으로 합의하여 조정이 성립되었다.

■ 편의점 가맹본부의 거래상 지위남용 관련 분쟁조정 사례 [불공정거래행위-거래상 지위 남용]

1. 사건의 개요
가. 분쟁의 경위
신청인은 피신청인으로부터 '○○○'(이하 '이 사건 가맹점'이라 한다)의 운영권을 부여받은 가맹사업자로서 가맹점사업자에 해당하며, 피신청인은 '◇◇◇'를 영업표지로 하여 편의점 가맹사업을 영위하는 가맹본부인데, 신청인은 피신청인이 신청인의 가맹점에 담배를 진열하는 대가로 담배제조사로부터 담배진열 수수료를 지급받고 있음에도 이를 신청인에게 배분하지 않는 행위는 거래상 지위남용 행위에 해당한다고 주장하며 조정을 신청하였다.

나. 사안의 쟁점
이 사안의 경우 피신청인이 거래상의 지위를 이용하여 부당하게 가맹점사업자에게 불이익을 주는 행위를 하였는지 여부가 문제된다.

다. 조정대상 적격여부
분쟁당사자 간의 거래가 가맹사업법 제2조 제1항에 따른 가맹사업 거래에 해당하므로 조정대상이 된다.

2. 분쟁사실 및 당사자 주장
가. 분쟁사실
o 신청인은 편의점 가맹본부인 피신청인과 이 사건 가맹점에 대한 가맹계약(이하 '이 사건 계약'이라 한다)을 체결하고 피신청인이 임대한 매장에서 편의점을 운영하는 사업자이다.
o 피신청인은 담배제조사와 계약을 체결하고 이 사건 가맹점에 담배제조사의 상품을 진열하는 대가로 수수료를 지급받았다.
o 신청인은 자신이 운영하는 이 사건 매장에 담배를 진열하는 대가를 피신청인이 담배제조사로부터 전액 수취하는 행위가 부당하다고 주장하여 이 사건 분쟁이 발생하였다.

나. 당사자 주장
1) 신청인 주장
신청인은 자신이 담배진열을 함에도 불구하고 피신청인이 신청인과

협의 없이 담배진열 수수료 전액을 수취하는 행위는 거래상 지위를
이용한 불이익 제공 행위라고 주장한다.
2) 피신청인 주장
피신청인은 담배진열 수수료 배분에 대한 문제점을 인지하고 이를
해결하고자 한다고 주장한다.

3. 조정결과
신청인과 피신청인은 피신청인이 신청인에게 담배진열 수수료 배분
금액으로 770,000원을 지급한다는 내용으로 합의하여 조정이 성립
되었다.

■ 세탁 가맹본부의 정보공개서 미제공 관련 분쟁조정 사례 [정보공개서 사전제공 의무]

1. 사건의 개요

가. 분쟁의 경위

신청인은 피신청인으로부터 '○○○'(이하 '이 사건 가맹점'이라 한다)의 운영권을 부여받은 가맹사업자로서 가맹점사업자에 해당하며, 피신청인은 '◇◇◇'를 영업표지로 하여 세탁전문점 가맹사업을 영위하는 가맹본부인데, 신청인은 피신청인이 정보공개서를 제공하지 않고, 매출액 등에 대하여 허위·과장 정보를 제공하는 방법으로 신청인과 가맹계약을 체결하였으므로 가맹계약을 해지하고 계약보증금을 반환받고 손해배상금을 지급받아야 한다고 주장하며 조정을 신청하였다.

나. 사안의 쟁점

이 사안의 경우 피신청인이 신청인에게 정보공개서를 제공하지 않고 가맹계약을 체결하였는지 여부 및 매출액 등에 대하여 허위·과장 정보를 제공하였는지 여부가 문제된다.

다. 조정대상 적격여부

분쟁당사자 간의 거래가 가맹사업법 제2조 제1항에 따른 가맹사업거래에 해당하므로 조정대상이 된다.

2. 분쟁사실 및 당사자 주장

가. 분쟁사실

o 신청인은 2017. 12월 세탁전문점 가맹본부인 피신청인과 이 사건 가맹점에 대한 가맹계약(이하 '이 사건 계약'이라 한다)을 체결하고 피신청인에게 계약보증금 2,000,000원을 지급하였는데 피신청인은 이 사건 계약 체결 전 신청인에게 정보공개서를 제공하지 않았다.

o 피신청인은 이 사건 계약 체결 당시 신청인에게 월 매출액이 8,700,000원이 이를 것이라고 안내하였으나 신청인의 실제 월 매출액은 1,900,000원에 그쳤다.

o 신청인은 피신청인에게 피신청인의 정보공개서 미제공 및 허위·

과장 정보제공을 이유로 이 사건 계약의 해지, 계약보증금 반환, 손해배상금 지급을 요청하였으나 피신청인이 이에 응하지 않아 이 사건 분쟁이 발생하였다.

나. 당사자 주장

1) 신청인 주장

신청인은 피신청인이 정보공개서를 제공하지 않고 허위·과장 정보를 제공하여 신청인과 이 사건 계약을 체결한 행위가 가맹사업법 위반이라고 주장한다.

2) 피신청인 주장

피신청인은 신청인이 전산 프로그램을 조작하여 매출을 누락시켰으므로 오히려 신청인으로부터 이 사건 계약 위반에 따른 위약금을 지급받아야 한다고 주장한다.

3. 조정결과

신청인과 피신청인은 신청인이 2019. 12월 이전에 이 사건 계약에 따라 폐점절차를 진행하면 이 사건 계약을 해지하고 계약보증금을 반환한다는 내용으로 합의하여 조정이 성립되었다.

■ 한식가맹본부의 광고비 집행 내역 미제공 관련 분쟁조정 사례

1. 사건의 개요
가. 분쟁의 경위
신청인은 피신청인으로부터 '○○○'(이하 '이 사건 가맹점'이라 한다)의 운영권을 부여받은 가맹사업자로서 가맹점사업자에 해당하며, 피신청인은 '◇◇◇'를 영업표지로 하여 한식 가맹사업을 영위하는 가맹본부인데, 신청인은 피신청인이 신청인으로부터 광고비 분담금을 지급받았음에도 광고활동을 성실히 수행하지 않고 그 집행내역을 제공하지 않아 손해가 발생하였으므로 피신청인으로부터 신청인이 지급한 광고비 분담금을 반환받아야 한다고 주장하며 조정을 신청하였다.

나. 사안의 쟁점
이 사안의 경우 피신청인이 신청인으로부터 광고비 분담금을 지급받은 후 실제로 광고활동을 수행하였는지 여부 및 광고비 집행내역을 신청인에게 제공하였는지 여부가 문제된다.

다. 조정대상 적격여부
분쟁당사자 간의 거래가 가맹사업법 제2조 제1항에 따른 가맹사업거래에 해당하므로 조정대상이 된다.

2. 분쟁사실 및 당사자 주장
가. 분쟁사실
○ 신청인은 2016. 3월 한식 가맹본부인 피신청인과 이 사건 가맹점에 대한 가맹계약(이하 '이 사건 계약'이라 한다)을 체결하였다.
○ 피신청인은 이 사건 계약에 따라 신청인으로부터 광고비 분담금 명목으로 매월 200,000원씩 총 6,400,000원을 지급받았는데, 광고비 집행내역에 관하여 연간 광고비 집행합계액만을 피신청인 홈페이지에 공시하였다.

나. 당사자 주장
1) 신청인 주장
신청인은 피신청인이 광고비 집행내역을 투명하게 공개하지 않아 구체적으로 어떤 광고활동에 각각 얼마의 비용을 집행하였는지도

모른 채 피신청인에게 매월 광고비 분담금을 지급하도록 하는 것은
부당하다고 주장한다.

2) 피신청인 주장

피신청인은 신청인을 포함한 가맹점주들로부터 지급받은 광고비 분
담금을 실제로 광고활동 비용으로 집행하였고 연간 광고비 집행내
역을 공시하였으므로 가맹사업법을 위반하지 않았다고 주장한다.

3. 조정결과

양당사자는 피신청인이 신청인에게 기지급 광고비 분담금 중 5,000,000
원을 반환한다는 내용으로 합의하여 조정이 성립되었다.

■ 미용실가맹본부의 정보공개서 미제공 관련 분쟁조정 사례 [정보공개서 사전제공 의무]

1. 사건의 개요
가. 분쟁의 경위
신청인은 피신청인으로부터 '○○○'(이하 '이 사건 가맹점'이라 한다)의 운영권을 부여받은 가맹사업자로서 가맹점사업자에 해당하며, 피신청인은 '◇◇◇'를 영업표지로 하여 미용실 가맹사업을 영위하는 가맹본부인데, 신청인은 피신청인이 정보공개서를 제공하지 않고 신청인과 가맹계약을 체결하였으므로 가맹계약을 해지하고 가맹금을 반환받아야 한다고 주장하며 조정을 신청하였다.
나. 사안의 쟁점
이 사안의 경우 피신청인이 신청인에게 정보공개서를 제공하지 않고 가맹계약을 체결하였는지 여부가 문제된다.
다. 조정대상 적격여부
분쟁당사자 간의 거래가 가맹사업법 제2조 제1항에 따른 가맹사업 거래에 해당하므로 조정대상이 된다.

2. 분쟁사실 및 당사자 주장
가. 분쟁사실
o 신청인은 2018. 7월 미용실 가맹본부인 피신청인과 이 사건 가맹점에 대한 가맹계약(이하 '이 사건 계약'이라 한다)을 체결하고 피신청인에게 가맹금 3,300,000원을 지급하였는데 피신청인은 이 사건 계약 체결 전 신청인에게 정보공개서를 제공하지 않았다.
o 신청인은 2018. 10월 피신청인에게 피신청인의 정보공개서 미제공을 사유로 이 사건 계약의 해지와 가맹금 반환을 요구하였는데 피신청인이 이에 응하지 않아 이 사건 분쟁이 발생하였다.
나. 당사자 주장
1) 신청인 주장
신청인은 피신청인이 정보공개서를 제공하지 않고 신청인과 이 사건 계약을 체결한 행위가 가맹사업법 위반이라고 주장한다.

2) 피신청인 주장

피신청인은 이 사건 계약을 체결하는 과정에서 발생한 비용 및 위약금 등을 제외한 금액만을 반환할 수 있다고 주장한다.

3. 조정결과

양당사자는 피신청인이 신청인에게 가맹금 2,700,000원을 반환한다는 내용으로 합의하여 조정이 성립되었다.

■ 피자전문점 가맹본부의 수수료 미반환 관련 분쟁조정 사례 [불공정거래행위-거래상 지위 남용]

1. 사건의 개요

가. 분쟁의 경위

신청인은 피신청인으로부터 '○○○'(이하 '이 사건 가맹점'이라 한다) 운영권을 부여받은 가맹사업자로서 가맹점사업자에 해당하며, 피신청인은 '◇◇◇'를 영업표지로 하여 피자전문점 가맹사업을 영위하는 가맹본부인데, 신청인은 공정거래위원회와 대법원이 피신청인의 어드민피 수령행위가 부당하다고 판단했음에도 불구하고 신청인의 어드민피 반환 요청을 거절하는 행위가 부당하다고 주장하며 조정을 신청하였다.

나. 사안의 쟁점

이 사안의 경우 피신청인이 신청인의 어드민피 반환 요청에 응하지 않은 행위가 불이익제공행위에 해당하는지 여부가 문제된다.

다. 조정대상 적격여부

분쟁당사자 간의 거래가 가맹사업법 제2조 제1항에 따른 가맹사업 거래에 해당하므로 조정대상이 된다.

2. 분쟁사실 및 당사자 주장

가. 분쟁사실

○ 신청인은 2014. 4월 피자전문점 가맹본부인 피신청인과 ○○○ (이하 '이 사건 가맹점'이라 한다)에 대한 가맹계약(이하 '이 사건 계약'이라 한다)을 체결하였다.

○ 피신청인은 이 사건 계약 기간 동안 신청인에게 가맹금 외 이 사건 계약서에 명시되지 않은 어드민피를 지급받아 왔다.

○ 공정거래위원회는 2017. 1. 20. 피신청인이 가맹점주들로부터 어드민피를 지급받는 행위가 불이익 제공행위에 해당한다고 의결*하며 피신청인에게 과징금을 부과하였고, 대법원은 2018. 6. 15. 피신청인이 가맹점주들로부터 어드민피를 수령한 행위가 부당이득에 해당한다고 판단**하였다.

* 심결례: (공정거래위원회 2017. 1. 20. 전원회의 의결 제2017-033호)

**판례: (대법원 2018. 6. 15. 선고 2017다248803 판결)

나. 당사자 주장

1) 신청인 주장

신청인은 공정거래위원회와 대법원이 피신청인의 어드민피 수령 행위가 부당하다고 판단했음에도 불구하고 피신청인은 신청인의 어드민피를 반환 요구를 거절하는 것은 부당하다고 주장한다.

2) 피신청인 주장

어드민피 반환이 지연된 것일 뿐이라고 주장한다.

3. 조정결과

양당사자는 피신청인이 신청인에게 어드민피 9,312,000원을 반환한다는 내용으로 합의하여 조정이 성립되었다.

■ 편의점 가맹본부의 정보공개서 미제공 관련 분쟁조정 사례 [정보공개서 사전제공 의무]

1. 사건의 개요

가. 분쟁의 경위

피신청인으로부터 '△△△'(이하 '이 사건 가맹점'이라 한다)의 운영권을 부여받은 가맹사업자인 신청인은 '○○○'를 영업표지로 하여 편의점 가맹사업을 영위하는 가맹본부인 피신청인과 편의점 가맹계약을 체결하였는데, 피신청인이 정보공개서를 14일 전에 제공하지 않았다고 주장하며 조정을 신청하였다.

나. 사안의 쟁점

이 사안의 경우 피신청인이 정보공개서 제공의무를 위반하였는지 여부가 문제된다.

다. 조정대상 적격여부

분쟁당사자 간의 거래가 가맹사업법 제2조 제1항에 따른 가맹사업 거래에 해당하므로 조정대상이 된다.

2. 분쟁사실 및 당사자 주장

가. 분쟁사실

o 신청인은 2018. 11월 초 피신청인으로부터 정보공개서를 제공받으면서 같은 날 이 사건 가맹점에 대한 가맹계약서에 날인하고 피신청인에게 가맹금 3,330,000원을 피신청인의 예치계좌에 예치하였다.

o 피신청인은 2018. 11월 중순 신청인에게 이 사건 가맹점 인테리어 비용이 약 29,000,000원 더 발생할 수 있다고 알렸으나 신청인은 인테리어 비용이 과다하다게 산정되었다고 주장하면서 2019. 3월 초 피신청인에게 문자메시지로 가맹계약 해지를 통지하고 가맹금 3,300천 원의 반환을 요청하였다.

나. 당사자 주장

1) 신청인 주장

신청인은 피신청인이 정보공개서를 가맹계약 체결 당일에 제공한 행위 및 인테리어 비용을 과다하게 산정한 행위가 부당하다고 주장한다.

2) 피신청인 주장

피신청인은 신청인이 가맹점을 빨리 개설하고 싶다고 하였기 때문에 신청인의 동의를 받아 정보공개서 제공 당일에 가맹계약을 체결하게 된 것이며 인테리어 비용을 조정하려고 하였으나 신청인이 이를 거부한 채 가맹계약을 일방적으로 해지한 것이라고 주장한다.

3. 조정결과

양당사자가 협의회 조정안을 수락하여 주문과 같은 내용의 조정이 성립되었다.

■ 교육가맹본부의 가맹금 반환 등 관련 분쟁조정 사례 [정보공개서 사전제공 의무]

1. 사건의 개요
가. 분쟁의 경위
신청인은 피신청인으로부터 '○○○'(이하 '이 사건 가맹점'이라 한다)의 운영권을 부여받은 가맹사업자로서 가맹점사업자에 해당하고, 피신청인은 '◇◇◇'를 영업표지로 하여 교육 가맹사업을 영위하는 가맹본부인데, 신청인이 피신청인의 부당한 계약 해지에 의하여 손해를 입었다고 주장하며 조정을 신청하였다.

나. 사안의 쟁점
이 사안의 경우 피신청인이 정보공개서 등 제공의무, 가맹금 예치의무 및 가맹계약서 사전제공의무를 위반하였는지 여부 및 피신청인의 이 사건 계약 해지가 부당한지 여부가 문제된다.

다. 조정대상 적격여부
분쟁당사자 간의 거래가 가맹사업법 제2조 제1항에 따른 가맹사업거래에 해당하므로 조정대상이 된다.

2. 분쟁사실 및 당사자 주장
가. 분쟁사실
o 신청인은 2018. 11월경 이 사건 가맹점에 대한 가맹계약서에 날인하고 피신청인에게 가입비 330,000원 및 계약이행보증금 1,000,000원을 지급하였는데, 피신청인은 신청인에게 피신청인 날인이 완료된 가맹계약서, 정보공개서 및 인근가맹점 현황문서를 제공하지 않았다.
o 피신청인은 2018. 11월초 신청인에게 기본교육을 실시하는 과정에서 신청인이 이 사건 가맹점과 인접한 다른 지점의 영업지역에도 홍보활동을 하고 있다는 사실을 인지하고 신청인에게 더 이상 가맹계약을 진행할 수 없다고 통보하였다.

나. 당사자 주장
1) 신청인 주장
신청인은 자신이 피신청인에게 인접 가맹점의 영업지역에 대한 홍보활동을 하지 않겠다는 의사를 밝혔음에도 피신청인이 이 사건 계약을 일방적으로 해지하는 것은 부당하다고 주장한다.

2) 피신청인 주장

피신청인은 신청인의 가맹계약서 날인 후 가맹계약 체결에 대한 심사를 진행하던 중 신청인의 다른 가맹점 영업지역 침해 행위를 인지하고 가맹계약 체결 진행을 중지한 것일 뿐이므로 가맹계약을 해지한 것이 아니라고 주장한다.

3. 조정결과

양당사자가 협의회 조정안을 수락하여 주문과 같은 내용의 조정이 성립되었다.

■ PC방 가맹본부의 허위.과장정보 제공 관련 분쟁조정 사례 [허위, 과장 정보제공 금지의무]

1. 사건의 개요

가. 분쟁의 경위

신청인은 피신청인으로부터 '○○○'(이하 '이 사건 가맹점'이라 한다) 운영권을 부여받은 가맹점사업자에 해당하며, 피신청인은 '◇◇◇'를 영업표지로 하여 PC방 가맹사업을 영위하는 가맹본부인데, 신청인은 피신청인이 가맹계약 체결 전 신청인에게 매출액에 대한 허위.과장정보를 제공하여 손해가 발생하였으므로 피신청인으로부터 손해배상금을 지급받아야 한다고 주장하며 조정을 신청하였다.

나. 사안의 쟁점

이 사안의 경우 피신청인이 신청인에게 실제 매출액보다 높은 수준의 예상매출액을 제시한 행위가 허위·과장정보 제공에 해당하는지 여부가 문제된다.

다. 조정대상 적격여부

분쟁당사자 간의 거래가 가맹사업법 제2조 제1항에 따른 가맹사업거래에 해당하므로 조정대상이 된다.

2. 분쟁사실 및 당사자 주장

가. 분쟁사실

○ 신청인은 2018. 4월 PC방 가맹본부인 피신청인과 ○○○(이하 '이 사건 가맹점'이라 한다)에 대한 가맹계약(이하 '이 사건 계약'이라 한다)을 체결하였다.

○ 피신청인은 이 사건 계약 체결 과정에서 신청인에게 예상매출액을 제시하였는데 신청인이 이 사건 가맹점을 운영하면서 확인된 실제 매출액은 예상매출액에 미치지 못하는 수준이었다.

나. 당사자 주장

1) 신청인 주장

신청인은 피신청인이 신청인에게 예상매출액에 대한 허위.과장 정보를 제공하여 이 사건 계약을 체결하게 되었는데 실제 매출액과 예상매출액의 차이가 커서 신청인에게 손해가 발생하였다고 주장한다.

2) 피신청인 주장

피신청인은 자신이 산정한 예상매출액은 이 사건 가맹점 주변의 PC방을 조사하여 나온 수치이므로 피신청인이 신청인에게 허위,과장 정보를 제공한 것이 아니라고 주장한다.

3. 조정결과

양당사자는 피신청인이 신청인에게 21,000,000원을 지급하고10,000,000원 상당의 PC업그레이드를 제공한다는 내용으로 합의하여 조정이 성립되었다.

■ 한식전문점 가맹본부의 계약 해지 등 관련 분쟁조정 사례 [정보공개서 사전제공 의무]

1. 사건의 개요
가. 분쟁의 경위
신청인은 피신청인으로부터 '○○○'운영권을 부여받은 가맹사업자이고, 피신청인은 '◇◇◇'를 영업표지로 하여 한식전문점 가맹사업을 영위하는 가맹본부인데, 신청인은 피신청인이 가맹계약 체결 당시 정보공개서를 제공하지 않았다고 주장하며 조정을 신청하였다.

나. 사안의 쟁점
신청인은 피신청인이 가맹계약 체결 당시 정보공개서를 제공하지 않았다고 주장하며 조정을 신청하였다.

다. 조정대상 적격여부
분쟁당사자 간의 거래는 가맹사업법 제2조 제1항에 따른 가맹사업거래에 해당하므로 조정대상이 된다.

2. 분쟁사실 및 당사자 주장
가. 분쟁사실
○ 신청인은 2016. 1월경 피신청인과 한식전문점'○○○'에 대한 가맹계약을 체결하였는데 피신청인은 신청인에게 정보공개서를 제공하지 않았다.
○ 신청인은 2018. 12월 피신청인이 정보공개서를 제공하지 않아 신청인에게 손해가 발생하였다고 주장하며 피신청인에게 손해배상을 요구하기 위하여 분쟁조정을 신청하였다.

나. 당사자 주장
1) 신청인 주장
신청인은 피신청인이 정보공개서 제공의무를 이행하지 않아 신청인에게 손해가 발생하였다고 주장한다.

2) 피신청인 주장
피신청인은 자신이 신청인에게 정보공개서를 제공하지 않은 것은 사실이지만 오히려 신청인이 피신청인의 정보공개서 미제공을 사유로 한 손해배상 협의에 협조하지 않았다고 주장한다.

3. 조정결과

당사자가 피신청인이 신청인에게 손해배상금 9,000,000원을 지급한다는 내용으로 합의하여 조정이 성립되었다.

■ 세차서비스 가맹본부의 부당한 계약 해지 관련 분쟁조정 사례 [부당한 계약 해지]

1. 사건의 개요

가. 분쟁의 경위

신청인은 피신청인으로부터 '○○○'(이하 '이 사건 가맹점'이라 한다) 운영권을 부여받은 가맹사업자이고, 피신청인은 '◇◇◇'를 영업표지로 하여 세차서비스 가맹사업을 영위하는 가맹본부인데, 신청인은 피신청인의 부당한 계약 해지에 의하여 손해를 입었다고 주장하며 조정을 신청하였다.

나. 사안의 쟁점

이 사안의 경우 피신청인이 영업장의 임대차계약 종료를 사유로 신청인과의 가맹계약을 해지한 행위가 부당한 계약 해지 행위에 해당되는지 여부가 문제된다.

다. 조정대상 적격여부

분쟁당사자 간의 거래가 가맹사업법 제2조 제1항에 따른 가맹사업거래에 해당하므로 조정대상이 된다.

2. 분쟁사실 및 당사자 주장

가. 분쟁사실

○ 피신청인은 2013. 4월경 신청 외 △△△와 임대차 계약을 체결하여 △△△가 소유한 건물의 지하주차장 내의 매장을 임차하였고, 2013. 6월경 신청인과 가맹계약 및 전대차계약을 체결하여 피신청인이 임차한 매장을 신청인에게 전대하고 신청인이 이 사건 가맹점을 운영하도록 하였다.

○ 피신청인은 △△△와의 임대차계약을 1년 단위로 갱신해왔는데, △△△는 2018. 4. 26. 피신청인에게 건물 리모델링 공사를 사유로 임대차계약 해지를 통보하였고, 이에 피신청인은 2018. 4. 26. 및 2018. 5. 18. 신청인에게 이 사건 가맹계약 및 전대차계약이 2018. 5. 26.에 해지된다고 통보하였다.

○ 신청인은 2018. 10. 15.까지 이 사건 가맹점을 운영하다가 △△△의 매장인도 요청에 따라 이 사건 가맹점 운영을 중단하고 매

장을 △△△에게 인도하였다.

나. 당사자 주장

1) 신청인 주장

신청인은 피신청인이 가맹사업법에서 정한 가맹계약 해지 요건을 준수하지 않아 신청인에게 손해가 발생하였으므로 피신청인으로부터 전대차 보증금, 징벌적 손해배상금, 권리금, 해고수당의 합계인 244,596,000원을 지급받아야 한다고 주장한다.

2) 피신청인 주장

피신청인은 임대차계약 해지에 의하여 불가피하게 이 사건 가맹계약이 해지된 것이고 가맹계약 해지 1년 전부터 신청인에게 리모델링 공사 계획을 알려 가맹계약 해지에 대비할 충분한 시간을 주었으므로 부당한 계약해지 행위에 해당하지 않는다고 주장한다.

3. 조정결과

양당사자가 협의회 조정안을 수락하여 주문과 같은 내용의 조정이 성립되었다.

■ 편의점 가맹본부의 허위.과장정보 제공 관련 분쟁
[허위, 과장 정보제공 금지의무]

1. 사건의 개요
가. 분쟁의 경위
신청인은 피신청인으로부터 '○○○지점'(이하 '이 사건 가맹점'이라 한다) 운영권을 부여받은 가맹사업자이고, 피신청인은 '◇◇◇'를 영업표지로 하여 편의점 가맹사업을 영위하는 가맹본부인데, 신청인은 피신청인이 가맹계약 체결 전 신청인에게 매출액에 대한 허위·과장정보를 제공하여 손해가 발생하였으므로 피신청인으로부터 손해배상금을 지급받아야 한다고 주장하며 조정을 신청하였다.

나. 사안의 쟁점
이 사안의 경우 피신청인이 신청인에게 예상매출액 산정서와 다른 예상 일 평균 매출액을 제공한 행위가 허위.과장정보 제공에 해당하는지 여부가 문제된다.

다. 조정대상 적격여부
분쟁당사자 간의 거래가 가맹사업법 제2조 제1항에 따른 가맹사업 거래에 해당하므로 조정대상이 된다.

2. 분쟁사실 및 당사자 주장
가. 분쟁사실
○ 신청인은 2017. 7월초 편의점 가맹본부인 피신청인의 직원 □□□과 편의점 개점에 대한 상담을 하였는데 □□□은 신청인에게 △△△지점 및 ▲▲▲지점의 매출액을 근거로 신청인이 개점하고자 하는 ○○○지점(이하 '이 사건 가맹점'이라 한다)의 예상 일 평균 매출액이 2,700,000원이라는 내용의 자료를 제공하였다.

○ 신청인은 2017. 7. 18. 피신청인과 이 사건 가맹점의 가맹계약을 체결하고 피신청인에게 가입비 등을 지급하였고, 피신청인은 신청인에게 예상매출액 산정서를 제공하였는데, 예상매출액 산정서에 기재된 예상매출액이 □□□으로부터 안내받은 금액보다 낮았다. 이에 신청인은 □□□에게 두 자료의 예상매출액이 다

른 이유 등에 대하여 문제를 제기하였는데 □□□은 예상매출액
산정서 제공은 요식행위에 불과하고 자신이 신청인에게 제공한
자료가 더 정확하다고 답변하였다.

ㅇ 신청인은 2018. 8. 1.부터 이 사건 가맹점을 운영하기 시작하였
고 2019. 6. 12. 가맹점 매출이 예상보다 낮아 운영이 어렵다는
이유로 가맹계약을 중도 해지하였다.

나. 당사자 주장

1) 신청인 주장

신청인은 □□□이 신청인에게 이 사건 가맹점의 예상 일 평균 매
출액이 2,700,000원이라고 안내하여 이 안내를 신뢰하고 이 사건
가맹점을 운영하였는데 실제 일 평균 매출액이 2,700,000원에 못
미치는 금액이므로 피신청인은 신청인에게 27,446,365원의 손해배
상금을 지급하여야 한다고 주장한다.

2) 피신청인 주장

피신청인은 □□□이 퇴사하여 신청인의 주장을 확인할 수 없고,
이 사건 가맹계약 체결 전 신청인에게 예상 매출액 산정서를 제공
하였으므로 피신청인의 의무를 다 한 것이라고 주장한다.

3. 조정결과

양당사자는 피신청인이 신청인에게 16,000,000원을 지급한다는 내
용으로 합의하여 조정이 성립되었다.

■ 편의점 가맹본부의 영업지역 침해 관련 분쟁(영업지역 침해)

1. 사건의 개요
가. 분쟁의 경위

신청인은 피신청인으로부터 '○○○'(이하 '이 사건 가맹점'이라 한다) 운영권을 부여받은 가맹사업자이고, 피신청인은 '◇◇◇'를 영업표지로 하여 편의점 가맹사업을 영위하는 가맹본부인데, 신청인은 피신청인과 계약기간을 10년으로 하는 편의점 가맹계약을 체결하였는데, 자신의 점포 인근에 다른 편의점의 개점을 허용하여 손해를 입었다고 주장하며 조정을 신청하였다.

나. 사안의 쟁점

이 사안의 경우 피신청인이 신청인에게 작성해 준 출점동의서의 내용을 이행하였는지 여부 및 피신청인의 □□□점 출점 행위가 영업지역 침해 행위에 해당되는지 여부가 문제된다.

다. 조정대상 적격여부

분쟁당사자 간의 거래가 가맹사업법 제2조 제1항에 따른 가맹사업 거래에 해당하므로 조정대상이 된다.

2. 분쟁사실 및 당사자 주장
가. 분쟁사실

o 신청인은 2013. 4. 4. 계약기간을 10년으로 하는 편의점 운영에 관한 가맹계약을 체결하였는데, 계약체결 당시 계약서 제5조에는 '○○○ 경영에 대한 회사의 허가는 경영주의 점포가 소재하는 일정한 지역을 설정하여 배타적이고 독점적인 영업권리를 경영주에게 부여하는 것은 아니다.'라고 기재되어 있어 신청인의 영업지역을 보장한다거나 영업지역과 관련하여 거리제한이나 측정방법 등을 정한 별도 조항은 존재하지 아니한다.

o 피신청인은 2016. 4. 30. 신청인의 매장에서 약 245m 떨어진 위치에 신규 가맹점 △△△점이 개점하게 되자 신청인에게 출점에 동의할 것을 요청하였고, 신청인은 피신청인이 △△△점의 상품도입현황을 신청인에게 전송하는 등의 사항을 이행한다는 조건 하에 2016. 4. 6. 해당 매장이 개점하기 전 동의서(이하

'출점동의서'라 한다)를 작성해 주었다.
o 피신청인은 출점동의서에 따라 2016. 5. 10. 신청인에게 6,000,000원을 지급하였다.
o 그 이후 피신청인은 2017. 11. 26. 인근에 □□□점을 출점하였는데 이때에는 해당 매장의 출점과 관련하여 신청인에게 이를 통지하거나 동의를 구하지 않았다.

나. 당사자 주장

1) 신청인 주장

신청인은 △△△점과 관련하여 피신청인이 출점동의서의 내용을 이행하지 아니하고 있고 □□□점이 이 사건 가맹점과 230m 거리에 출점하여 신청인의 매출이 감소하였다면서 가맹계약 종료일까지 매월 100,000원의 손해배상금을 지급하여야 한다고 주장한다.

2) 피신청인 주장

피신청인은 출점동의서의 내용을 성실히 이행하였고 신청인의 매출 감소는 □□□점에 의한 것이 아니라 이 사건 가맹점 인근에 경쟁업체의 편의점이 출점하였기 때문이라고 주장한다.

3. 조정결과

양당사자가 협의회 조정안을 수락하여 주문과 같은 내용의 조정이 성립되었다.

■ 게임소프트웨어 가맹본부의 계약 해지 등 관련 분쟁 [불공정거래행위-부당한 손해배상의무 부담]

1. 사건의 개요

가. 분쟁의 경위

신청인은 피신청인으로부터 '○○○'운영권을 부여받은 가맹사업자이고, 피신청인은 '◇◇◇'를 영업표지로 하여 스포츠게임 전문점 가맹사업을 영위하는 가맹본부인데, 신청인은 피신청인이 제공하는 게임장비에 결함이 생겨 신청인의 매출액이 감소하였다고 주장하며 조정을 신청하였다.

나. 사안의 쟁점

이 사안의 경우 피신청인이 신청인에게 제공한 게임장비에 결함이 있었는지 여부 및 게임장비의 결함으로 인하여 신청인의 매출이 감소하였는지 여부가 문제된다.

다. 조정대상 적격여부

분쟁당사자 간의 거래는 가맹사업법 제2조 제1항에 따른 가맹사업 거래에 해당하므로 조정대상이 된다.

2. 분쟁사실 및 당사자 주장

가. 분쟁사실

o 신청인은 2009. 11월경 피신청인과 스포츠게임 전문점 '○○○'에 대한 가맹계약을 체결하였다.

o 2018. 4월경 신청인 매장의 게임장비에 결함이 발생하였고, 이에 신청인은 피신청인에게 기기 수리 및 결함으로 인해 발생한 손해 배상을 요구하였다.

o 피신청인은 2018. 9. 20. 신청인에게 손해배상금으로 11,250,000원을 지급하겠다는 내용의 공문을 보냈는데, 신청인이 이를 받아들일 수 없다고 주장하며 분쟁조정을 신청하였다.

나. 당사자 주장

1) 신청인 주장

신청인은 게임장비의 결함으로 인하여 자신의 매출이 급격하게 감소하였다고 주장한다.

2) 피신청인 주장

피신청인도 기기 결함을 해결하고, 그에 따른 신청인의 손해를 배상하기 위해 노력하였으며, '○○○'의 매출액은 게임장비 결함과 관련 없이 전년도에 비해 감소하는 추세였다고 주장한다.

3. 조정결과

당사자가 피신청인이 신청인에게 22,000,000원을 지급한다는 내용으로 합의하여 조정이 성립되었다.

■ 한식 가맹본부의 부당한 계약 해지 관련 분쟁조정 사례

1. 신청취지 및 경위

○ 신청인은 한식 가맹본부인 피신청인과 가맹계약을 체결하고 가맹점 개설 준비를 하고 있었음

○ 신청인은 가맹점 개설 준비 중 피신청인에게 계약 체결 전 정보공개서를 제공하지 않은 사실에 대해 이의를 제기하였고 이후 피신청인이 신청인에게 가맹계약 해지를 통보하자 분쟁이 발생함

2. 조정의 진행 및 결과(성립)

○ 조정원은 신청인이 정보공개서 미제공에 대해 이의를 제기하였다는 이유로 신청인에게 가맹계약 해지를 통보한 피신청인의 행위가 가맹사업법이 금지한 부당한 계약 해지에 해당할 여지가 있다고 보고 조정절차를 진행함

○ 그 결과 당사자가 피신청인이 신청인에게 210만 원을 지급하는 내용으로 합의하여 조정이 성립됨

■ 제과제빵 가맹본부의 허위.과장 정보제공 관련 분쟁조정 사례

1. 신청취지 및 경위

o 신청인은 제과제빵 가맹본부인 피신청인과 가맹계약을 체결하고
가맹점을 운영하였음

o 신청인은 피신청인이 계약 체결 당시 월 예상매출액이 2,000만
원 ~ 2,500만 원에 이를 것이라는 정보를 제공하였으나 실제
월 매출액이 310만 원에 그쳤다는 이유로 피신청인에게 손해배
상을 요구하였으나 피신청인이 이에 불응하자 분쟁이 발생함

2. 조정의 진행 및 결과(성립)

o 조정원은 신청인에게 객관적인 근거자료 없이 월 예상매출액과
관련된 정보를 제공한 피신청인의 행위가 가맹사업법이 금지한
허위.과장된 정보제공행위에 해당할 여지가 있다고 보고 조정절
차를 진행함

o 그 결과 당사자가 피신청인이 신청인에게 가맹금 1,400만 원을
지급하는 내용으로 합의하여 조정이 성립됨

■ 의류 제조업자의 계약서 작성의무 관련 분쟁조정 사례 [대리점계약서 미제공]

1. 사건의 개요

가. 분쟁의 경위

신청인은 피신청인이 일방적으로 인테리어비용 지원금의 반환을 요청함에 따라 손해가 발생하였다고 주장하면서 이 사건 분쟁조정을 신청하였다.

나. 사안의 쟁점

이 사안의 경우 피신청인이 신청인에게 중도해지에 따라 인테리어비용 지원금의 반환을 요청한 행위가 대리점법 및 관련 지침 등에 비추어볼 때 불공정한지가 문제된다.

다. 조정대상 적격여부

분쟁당사자 간의 거래가 대리점법 제2조 제1항에 따른 대리점거래에 해당하므로 조정대상이 된다.

2. 분쟁사실 및 당사자 주장

가. 분쟁사실

ㅇ 신청인은 2017. 8.경 피신청인과, 피신청인으로부터 의류 등 제품을 공급받아 소비자에게 판매하기로 하는 대리점계약(이하 '이 사건 계약'이라 한다)을 체결하였다.

ㅇ 이 사건 계약 체결 후 신청인은 매장 인테리어 공사 비용으로 총 50,000,000원을 지출하였는데, 피신청인은 신청인에게 영업 지원을 이유로 인테리어비용 15,000,000원을 지원하였다.

ㅇ 이후 신청인은 2019. 6.경 피신청인에게 영업난을 이유로 이 사건 계약의 해지를 요청하였는데, 이에 피신청인이 신청인에게 인테리어비용 지원금 중 일부인 10,000,000원을 반환하라고 청구하여 이 사건 분쟁이 발생하였다.

나. 당사자 주장

1) 신청인 주장

이 사건 계약을 살펴보면 인테리어비용 지원금에 대한 감가상각 기간 또는 기준에 대하여 명시하지 않았고, 별도의 구두 설명 또한 없었으므로 피신청인의 지원금 반환 청구를 받아들일 수 없다.

2) 피신청인 주장

인테리어비용 지원금은 매장의 장기적 운영을 전제로 지원되었는 바, 신청인은 지원금 일부를 반환하여야 함이 타당하다.

3. 조정결과

당사자는 '피신청인은 인테리어비용 지원금 10,000,000원의 반환 청구를 철회하기로 한다'는 내용으로 합의하여 이 사건 조정이 성립하였다.

■ 신발 제조업자의 불이익제공 관련 분쟁조정 사례(이익제공 강요)

1. 사건의 개요
가. 분쟁의 경위
신청인은 피신청인 직원의 경제상 이익 제공 강요행위로 인하여 손해가 발생하였다고 주장하면서 이 사건 분쟁이 발생하였다.
나. 사안의 쟁점
이 사안의 경우 피신청인의 직원이 신청인에게 경제상 이익을 제공할 것을 강요한 행위가 대리점법 및 관련 지침 등에 비추어볼 때 불공정한지가 문제된다.
다. 조정대상 적격여부
분쟁당사자 간의 거래가 대리점법 제2조 제1항에 따른 대리점거래에 해당하므로 조정대상이 된다.

2. 분쟁사실 및 당사자 주장
가. 분쟁사실
o 신청인은 2017. 1.경 피신청인과, 피신청인으로부터 신발 판매 업무 등을 위탁받아 소비자에게 제품을 판매하고 판매실적에 따라 수수료를 지급받기로 하는 대리점계약(이하 '이 사건 계약'이라 한다)을 체결하였다.
o 신청인과 피신청인은 협의 하에 이 사건 계약을 매년 갱신하다가 2019. 1. 31.자로 이 사건 계약을 종료하였다.
o 이 사건 계약종료 이후 신청인은 피신청인에게 계약기간 동안 피신청인의 경제상 이익 제공 강요행위 등 불공정거래행위로 인하여 손해가 발생하였다고 주장하면서 이 사건 분쟁이 발생하였다.
나. 당사자 주장
1) 신청인 주장
피신청인 직원의 부당한 요구에 의하여 해당 직원에게 30,000,000원 상당의 경제상 이익을 제공함에 따라 손해가 발생하였다.
2) 피신청인 주장
경제상 이익 제공 강요 행위는 피신청인의 직원 개인의 비위행위일 뿐 이와 관련된 책임을 피신청인에게 전가하는 것은 부당하다.

3. 조정결과

당사자는 조정원의 의견을 받아들여 '피신청인은 신청인에게 30,000,000 원을 지급하기로 한다'는 내용으로 합의하여 이 사건 조정이 성립하였다.

■ 부품 제조업자의 불이익 제공 관련 분쟁조정 사례 [거래조건 설정 변경]

1. 사건의 개요

가. 분쟁의 경위

신청인은 부품 제조업을 영위하는 피신청인의 대리점을 운영해오다 피신청인이 신청인들과의 사전 협의 없이 일방적으로 판매장려금 지급기준을 변경하여 손해가 발생하였다고 주장하면서 이 사건 분쟁조정을 신청하였다.

나. 사안의 쟁점

이 사안의 경우 계약기간 도중 피신청인이 판매장려금 지급기준을 변경한 행위가 대리점법 및 관련 지침 등에 비추어볼 때 불공정한지가 문제된다.

다. 조정대상 적격여부

분쟁당사자 간의 거래가 대리점법 제2조 제1항에 따른 대리점거래에 해당하므로 조정대상이 된다.

2. 분쟁사실 및 당사자 주장

가. 분쟁사실

○ 신청인은 피신청인과, 피신청인으로부터 부품 판매업무 등을 위탁받아 소비자에게 부품을 판매하고 판매실적에 따라 수수료를 지급받기로 하는 대리점계약(이하 '이 사건 계약'이라 한다)을 체결하였다.

○ 이 사건 계약에 따르면, 신청인은 피신청인이 정한 판매가격, 판매조건 등에 따라 제품을 판매하여야 하고, 피신청인이 정한 기준에 따라 판매수수료 및 판매장려금을 지급받기로 규정되어 있다.

○ 피신청인은 2017. 1. 1. 판매수수료 및 판매장려금 지급기준을 변경하였다.

○ 신청인은 피신청인이 판매장려금 지급기준을 신청인에게 일방적으로 불리하게 변경하였으므로 이를 개선해달라고 요청하였으나 협의가 원만히 진행되지 아니하자 이 사건 분쟁조정을 신청하였다.

나. 당사자 주장

1) 신청인 주장

피신청인이 신청인과의 사전 협의 없이 일방적으로 판매장려금 지급기준을 변경하여 손해가 발생하였으므로, 이로 인한 신청인의 손해를 피신청인이 배상해주어야 한다.

2) 피신청인 주장

기존에 지급하였던 판매장려금이 동종 업계와 비교하였을 때 높은 수준이고, 피신청인이 판매장려금의 지급기준을 변경할 수 있다고 이 사건 계약에서 정하고 있으므로 신청인의 주장을 받아들이기 어렵다.

3. 조정결과

양당사자가 협의회 조정안을 수락하여 주문과 같은 내용의 조정이 성립되었다.

■ 가구 제조업자의 거래조건 변경 관련 분쟁조정 사례
[거래조건 설정 변경]

1. 사건의 개요
가. 분쟁의 경위

신청인은 피신청인으로부터 가구 등 제품을 공급받아 소비자에게 재판매하는 업무를 수행한 중소기업자로서 대리점에 해당하고, 피신청인은 가구 제조업을 영위하는 중소기업자가 아닌 자로서 공급업자인데, 신청인은 피신청인이 일방적으로 인테리어비용 지원금의 반환을 청구하였다고 주장하며 조정을 신청하였다.

나. 사안의 쟁점

이 사안의 경우 피신청인의 인테리어비용 지원금 반환 청구가 관련 법령 및 심사지침, 대리점계약 내용 등을 고려하였을 때 부당한지 여부가 문제된다.

다. 조정대상 적격여부

분쟁당사자 간의 거래가 대리점법 제2조 제1항에 따른 대리점거래에 해당하므로 조정대상이 된다.

2. 분쟁사실 및 당사자 주장
가. 분쟁사실

ㅇ 신청인은 피신청인과 피신청인으로부터 가구 등을 공급받아 소비자에게 판매하기로 하는 대리점계약(이하 '이 사건 계약'이라 한다)을 체결하였다.

ㅇ 이후 신청인은 2015. 12월경 피신청인과 2년 이상의 매장 운영을 전제로 인테리어비용 지원금 16,000천 원을 지급받기로 하는 인테리어 지원 약정(이하 '이 사건 지원 약정'이라 함)을 체결하였다.

ㅇ 신청인은 2017. 11월경 피신청인에게 영업난으로 인하여 대리점 운영이 어려우므로 기존 피신청인의 전속대리점 형태에서 제3자로부터 공급받은 가구를 판매할 수 있는 혼합대리점 형태로의 전환을 요청하였는데, 피신청인이 이를 승인하여 이후 신청인은 혼합대리점 형태로 이 사건 계약을 유지하였다.

ㅇ 피신청인은 2019. 2월경 신청인에게 피신청인의 내부 방침이 변

경됨에 따라 혼합대리점 형태의 대리점들과 더 이상 계약을 유지할 수 없으므로 이 사건 계약을 해지하겠다고 통보하면서 신청인이 전속대리점 형태로 매장을 운영한 2015. 12월부터 2017. 11월까지의 기간만 대리점계약을 유지한 것으로 인정할 수 있음을 이유로 이 사건 지원 약정에 따라 신청인에게 인테리어비용 지원금 16,000천 원의 반환을 청구하여 이 사건 분쟁이 발생하였다.

나. 당사자 주장

1) 신청인 주장

혼합대리점 형태로의 전환을 승인하였을 당시 인테리어비용 지원금을 반환하여야 한다는 별도의 설명을 하지 아니하였음에도, 계약해지 과정에서 인테리어비용 지원금 16,000원을 청구한 피신청인의 행위가 부당하다.

2) 피신청인 주장

이 사건 지원약정에 근거하여 신청인에게 지원하였던 인테리어비용 지원금을 청구한 것일 뿐 이를 부당한 청구라고 볼 수 없다.

3. 조정결과

○ 대리점법 제9조 제1항에서는 '공급업자가 자기의 거래상 지위를 부당하게 이용하여 대리점에게 불이익이 되도록 거래조건을 설정 또는 변경하거나 그 이행과정에서 불이익을 주는 행위를 하여서는 아니 된다'고 규정하고 있다.

○ 따라서 신청인이 2년 이상 대리점계약을 유지하였음에도 인테리어비용 지원금 전액의 반환을 청구한 피신청인의 행위는 대리점법 제9조에 따라 불이익 제공행위에 해당될 여지가 있었다.

○ 또한 피신청인은 '신청인이 기존 전속대리점 형태의 대리점계약을 2년 가까이 유지하였다는 점, 그럼에도 인테리어비용 지원금 전액을 청구한 것이 다소 과도해 보인다는 점을 인정하여 신청인에 대한 지원금 반환 청구를 철회하는 것으로 이 사건 분쟁을 종결하고 싶다'는 의사를 표시하였고, 협의회는 이러한 내용을 토대로 피신청인이 인테리어비용 지원금의 반환 청구를 철회하기로 하는 내용의 조정안을 제시하였다.

ㅇ 이에 당사자는 위 의견을 받아들여 '피신청인이 인테리어비용 지원금의 반환 청구를 철회하기로 한다'는 내용으로 합의하여 이 사건 조정이 성립되었다.

■ 기계 도매업자의 거래조건 변경 관련 분쟁(거래조건 설정 변경)

1. 사건의 개요
가. 분쟁의 경위
신청인은 피신청인으로부터 기계 등 제품을 공급받아 소비자에게 재판매하는 업무를 수행한 중소기업자로서 대리점에 해당하고, 피신청인은 기계 도매업을 영위하는 중소기업자가 아닌 자로서 공급업자인데, 신청인은 피신청인이 일방적으로 거래조건을 변경함에 따라 손해가 발생하였다고 주장하며 조정을 신청하였다.

나. 사안의 쟁점
이 사안의 경우 피신청인의 거래조건 변경 행위가 관련 법령 및 심사지침, 대리점계약 내용 등을 고려하였을 때 부당한지 여부가 문제된다.

다. 조정대상 적격여부
분쟁당사자 간의 거래가 대리점법 제2조 제1항에 따른 대리점거래에 해당하므로 조정대상이 된다.

2. 분쟁사실 및 당사자 주장
가. 분쟁사실
○ 신청인은 2018. 10월경 피신청인과 피신청인으로부터 기계 등 제품을 공급받아 소비자에게 판매하기로 하는 대리점계약(이하 '이 사건 계약'이라 한다)을 체결하였다.
○ 이 사건 계약은 계약 종료일을 2018. 12. 31.로 설정하면서 계약당사자 일방의 별도 의사표시가 없을 경우 계약이 종료된다고 규정하고 있는데, 당사자는 계약 종료일 이후에도 별도로 계약을 갱신하지 않고 이 사건 계약을 유지하였다.
○ 그런데 피신청인은 2019. 2월경 신청인에게 신청인이 한 번 제품을 판매한 고객을 대상으로는 제품을 판매하지 아니하기로 하고, 제품 판매에 따른 기존 판매수수료율을 삭감하기로 하는 새로운 계약 조건을 수용하는 경우에 한하여 2019. 12. 31.까지 이 사건 계약을 갱신하겠다고 서면으로 통보하였다.
○ 이에 신청인은 2019. 3월경 피신청인에게 피신청인이 제시한 계

약 조건을 받아들일 수 없으므로 최초 이 사건 계약의 조건과 동일한 조건으로 계약을 갱신하여 줄 것을 요구하였으나, 피신청인이 이를 거부하여 이 사건 분쟁이 발생하였다.

나. 당사자 주장

1) 신청인 주장

이 사건 계약의 최초 체결일로부터 1년도 지나지 않은 시점에서 일방적으로 거래조건을 변경한 피신청인의 행위가 부당하므로 이로 인하여 발생한 신청인의 손해액을 보전해주어야 함

2) 피신청인 주장

이 사건 계약은 2018. 12. 31.자로 종료되었는바, 계약 종료일 이후 신청인에게 변경된 거래조건을 제시한 행위를 일방적인 거래조건 변경으로 볼 수 없으므로 신청인의 주장을 받아들일 수 없음

3. 조정결과

o 대리점법 제9조 제1항에서는 '공급업자가 자기의 거래상 지위를 부당하게 이용하여 대리점에게 불이익이 되도록 거래조건을 설정 또는 변경하거나 그 이행과정에서 불이익을 주는 행위를 하여서는 아니 된다'고 규정하고 있다.

o 따라서 신청인에게 불이익이 되도록 거래조건을 변경한 피신청인의 행위가 대리점법 제9조에 따라 불이익 제공행위에 포섭될 여지가 있었다.

o 또한 피신청인은 '계약을 체결한지 1년도 되지 않아 신청인에게 불리한 조건으로 거래조건을 변경한 귀책이 있음을 인정하여 신청인에게 20,000,000원 상당의 제품을 무상으로 지급하는 것으로 이 사건 분쟁을 종결하고 싶다'는 의사를 표시하였고, 협의회는 이러한 내용을 토대로 피신청인이 신청인에게 20,000,000원 상당의 제품을 무상으로 지급하기로 하는 내용의 조정안을 제시하였다.

o 이에 당사자는 위 의견을 받아들여 '피신청인은 신청인에게 20,000,000원 상당의 제품을 무상으로 지급한다'는 내용으로 합의하여 이 사건 조정이 성립되었다.

■ 의류 도매업자의 불이익 제공행위 관련 분쟁조정 사례 〔기타의 불이익 제공〕

1. 사건의 개요
가. 분쟁의 경위
신청인은 피신청인으로부터 의류 등 제품을 공급받아 소비자에게 재판매하는 업무를 수행한 중소기업자로서 대리점에 해당하고, 피신청인은 의류 도매업을 영위하는 중소기업자가 아닌 자로서 대리점법 제2조 제2호에서 규정하고 있는 공급업자인데, 신청인은 피신청인이 부당하게 반품 정산금을 청구하고 제품 공급을 중단함에 따라 손해가 발생하였다고 주장하며 조정을 신청하였다.

나. 사안의 쟁점
이 사안의 경우 피신청인이 제품의 공급을 중단한 행위가 관련 법령 및 심사지침, 대리점계약 내용 등을 고려하였을 때 부당한지 여부가 문제된다.

다. 조정대상 적격여부
분쟁당사자 간의 거래가 대리점법 제2조 제1항에 따른 대리점거래에 해당하므로 조정대상이 된다.

2. 분쟁사실 및 당사자 주장
가. 분쟁사실
○ 신청인은 2016. 1월경 피신청인과 피신청인으로부터 의류 등 제품을 공급받아 소비자에게 판매하기로 하는 대리점계약(이하 '이 사건 계약'이라 한다)을 체결하였다.
○ 피신청인은 2017. 8월경 신청인에게 공급한 제품 중 판매가 부진한 제품의 반품을 받아주는 정책을 운영하면서, 매월 반품 정책과 관련된 공지를 게시한 날부터 30일 간 제품을 반품하도록 하였다.
○ 그런데 신청인이 2017. 9월부터 같은 해 12월까지 피신청인에게 제품을 반품하면서 몇 차례 반품 가능기간인 30일을 도과하자, 피신청인은 반품 가능기간을 도과한 제품들의 반품 인정 금액을 일부 감액하였고 그 결과 신청인은 2018. 1월경 피신청인

에게 해당 제품의 반품 정산금으로 9,000,000원을 지급하였다.

○ 이후 신청인은 2018. 1월경 피신청인에게 신청인이 반품 정산금을 부담한 것이 부당하다고 주장하였으나, 피신청인이 이에 대응을 하지 아니하자 피신청인에게 지급하여야 할 제품대금 중 5,000,000원을 입금하지 아니하였다.

○ 이에 피신청인은 신청인이 제품대금을 입금하지 않았음을 이유로 2018. 2월부터 같은 해 3월까지 신청인에게 일부 제품 공급을 중단하여 이 사건 분쟁이 발생하였다.

나. 당사자 주장

1) 신청인 주장

피신청인의 부당한 반품 정책으로 인하여 신청인이 피신청인에게 9,000,000원을 지급하였으므로 피신청인은 신청인에게 해당 금액을 반환해 주어야 하며, 피신청인이 2018. 2월부터 같은 해 3월까지 일부 제품을 공급해주지 않아 신청인에게 영업손실이 발생하였으므로 이에 대해서도 배상해주어야 한다.

2) 피신청인 주장

신청인에게 반품 정책을 사전에 고지하였고 신청인은 해당 정책에 동의하여 제품을 반품하였는바 이제 와서 해당 정책이 부당하다는 신청인의 주장을 받아들이기 어렵고, 신청인이 2018. 1월경 피신청인에게 제품대금 5,000,000원을 입금하지 않아 2018. 2월부터 제품 공급이 제한적으로 이루어진 것이므로 신청인의 주장을 받아들이기 어렵다.

3. 조정결과

○ 대리점법 제9조 제1항에서는 '공급업자가 자기의 거래상 지위를 부당하게 이용하여 대리점에게 불이익이 되도록 거래조건을 설정 또는 변경하거나 그 이행과정에서 불이익을 주는 행위를 하여서는 아니 된다'고 규정하고 있으며, 같은 법 시행령 제6조 제4호에서는 '합리적인 이유 없이 상품 또는 용역의 공급이나 대리점과 약정한 영업지원을 중단하거나 제한하는 행위를 대리점법 제9조 제1항에 따라 금지되는 행위'로 규정하고 있다.

○ 따라서 신청인에게 별도의 설명 없이 일방적으로 제품의 공급을 제한한 피신청인의 행위가 대리점법 제9조에 따라 불이익 제공 행위에 포섭될 여지가 있었다.

○ 또한 신청인은 '피신청인이 사전에 고지한 반품 정책의 기한을 지키지 않은 귀책이 일부 있음을 인정하여 피신청인에게 지급한 반품 정산금 9,000,000원 중 7,000,000원을 반환받는 것으로 이 사건 분쟁을 종결하고 싶다'는 의사를 표시하였으므로, 협의회는 이러한 내용을 토대로 피신청인이 신청인에게 반품정산금 7,000,000원을 반환하기로 하는 내용의 조정안을 제시하였다.

○ 이에 당사자는 위 의견을 받아들여 '피신청인은 신청인이 피신청인에게 반품정산금으로 지급한 9,000,000원 중 7,000,000원을 반환한다'는 내용으로 합의하여 이 사건 조정이 성립되었다.

■ 신발 도매업자의 불이익 제공행위 관련 분쟁조정 사례 [기타의 불이익 제공]

1. 사건의 개요

가. 분쟁의 경위

신청인은 피신청인으로부터 신발 판매업무 등을 위탁받아 소비자에게 판매하는 업무를 수행한 중소기업자로서 대리점에 해당하고, 피신청인은 신발 도매업을 영위하는 중소기업자가 아닌 자로서 공급업자인데, 신청인은 피신청인이 계약기간 도중 일방적으로 판매수수료율을 삭감하여 손해를 입었다고 주장하며 조정을 신청하였다.

나. 사안의 쟁점

이 사안의 경우 피신청인이 계약기간 도중 판매수수료율을 삭감한 행위가 관련 법령 및 심사지침, 대리점계약 내용 등을 고려하였을 때 부당한지 여부가 문제된다.

다. 조정대상 적격여부

분쟁당사자 간의 거래가 대리점법 제2조 제1항에 따른 대리점거래에 해당하므로 조정대상이 된다.

2. 분쟁사실 및 당사자 주장

가. 분쟁사실

○ 신청인은 2017. 1월경 피신청인과 피신청인으로부터 신발 판매업무 등을 위탁받아 소비자에게 판매하고 판매실적에 따라 수수료를 지급받기로 하는 대리점계약(이하 '이 사건 계약'이라 한다)을 체결하였는데, 그 계약기간은 1년으로 약정하였다.

○ 이 사건 계약에 따르면, 피신청인은 신청인이 판매한 제품에 대하여 25%의 판매수수료를 지급한다고 규정되어 있다.

○ 그런데 피신청인은 2017. 6월경 신청인에게 판매수수료율을 22%로 삭감하겠다고 통보하였고, 2017. 7월부터 인하된 수수료율을 적용하여 신청인에게 지급하였다.

○ 신청인은 피신청인에게 일방적인 거래조건 변경을 받아들일 수 없으므로 이를 시정해달라고 수차례 요청하였으나 피신청인이 이를 거부하여 이 사건 분쟁이 발생하였다.

나. 당사자 주장

1) 신청인 주장

이 사건 계약에 따라 규정되어 있는 판매수수료 지급 기준을 신청인과의 사전 협의 없이 일방적으로 변경하여 손해가 발생하였으므로, 피신청인이 일방적으로 판매수수료 지급 기준을 변경하지 않았을 경우 2017. 7월부터 2017. 12월까지 신청인이 추가로 얻을 수 있었던 기대수익을 지급하여야 한다.

2) 피신청인 주장

이 사건 계약기간 도중에 판매수수료 지급 기준을 변경한 것은 피신청인의 영업난으로 인한 불가피한 변경이므로 신청인의 주장을 받아들이기 어렵다.

3. 조정결과

o 대리점법 제9조 제1항에서는 '공급업자가 자기의 거래상 지위를 부당하게 이용하여 대리점에게 불이익이 되도록 거래조건을 설정 또는 변경하거나 그 이행과정에서 불이익을 주는 행위를 하여서는 아니 된다'고 규정하고 있으며, 계약기간 도중에 신청인과의 협의 없이 일방적으로 판매수수료율을 삭감한 피신청인의 행위가 대리점법 9조에 따라 불이익 제공행위에 포섭될 여지가 있었다.

o 또한 신청인은 2017. 7월부터 2017. 12월까지 피신청인으로부터 지급받은 판매수수료 내역을 확인할 수 있는 보완자료를 제출하였고, 판매수수료율 삭감에 따라 발생하게 된 손해액 20,000천 원(천 원 미만 버림, 이하 같다)을 피신청인으로부터 지급받고 싶다는 의사를 밝혔다.

o 이에 협의회는 이러한 내용을 토대로 피신청인이 신청인에게 20,000천 원을 지급하기로 하는 내용의 조정안을 제시하였다.

o 당사자는 위 의견을 받아들여 '피신청인은 신청인에게 20,000천 원을 지급하기로 한다'는 내용으로 합의하여 이 사건 조정이 성립되었다.

■ 통신 판매업자의 불이익 제공행위 관련 분쟁조정 사례 [기타의 불이익 제공]

1. 사건의 개요

가. 분쟁의 경위

신청인은 피신청인으로부터 이동통신 단말기 판매 등의 업무를 위탁받아 수행한 중소기업자로서 대리점에 해당하며, 피신청인은 통신 판매업을 영위하는 중소기업자가 아닌 자로서 화장품 등 제품을 신청인에게 공급하는 사업자이므로 공급업자인데, 신청인은 2017. 2월경부터 피신청인의 대리점을 운영해오다 2017. 5월경 신청인에게 불리하게 수수료 지급기준을 변경하자 이를 거부하였고, 이에 피신청인이 대리점계약을 해지하고 위약금 10,000천 원(천 원 미만 버림, 이하 같다)을 청구하겠다고 통보하여 이 사건 조정을 신청하였다.

나. 사안의 쟁점

이 사안의 경우 피신청인이 신청인에게 신청인이 거래조건 변경을 수용하지 않았음을 이유로 대리점계약 해지 및 위약금 청구를 통보한 행위가 심사지침, 대리점계약 내용, 정상적인 거래관행 등을 고려하였을 때 부당한지 여부가 문제된다.

다. 조정대상 적격여부

분쟁당사자 간의 거래가 대리점법 제2조 제1항에 따른 대리점거래에 해당하므로 조정대상이 된다.

2. 분쟁사실 및 당사자 주장

가. 분쟁사실

○ 신청인은 2017. 2월경 피신청인과, 피신청인이 임차한 매장(이하 '이 사건 매장'이라 한다)에서 단말기 및 서비스상품 판매업무 등을 수행한 후 피신청인으로부터 수수료를 지급받기로 하는 대리점계약(이하 '이 사건 계약'이라 한다)을 체결하였다.

○ 신청인과 피신청인은 이 사건 계약을 체결하면서 피신청인이 신청인에게 지급하는 수수료 종류 및 기준 등을 정한 수수료 지급약정을 체결하였다.

○ 수수료 지급약정에 따르면 피신청인이 신청인에게 지급하는 운영수수료 지급기준은 피신청인의 정책에 따라 수시로 변경될 수 있으며, 운영수수료 지급기준 변경 시 피신청인은 신청인에게 이를 공지하도록 규정되어 있다.

○ 이와 관련하여 신청인과 피신청인은 이 사건 계약을 체결하면서 운영수수료 지급기준을 별도로 체결하였고, 이후 피신청인은 2017. 3월, 같은 해 4월, 같은 해 5월 운영수수료 지급기준을 세 차례 변경하였다.

○ 신청인은 피신청인이 2017. 4월경 변경한 운영수수료 지급기준에는 동의하였는데, 2017. 5월경 변경한 운영수수료 지급기준에는 동의하지 않았다.

○ 피신청인의 2017. 5월 운영수수료 지급기준은 2017. 4월 지급기준에 비하여 위탁운영수수료 금액이 증액(1,000천 원→1,500천 원)되었으나 지급조건이 기존 유.무선 판매실적 60건에서 100건으로 상향되었고, 매장임대료 지원과 관련하여서는 지급조건은 동일하나 조건 달성 시 임대료의 50% 지원에서 임대료의 25% 지원(해당 기간 임대료는 월 2,500천 원으로 동일)으로 지급률이 감소하였다.

○ 신청인은 2017. 5월경 피신청인에게 자신에게 불리하게 변경된 운영수수료 지급기준에 대해서 동의할 수 없다고 통보하였고, 이후 피신청인이 2017. 6월경 재차 변경된 운영수수료 지급기준에 동의해 줄 것을 요청하였으나 거부하였다.

○ 이후 피신청인은 2017. 6월 말경 신청인에게 신청인이 운영수수료 지급기준 변경에 두 차례 거부하고 판매실적이 저조하다는 이유로 이 사건 계약을 근거로 하여 2017. 7. 1.자로 이 사건 계약을 해지하고 2017. 4월 운영수수료 지급기준에 따라 신청인에게 지급하였던 운영수수료 전액을 계약 해지에 따른 위약금으로 청구하였다.

나. 당사자 주장

1) 신청인 주장

신청인은 피신청인이 일방적으로 운영수수료 지급기준을 변경함에 따라 이 사건 계약이 해지된 것이므로 계약 해지를 이유로 하여 위약금을 청구하는 피신청인의 행위가 부당하다고 주장한다.

2) 피신청인 주장

피신청인은 신청인과 이 사건 계약을 해지하기로 합의하였는바 피신청인이 일방적으로 이 사건 계약을 해지하였다는 신청인의 주장은 받아들이기 어렵고, 신청인이 이 사건 합의사항을 이행하지 않아 계약 해지에 따른 위약금을 청구한 것이므로 이는 부당한 청구가 아니라고 주장한다.

3. 조정결과

양당사자가 협의회 조정안을 수락하여 주문과 같은 내용의 조정이 성립되었다.

■ 화장품 제조업자의 불이익 제공행위 관련 분쟁조정 사례 [기타의 불이익 제공]

1. 사건의 개요

가. 분쟁의 경위

신청인은 피신청인으로부터 화장품 등 제품을 공급받아 소비자에게 재판매하는 업무를 수행한 중소기업자로서 대리점에 해당하며, 피신청인은 화장품 제조업을 영위하는 중소기업자가 아닌 자로서 화장품 등 제품을 신청인에게 공급하는 공급업자인데, 신청인은 2015. 10월경부터 피신청인의 대리점을 운영해오다 2018. 8월경 피신청인과 합의 하에 대리점계약을 해지하기로 하고 피신청인에게 자신이 보유한 제품을 반품하였는데, 피신청인이 반품대금에서 기존에 지급하였던 판매장려금을 공제하지 않기로 약정하였음에도 실제로는 판매장려금을 공제하여 손해가 발생하였다고 주장하면서 이 사건 조정을 신청하였다.

나. 사안의 쟁점

이 사안의 경우 피신청인이 반품대금에서 판매장려금을 공제하지 않기로 약정하였음에도 반품을 이행하는 과정에서 판매장려금을 공제한 행위가 관련 법령 및 심사지침, 대리점계약 내용, 정상적인 거래관행 등을 고려하였을 때 부당한지 여부가 문제된다.

다. 조정대상 적격여부

분쟁당사자 간의 거래가 대리점법 제2조 제1항에 따른 대리점거래에 해당하므로 조정대상이 된다.

2. 분쟁사실 및 당사자 주장

가. 분쟁사실

o 신청인은 2015. 10월경 피신청인과, 피신청인으로부터 화장품 등 제품(이하 '이 사건 제품'이라 한다)을 공급받아 소비자에게 재판매하기로 하는 대리점계약(이하 '이 사건 계약'이라 한다)을 체결하였다.

o 이후 당사자는 이 사건 계약의 계약기간을 1년씩 자동으로 연장해왔으며, 가장 최근에는 2017. 10월경 계약을 연장하여 계약

만료일은 2018. 12월경이다.

ㅇ 이 사건 계약에 따르면 신청인은 피신청인으로부터 공급받은 제품을 일반 소비자가 아닌 타 도매점 등에 공급하여서는 아니 되는데, 피신청인은 2018. 3월경 신청인이 이 사건 제품을 타 도매점 등에 공급한 사실을 확인하고, 신청인이 이 사건 계약에 반하는 영업행위를 하였음을 이유로 이 사건 제품의 공급을 보류하겠다고 통보하였다.

ㅇ 신청인은 2018. 5월경 운영상의 이유로 이 사건 계약을 해지한다는 내용의 거래계약 해지 확인서를 피신청인에게 제출하였고, 이 사건 계약은 같은 날 해지되었다.

ㅇ 신청인은 이 사건 계약 해지에 따라 2018. 6월경 피신청인에게 자신이 보유하고 있던 이 사건 제품 500개를 반품하였고, 피신청인은 같은 해 7월경 신청인에게 반품대금으로 판매장려금이 공제되지 않은 20,000천 원(천 원 미만 버림, 이하 같다)이 지급될 것이라고 수차례 안내하였다.

ㅇ 그러나 피신청인은 2018. 7월경 신청인에게 반품대금을 지급하면서 20,000천 원을 지급할 것이라는 기존 안내와는 다르게 170,000천 원만을 지급하였는데, 이 금액은 피신청인이 판매장려금을 공제한 금액이다.

나. 당사자 주장

1) 신청인 주장

신청인은 피신청인이 지급한 판매장려금이 사실상 신청인의 유통마진을 대체하는 성격을 가지고 있을 뿐만 아니라 이 사건 계약 해지 시 피신청인 담당자가 반품대금에서 판매장려금을 공제하지 않기로 약정하였으므로 반품대금에서 판매장려금을 공제하는 행위는 부당하다고 주장한다.

2) 피신청인 주장

피신청인은 신청인에게 제품 구입실적 및 제품대금 지급시기에 따른 판매장려금을 지급함으로써 결과적으로 신청인은 해당 판매장려금만큼 저렴하게 제품을 구입한 것이 되므로 이러한 판매장려금을 지급받고 구입한 제품의 반품대금을 산정할 때 해당 판매장려금을 공제하는 것이 부당하다고 보기 어려우며 이 사건 계약 해지 시 신청인에게 반품대금에서 판매장려금을 공제하지 않겠다고 약정한 사실 역시 없다고 주장한다.

3. 조정결과
양당사자가 협의회 조정안을 수락하여 주문과 같은 내용의 조정이 성립되었다.

■ 의류 제조업자의 불이익 제공행위 관련 분쟁조정 사례
[기타의 불이익 제공]

1. 사건의 개요
가. 분쟁의 경위

신청인은 피신청인으로부터 의류 등 제품을 공급받아 소비자에게 재판매하는 업무를 수행한 중소기업자이고, 피신청인은 의류 제조업을 영위하는 중소기업자가 아닌 자로서 자신의 의류 등 제품을 신청인에게 공급하는 사업자이므로 공급업자인데, 신청인은 2014. 12월경부터 피신청인의 대리점을 운영해오다 피신청인이 2018. 12월경 신청인에게 같은 해 11월자로 대리점 계약을 종료하겠다고 서면으로 통보하자, '계약상 계약의 종료 혹은 갱신에 대한 의사를 2개월 전에 통보해야 한다고 규정되어 있음에도 불구하고 피신청인이 계약 종료일 1개월 전에 계약을 종료하겠다고 통보하여 신청인에게 손해가 발생하였다'고 주장하면서 이 사건 조정을 신청하였다.

나. 사안의 쟁점

이 사안의 경우 피신청인이 계약상 정해진 절차를 따르지 않고 계약의 종료를 통보한 행위가 관련 법령 및 심사지침, 대리점계약 내용, 정상적인 거래관행 등을 고려하였을 때 정당한지 여부가 문제된다.

다. 조정대상 적격여부

분쟁당사자 간의 거래가 대리점법 제2조 제1항에 따른 대리점거래에 해당하므로 조정대상이 된다.

2. 분쟁사실 및 당사자 주장
가. 분쟁사실

○ 신청인은 2014. 12월경 피신청인과 계약기간을 2014. 12월부터 2016. 12월까지로 하여 피신청인으로부터 의류 등 제품을 공급받아 소비자에게 재판매하기로 하는 대리점계약을 체결하였다.

○ 피신청인과 신청인은 당초 계약기간 종료일인 2016. 12월 당시에는 모두 계약의 갱신 또는 종료 여부에 대한 별도의 의사표시를 하지 않았고, 2016. 12월경 당초 계약 내용과 동일한 내용으

로 계약(이하 '이 사건 계약'이라 한다)을 다시 체결하였다.

o 피신청인은 2018. 11월경 신청인에게 이 사건 계약을 같은 해 12월자로 종료하겠다고 서면으로 통보하였는데, 이에 신청인은 피신청인에게 계약 종료일 2개월 전인 2018. 10월까지 어떠한 통보도 받지 못하였으므로 피신청인의 계약 종료 통보를 받아들일 수 없으며, 피신청인이 계약을 갱신해 주어야 한다고 서면으로 요청하였다.

o 피신청인은 신청인에게 피신청인이 계약 종료일 2개월 전에 계약의 종료 또는 갱신의 의사를 통보하지 않았다고 하여 계약이 자동으로 갱신된다는 규정이 없으므로 같은 해 12월자로 이 사건 계약을 종료하겠다고 서면으로 통보하였으나, 신청인은 피신청인에게 재차 서면을 통해 계약의 갱신을 요청하였다.

o 피신청인은 신청인의 요청을 받아들이기 어렵다고 통보하여 이 사건 계약은 2018. 12월자로 종료되었다.

나. 당사자 주장

1) 신청인 주장

신청인은 피신청인이 이 사건 계약 종료일 2개월 전에 계약 종료의 의사를 별도로 밝히지 않았으므로 계약이 갱신된 것으로 보아야 하고, 이 사건 계약 종료일 1개월 전에 일방적으로 계약 종료를 통보한 피신청인의 행위는 부당하므로, 이로 인한 신청인의 손해를 피신청인이 배상해주어야 한다고 주장한다.

2) 피신청인 주장

피신청인은 신청인에게 이 사건 계약 종료일 2개월 전에 계약의 갱신 또는 종료에 대한 의사를 서면으로 통보하지 않을 경우 이 사건 계약이 자동으로 갱신된다는 규정이 없으므로 이와 관련된 신청인의 주장을 받아들이기 어렵다고 주장한다.

3. 조정결과

양당사자가 협의회 조정안을 수락하여 주문과 같은 내용의 조정이 성립되었다.

■ 의료기기 제조업자의 불이익 제공행위 관련 분쟁 [기타의 불이익 제공]

1. 사건의 개요

가. 분쟁의 경위

신청인은 피신청인으로부터 의료기기 등 제품을 공급받아 의료기관에 재판매하는 업무를 수행한 중소기업자이고, 피신청인은 의료기기 제조업을 영위하는 중소기업자가 아닌 자로서 공급업자인데, 신청인은 피신청인으로부터 구입한 의료기기에 제품 하자가 있음에도 피신청인이 해당 제품에 대한 반품을 부당하게 거절하여 손해를 입었다고 주장하며 조정을 신청하였다.

나. 사안의 쟁점

이 사안의 경우 피신청인이 신청인의 반품을 거절한 행위가 부당한지 여부가 문제된다.

다. 조정대상 적격여부

분쟁당사자 간의 거래가 대리점법 제2조 제1항에 따른 대리점거래에 해당하므로 조정대상이 된다.

2. 분쟁사실 및 당사자 주장

가. 분쟁사실

o 신청인은 2017. 1월경 피신청인과 피신청인으로부터 의료기기 등 제품을 공급받아 의료기관에 재판매하기로 하는 대리점계약(이하 '이 사건 계약'이라 한다)을 체결하였다.

o 신청인은 이 사건 계약 체결과 동시에 피신청인으로부터 20,000,000원 상당의 의료기기를 구입하였다.

o 그런데 신청인은 2017. 4월경 피신청인에게 구입한 의료기기의 제품 하자를 주장하면서 해당 의료기기의 반품을 요청하였으나, 피신청인은 이를 거부하였다.

나. 당사자 주장

1) 신청인 주장

제품 하자로 인하여 정상적인 영업이 어렵고 사용한지 3개월도 되지 않은 제품의 반품을 받아주지 않는 피신청인의 행위가 부당하다.

2) 피신청인 주장

이 사건 계약에 따르면 신청인의 반품을 받아줄 의무가 없고 제품을 회수하여 확인한 결과 제품 하자를 발견할 수 없어 신청인의 주장을 받아들이기 어렵다.

3. 조정결과

o 담당 조사관은 우선 피신청인에게 제품 하자로 인한 반품 요청을 정당한 사유 없이 거부할 경우 대리점법 9조에 따라 불이익 제공행위에 포섭될 여지가 있다고 설명해주면서, 해당 의료기기의 사용일이 짧아 제품 가치가 크게 감소되지 않은 것으로 보이므로 반품을 받아주고 감가상각을 고려하여 반품 정산금을 신청인에게 지급하기로 하는 협의안을 제시하였다.

o 또한 신청인과의 면담 결과 신청인은 의료기기를 구입한 이후 3개월 가까이 제품에 대한 검수를 하지 않았다고 진술하였는데, 이 사건 계약에 2주일 내에 제품에 대한 검수를 마쳐야 한다는 규정이 있다고 설명해주면서 신청인에게도 해당 분쟁에 대한 일부 책임이 있을 수 있음을 설명해주었다.

o 당사자가 이 사건 사실관계 조사 중 '피신청인이 신청인으로부터 반품을 받아주고 감가상각을 고려하여 제품 대금 17,000,000원을 지급하기로 함'이라는 내용으로 합의하여 조정이 성립되었다.

■ 사무용 기계 제조업자의 불이익 제공행위 관련 분쟁 [기타의 불이익 제공]

1. 사건의 개요

가. 분쟁의 경위

신청인은 피신청인으로부터 사무용 기계 등 제품을 공급받아 소비자에게 재판매하는 업무를 수행한 중소기업자이고, 피신청인은 사무용 기계 제조업을 영위하는 중소기업자가 아닌 자로서 공급업자인데, 신청인은 피신청인의 대리점을 운영해오다 피신청인에게 계약 해지를 요청하였는데, 피신청인이 신청인에게 약정한 운영기간을 채우지 못하고 대리점 운영을 중단하였음을 이유로 계약 체결 시 지원했던 인테리어비용 전액을 반환하라고 청구하여 이 사건 분쟁이 발생하였다.

나. 사안의 쟁점

이 사안의 경우 피신청인이 신청인에게 계약해지에 따라 지원금 전액을 반환하라고 청구한 행위가 부당한지 여부가 문제된다.

다. 조정대상 적격여부

분쟁당사자 간의 거래가 대리점법 제2조 제1항에 따른 대리점거래에 해당하므로 조정대상이 된다.

2. 분쟁사실 및 당사자 주장

가. 분쟁사실

o 신청인은 2014. 3월경 피신청인과 계약기간을 2014. 3월부터 2015. 12월까지로 하여 피신청인으로부터 사무용 기계 등 제품을 공급받아 소비자에게 재판매하기로 하는 대리점계약(이하 '이 사건 계약'이라 한다)을 체결하였고 이후 당사자는 이 사건 계약의 계약 기간을 1년씩 자동으로 연장해왔다.

o 피신청인은 2014. 3월경 신청인에게 인테리어비용 20,000,000원의 25%인 5,000,000원을 지원하기로 하면서 신청인이 이 사건 계약을 4년 이내에 해지할 경우 피신청인이 지원한 인테리어비용 전액을 반환하기로 하는 약정(이하 '이 사건 약정'이라 한다)을 신청인과 체결하였다.

o 신청인은 2017. 4. 1. 피신청인에게 건강상의 문제 등을 이유로 폐업하기로 하면서 피신청인에게 이 사건 계약의 해지를 요청하였고 이에 피신청인은 신청인에게 인테리어비용 5,000,000원 전액을 반환할 것을 요구하였다.

o 그런데 신청인은 2017. 4. 9. 당사자가 약정한 운영기간인 4년 중 신청인이 대리점을 운영한 기간인 3년을 제외한 금액 1,250,000원(5,000,000원*25%)을 지급하였다.

o 이에 피신청인은 2017. 4. 17. 신청인에게 잔여 인테리어비용 3,750,000원(5,000,000원-1,250,000원)의 지급을 청구하였다.

나. 당사자 주장

1) 신청인 주장

신청인의 대리점을 3년간 운영하였음에도 불구하고 지원했던 시설비용 전액을 청구하는 피신청인의 행위가 부당하다고 주장한다.

2) 피신청인 주장

피신청인은 신청인의 동의하에 이 사건 계약을 체결하였고, 신청인의 사정으로 당사자가 정한 대리점 운영기간 내에 폐업하였으므로 이 사건 약정에 따라 신청인에게 지원한 시설비용 전액을 청구하는 행위가 부당하지 않다고 주장한다.

3. 조정결과

양당사자가 협의회 조정안을 수락하여 주문과 같은 내용의 조정이 성립되었다.

■ 패스트푸드 가맹본부의 허위 과장 정보제공 관련 분쟁조정 사례

1. 신청취지 및 경위

○ 신청인은 패스트푸드 가맹본부인 피신청인과 가맹계약을 체결하고 가맹점을 운영하였음.

○ 피신청인은 가맹계약 체결 당시 신청인에게 마진율이 27%에 달하며 월 예상매출액이 6백만 원이라는 정보를 제공하였으나 신청인 매장의 실제 마진율 및 월 매출액이 이에 이르지 아니하자 분쟁이 발생함.

2. 조정의 진행 및 결과(성립)

○ 조정원은 신청인에게 마진율 및 월 예상매출액에 관한 정보를 제공한 피신청인의 행위가 가맹사업법이 금지한 허위.과장된 정보제공행위에 해당할 여지가 있다고 보고 조정절차를 진행함.

○ 그 결과 당사자가 피신청인이 신청인에게 3백만 원을 지급하는 내용으로 합의하여 조정이 성립됨.

■ 커피전문점 가맹본부의 가맹금미예치 등 관련 분쟁조정 사례

1. 신청취지 및 경위

○ 신청인은 커피전문점 가맹본부인 피신청인과 가맹계약을 체결하고 피신청인에게 가맹금 3,000천 원을 지급함.

○ 신청인은 피신청인이 신청인으로부터 가맹금을 직접 수령하였고 신청인에게 정보공개서를 제공해주지 않았음을 이유로 피신청인에게 가맹금 반환을 요청하였으나, 피신청인이 이를 거절하여 분쟁이 발생함.

2. 조정의 진행 및 결과(성립)

○ 조정원은 신청인으로부터 가맹금을 직접 수령하고 신청인에게 정보공개서를 제공하지 않은 피신청인의 행위가 가맹사업법이 금지한 가맹금 미예치 및 정보공개서 미제공 행위에 해당할 여지가 있다고 보고 조정절차를 진행함.

○ 그 결과 당사자가 피신청인이 신청인에게 가맹금 전액을 반환하는 내용으로 합의하여 조정이 성립됨

부 록

- 표준정보공개서
- 가맹희망자에 대한 정보 제공 가이드라인
- 가맹사업거래의 공정화에 관한 법률

[서 식] 표준정보공개서

<별지 서식>

※ 정보공개서는 **영업표지(브랜드) 별로 작성·등록**하여야 합니다.

※ 목차는 가맹본부에 맞게 더 자세하게 나누십시오.

※ 이하의 내용은 공정거래위원회가 가상의 가맹본부를 상정하여 작성한 것입니다. 본 표준정보공개서를 사용하려는 가맹본부는 자신의 상황에 맞게 내용을 작성하시고, 특히 대괄호[　] 안의 내용은 가맹본부의 영업방침에 따라 수정하시기 바랍니다. 또한, **해당되는 사항이 없는 경우에도 반드시 "해당없음", "그러한 사실이 없습니다."** 등으로 일반인이 알기 쉽게 표시하십시오. 아무 표시가 없는 경우 정보공개서 **기재사항을 누락한 것으로 간주합니다.**

※ 본문 내용 중 보충설명이 필요한 부분에는 **점선으로 된 글상자** 안에 그 내용을 기재하였으니 참고하십시오.

※ **객관적인 사실에 근거하지 않거나 계약서의 관련 내용과 다른 사항**이 정보공개서에 기재될 경우 **관련법에 따라 처벌**될 수 있으니 주의하시기 바랍니다.

※ 표준정보공개서는 가맹사업법령에 따른 정보공개서 기재사항을 모두 포함하고 있으나 본 양식을 사용한 것만으로 정보공개서 등록이 항상 이루어지는 것은 아니므로 **법적 검토를 하신 후 사용**하시기를 부탁드립니다.

[가맹본부의 로고가 있는 경우 로고]	[정보공개서 등록번호] [정보공개서 최초 등록일]	[가맹본부의 홈페이지 주소 및 대표 이메일 주소]

[가맹희망자가 운영하게 될 영업표지(브랜드명)]

정 보 공 개 서

[가맹본부명]은 「가맹사업거래의 공정화에 관한 법률」제7조 및 같은 법 시행령 제4조 제1항에 따라 귀하에게 이 정보공개서를 드립니다.

20 . . .

[가맹본부명]

<주 의 사 항>

이 정보공개서는 귀하께서 체결하려는 가맹계약 및 해당 가맹사업에 대한 전반적인 정보를 담고 있으므로 그 내용을 정확하게 파악한 후에 계약체결 여부를 결정하시기 바랍니다.

「가맹사업거래의 공정화에 관한 법률」에 따라 가맹희망자에게는 정보공개서의 내용을 충분히 검토하고 판단할 수 있도록 일정한 기간이 주어집니다. 따라서 이 **정보공개서를 제공받은 날부터 14일(변호사나 가맹거래사의 자문을 받은 경우에는 7일)이 지날 때까지는 가맹본부가 귀하로부터 가맹금을 받거나 귀하와 가맹계약을 체결할 수 없습니다.**

이 정보공개서는 법령이 정한 기재사항을 담고 있는 것에 불과하며 그 **내용의 사실 여부를 공정거래위원회 또는 시·도에서 모두 확인한 것은 아닙니다.** 또한, 귀하께서는 어디까지나 **가맹계약서의 내용에 따라 가맹사업을 운영하게 되므로 정보공개서의 내용에만 의존하여서는 아니 됩니다.**

귀하께서 **가맹계약서에 서명하는 순간부터** 그 내용에 구속됩니다. 따라서 충분한 시간을 갖고 정보공개서나 가맹계약서의 내용을 검토하시고 **기존 가맹점사업자를 방문하여 얻은 정보**에 근거하여 가맹본부의 신뢰성을 판단하도록 하십시오.

가맹사업은 **법률, 회계, 경영** 등 다양한 분야의 지식이 필요한 분야이므로 **가맹거래사 등 전문가의 자문**을 받는 것을 권장합니다. 귀하가 과거 사업경력이 없는 경우 관련 업종에서 경험을 쌓아 경영 수행 능력을 갖출 필요가 있습니다.

마지막으로 사업 초기에 많은 자금이 소요되므로 **귀하의 재정상태를 확실히 점검**한 다음 창업에 임하시기 바랍니다.

[가맹본부의 주된 사무소의 소재지]
[가맹본부의 대표전화번호]
[가맹본부의 대표팩스번호]
[가맹사업 담당부서 및 전화번호]

목 차

< 정보공개서를 읽기 전에 >

◇ 정보공개서는 가맹본부의 자료에 기초하여 작성된 것이므로 귀하가 실제 운영할 사업 내용과는 **차이가 있을 수 있습니다**. 따라서 사전에 충분히 **내용의 타당성을 검토**하고 별다른 문제가 없는 경우에 가맹계약을 체결하여야 합니다.

◇ 정보공개서의 내용을 이해하기 위해서는 일정한 법률 지식이 필요합니다. 이해가 가지 않는 부분은 가맹본부 측에 **충분한 설명을 요구**하고 필요한 경우 **가맹거래사나 변호사 등 전문가에게 자문을 요청**하는 것이 바람직합니다.

◇ 가맹본부로부터 제공받은 정보공개서와 공정거래위원회 또는 시·도에 등록한 정보공개서(http://franchise.ftc.go.kr)를 비교하여 다른 내용이 있는 경우 공정거래위원회 또는 시·도에 알려주시기 바랍니다.

◇ 정보공개서 기재사항에 허위·과장된 정보가 포함된 경우에는 그 사실을 **공정거래위원회 또는 가맹사업거래홈페이지(http://franchise.ftc.go.kr)**로 신고하실 수 있습니다.

◇ 가맹사업거래의 공정화에 관한 법률에 따라 정보공개서와 함께 귀하가 창업하려고 하는 **점포 예정지 인근 10곳의 정보(가맹점명, 소재지, 전화번호)**를 제공받아야 합니다. 인근 점포를 직접 방문하셔서 가맹본부를 신뢰할 수 있는지 확인하시기 바랍니다.

◇ 가맹본부와 상담하기 전 **'창업희망자가 알아야 할 10가지 필수사항'**과 **'창업희망자를 위한 가맹사업 계약체결 안내서'**를 확인하시고 **가맹사업법 관련 조항**도 찾아보십시오.
  가맹사업거래홈페이지 - '알림마당' - '공지사항'

◇ 가맹본부와 분쟁이 발생한 경우 정보공개서는 중요한 단서가 될 수 있습니다. **정보공개서를 계약서와 함께 잘 보관하십시오.**

◇ 참고로, 가맹본부가 정보공개서 변경등록을 신청하여 공정위 등에서 심사 중인 경우에는 실제 내용과 본 정보공개서가 다를 수 있습니다. 따라서, 본 정보공개서를 제공받으시면 가맹본부에게 변경등록 신청여부 및 변경되는 내용에 대해 반드시 확인받으시고, 필요한 경우 추후 변경등록이 완료된 정보공개서의 제공을 요청하시기 바랍니다.

Ⅰ. 가맹본부의 일반 현황

1. 가맹본부의 일반 정보

당사의 일반 정보는 다음과 같습니다.

상호	영업표지	주 소		
(주) 공 정 위	반포삼겹살 외 1개	서울시 서초구 반포로 9999번지		
	법인 설립등기일[①]	사업자등록일	대표자	대표전화번호	대표팩스번호
	1999.3.15.	1999.3.17.	김공정	02-1234-5678	02-1234-5679
	법인등록번호	111111-2222222	사업자등록번호	123-45-67890	

[①] 개인사업자의 경우 법인 설립등기일 란에 "개인사업자"로 표기합니다.

2. 특수관계인※의 일반 정보

당사의 특수관계인 중 최근 3년 동안 가맹사업 경영 경험이 있는 자는 다음과 같습니다.

관계	이름/상호[①]	영업표지	주 소		
배우자	이친절 (주)서초건강	1004건강	서울시 서초구 강남대로 10000번지		
			대표자[②]	대표전화번호	대표팩스번호
			백철민	02-2000-9999	02-2000-8888
관계	이름/상호	영업표지	주 소		
사용인 (임원)	최거래	반포삼겹살 외 1개	서울시 서초구 반포로 9999번지		
			대표자	대표전화번호	대표팩스번호
			-	02-1234-5678	02-1234-5679
관계	이름/상호	영업표지	주 소		
사용인 (임원)	송가맹	반포삼겹살 외 1개	서울시 서초구 반포로 9999번지		
			대표자	대표전화번호	대표팩스번호
			-	02-1234-5678	02-1234-5679

관계	이름/상호	영업표지④	주 소		
계열회사③	조정원(주)	잠원우동 외 1개	서울시 서초구 잠원로 1234번지		
			대표자	대표전화번호	대표팩스번호
			박조정	02-9876-5432	02-9876-5431
	법인등록번호	333333-4444444	사업자등록번호	987-65-43210	
계열회사⑤	나도해(주)	삼겹구어 외 1개	서울시 서초구 반포로 7777번지		
			대표자	대표전화번호	대표팩스번호
			박협회	02-1234-3333	02-1234-3334
	법인등록번호	777787-666666	사업자등록번호	123-45-67890	

※ 특수관계인의 범위(가맹사업거래의 공정화에 관한 법률 시행령 별표1 제2
호 나목)
1) 다음에 해당하는 회사나 개인을 간추립니다.
가) 가맹본부를 사실상 지배하고 있는 자: 임원 여부와 무관하게 실제로 의사결정
을 하는 자를 의미
나) 가)의 배우자, 6촌 이내의 혈족, 4촌 이내의 인척
다) 가맹본부의 계열회사
라) 가맹본부나 계열회사의 사용인: 임원 여부와 무관하게 가맹사업 경영
에 실질적으로 참여하는 자를 의미
2) 1)에 해당하는 회사나 개인이 **최근 3년 이내에 가맹사업을 경영한 적이
있거나 현재 경영하고 있는 경우 기재합니다.**
3) 더 자세한 내용은 독점규제 및 공정거래에 관한 법률 시행령 제3조제1호
및 제11조제1호를 참고하십시오.

---

① 회사인 경우 상호를, 개인인 경우 이름을 기재합니다. 개인인 특수관계인
이 다른 가맹본부의 임원인 경우 그 회사명도 표시합니다.
② 특수관계인이 가맹본부의 계열사이거나 다른 회사의 임원인 경우 그 회
사의 대표자를 기재합니다.
③ 계열회사인 경우 법인등록번호 및 사업자등록번호를 기재합니다.
④ 특수관계인이 운영하는 영업표지가 복수인 경우 대표 영업표지 1개 외 몇
개식으로 기재합니다.
⑤ 계열회사가 최근 3년 동안 가맹사업을 경영하였으나 폐업 등으로 정보공
개서 등록 취소 등을 하고 더 이상 가맹사업을 경영하지 않는 경우에도
빠짐없이 기재합니다.

3. 가맹본부의 인수·합병 내역

당사는 바로 전 3년 동안 다음과 같이 다른 기업(가맹사업 영업표지를 포함하여 가맹사업을 경영한 기업)을 인수·합병(다른 기업의 가맹 관련 사업을 양수 또는 양도한 경우도 포함한다)하거나 다른 기업에 인수·합병된 적이 있습니다.

인수·합병 여부	기업명	영업표지	인수·합병일	주　소	대표자
가맹본부가 다른 기업을 인수함	해당없음				
가맹본부가 다른 기업의 가맹사업 일부를 인수함	해당없음				
다른 기업에 가맹사업 일부를 인도함	청산별곡 (주)	달려라 한입	2018.02.14.	강원도 OO군 OO로 OO번지	나국어
다른 기업이 가맹본부를 합병함	해당없음				

※ 기재기간: 바로 전 3년

4. 가맹희망자가 앞으로 경영할 가맹사업(앞으로 [반포삼겹살]이라 합니다)의 내용

귀하는 앞으로 아래 표에 따른 가맹사업을 경영하게 됩니다.

구 분	내 용	추가 설명
명 칭①	반포삼겹살	명칭의 유래 설명
상 호②	반포삼겹살 OO점	
상표(서비스표)③		서비스표 등록번호:
광 고④		
그 밖의 영업표지		

[반포삼겹살은... 영업표지 홍보를 하고 사진 등의 자료도 첨부합니다.]※

> ※ 가맹본부의 로고, 간판 등의 그림을 기재하는 것도 가능합니다.
> ① 영업표지를 기재합니다.
> ② 가맹점이 사용하게 될 점포명을 기재합니다.
> ③ 상표법에 따라 등록한 상표(서비스표 포함)가 아니더라도 제3자의 입장에서 가맹본부의 영업표지가 경쟁사의 영업표지와 구별될 수 있는 표지(로고 포함)를 기재합니다.
> ④ 광고에 사용되는 캐릭터 등이 있으면 기재합니다.

5. 바로 전 3개 사업연도①의 재무상태표 및 손익계산서

1) 당사의 바로 전 3년 동안의 재무상황 요약은 다음과 같습니다.

(단위: 천원, 부가세 미포함)

연도	자산총계②	부채총계	자본총계	매출액	영업이익	당기 순이익
2017년						
2018년						
2019년						

그 근거자료는 별첨 1과 같습니다. [※재무상태표, 손익계산서 사본은 가맹사업거래의 공정화에 관한 법률 시행령에 따라 반드시 삽입하셔야 합니다.]

---

① 직전 3개 사업연도의 재무상태표 및 손익계산서를 제출해 주시기 바랍니다.
 * 주식회사의 외부감사에 관한 법률에 따라 외부감사의 대상이 되는 가맹본부(자산총액 70억 이상 주식회사, 주권 상장법인, 코스닥 상장법인)는 감사보고서상의 재무상태표 및 손익계산서를 기재하며, **그 내용을 임의로 수정하지 마십시오.**
② 자산, 부채, 자본의 경우 직전 사업연도 말일을 기준으로 기재합니다. 기재기간은 ①과 같습니다.
※ 가맹본부가 변경된 경우 기존 가맹본부의 재무현황 정보도 기재하고자 하는 경우 별도로 표를 작성하시고 기존 가맹본부와 현 가맹본부의 관계 등 그에 대한 설명을 기재하시기 바랍니다.

※ 재무상태표 및 손익계산서를 작성하지 않는 가맹본부는 최근 3개 사업연도의 매출액을 확인할 수 있도록 「**부가가치세법」에 따른 부가가치세신고서 등의 증명서류**를 삽입합니다.
 재무상황의 기재방법은 원칙적으로 **기업회계기준**을 따릅니다.
※ 가맹본부가 소득세법상 성실신고 확인대상 사업자인 경우 같은 법에 따라 종합소득세 신고기한이 연장되나, 이를 이유로 위 사항에 대한 변경등록 신청을 지연하여서는 안됩니다.
 (시행령 [별표 1의2]상의 기한을 반드시 준수하시기 바랍니다.)

[당사는 [   ]년[   ]월 개인사업자[법인사업자]에서 법인사업자[개인사업자]로 전환하였습니다. 따라서, 0000년도 이전은 법인사업자[개인사업자]로 전환하기 전 개인사업자[법인사업자]로서의 가맹본부 매출액이며, 0000년 이후에는 현재 법인사업자[개인사업자]의 매출액임을 알려드립니다.]

※ 가맹본부가 최근 3년 사업연도에 **개인사업자에서 법인사업자로 전환**하였거나 법인사업자에서 개인사업자로 전환한 경우 **전환 전 사업연도의 매출액**은 전환 전 **개인사업자**(또는 법인사업자)의 **매출액임을 반드시 추가 명기**하시기 바랍니다.

2) 당사의 바로 전 3년 동안의 가맹사업 관련 매출액①은 다음과
   같습니다.

□ 당사의 가맹사업 관련 매출액

(단위: 천원, 부가세 미포함)

영업표지②	연도	가맹사업 관련 매출액③④		
		매출액	상한	하한
반포삼겹살	2017년			
	2018년			
	2019년			
과천보쌈	2017년			
	2018년			
	2019년			

① 가맹본부가 가맹사업 이외의 사업을 경영하지 않아 **1)의 매출액과** 가
   맹사업 관련 매출액이 **같을 경우에는** 1)의 매출액과 **같음을 표기하고**
   추가로 기재하시지 않으셔도 됩니다.
② 가맹본부가 다수의 영업표지를 경영하고 있을 경우에는 **영업표지별로**
   분류하여 **기재**하시되, 분류가 어려울 경우에는 그 합계를 기재하실
   수 있습니다.
③ 관련 매출액 근거자료 제시나 매출액 산정이 곤란할 경우, 추정된 매
   출액임을 밝히고 그 상한과 하한을 기재하셔야 합니다. 또한, 매출액
   산정시 그 산정기준을 제시하여야 합니다.
④ 직영점이 있을 경우에는 직영점 매출액도 포함하여 기재합니다.

[당사에서 추정한 가맹사업 관련 매출액은 당사 전체 매출액의
60%입니다.]
[당사는 가맹사업(반포삼겹살, 과천보쌈) 외, 육류 도매업도 하고
있으며, 당사의 매출액은 가맹사업별로 가맹점사업자들에게 공급
하는 육류매출액과 육류 도매매출액으로 구성됩니다.
당사가 각 가맹사업 영업표지별로 가맹점사업자들에게 공급하는
육류의 매출액은 전체 매출액과 대비하여 60%에 해당하며, 가맹
사업 관련 매출액 중 반포삼겹살 가맹점사업자들에게 공급하는 육
류매출액은 50%~52%이며, 과천보쌈 가맹점사업자들에게 공급하
는 육류매출액은 48%~50% 입니다. 따라서 관련 매출액은 반포
삼겹살은 000천원과 000천원 사이에 있으며, 과천보쌈은 000천원
과 000천원 사이에 있을 것으로 추정됩니다.]

※ 가맹사업 관련 매출액을 산정(추정)시 그 근거자료를 제시하시기 바랍니다.

6. 가맹본부의 임원① 명단 및 사업경력②

당사의 임원 내역은 다음과 같습니다.

관련여부③	이름	현직위	사업경력		
			기간④	직위	담당 업무
가맹사업 관련 임원	김공정	대표이사	2017.1 ~ 2017.8.	AB학원(주) 상무	가맹점 관리
			2017.8 ~ 2018.11.	AB학원(주) 전무	회계·자금
			2018.11. ~ 현재	(주)공정위 대표이사	회사 업무 총괄
	송가맹	감사	2017.1. ~ 2018.5.	(주)가나식품 전무	가맹점 관리
			2018.5. ~ 현재	(주)공정위 감사	
가맹사업 비관련 임원	최거래	이사	2017.6. ~ 2018.5.	한강대학교 교수	경영학
			2018.5. ~ 현재	(주)공정위 이사	경리
	...				

① 임원의 범위(자세한 내용은 독점규제 및 공정거래에 관한 법률 제2조제5호를 참고하십시오.)
 1) 이사·대표이사: 등기여부를 불문
 2) 업무집행을 하는 무한책임사원
 3) 감사
 4) 지배인 등 본점이나 지점의 영업전반을 총괄적으로 처리할 수 있는 상업사용인
 5) 그 밖에 이에 준하는 사람
② 사업경력은 **시간 순서**에 따라 기재합니다. 동일한 기간에 여러 사업을 수행한 경우에는 **가맹사업과 관련된 내용을 우선 기재**하고 그밖의 업무는 중요도를 고려하여 기재합니다.
③ 가맹본부의 임원이지만 가맹사업에 관여하지 않는 임원은 나누어 기재합니다.
④ 기재기간: 최근 3년
※ 임원의 **개인정보(집 주소, 집 전화번호, 휴대 전화번호, 주민등록번호, 생년월일 등)는 기재하지 않습니다.**

7. 바로 전 사업연도 말 임직원 수

당사의 바로 전 사업연도 말 임직원 수는 다음과 같습니다.

시점	임원수(명)		직원수(명)[①]
	상근	비상근	
2019년 12월 31일	3	1	30

[※ 사업연도가 연도 말이 아닌 가맹본부는 사업연도 말을 기준으로 기재합니다.]

① **직원수**는 가맹본부가 관할 세무서장에게 신고한 바로 전 사업연도 말 (12월) **원천징수이행상황신고서** 상의 **월급여간이세율(A01)의 총인원**을 기준으로 하며, 등록심사시 근거자료도 제출합니다.

8. 가맹본부 및 가맹본부의 특수관계인의 가맹사업 경영 사실

당사 및 당사의 특수관계인은 정보공개일 현재 최근 3년 동안 다음과 같이 가맹사업을 경영하였거나 경영하고 있습니다.

관계	상호/이름	구분	기간[①]	사업내용[②]
가맹본부	(주)공정위	가맹사업 경영	2017.1.~ 현재	과천보쌈(등록번호: 20120000019)이라는 영업표지의 한식사업 경영
		가맹사업 경영	2017.2.~ 2017.11. *해당 가맹사업을 다른 회사에 인도함	달려라한입(등록번호: 20080000001)이라는 영업표지의 분식사업 경영
특수 관계인 (배우자)	이친절	다른 가맹본부 [(주)서초건강] 이사로 재직	2017.11.~ 현재	1004건강(등록번호: 20080000002)이라는 영업표지의 식품사업 경영
		친절식품(주)라는 식품 업체 경영	2018.7.~ 현재	(주)공정위에 식자재 등 납품

특수 관계인 (계열회사)	조정원(주)	가맹사업 경영	2018.5. ~ 현재	잠원우동(등록번호 : 20080000003)라는 영업표지의 분식사업 경영
		가맹사업 경영	2018.4. ~ 현재	랄라라학원(등록번호:20 080000005)라는 영업표지의 영어사업 경영
특수 관계인 (계열회사)	나도해(주)	가맹사업 경영	2015.9. ~ 2018.1. *경영난으로 폐업하여 정보공개서 자진취소③	삼겹구어(등록번호 : 20080000004)이라는 영업표지의 한식사업 경영
		가맹사업 경영	2016.2. ~ 현재	세종오겹살(등록번호 : 2010000010)이라는 영업표지의 한식사업 경영

① 기재기간: 최근 3년
② 구체적으로 기재하되, **가맹사업의 영업표지·업종, 정보공개서 등록번호**는 반
드시 포함합니다.
③ 최근 3년 동안 가맹사업을 경영한 적이 있으나 **폐업 등의 사유로 정
보공개서를 자진취소한 경우도 포함**하여 **기재**하여야 합니다.

9. 사용을 허용하는 지식재산권①

당사가 귀하에게 사용을 허용하는 지식재산권은 다음과 같습니다.

명칭	권리내용②	등록 및 등록신청 여부(일자)	출원번호 및 등록번호	소유자 (등록신청자)	존속기간 만료일 (가맹본부의 사용기간③)
반포삼겹살 (상표권)		2004.5.10. 출원 2004.7.21. 등록	출원 제OO-O	(주)공정위	2024.7.21.
			등록 제OO-O		
특제소스 1 (특허권)	제품 사용 및 대가 수수	2004.4.11. 출원 2006.1.20. 등록	출원 제OO-O	(주)공정위	2024.4.11.
			등록 제OO-O		
특제소스 2 (특허권)	제품 사용 및 대가 수수	2010.6.2. 출원 2010.9.2. 등록	출원 제OO-O	나가맹	2030.6.2. (2025.2.4.)
			등록 제OO-O		
특제소스 3 (특허권)	제품 사용 및 대가 수수	2010.9.3. 출원 2010.10.29. 출원거절 2010.11.22. 이의신청	출원 제00-0	((주)공정위)	
....					

귀하가 허용된 범위를 벗어나 당사의 상표(특허)를 사용할 경우에는 민형사상 책임을 질 수 있으니 주의하여야 합니다.

당사의 지식재산권 내용은 한국특허정보원 특허정보검색서비스 (http://www.kipris.or.kr)에서 확인할 수 있습니다.

① 특허청에 상표·실용신안·특허 등의 출원신청을 하고 접수된 이후의 사항에 대해서 기재합니다. 특히 가맹본부가 외국법인인 경우, 국제 PCT 특허 출원이 있는 경우에 한정하여 기재합니다.
  지식재산권이 등록되지 않은 경우(출원신청만 한 경우)에는 **"당사의 상표 등을 사용하는 권리는 관계법으로 보호받지 못합니다."**라는 내용을 반드시 기재합니다.
② 가맹점사업자에게 사용이 허용되는 범위를 구체적으로 기재합니다.
③ 지식재산권 소유자가 가맹본부가 아닌 자일 경우, 소유자로부터 가맹본부가 사용권을 부여받은 기간을 괄호로 표현합니다.
※ 가맹본부와 지식재산권 소유자가 다르면 증빙자료 제출시 상표권 설정계약서를 반드시 함께 제출해야 합니다.

※ 참고: 가맹본부가 **외국기업**인 경우 작성요령
① 국내에 가맹본부의 영업 사무소(국내지사 포함)가 있고 국내 사무소가 가맹사업을 진행하는 경우 및 ② 국내에 가맹본부의 영업 사무소가 없고 국제 가맹계약(라이선스 계약 포함)을 통하여 별도의 사업자가 가맹사업을 진행하는 경우(이 경우 국내사업자가 국내에서 가맹사업운영권을 부여받은 기간을 포함하여 기재합니다.)
 가. 가맹본부의 상호, 영업표지, 설립일, 명칭 등은 국제적으로 통용되는 원 가맹본부의 정보를 기재합니다. 다만, 가맹희망자의 이해를 돕기 위하여 국내 사무소(또는 국내 사업자)의 정보도 함께 표시합니다.
 나. 기타 정보(가맹본부의 주소, 사업자등록일, 전화번호, 특수관계인, 인수합병 내역, 재무제표, 임원 명단 등)는 국내 사무소(또는 국내 사업자)를 기준으로 작성합니다.
③ 국내에 가맹본부의 영업 사무소가 있으나 실제 영업은 별도 계약을 맺은 국내 사업자가 수행하는 경우
→ 실제 사업을 수행하는 국내 사업자가 국내 사무소 대신 정보공개서를 작성합니다.

II. 가맹본부의 [반포삼겹살] 가맹사업 현황

1. 〔반포삼겹살〕을 시작한 날: 1997년 3월 21일

(직영점을 시작한 날: 1996년 5월 23일)

> ※ 최초의 가맹점이 영업을 시작한 날을 기재합니다. 가맹점 없이 직영점을
> 먼저 개설하여 사업을 운영하고 있었다면 최초의 직영점이 영업을 시
> 작한 날을 추가로 기재하고 그 사실을 표시합니다. 다른 영업표지를
> 인수·합병한 경우에도 동일합니다. 또한 영업을 시작한 날을 확실하게
> 알기 어려운 경우에는 계약일을 기재하고 그 사실을 표시합니다. 아직
> 가맹계약 체결사실이 없는 경우에는 가맹계약 체결사실이 없다는 내
> 용을 기재하시기 바랍니다.

2. 〔반포삼겹살〕연혁

	영업표지	대표자의 이름	가맹사업 경영 기간	주된 사무소의 소재지
공정위	서초삼겹살	김사업	1997.3.21. ~ 1999.3.16	서울시 송파구 송파1동 999번지
(주)공정위	반포삼겹살	김사업	1999.3.17 ~ 2012.10.31	서울시 서초구 반포로 9999번지
(주)공정위	반포삼겹살	김공정	2018.11.1. ~ 현재	서울시 서초구 반포로 9999번지

> ※ 변경사항이 발생하면 기재하시기 바랍니다. 다만, 가맹본부 상호, 영
> 업표지, 대표자 이름, 경영기간에 변경이 없이 주된 사무소의 소재지
> 등만 변경된 경우에는 연혁에 별도로 기재하지 않으셔도 됩니다.

3. (반포삼겹살) 업종

영업표지	업종	
반포삼겹살	대분류	소분류(주요상품)
	기타외식	돼지고기

> ※ 대분류는 한식, 분식, 중식, 일식, 서양식, 기타 외국식, 패스트푸드, 치킨, 피자, 제과제빵, 아이스크림/빙수, 커피, 음료(커피 외), 주점, 기타 외식, 편의점, 의류/패션, 화장품, 농수산물, (건강)식품, 종합소매점, 기타 도소매, 교육(교과), 교육(외국어), 기타 교육, 유아 관련 (교육 외), 부동산 중개, 임대, 숙박, 스포츠 관련, 이미용, 자동차 관련, PC방, 오락, 배달, 안경, 세탁, 이사, 운송, 반려동물 관련, 약국, 인력 파견, 기타 서비스로 분류하여 주시고, 소분류는 가맹점 내 주요 매출 상품을 기재하여 주시기 바랍니다.

4. 바로 전 3년간 사업연도 말 영업 중인 [반포삼겹살] 가맹점 및 직영점의 총 수

(단위: 개)

지역	2017.12.31.			2018.12.31.			2019.12.31.		
	전체	가맹점수	직영점수	전체	가맹점수	직영점수	전체	가맹점수	직영점수
전체	54	50	4	58	55	3	68	64	4
서울	44	40	4	40	37	3	49	45	4
부산	-	-	-	-	-	-	-	-	-
대구	-	-	-	-	-	-	-	-	-
인천	-	-	-	-	-	-	-	-	-
광주	-	-	-	-	-	-	1	1	-
대전	-	-	-	2	2	-	2	2	-
울산	-	-	-	-	-	-	-	-	-

세종	-	-	-	-	-	-	-	-	-
경기	10	10	-	16	16	-	16	16	-
강원	-	-	-	-	-	-	-	-	-
충북	-	-	-	-	-	-	-	-	-
충남	-	-	-	-	-	-	-	-	-
전북	-	-	-	-	-	-	-	-	-
전남	-	-	-	-	-	-	-	-	-
경북	-	-	-	-	-	-	-	-	-
경남	-	-	-	-	-	-	-	-	-
제주	-	-	-	-	-	-	-	-	-

※ 직영점과 가맹점 수는 영업 중인 점포 수를 기준으로 기재합니다. 다만, 가맹점의 경우 영업을 시작한 시점이 불분명할 경우 가맹계약을 체결한 가맹점 수를 기준으로 기재합니다. 다만, 가맹본부가 개인사업자에서 법인사업자로 전환하거나, 법인사업자에서 개인사업자로 전환한 경우 전환 전 연도의 가맹점 및 직영점 수에 대한 설명을 추가합니다.

5. 바로 전 3년간 [반포삼겹살] 가맹점 수

(단위: 개)

연도	연초	신규 개점	계약 종료①	계약 해지②	명의 변경③	연말
2017	41	11	1	1	2	50
2018	50	12	5	2	-	55
2019	55	10	1	-	1	64

[반포삼겹살] 가맹점의 자세한 내역은 별지를 확인하십시오.④

※ 연초: 1월 1일, 연말: 12월 31일 기준으로 가맹점 수를 기재합니다.

① 계약종료: **계약기간이 만료**되어 종료하는 경우

② 계약해지: 가맹본부나 가맹점사업자의 귀책사유 등으로 **계약을 중도에 종료**하는 경우

③ 명의변경: 가맹점운영권을 **가맹점사업자간 양도한 경우**(가맹본부가 파악할 수 있는 내용만 기재합니다)에 한하며, 가맹본부가 가맹점사업자의 운영권을 환매하여 직영점으로 운영하는 경우에는 계약 해지에 포함합니다.

④ 가맹점사업자의 상호(OO점), 소재지 및 전화번호를 기재한 가맹점사업자 내역을 별지로 제공하는 것이 바람직합니다. 양이 많은 경우 전자우편 등으로 제공할 수도 있습니다.

6. [반포삼겹살]외에 가맹본부가 경영하거나 특수관계인이 경영하는 가맹사업 현황

당사는 [반포삼겹살]외에도 가맹본부 및 가맹본부의 특수관계인이 경영하고 있는 가맹사업의 바로 전 3년간 현황은 다음과 같습니다.

(단위: 개)

구분	상호/이름	영업표지	정보공개서 등록번호	업종[1]	가맹점/직영점의 수[2]		
					2017. 12.31.	2018. 12.31.	2019. 12.31.
가맹본부	(주)공정위	과천보쌈	20160000019	한식	11/1	11/1	11/2
특수관계인 (배우자)	(주)서초건강	1004건강	20080000050	식품사업	23/1	25/0	25/0
특수관계인 (계열회사)	조정원(주)	잠원우동	20080000003	분식	67/0	122/2	79/2
		랄랄라영어	20080000005	영어학원	40/5	50/6	55/3
특수관계인 (계열회사)	나도해(주)	세종오겹살	20100000010	한식	20/1	25/3	40/3

[1] 일반인이 쉽게 구별할 수 있도록 대표상품(서비스)을 기재하는 것도 좋습니다.
[2] 기재기간: 바로 전 3년간 사업연도 말 기준

7. 바로 전 사업연도 가맹점사업자①의 연간 평균 매출액(직영점 매출은 제외)과 그 산정기준②

[반포삼겹살] 가맹점사업자 한 명이 2018년에 올린 연간 평균 매출액 및 지역별 매출액은 아래와 같을 것으로 추정됩니다③. 보다 정확한 금액은 매출액 표의 상한과 하한 금액 사이에 있을 것으로 판단됩니다.

(단위 : 천원, 부가세 미포함)

지역④	2019년말 가맹점수	2019년 가맹점사업자의 연간 평균 매출액						비고⑤
		연간 평균 매출액		연간 평균 매출액(상한)		연간 평균 매출액(하한)		
		연간 평균 매출액	면적⑥ 3.3m²당	상한	면적 3.3m²당	하한	면적 3.3m²당	
전체⑦	64	92,000	6,133	125,300	8,353	52,300	3,487	
서울	45	99,000	6,600	125,300	8,353	72,700	4,847	
부산	-	해당없음						
대구	-	해당없음						
인천	-	해당없음						
광주	1	해당없음						5곳 미만
대전	2	해당없음						5곳 미만
울산	-	해당없음						
세종	-	해당없음						
경기	16	87,600	5,840	121,100	8,073	54,100	3,607	
강원	-	해당없음						
충북	-	해당없음						
충남	-	해당없음						
전북	-	해당없음						
전남	-	해당없음						
경북	-	해당없음						
경남	-	해당없음						
제주	-	해당없음						

[※ 가맹점매출액은 부가세를 포함하지 않고 기재합니다. 매출액 산정근거 자료에 부가세가 포함되어 있을 경우에는 부가세 부분(10%)은 제외하고 기재하여 주시기 바랍니다.]

예시1)

[당사의 가맹점사업자 연간 평균 매출액은 가맹점별 POS(Point of Sales)상의 매출액을 근거로 하여 기재한 것입니다]

[특히 서울지역의 경우, 6개월 이상⑧ 영업한 가맹점의 매출액을 1년치로 환산하여 전체 연간평균 매출액을 추정하는데 근거수치로 포함하였으나, 2018년 10월 이후 영업을 개시한 2개 가맹점(00점, 00점) 매출액은 1년치로 환산하여 전체 연간평균 매출액을 추정하는데 근거자료로 사용하는 것은 합리적이지 않다고 판단하여 매출액 추정 근거자료로 활용하지 않았습니다. 따라서 표에서 기재한 연간 평균 매출액은 전체 가맹점 수 64개가 아닌 실제 62개 가맹점의 연간 평균 매출액 추정 자료임을 알려드립니다.]

예시 2)

[당사에서 추정한 매출액은 다음의 산식을 따른 것입니다.]

[매출액=당사가 가맹점에 공급하는 물품 공급액 × 추정비율⑨( )]

[당사가 보유한 가맹점사업자 원가 분석 자료에 따르면 물품 공급액이 차지하는 비율이 42%~46%인 것으로 보이므로 이를 역산하여 매출액을 추정하였습니다.]

[특히 서울지역의 경우, 6개월 이상 영업한 가맹점의 매출액을 1년치로 환산하여 전체 연간평균 매출액을 추정하는데 근거수치로 포함하였으나, 2018년 10월 이후 영업을 개시한 2개 가맹점(00점, 00점) 매출액은 1년치로 환산하여 전체 연간평균 매출액을 추정하는데 근거자료로 사용하는 것은 합리적이지 않다고 판단하여 매출액 추정 근거자료로 활용하지 않았습니다. 따라서 표에서 기재한 연간 평균 매출액은 전체 가맹점 수 64개가 아닌 실제 62개 가맹점의 연간 평균 매출액 추정 자료임을 알려드립니다.]

[매출액은 가맹점사업자별로 물품 공급액, 시장상황, 점주의 노력 등에 차이가 있기 때문에 달라질 수 있습니다. 따라서 위 표에 나타난 매출액이 귀하가 올릴 수 있는 미래 수입과 같지는 않다는

점을 명심하여야 합니다.]

[가맹사업거래의 공정화에 관한 법률 제9조 제3항·제4항 및 같은 법 시행령 제9조제1항에 따라 당사가 매출액 추정에 사용한 자료는 당사의 본사 사무실에 비치하고 있습니다. 귀하가 OOO으로 방문하여 소정의 신청서를 작성하면 열람이 가능합니다.]

① **바로** 전 사업연도 말에 영업중인 모든 가맹점사업자를 대상으로 합니다.

② 매출액 산정기준은 가맹본부가 가지고 있는 내부 자료를 토대로 자체적으로 작성하시되, 근거자료가 없는 경우 매출액을 기재하지 않는 대신 "당사는 가맹점사업자의 매출액을 추정할 수 있는 근거자료가 없습니다"라는 사실을 반드시 기재합니다. 근거자료는 가맹본부가 확보한 직접 자료(매출액) 외에도 간접 자료(물품 공급액, 원가율, 동종업계 관행, 과거 매출액 자료 등)가 모두 포함됩니다. 한편 매출액을 정보공개서에 기재할 경우에는 가맹사업거래의 공정화에 관한 법률 시행령 제9조제1항에 따른 자료를 **사무실에 비치**하고 있어야 합니다.

　1) **현재수익 또는 예상수익에 사용된 사실적인 근거와 예측에 관한 자료**

　2) **현재수익 또는 예상수익의 산출근거가 되는 가맹사업의 점포(직영점과 가맹점을 포함)의 수와 그 비율**

　3) **최근의 일정기간 동안에 가맹본부나 가맹중개인이 표시 또는 설명하는 현재수익 또는 예상수익과 같은 수준의 수익을 올리는 가맹점사업자의 수와 그 비율(이 경우 최근의 일정기간에 대하여 시작하는 날짜와 끝나는 날짜를 표시하여야 한다)**

③ 가맹본부가 가맹점사업자의 매출액을 정확하게 파악하기 어려운 경우가 대부분이므로 **추정된 매출액임을 밝히고, 상한과 하한을 포함한 구간**으로 나타내어야 합니다. 또한, 산정기준이 지역별로 다를 경우에는 그 내용도 포함시켜야 합니다.

④ **직전 사업연도 말에 영업중인 가맹점사업자가 5곳 이상인 광역지방자치단체(시·도)**인 경우만 분류할 수 있고 5곳 미만인 경우에는 "해당 없음"으로 기재할 수 있습니다. 다만, 5곳 미만이라도 **지역별 가맹점 수는 반드시 기재**하시기 바랍니다.

⑤ 가맹점사업자의 매출액을 기재하지 않은 경우 그 사유를 기재합니다.

⑥ 면적은 매장의 전용면적을 기준으로 하며, 창고, 주방 등 **가맹점의 영업에 수반되는 모든 시설을 포함**하되, **다른 사업자 또는 타인과 함께 사용하는 공간은 제외**합니다. 정확한 면적을 알기 어려운 경우 임대차계약서, 건축물대장 등에 표시된 전용 면적을 기준으로 합니다.

⑦ 가맹점사업자의 전체 **연간 평균 매출액**은 5곳 미만인 광역지방단체의 가맹점사업자를 포함한 **모든 가맹점사업자**의 평균 매출액을 기재합니다.

⑧ 보다 합리적인 산정을 위하여 가맹점이 실제 **영업한 개월수가 6개월 이상**이면 **1년치로 환산**하여 연간 평균 매출액 산정자료에 포함하시고, 가맹점의 영업 개월수가 **6개월 미만**일 경우에는 해당 가맹점의 매출액은 **매출액 산정자료에 포함하지 않습니다.**

⑨ 추정비율은 일부 산정이 가능한「(표본)가맹점사업자의 매출액/(표본)가맹점사업자에 대한 가맹본부의 물품공급매출액」등을 위주로 산정하실 수 있으나 그 외 더 합리적인 산정방법이 있으면 그에 따라 추정비율을 산정하시기 바랍니다. 또한 추정비율 산정근거 자료를 제출하시기 바랍니다.

8. 가맹지역본부(지사, 지역총판)①의 일반 정보

당사는 [반포삼겹살] 가맹점 관리를 위하여 다음과 같이 지역사무소를 운영하고 있습니다.

관리지역②	상호/명칭③	주 소		
서울시 동부	동부사무소	서울시 OO구 OO로 OO번지		
	대표자	대표전화번호	관리 가맹점수④	
	서일중	02-7777-8888	14	
	가맹본부와의 계약기간	가맹점 모집권한	가맹계약 체결권한⑤	가맹금 수령권한⑥
	2009.4.1.~ 2020.3.31.	○	×	×
서울시 서부	상호/명칭	주소		
	서부총판	서울시 OO구 OO로 OO번지		
	대표자	대표전화번호	관리 가맹점수	
	이승	02-666-9999	16	
	가맹본부와의 계약기간	가맹점 모집권한	가맹계약 체결권한	가맹금 수령권한
	2010.5.2.~ 2020.5.1.	○	×	×
경기도	삼미실업(주)	경기도 OO시 OO로 OO번지		
	대표자	대표전화번호	관리 가맹점수④	
	장종훈	031-5555-6666	11	
	가맹본부와의 계약기간	가맹점 모집권한	가맹계약 체결권한	가맹금 수령권한
	2009.4.1.~ 2020.3.31.	○	○	×

① 가맹본부가 직접 가맹점을 관리하지 않으면서 본사의 지사형태로 운영하거나 다른 기업(총판, 대리점) 등으로 운영하는 경우를 모두 포함합니다.
② 가맹희망자가 자신을 담당할 관리지역을 알 수 있도록 쉽게 표현합니다.
③ 별도 회사인 경우 상호를, 가맹본부의 직영일 때에는 명칭을 쓰면 됩니다.
④ **직전 사업연도 말** 기준 관리 가맹점 수를 기재합니다.
⑤⑥ 가맹본부가 가맹지역본부(지사, 지역총판 등 명칭 불문)에게 부여한 권한내역을 구체적으로 기재하시기 바랍니다.

9. 광고·판촉 지출 내역

당사에서 [2018년]에 [반포삼겹살]과 관련하여 광고비 및 판촉비로 사용한 금액은 다음과 같습니다. 광고비 및 판촉비를 가맹점사업자와 분담하는 기준은 [ ]쪽을 참고하십시오.

구분①	수단②	기간③	지출 비용(단위: 천원, 부가세 미포함)			비고④
			합계	가맹본부	가맹점	
합계			342,000	295,000	47,000	
광고	소계		230,000	230,000	-	
	TV	2018.3.1. ~ 3.7.	150,000	150,000	-	KTV
	라디오	2018.10. ~ 12.	30,000	30,000	-	반포라디오
	인터넷	연중	50,000	50,000	-	ftc.com
판촉	소계		112,000	65,000	47,000	
	1월 행사	2018.1.5. ~ 1.18.	35,000	20,000	15,000	
	추석 행사	2018.9.15. ~ 9.29.	77,000	45,000	32,000	한가위와 함께하는 돈돈돈! 이벤트

① 광고: **구체적인 행사와 관계없이** 회사 이미지 재고, 가맹점 모집, 신상품 출시 홍보 등을 위한 홍보 활동을 의미
판촉: **개별 행사와 관련하여 수행하는 홍보 활동**으로 월간 행사 외에도 명절, Day 이벤트 등을 포함
② 최대한 자세히 구분하십시오.(예: TV, 라디오, 인터넷, 신문, 잡지, 입간판 등) **구분이 어려운 경우 총액만 쓰시기 바랍니다.**
③ **직전 사업연도** 중에 광고 및 판촉이 실제로 이루어진 기간을 기재합니다.
④ **광고의 경우 매체명, 판촉의 경우 행사명**을 기재하십시오.
※ 해당 가맹사업 이외의 가맹사업을 경영하거나, 가맹사업이 아닌 사업을 경영하고 있고 해당 가맹사업에 관련된 광고비 및 판촉비를 산정하기 곤란하여 손익계산서상의 광고판촉비를 기재하실 경우에는 기재한 액수에 해당 가맹사업 외의 광고비 및 판촉비도 포함되어 있음을 추가 설명하시기 바랍니다.

10. 가맹금 예치

귀하가 당사와 계약을 체결하기 위하여 가맹금을 지급하는 경우에는 [(주)한강은행]에 예치하여야 하며 자세한 내용은 다음과 같습니다.

예치기관 상호	담당 지점 또는 부서	주소	전화번호
(주)한강은행	수신부 프랜차이즈팀	서울시 OO구 OO로 OO번지	02-XXX-XXXX

자세한 예치방법은 다음과 같습니다.

귀하는 가맹금을 당사의 소정서식을 작성하여 [한강은행] 에 [계약 체결 다음 날까지] 예치신청 하여야 합니다. [예치방법은 한강은행의 인터넷 홈페이지에 접속하여 공인인증서를 다운받아 설치한 후 "예치 서비스"를 클릭한 다음 (주)공정위를 찾아 금액을 입력하면 됩니다.]※

> ※ 가맹본부와 예치기관(은행, 우체국, 보험회사) 간의 맺은 약정에 따른 예치방법을 자세히 안내하여야 합니다. 그림을 사용하여 알기 쉽게 설명하는 것이 바람직합니다. 한편 가맹본부는 가맹사업거래의 공정화에 관한 법률 시행령 별지 제5호서식의 **예치신청서**를 가맹점사업자에게 내주어야 하므로 그 서식을 별첨하는 것이 좋습니다.

귀하는 또한 [한강은행]에서 발급한 예치증서를 보관하고 있어야 하며 아래 주의사항을 반드시 알아 두어야 합니다.

가맹금 예치와 관련하여 가맹점사업자가 알아두어야 할 사항

> 1. 가맹점사업자가 영업을 시작하거나 가맹계약 체결일부터 2개월이 지난 경우에는 이 가맹예치금은 가맹본부에 지급됩니다.
> 2. 다만, 다음의 경우에는 가맹금의 지급이 보류됩니다.
>   가. 가맹점사업자가 예치가맹금을 반환받기 위하여 소를 제기한 경우
>   나. 가맹점사업자가 예치가맹금을 반환받기 위하여 알선, 조정, 중재 등을 신청한 경우
>   다. 가맹점사업자가 가맹금반환 사유가 발생하여 가맹본부를 공정거래위원회에 신고한 경우
> 3. 2번의 가~다의 조치를 취한 경우 그 사실을 예치기관에 서면으로 통보하여야 합니다. 그렇지 않은 경우 예치가맹금은 가맹본부에 지급될 수 있습니다.

11. 가맹점사업자피해보상보험 등의 체결 내역

당사는 가맹점사업자의 피해를 예방하기 위하여 [(주)한강보증보
험]과 피해보상보험 계약을 체결하였으며 자세한 내용은 다음과
같습니다.

항목	내용	비고
보험인(보험회사)	(주)한강보증보험	
보험계약자	(주)공정위	가맹본부
피보험인(보험금을 지급받는 자)	가맹점사업자	
보험기간	가맹금 예치기간(가맹계약체결일로부터 2개월이 경과한 날 또는 가맹점사업자 영업 개시일까지)	
보험금액	예치금액	
보장범위	가맹점사업자의 피해액 일부 보장	
지급조건	가맹본부의 가맹금반환의무 불이행	
보험금의 수령절차	가맹점사업자의 보험금 신청 → 가맹본부 경유 → 보험회사 접수 → 보험회사 조사 → 지급 여부 결정 → 보험금 지급	평균( ) 개월 소요

[※ 보험증권 본문의 사본이 있는 경우 삽입하는 것이 바람직합니다.]

III. 가맹본부와 그 임원의 법 위반 사실

1. 공정거래위원회의 시정조치①

당사와 당사의 임원은 정보공개일 현재 최근 3년 동안 가맹사업 거래와 관련하여 가맹사업거래의 공정화에 관한 법률, 독점규제 및 공정거래에 관한 법률 및 약관의 규제에 관한 법률을 위반하여 공정거래위원회로부터 [4]회의 시정조치를 받은 사실이 있으며 자세한 내용은 다음과 같습니다.

시정조치 대상	의결번호 (사건번호)	위반 법령	위반내용 (위반법조문)②	조치일자 ③	조치내용④
㈜공정위	의결 2011-00 (2011가맹○○○○)	가맹 사업법	가맹금 미반환 (제10조제1항)	2017. 12.3.	시정명령 과징금 10백만원
㈜공정위	시권 2012-00 (2012약관○○○○)	약관 규제법	부당하게 과중한 손해배상의무 부담 (제8조)	2018. 9.10.	시정권고
대표이사 김공정	의결(약)2011-00 (2011서경○○○○)	가맹 사업법	부당한 계약해지 (제12조제1항제1호)	2016. 7.21.	시정명령 가맹점사업 자에게 통지
감사 송가맹	의결(약)2013-00 (2013제감○○○○)	공정 거래법	거래거절 (제23조제1항)	2016. 5.6.	시정명령
㈜공정위			정보공개서 변경등록 불이행	2016. 1.1.	정보공개서 (과천보쌈 200800000)직권취소

당사는 〔과천보쌈〕 정보공개서의 변경등록 불이행으로 정보공개서 가 직권취소 되었으나, 직권취소된 2016.1.1.부터 정보공개서를 신규로 재등록한 2016.8.5.까지 신규로 가맹계약을 체결하지 않았 을 뿐 현재까지〔과천보쌈〕경영하고 있습니다.

---

① 공정거래위원회로부터 **시정권고 이상의 조치(시정권고, 시정명령, 과징금 부과, 정보공개서 등록취소 등)**를 받은 경우에 한하며, **자진시정·경고·조 정 성립 등은 해당하지 않습니다.**
② 복수의 위반행위가 있는 경우 대표 위반행위를 기재합니다.
③ **의결일**을 기재합니다.
④ 의결 주문 내용을 요약하여 작성하십시오.

2. 민사소송 및 민사상 화해

당사와 당사의 임원은 정보공개일 현재 최근 3년 동안 가맹사업 거래와 관련하여 가맹사업거래의 공정화에 관한 법률 또는 독점규제 및 공정거래에 관한 법률을 위반하거나, 사기·횡령·배임 등 타인의 재물이나 재산상 이익을 영득 또는 이득하는 죄로 받은 유죄의 확정판결과 관련된 민사소송에서 패소의 확정판결을 받았거나, 민사상 화해를 한 사실이 다음과 같이 있습니다.

원고①	피고	사건번호	최종 법원명	판결(선고) 일자	청구 취지 및 내용	판결 또는 화해 내용
㈜○○○	㈜공정위	2016○○ ○○○○	대법원	2017.12.3.	피고는 원고에게 금 300만원 지급	청구 취지와 동일

※ 사건이 계속 중(항소, 상고 등)인 경우에는 기재하지 않습니다.
① 원고의 실명은 생략하고 **이니셜**(김○○, K 전자회사 등)로 표시합니다.

3. 형(刑)의 선고

당사와 당사의 임원은 정보공개일 현재 최근 3년 동안 사기·횡령·배임 등 타인의 재물이나 재산상 이익을 영득 또는 이득하는 죄를 범하여 형의 선고를 받은 사실이 다음과 같이 있습니다.

피고	사건번호	선고 법원	선고 일자	죄명 및 범죄사실	선고 내용
㈜공정위	2016○○○	대법원	2017.7.5.	횡령죄 (○○○○○○○○)	벌금 500만원
대표이사 김공정	2017○○○	○○ 지방법원	2018.5.3.	사기죄 (○○○○○○○○)	벌금 100만원

※ 최종심 이전의 **하급심에서 선고를 받은 경우에도 기재합니다**. 다만, 같은 사건의 경우 **현재까지 진행된 최종심의 선고 내용만** 기재합니다.

Ⅳ. 가맹점사업자의 부담

1. 영업개시 이전의 부담

귀하가 [반포삼겹살] 가맹사업을 시작하기 위해서는 아래와 같은 금액이 소요됩니다. 이 금액에는 귀하가 지불하여야 하는 [점포의 임대비용 등]※이 제외되어 있습니다. 또한, 귀하가 운영하게 될 점포의 위치 및 규모, 내부 설비의 종류, 영업 시작까지 걸리는 시간 등이 상이하므로 실제 지불하는 금액과는 차이가 있을 수 있습니다.

> ※ 가맹사업을 시작하는데 필요한 비용에서 제외된 항목을 구체적으로 기재하여 가맹점사업자가 오인하지 않도록 주의합니다.

귀하가 부담하여야 할 대가는 매우 다양하나 크게 다음의 세 가지로 구분할 수 있습니다.

구분	지급 대상	예치 대상 여부	비고
최초 가맹금	가맹본부	예치	확정 금액
보증금	가맹본부	예치	확정 금액
기타 비용	가맹본부 또는 다른 업체	예치하지 않음	추정 금액

1) 최초 가맹금을 자세히 나누면 다음 표의 내용과 같습니다.

(단위: 천원, 부가세 포함)

구분①	금액②	지급 기한	반환조건③	반환될 수 없는 사유	비고
총계	[4,950]				
가입비	3,300	계약 체결 후 20일 이내	영업 개시 이전까지 계약 해지	가맹점 모집을 위해 소요된 실제비용	반환시 당사에서 정한 기준의 위약금을 공제 (계약금을 별도로 지급하는 경우, 사후 가입비로 전환)

- 302 -

교육비	1,100	교육 시작 7일 이전	교육 시작 1일 이전에 계약 해지		교육이 시작되면 반환되지 않음
개점 행사비	550	계약 체결 후 20일 이내	영업개시 이전까지 계약 해지	영업개시 행사를 위한 소요된 실제비용	반환시 당사에서 정한 기준의 위약금을 공제

① 가맹본부의 실정에 맞게 작성하고 최대한 자세히 구분하되 서로 겹치지 않도록 항목을 조정하여 기재합니다.
② 정액으로 금액이 특정되면 그 금액을, 정률 기준이 있으면 그 기준을 기재합니다.
③ 반환조건, 반환될 수 없는 사유, 비고란은 가맹본부의 계약 내용을 자세히 기재합니다.

2) 보증금을 자세히 나누면 다음 표의 내용과 같습니다. 보증금은 계약 종료시 전액이 귀하에게 반환되는 대가입니다. 다만, 귀하의 귀책사유가 있는 경우에는 그러하지 아니합니다.

(단위: 천원, 부가세 없음)

구분①	금액②	지급 기한	가맹점사업자의 귀책사유③	비고
총계	[35,000]			
(현금)보증금	5,000	계약체결 후 20일 이내	가맹금 미지급, 본사가 공급한 물품 파손 등	직전년도 전체 가맹점사업자의 1회 평균 상품 등의 대금(원·부재료 대금 포함)의 3배 이내④
담보목적물	30,000	계약체결 후 20일 이내	〃	가맹희망자의 동산에 질권설정
...				

① 가맹본부의 실정에 맞게 작성하고 최대한 자세히 구분하되 서로 겹치지 않도록 항목을 조정하여 기재합니다.
② 금전으로 수령하는 경우에는 그 금액을, 별도의 기준이 있으면 그 기준을 기재합니다.
③ 보증금을 반환할 경우에 가맹점사업자의 귀책사유에 따라 일정 금액을 공제하도록 하고 있다면 그 내용을 기재합니다.
④ 표준가맹계약서상의 적정 계약이행보증금 산정기준으로서 동 기준 내에서 계약이행보증금을 산정하는 것을 권장합니다.

3) 예치가맹금의 범위와 그 금액

가맹사업거래의 공정화에 관한 법률에 따라 귀하가 예치하여야 하는 가맹금의 자세한 내역은 다음과 같습니다.

구분	금액(단위: 천원, 부가세 포함)
합계	9,950
가입비	3,300
교육비	1,100
개점행사비	550
(현금)보증금	5,000

① 예치하여야 하는 가맹금의 범위(가맹사업거래의 공정화에 관한 법률 제2조제6호)
가. 가입비·입회비·가맹비·교육비 또는 계약금 등 가맹점사업자가 영업표지의 사용허락 등 가맹점운영권이나 영업활동에 대한 지원·교육 등을 받기 위하여 가맹본부에 지급하는 대가
나. 가맹점사업자가 가맹본부로부터 공급받는 상품의 대금 등에 관한 채무액이나 손해배상액의 지급을 담보하기 위하여 가맹본부에 지급하는 대가
(가+나를 합친 금액을 예치하여야 함)
② 가맹본부가 피해보상보험계약 등을 가입한 경우에는 가맹금을 예치하실 필요가 없음을 알려주시기 바랍니다. 다만, 보험으로 대체되는 예치가맹금 액수는 반드시 기재하시기 바랍니다.

4) 귀하가 그 밖에 지급하여야 하는 비용을 자세히 나누면 다음 표의 내용과 같습니다. 귀하가 가맹점을 운영하기 위하여 필요한 물품의 품목은 [ ]쪽에서 확인할 수 있습니다.

(단위: 천원, 부가세 포함)

구분①	지급대상②	금액③	면적 3.3㎡당 금액④	지급 기한	반환조건	비고⑤
총계		[54,500~ 63,000]				
필수설비 (정착물)	(주)공정위, ○○기계 외 1개사	24,700		설치 1일 이전	설치 전 계약취소	
인테리어 (점포 내장공사)	튼튼디자인 외 2개사	21,000 (보통형), 27,000 (고급형)		내부 인테리어 공사 시작 3일 이후	공사 전 계약취소	33㎡ 기준 3.3㎡ 늘어날 때마다 700천원 추가부담 (보통형, 고급형의 경우 800천원)
최초 공급 상품 비용	(주)공정위	7,000~ 9,000		물품 공급 1일 이전	상품 미공급시	
기타 개점에 소요되는 비용	(주)공정위	1,800~ 2,300		계약 체결 후 20일 이내	개점전 계약취소 (그간 소요 비용 제외)	소모품비, 사업자등록 등 대행 대가
....						

[위 표의 금액은 당사가 그 동안의 가맹점 운영 경험을 토대로 추정한 것으로 실제 지불 금액과는 다를 수 있습니다.]
[※ 위 표에 기재된 비용 중 가맹본부 또는 가맹본부가 지정한 업체가 아닌 다른 업체와 거래할 경우 가맹본부에 추가로 비용을

지불(예: 당사 또는 당사가 지정한 업체가 아닌 다른 업체와 인테리어 공사를 진행할 경우 인테리어 공사 관련, 당사의 설계 및 감리 대가로 33㎡ 기준으로 500천원을 내부 인테리어 공사 완료 후 3일 이후에 당사에 추가 지급하여야 합니다)하도록 하고 있다면 그 내용을 반드시 기재합니다.]

① 가맹본부의 실정에 맞게 작성하고 최대한 자세히 구분하되 서로 겹치지 않도록 항목을 조정합니다. 필수설비, 정착물, 인테리어 비용은 **가맹사업의 통일성을 위하여 가맹본부가 요구 또는 권장하는 경우만 해당합니다.** 위 표에 기재된 비용 중 가맹본부 또는 가맹본부가 지정한 업체가 아닌 다른 업체와 거래할 경우 가맹본부에 **추가로 비용을 지불(예: 인테리어 자체 시공시 가맹본부에 감리비 지급)**하도록 하고 있다면 그 내용을 반드시 기재합니다.
② 가맹본부가 직접 제공하거나 업체를 지정(계열사 포함)하는 경우, 가맹본부와 가맹본부가 지정한 업체를 구별하되 업체의 수가 많을 경우 요약하여 기재(업체명은 반드시 실명으로 기재)합니다. 여기서 '지정'이라 함은 업체 소개, 유도, 요구, 제한 등 실질적으로 가맹본부가 가맹점사업자로 하여금 자신이 정한 업체와 계약하도록 하는 모든 행위를 포함합니다.
③ 금액이 확정되지 않는 경우에는 **추정치임을 알 수 있도록 상한과 하한을 포함한 구간**으로 표시합니다.
④ 필수설비(정착물)와 인테리어의 경우 면적 $3.3m^2$당 소요되는 금액을 기재합니다.
⑤ 가맹희망자가 각 비용의 성격을 알 수 있도록 내용을 기재하고, 필요한 경우 주석을 다는 것도 바람직합니다.

5) 가맹점 입지 선정 주체 및 선정 기준

당사는 신규 가맹점 입지를 다음과 같이 정하고 있습니다.

선정 주체[1]	선정 기준[2]
당사 점포개발팀 (전화:02-XXX-XX XX)	담당자 배정 → 상담을 통하여 가맹희망자가 원하는 지역 파악 → 현장 조사 등 시장 분석 → 최적의 입지 도출 → 가맹희망자에게 동의 여부를 구함 ※ 가맹희망자가 동의하지 않는 경우 새로운 입지를 정할 수 있으나 영업이 늦어지는데 따라 발생하는 비용을 추가로 부담할 수 있습니다.

[1] 담당 임원이나 담당자가 정해져 있는 경우 그 내용을 기재할 수 있습니다. 가맹희망자가 직접 입지를 정할 경우 그 내용을 기재합니다.
[2] 선정까지의 절차를 나타내되, 가맹희망자와의 협의 여부, 가맹본부가 정한 입지를 가맹희망자가 원하지 않는 경우 해결 방법 등을 자세히 기재합니다.

6) 가맹점사업자와 그 종업원의 교육 및 계약·채용 기준

당사와 계약을 체결하여 교육을 받거나 귀하가 운영하는 가맹점에 종업원을 채용하기 위하여 필요한 조건은 다음과 같습니다.

구분	교육 기준[1]	계약·채용 기준[2]
가맹점사업자	국외여행에 결격사유가 없을 것	피성년후견인·피한정후견인이 아닐 것, OOO 자격증을 소유할 것, 만19세 이상일 것
종업원	특별한 기준 없음	만18세 이상일 것

[1] 가맹점사업자나 종업원이 교육을 받기 위해 필요한 **자격요건이나 결격사유**가 있으면 기재합니다.
[2] 가맹점사업자가 계약을 맺거나 종업원을 채용하기 위한 기준을 작성합니다. 계약서에 기재된 자격요건이나 결격사유를 기재합니다.

7) 가맹점 운영에 필요한 설비 등의 내역 및 공급방법·공급업체

[반포삼겹살] 가맹점을 운영하기 위해서는 다음의 물품이 필요합니다.

[※물품의 상세 내역은 첨부한 카탈로그를 참고하기 바랍니다.]

물품 내역①		공급방법②	공급업체③
주방집기	냉장고	가맹계약 체결시 별도 계약	○○전자(지정업체)
	가스레인지	가맹계약 체결시 별도 계약	○○전자(지정업체)
	그릇	시장에서 자체 조달 (30인분 이상)	-
외부	간판	추후 별도 계약	○○디자인(지정업체)
	입간판	추후 별도 계약	○○아트(지정업체)
내장재	실내공사	가맹계약에 포함	㈜공정위
기타	금전출납기	가맹계약에 포함	㈜공정위
...			

① **원재료, 부재료, 상품, 서비스 등은 제외**하고 가맹점 운영에 필요한 **설비(집기)를** 자세히 기재합니다.

② **가맹본부가 직접 공급하거나 업체(계열사 포함)를 지정**하는 경우에는 계약 체결 방법을 기재하고, 가맹점사업자가 **자체 조달하는 경우에는 품질, 수량 등** 지켜야 할 사항을 기재합니다.

③ 가맹본부가 직접 공급하거나 업체를 지정한 경우에만 기재합니다.

※ 품목이 많은 경우 별지를 이용하거나 "○○외 몇 종"식으로 대표 품목 별로 묶어서 기재하는 것도 가능합니다.

8) 한편, 귀하가 당사에 가맹금을 한 번에 납부하기 어려운 경우 다음과 같은 절차를 거쳐 가맹금을 납부할 수 있습니다.

구분	총액	계약금	중도금(1)	중도금(2)	...	잔금
금액(천원)		총액의 10%	15%	15%		10%
납부일		계약일	계약일+15 일	계약일+1월		계약일+2 월
비고						

2. 영업 중의 부담

1) 비용 부담

귀하가 영업을 시작한 후에도 다음과 같은 비용을 부담하여야 합니다. 특히 광고분담금에 대한 세부 분담기준은 [　]쪽에 나와 있습니다.

(단위: 천원, 부가세 포함)

구분①	지급대상②	금액③	지급기한	반환조건	반환될 수 없는 사유	비고④
상표사용료	㈜공정위	월 200	다음 월 10일			
리스료		해당없음				
광고 분담금	㈜공정위	월 매출액 0.5% 등	다음 월 20일			
판촉분담금		행사별로 분담 등				
교육훈련비	㈜공정위	770	교육 실시 10일 이전			교육 필요시 지급
간판류 임차료		해당없음				
영업표지 변경 등에 따른 간판변경 비용⑤	공정광고기획㈜	1,500~3,000	간판 변경 후 2일 이내			부득이한 경우 변경될 수 있으며, 교체비용은 당사자의 귀책사유 등을 고려하여 협의결정
영업지역 보장금		해당없음				
시설, 각종 기기의 교체.보수 비용		14,000~16,000	교체.보수 후 5일 이내			교체보수 필요시 시설, 기기 등의 내구연수 등을 감안하여 당사와 협의하여 결정

점포환경개선 비용	튼튼디자인 외 2개사	가맹본부 분담비용을 제외한 나머지				55페이지 참조
재고관리 비용	㈜공정위	150	재고조사 후 7일 이내			3개월마다 지급
회계처리 비용		해당없음				
POS 사용료	OO시스템	월 150	다음 월 5일			
지연이자[6]	㈜공정위	연10~20%	지급기일의 다음날부터 지급하는 날까지			월 계속가맹금의 지급기한을 경과했을 시 부담
....						

① 가맹본부의 실정에 맞게 작성하고 최대한 자세히 구분하되 서로 겹치지 않도록 항목을 조정합니다.

② **가맹본부와 가맹본부가 지정한 업체(관계자, 계열사 포함)를 구별**하되 업체의 수가 많을 경우 요약하여 기재합니다. 단, 업체명은 반드시 실명으로 기재하셔야 합니다.

③ 정액인 경우 그 금액을, 정률인 경우 그 기준을 기재하되 금액이 확정되지 않는 경우에는 **추정치임을 알 수 있도록 상한과 하한을 포함한 구간**으로 표시합니다.

④ 가맹희망자가 각 비용의 성격을 알 수 있도록 내용을 기재하고, 필요한 경우 주석을 다는 것도 바람직합니다.

⑤ 영업표지 변경 등으로 가맹본부가 가맹점사업자에게 계약기간 중에 간판을 변경하도록 요구할 경우, 변경비용의 분담 기준을 기재합니다.

⑥ 가맹점사업자가 금전지급의무(월 계속가맹금, 원·부재료 상품대금, 지체배상금, 위약벌 등 가맹계약과 관련하여 부담하는 일체의 금전지급의무) 지체 시 지연이자를 부담하는 경우, 그 내용에 대해 기재합니다.

2) 구입요구 품목 구입을 통한 가맹금 지급

가맹점사업자가 필수품목(강제, 권장)의 거래를 통해 당사에 지급하는 대가 중 적정한 도매가격을 넘는 대가(이하 "차액가맹금"이라 한다)의 (2019)년도 평균 규모는 다음과 같습니다.

구분[①](기준: 2019년)	내용[②]
가맹점당 평균 차액가맹금 지급금액[③]	
가맹점당 평균매출액 대비 평균 차액가맹금 지급금액의 비율[④]	

[가맹점당 평균 차액가맹금 지급금액은 추정금액으로 2018년도에 당사가 가맹점사업자에게 공급한 구입요구품목의 매출액에서 해당 품목의 구매금액 합을 뺀 차액을 6개월 이상 운영한 가맹점수로 나눈 금액입니다. 이 경우 전년도에 구입하여 금년에 공급하는 부분, 금년에 구입하였으나 아직 공급하지 않은 부분, 자체생산품목에 대한 차액가맹금 미포함 등으로 인한 오차가 발생할 수 있습니다.]

① 부동산 임차료가 포함된 경우와 포함되지 않은 경우를 나누어 기재하되, 가맹본부가 자체 공장 등에서 직접 제조하거나 생산하여 가맹점사업자에게 공급하는 관계로 차액가맹금 산정이 불가능한 부분에 대해서는 제외할 수 있습니다. (단, 주문생산방식(OEM)으로 제작된 품목에 대해서는 기재합니다.)
② 정확한 금액을 알 수 없는 경우 추정치임을 밝히고, 표 아래에 계산방식에 대한 자세한 설명을 기재해 주시기 바랍니다.
③ 직전 사업연도 영업기간이 6개월 이상인 가맹점들이 가맹본부에 지급한 차액가맹금의 합계액(직전 사업연도의 영업기간이 1년 미만인 가맹점의 경우 지급한 차액가맹금을 1년치로 환산한 금액을 반영한다)을 직전 사업연도 영업기간이 6개월 이상인 가맹점 수로 나눈 금액을 기재합니다.
④ 직전 사업연도 영업기간이 6개월 이상인 가맹점들이 가맹본부에 지급한 차액가맹금의 합계액을 직전 사업연도 영업기간이 6개월 이상인 가맹점 매출액의 합계액으로 나눈 비율을 기재합니다.

3) 가맹점사업자에 대한 감독

　　당사는 귀하의 영업 상황에 대하여 일정한 감독을 실시하고 있으며 자세한 내용은 다음과 같습니다.

감독 항목	내 용	시기	비고
재고관리	실재제고 수량을 조사하여 장부상 재고와 비교	분기별 1회	문의: OO팀 (02-XXX-XXXX)
회계처리	가맹점사업자의 매출누락에 대한 회계 조사 실시	1년 1회	문의: OO팀 (02-XXX-XXXX)
....			

3. 계약 종료 후의 부담(부담이 없는 경우에는 그 사실을 기재합니다)

1) 계약연장이나 재계약 과정의 추가 부담

귀하가 당사와 계약이 종료된 후에 연장(갱신, 재계약을 포함한다) 하기 위해서는 아래의 금액을 지급하여야 합니다.

(단위: 천원, 부가세 포함)

구분①	금액②	지급 기한	반환조건③	반환될 수 없는 사유	비고
총계	[ ]				
추가 교육비④	협의하여 결정	교육 시작 7일 이전	교육 시작 1일 이전에 계약 해지		추가교육 필요시
점포 이전비⑤	협의하여 분담	점포 이전 후 10일 이내	점포 이전에 합의하지 않을 경우		점포이전 합의시
....					

[당사는 계약종료 시점에 점포 위치에 대한 정기 점검을 실시하고 있어, 가맹점 운영에 반드시 필요하다고 당사가 판단하여 협의한 결과 가맹점도 이에 동의하면 점포 이전비가 추가 될 수 있습니다.]

① 가맹본부의 실정에 맞게 작성하고 최대한 자세히 구분하되 서로 겹치지 않도록 항목을 조정합니다.
② 정액으로 금액이 특정되면 그 금액을, 정률 기준이 있으면 그 기준을 기재합니다.
③ 반환조건, 반환될 수 없는 사유, 비고란은 가맹본부의 계약 내용을 자세히 쓰고 신규 계약과 비교할 수 있도록 작성하기 바랍니다.
④ 추가 교육이 필요한지 여부, 최초 계약시 수료하는 교육의 양과 질에 비하여 추가교육의 수준이 다른지 여부 등을 감안하여 그에 상응하는 비용 책정 등 가맹본부의 교육방침을 기재합니다.
⑤ 가맹본부의 필요에 의하여 점포 이전할 경우, 그 이전사유를 감안하여 그 비용 분담내용을 기재합니다.

2) 가맹본부의 사정에 의해 계약종료시 조치사항

가) 가맹본부가 가맹사업을 다른 사업자에게 양도하는 경우 기존 가맹점사업자와의 계약승계 여부

[당사가 가맹사업을 타인에게 양도하는 경우 가맹점사업자는 가맹계약을 종료하고 계약관계를 탈퇴할 수 있습니다. 다만, 가맹점사업자가 양수한 사업자(가맹본부)와 의 계약 관계 유지를 원할 경우에는 가맹계약을 유지할 수 있습니다. 가맹관계를 탈퇴할 경우, 당사의 귀책사유로 인한 계약해지에 해당되므로 가맹점사업자는 남은 가맹계약기간을 고려하여 일부 가맹금의 반환을 청구할 수 있습니다.]

나) 가맹본부가 사용을 허락한 지식재산권의 유효기간이 만료되는 경우 조치사항

[당사가 가맹점운영을 위하여 가맹점사업자에게 사용을 허가한 상표권, 특허권 등 지식재산권이 존속기간의 만료, 소유권(사용권) 변경, 효력 상실 등의 사유로 더 이 상 지식재산권을 독점적으로 사용할 수 없게 된 경우에는 당사의 책임과 비용으로 이를 대체할 수 있는 수단을 제공하며, 이로 인해 가맹점사업자에게 손해가 발생하 면 가맹점사업자와 협의하여 이를 배상하도록 하겠습니다.]

[또한, 대체할 수 있는 수단을 제공하지 못하거나 대체수단이 만족스럽지 못할 경 우에는 가맹점사업자는 체결한 가맹계약을 해지하실 수 있으며, 이 경우 귀책사유 등을 감안하여 일부 가맹금의 반환을 청구할 수 있습니다.]

다) 가맹본부가 해당 가맹사업을 중단하는 경우 조치사항

[당사는 원칙적으로 모든 가맹계약이 종료될 때까지 가맹사업을 중단하지 않습니 다. 다만, 예상치 못한 사정으로 당사가 가맹사업을 중단하게 될 경우에는 이를 미 리 가맹점사업자에게 통지하고 협의하여 계약을 해지할 것입니다. 이 경우 계약해 지의 귀책사유를 고려하여 일부 가맹금의 반환을 청구할 수 있습니다.]

3) 가맹점 운영권 양도 과정의 부담

[귀하가 운영하는 [반포삼겹살] 운영권을 다른 사람에게 양도할 경 우에는 귀하가 [㈜공정위]에 지급해야 할 비용은 없습니다. 다만, 양수인은 가맹점을 운영하기 위하여 요구되는 교육을 받아야 하며 이에 필요한 교육비를 지급하여야 합니다. 또한 계약보증금도 가 맹본부에 지급하여야 합니다. 운영권 양도에 관한 자세한 절차는 [   ]쪽에 나와 있습니다.]

> ※ 양도 과정에서 가맹점사업자가 직접 비용을 부담하는 경우에 기재합니
> 다. 또한, 기존 가맹점사업자와 별도로 양수인이 가맹본부에 교육비, 보
> 증금 등을 지급하는 경우에는 그 내용을 기재합니다.

4) 계약 종료 후의 조치 사항

  [가맹점사업자는 계약이 종료된 경우에는 지체없이 상호.간판 등 영업표지의 사용을 중단하고 이를 철거 내지 제거하여야 하며, 가맹본부가 제공한 설비, 전산시스템 등 영업관련 자산을 가맹본부에 반환하여야 합니다. 이상의 내용을 준수하지 아니한 경우에는 가맹점사업자는 일정한 금액을 손해배상액으로 당사에 지급하여야 합니다.]

  [다만, 가맹점사업자가 지급한 계약이행보증금의 정산잔액과 정산서를 받을 때까지는 상호.간판 등의 철거 내지 제거, 영업관리 자산의 반환의무 이행을 연기할 수 있습니다. 또한 위 의무이행과 관련하여 필요한 비용은 계약종료에 책임 있는 당사자가 부담합니다.]

  [또한, 가맹점사업자가 당사 또는 당사가 지정한 자로부터 공급받은 물품을 반품하고자 하는 경우, 물품의 재고량, 오.훼손 등 관리상태, 유통기한 등을 고려하고 일정범위 내(10%~90%)에서 반품이 가능하며, 구체적인 내용은 당사와 협의하여 결정합니다.]

  ※ 가맹본부의 계약서 및 영업방침의 내용을 중심으로 작성하기 바랍니다.

V. 영업활동에 대한 조건 및 제한※

귀하는 당사와 가맹계약을 체결하게 되면 사업의 동일성 유지를 위하여 영업활동에 일부 제한을 받을 수 있습니다. 따라서 앞으로 기재된 내용을 신중히 살펴본 후 계약 체결 여부를 판단할 것을 권장합니다.

> ※ 본 항목은 불공정거래행위와 관련되어 있으므로 최대한 자세히 기재하기 바랍니다. 정보공개서에 정확하게 기재되지 않거나 기재하더라도 지나치게 가맹점사업자의 영업활동을 제한하는 경우 가맹사업법에 따라 처벌될 수 있으므로 법률 자문을 거친 후에 작성하는 것을 권장합니다.

1. 물품 구입 및 임차

1) 귀하가 [반포삼겹살]을 시작하거나 경영하기 위하여 필요한 부동산·용역·설비·상품·원재료 또는 부재료 등의 구입 또는 임차와 관련하여, 당사 또는 당사가 지정하는 자와 거래하는 품목은 다음과 같습니다.

가) 물품 구입 및 임차 현황

구분①	품목②	규격③	거래 형태④	거래 상대방⑤	차액가맹금 수취여부⑥
부동산	해당없음				X
용역	POS 사용료	시스템 사용료	강제	OO시스템	X
	....				
설비	냉장고	1,000 ℓ	권장	OO전자	X
	....				
상품	포장삼겹살	500g	권장	당사	O
	특제소스	300ml	강제	㈜한라산	X
	....				
원·부재료	삼겹살	10kg	강제	당사	O
	오겹살	5kg	강제	당사	O
	....				

[귀하가 위 표의 거래형태에 강제로 기재된 물품을 지정된 사업자가 아닌 자에게 공급받으려는 경우에는 사전에 가맹본부에게 서면으로 통지하여 승인을 받아야 합니다. 그렇지 않을 경우 불이익을 받을 수 있으므로 주의하여야 합니다.]

[당사는 경영환경의 변화 등으로 필요한 경우 위 표에 기재된 상품·용역 외에 다른 품목도 추가할 수 있습니다 이 경우 가맹점사업자의 동의를 미리 얻도록 하고 있으며, 동의가 없는 경우에는 본 정보공개서의 내용에 따라 사업을 진행합니다.]

① 상품은 직접 소비자에게 판매하는 형태일 때, 원·부재료는 가공하여 판매하는 형태일 때로 구분합니다.

② 품목이 많은 경우 "외 몇 종" 등으로 줄여 기재할 수 있습니다. 다만, 이 경우에는 별지에서 모든 품목에 대한 거래형태 및 차액가맹금 수취여부를 별도로 기재해야 합니다.

③ 상품의 규격 또는 서비스의 내용을 기재합니다.

④ 강제사항인지 권장사항인지 구분하여 기재합니다.

⑤ 거래 상대방은 가맹본부 또는 가맹본부가 지정한 사업자인 경우만 해당합니다.

⑥ 각 품목별 차액가맹금 수취여부를 O/X로 기재하시기 바랍니다. 다만, 자체생산품목의 경우 "자체"라고 기재하시고, 표 아래에 해당 품목에 대한 설명을 기재해 주시기 바랍니다.

※ 가맹사업의 내용이 한국표준산업분류표 중분류상 "소매업:자동차 제외"에 해당하는 경우에는 작성을 생략할 수 있습니다.

※ 가맹사업법 시행령 관련 조문(별표2 제2호 구속조건부 거래 나목)

나. 거래상대방의 구속

부동산·용역·설비·상품·원재료 또는 부재료의 구입·판매 또는 임대차 등과 관련하여 부당하게 가맹점사업자에게 특정한 거래상대방(가맹본부를 포함한다)과 거래할 것을 강제하는 행위

다만, 다음의 요건을 충족하는 경우에는 그러하지 아니하다.

(1) 부동산·용역·설비·상품·원재료 또는 부재료가 가맹사업을 경영하는 데에 필수적이라고 객관적으로 인정될 것

(2) 특정한 거래상대방과 거래하지 아니하는 경우에는 가맹본부의 상표권을 보호하고 상품 또는 용역의 동일성을 유지하기 어렵다는 사실이 객관적으로 인정될 것

(3) 가맹본부가 미리 정보공개서를 통하여 가맹점사업자에게 해당 사실을 알리고 가맹점사업자와 계약을 체결할 것

나) 주요 품목①별 직전 사업연도 공급가격의 상·하한

순번	품목(단위)	공급가격②		구분③
		상한	하한	
1	삼겹살(10kg)	000,000	000,000	당사
2	오겹살(5kg)	000,000	000,000	당사
3	특제소스(300ml)	000,000	000,000	㈜한라산
:	:	:	:	:

① 주요품목이란 가목에서 기재한 구입요구품목 중 전년도에 전체 가맹점사
업자가 가맹본부 또는 가맹본부가 지정한 자에게 지급한 구매대금의 합을
기준으로 상위 50% 품목을 의미합니다. 예를 들어 A가맹본부가 가맹점사
업자에게 1,000개의 품목을 공급하는 경우 이 중 500개의 품목에 대한
전년도 공급가격 상·하한을 기재하되, 그 500개는 전체 가맹점사업자가
가맹본부 또는 가맹본부가 지정한 자로부터 구매한 구매대금의 합이 높은
순으로 기재합니다.
② 직전 사업연도 1년간 가맹점사업자가 부담한 공급가격의 상·하한을 기재
합니다.
※ 가맹사업의 내용이 한국표준산업분류표 중분류상 "소매업:자동차 제외"에
해당하는 경우에는 작성을 생략할 수 있습니다.
③ 가맹점사업자와 거래하는 당사자를 기재해 주시기 바랍니다.

2) 특수관계인의 경제적 이익

귀하가 [반포삼겹살]을 시작하거나 경영하기 위하여 당사가 거래할 것을 강제①하는 부동산·용역·설비·상품·원재료 또는 부재료 등의 구입 또는 임차와 관련하여, 당사의 특수관계인은 다음과 같은 경제적 이익을 수취하고 있습니다.

명칭②	관계	경제적 이익의 대상이 되는 상품 또는 용역의 명칭③	경제적 이익의 내용④	비고
이친절	배우자	참기름, 마늘 등 00개	0,000,000원	
최거래	사용인 (임원)	냉장고, 오븐 등 00개	0,000,000원	
㈜반포	계열회사	주방설비	0,000,000원	
-				
계				

① 거래를 강제한 품목에 한하여 작성합니다. 여기서의 특수관계인은 Ⅰ.가맹본부의 일반현황에서와 달리 가맹사업 경영여부와 무관하게 특수관계인에 해당하면 기재하셔야 합니다.
② 회사인 경우 상호를, 개인인 경우 이름을 기재합니다. 개인인 특수관계인이 다른 가맹본부의 임원인 경우 그 회사명도 표시합니다.
③ 다수일 경우 대표적인 품목 외 몇종으로 기재 가능합니다.
④ 경제적 이익의 내용(예: 매출액, 임대수익, 인력지원 인원수 등)을 기재하되, 정확한 금액이 산정되지 않는 경우에는 추정된 금액임을 밝히고 상한과 하한을 표시할 수 있습니다.

2. 거래 강제 또는 권장의 대가 내역

1) 당사는 [반포삼겹살] 가맹점사업자로 하여금 상품 또는 용역을 특정한 거래상대방에게 거래하도록 강제 또는 권장하는 대가로 특정한 거래상대방으로부터 다음과 같은 경제적 이익을 수취하고 있습니다.

(단위: 천원, 부가세 포함)

상품·용역①	거래 상대방	대가 지불	경제적 이익의 내용②	금액③	비고④
갈비살	OO축산	OO축산	거래액의 2%	연간 거래총액 250,000	2018년 기준
식탁	OO가구	OO가구	거래액의 1%	000,000	
:	:	:	:	:	
계					

① 소비자 판매 대상 상품뿐만 아니라 가맹점사업자가 사용하는 설비, 장비, 정착물 등도 포함합니다.
② 대가를 산정하는 구체적인 기준이 있는 경우 기재합니다.
③ 정확한 금액이 산정되지 아니하는 경우에는 추정된 금액임을 밝히고 상한과 하한을 포함한 구간으로 표시합니다.
④ 가맹희망자가 각 대가의 성격을 알 수 있도록 내용을 기재하고, 필요한 경우 주석을 다는 것도 바람직합니다.

2) 당사가 [반포삼겹살] 가맹점사업자로 하여금 상품 또는 용역을 특정한 거래상대방에게 거래하도록 강제하는 대가로 당사의 특수관계인은 특정한 거래상대방으로부터 다음과 같은 경제적 이익을 수취하고 있습니다.

(단위: 천원, 부가세 포함)

관계	상품·용역	거래 상대방	대가 지불	경제적 이익의 내용	금액	비고
배우자	갈비살	OO축산	OO축산	거래액의 2%	250,000	2018년 기준
사용인 (임원)	식탁	OO가구	OO가구	거래액의 1%	000,000	
:	:	:	:	:	:	
계						

* 작성방법은 1)과 같습니다. 다만, 가맹본부가 가맹점사업자에게 거래를 강제한 품목과 관련한 대가에 대해서만 작성하시기 바랍니다.

3. 상품·용역, 거래상대방, 가격 결정

1) 가맹점사업자가 취급하는 상품·용역의 판매 제한

당사의 상표권을 보호하고 상품 또는 용역의 동일성을 유지하기 위하여 귀하는 지정된 상품·용역만을 판매하여야 하며 그 자세한 내용은 다음과 같습니다.

상품·용역명①	제한내용 및 조건②	위반시 책임③	비고④
흑미삼겹살	왼쪽에 기재된 이외의 제품을 판매할 수 없음	1회 위반: 구두 경고 2회 위반: 2회 이상 서면 시정요구 3회 이상 위반: 계약 해지	
쫄깃오겹살			
....			
대박갈비살			

[귀하가 위 표에 기재되지 않은 상품·용역을 판매하려는 경우에는 사전에 가맹본부에게 서면으로 통지하여 승인을 받아야 합니다. 그렇지 않을 경우 불이익을 받을 수 있으므로 주의하여야 합니다.]

[당사는 경영환경의 변화 등으로 필요한 경우 위 표에 기재된 상품·용역 외에도 판매 제한을 가할 수 있습니다. 이 경우 당사는 가맹점사업자의 동의를 미리 얻고 있습니다.]

---

① ~ ③ 계약서 내용을 중심으로 구체적으로 기재하기 바랍니다.
④ 가맹점사업자에게 필요한 내용을 기재하고 필요한 경우 주석을 다는 것도 좋습니다. 또한 가맹점사업자가 가맹본부의 승인을 얻어 상품을 판매할 수 있다는 내용을 예시와 같이 언급하여야 합니다.

2) 거래상대방(고객)에 따른 상품·용역의 판매 제한

당사의 상표권을 보호하고 상품 또는 용역의 동일성을 유지하기 위하여 귀하는 지정된 고객에 대해 상품·용역을 판매하지 않아야 하며 자세한 내용은 다음과 같습니다.

거래상대방 (고객)[①]	상품·용역명[②]	제한내용 및 조건[③]	위반시 책임[④]	비고[⑤]
고등학교 재학생	주류	거래상대방별로 기재된 제품은 판매할 수 없음	1회 위반: 구두 경고 2회 위반: 2회 이상 서면 시정요구 3회 이상 위반: 계약 해지	

[귀하가 위 표에 기재된 거래상대방에게 제한된 상품·용역을 판매하려는 경우에는 사전에 가맹본부에게 서면으로 통지하여 승인을 받아야 합니다. 그렇지 않을 경우 불이익을 받을 수 있으므로 주의하여야 합니다.]

[당사는 경영환경의 변화 등으로 필요한 경우 위 표에 기재된 거래상대방(고객) 외에도 판매 제한을 가할 수 있습니다. 이 경우 당사는 가맹점사업자의 동의를 미리 얻고 있습니다.]

① ~ ④ 계약서 내용을 중심으로 구체적으로 기재하기 바랍니다.
⑤ 가맹점사업자에게 필요한 내용을 기재하고 필요한 경우 주석을 다는 것도 좋습니다. 또한 가맹점사업자가 가맹본부의 승인을 얻어 상품을 판매할 수 있다는 내용을 예시와 같이 언급하여야 합니다.

※ 가맹사업법 시행령 관련 조문(별표2 제2호 구속조건부 거래 다목)
다. 가맹점사업자의 상품 또는 용역의 판매제한
 가맹점사업자에게 부당하게 지정된 상품 또는 용역만을 판매하도록 하거나 거래상대방에 따라 상품 또는 용역의 판매를 제한하는 행위
 다만, 다음의 요건을 충족하는 경우에는 그러하지 아니하다.
 (1) 가맹점사업자의 상품 또는 용역의 판매를 제한하지 아니하는 경우에는 가맹본부의 상표권을 보호하고 상품 또는 용역의 동일성을 유지하기 어렵다는 사실이 객관적으로 인정될 것
 (2) 가맹본부가 미리 정보공개서를 통하여 가맹점사업자에게 해당 사실을 알리고 가맹점사업자와 계약을 체결할 것

3) 가맹점사업자의 가격 결정의 제한

당사는 귀하가 판매하는 상품이나 용역의 가격을 정하여 이를 따르도록 권장하도록 하고 있으며 자세한 내용은 다음과 같습니다.

상품·용역명①	권장가격 (단위: 원)②	가격 통보 방법	비고③
흑미삼겹살	5,000(180g)	월별로 홈페이지에 공지	2018.12월 기준
쫄깃오겹살	6,000(180g)	〃	〃
....			
대박갈비살	10,000(120g)	〃	〃
....			

[귀하가 위 표에 기재된 권장가격과 다른 가격으로 상품·용역을 판매하려는 경우에는 사전에 서면으로 당사와 협의하여야 합니다.]

① 권장가격이 있는 상품·용역만 기재합니다. 내용이 많은 경우 별지에 작성합니다.
② 소비자가격을 표시합니다.
③ 가맹점사업자에게 필요한 내용을 기재하고 필요한 경우 주석을 다는 것도 좋습니다. 또한 가맹점사업자가 가격을 결정하거나 변경하기에 앞서 가맹본부와 사전협의를 할 수 있다는 등의 내용을 예시와 같이 언급할 수도 있습니다.

※ 가맹사업법 시행령 관련 조문(별표2 제2호 구속조건부 거래 가목)
가. 가격의 구속
정당한 이유없이 가맹점사업자가 판매하는 상품 또는 용역의 가격을 정하여 그 가격을 유지하도록 하거나 가맹점사업자가 상품 또는 용역의 가격을 결정하는 행위를 부당하게 구속하는 행위
다만, 다음의 어느 하나에 해당하는 행위는 제외한다.
(1) 판매가격을 정하여 가맹점사업자에게 이를 따르도록 권장하는 행위
(2) 가맹점사업자에게 판매가격을 결정하거나 변경하는 경우 그 내용에 관하여 사전에 협의하도록 하는 행위. 다만, 사전협의를 통해 판매가격을 강요하는 행위는 가격을 구속하는 행위로 본다.

4. 가맹점사업자의 영업지역 보호

1) 독점적·배타적 영업지역 설정

[당사는 가맹사업거래의 공정화에 관한 법률 제12조의4에 의거 가맹계약 체결 시 가맹점사업자의 영업지역을 설정하여 가맹계약서에 영업지역을 명시하고 있습니다.]

[당사 및 당사의 계열회사는 가맹계약기간 중에는 정당한 사유없이 가맹점사업자의 영업지역 내에 동일한 업종의 직영점·가맹점을 추가 개설하지 않습니다. 동일한 업종의 범위 및 동일한 업종에 해당하는 당사 및 당사의 계열회사의 영업표지는 다음과 같습니다.]

동일한 업종 범위[1]	동일한 업종 영업표지[2]	
	가맹본부	계열회사
돼지고기 또는 소고기 구이를 전문으로 하는 가맹사업	반포삼겹살	세종오겹살

[1] 동일한 업종이란 수요층의 지역적·인적 범위, 취급품목, 영업형태 및 방식 등에 비추어 동일하다고 인식될 수 있을 정도의 업종을 말하며, 가맹본부가 운영하는 가맹사업과 동일한 업종의 범위를 상세하게 기재합니다.
[2] 동일한 업종에 해당하는 가맹본부 및 계열회사의 영업표지의 종류를 가맹본부와 계열회사로 구분하여 기재합니다.

2) 영업지역 설정기준

[당사는 영업지역을 다음과 같이 정하고 있습니다.]

설정 기준①	설정방법②
인구 ○만명 당 1점포	별지에 영업지역 표시 (지도별첨을 원칙으로 함)
점포를 중심으로 반경 ○○km	별지에 영업지역 표시 (지도별첨을 원칙으로 함)
행정구역당 1점포 단, 특수상권(백화점, 마트, 시장, 지하상가, 공항, 호텔 등)은 행정구역과 상관없이 별도의 영업지역으로 인정	별지에 영업지역 표시 (지도별첨을 원칙으로 함)
....	

① 가맹점사업자의 영업지역을 정하는 구체적인 기준을 기재하십시오.
② 예시: 계약서 별지에 구역(지도)으로 표시, 행정구역별로 표시 등

3) 가맹계약 갱신과정에서 영업지역을 재조정할 수 있는 사유 및 절차

[당사는 가맹사업거래의 공정화에 관한 법률 제12조의4에 의거 가맹계약 갱신시 다음과 같은 사유가 발생하는 경우에 한해서 가맹점사업자와 합의를 통하여 기존 영업지역을 합리적으로 조정할 수 있습니다. 구체적인 절차는 다음과 같습니다.]

영업지역 재조정 사유	재조정 절차	동의를 얻는 방법
① 재건축, 재개발, 신도시 건설 등 대규모개발로 인하여 상권의 급격한 변동이 발생하는 경우 ② 해당 상권의 거주인구 또는 유동인구가 현저히 변동되는 경우 ③ 소비자의 기호변화 등으로 인하여 해당 상품·용역에 대한 수요가 현저히 변동되는 경우 ④ 위의 사유에 준하는 사유로 인하여 영업지역을 그대로 유지하는 것이 현저히 불합리하다고 인정되는 경우	재조정 사유 발생 → 당사 담당팀 검토 → 영업지역 변경(안) 작성 → 가맹점사업자에게 서면 통지 → 가맹점사업자 동의 → 영업지역 변경 완료	영업지역 변경(안)을 서면으로 통지하고 30일 이내에 동의 여부 회신 동의가 있는 경우 15일 이내에 영업지역 재조정 완료 (신규 점포 입점 가능)

4) 영업지역 밖의 고객에게 상품이나 용역을 판매하는 데에 따르는 제한

[가맹점사업자는 가맹본부와 약정한 영업지역을 준수하시기 바랍니다. 영업지역을 벗어나 다른 가맹점사업자의 영역지역에 속한 고객에게 영업활동을 하는 경우 가맹본부는 다음의 조치를 취하여 가맹점사업자 상호간의 이해관계를 합리적으로 조정할 수 있습니다.]

[첫째, 가맹점사업자가 다른 가맹점사업자의 영업지역의 고객과 거래하는 경우 가맹본부가 두 가맹점사업자 간의 보상금 지불에 대한 중재안을 제시하는 행위]

[둘째, 영업지역을 침해받은 가맹점사업자의 영업지정 조정 요구가 있는 경우 매출액 현황 조사 등 필요한 조치를 취하는 행위]

[셋째, 특정 가맹점사업자가 다른 가맹점사업자의 영업지역을 반복적으로 침해하여 '반포삼겹살' 영업표지 이미지에 심각한 손해를 가한 경우 그 가맹점사업자에게 행위의 시정을 요구하고 손해배상액을 청구하는 행위]

※ 가맹점사업자의 영업지역을 가맹본부가 침해하는 것은 불공정거래행위로 문제가 될 수 있으나 다른 가맹점사업자가 침해하는 것은 원칙적으로 허용됩니다. 따라서 가맹점사업자 간 분쟁은 민사문제로 해결하도록 하시되, 법령에서 허용된 범위에서 필요한 조치를 예시와 같이 기재하시기 바랍니다.

※ 가맹사업법 시행령 관련 조문(별표2 제2호 구속조건부 거래 라목)
라. 영업지역의 준수강제
   부당하게 가맹점사업자에게 영업지역을 준수하도록 조건을 붙이거나 이를 강제하는 행위
   다만, 다음의 어느 하나에 해당하는 행위는 제외한다.
(1) 가맹본부가 가맹점사업자의 영업거점지역을 정하는 행위
(2) 가맹점사업자가 자기의 영업지역에서의 판매책임을 다한 경우에 영업지역 외의 다른 지역에서 판매할 수 있도록 하는 행위
(3) 가맹점사업자가 자기의 영업지역 외의 다른 지역에서 판매하고자 하는 경우 그 지역의 가맹점사업자에게 광고선전비 등 판촉비용에 상당하는 일정한 보상금을 지불하도록 하는 행위

5) 가맹점사업자가 취급하는 상품이나 용역 등이 가맹점사업자의 영
   업지역내의 대리점 등 다른 유통채널을 통해 공급되는지 여부
   [당사는 [반포삼겹살] 가맹점사업자의 영업지역 내에서 대리점, 다
   른 영업표지를 사용한 가맹점 등을 통해 가맹점사업자가 판매하는
   상품이나 용역과 대체재 관계에 놓일 수 있는 동일·유사한 상품이
   나 용역을 공급하지 않습니다.]
   [당사는 [반포삼겹살] 가맹점사업자의 영업지역 내에서 대리점, 다
   른 영업표지를 사용한 가맹점 등을 통해 가맹점사업자가 판매하는
   상품이나 용역과 대체재 관계에 놓일 수 있는 동일·유사한 상품이
   나 용역을 공급하고 있으며, 그 내용은 다음과 같습니다.]

구분[①]	영업표지	취급품목[②]	가맹점과의 구분[③]
가맹점	반포샤브샤브	삼겹살	세부업종이 다름
대리점	:	:	:
일반소매점	K마트	포장 삼겹살	완제품 판매
기타	:	:	:

① 유통채널의 종류를 기재하시기 바랍니다.
② 해당 유통채널에 공급하는 모든 품목을 기재합니다.
③ 해당 유통채널이 본 정보공개서의 가맹사업과 구분되는 점을 기재합니다.

6) 가맹점사업자가 취급하는 상품이나 용역 등이 온라인, 홈쇼핑, 전화권유판매 등 다른 유통채널을 통해 공급되는지 여부

[당사는 온라인, 홈쇼핑, 전화권유판매 등을 통해 가맹점사업자가 판매하는 상품이나 용역과 대체재 관계에 놓일 수 있는 동일·유사한 상품이나 용역을 공급하지 않습니다.]

[당사는 온라인, 홈쇼핑, 전화권유판매 등을 통해 가맹점사업자가 판매하는 상품이나 용역과 대체재 관계에 놓일 수 있는 동일·유사한 상품이나 용역을 공급하고 있으며, 그 내용은 다음과 같습니다.]

구분①	유통업체명②	주소	취급품목③	가맹점과의 구분④
온라인	e-공정	www.aa.co.kr	○○○	
	k머스	www.km.co.kr	◎◎	
홈쇼핑	공정 홈쇼핑	www.bb.co.kr	◇◇◇◇	
전화권유판매	AA통신	www.aa.com	▶▶▶	

① 온라인몰, 홈쇼핑, 전화권유판매 등 유통채널의 성격을 기재하시기 바랍니다.
② 유통업체의 상호를 기재합니다.
③ 해당 유통채널에 공급하는 모든 품목을 기재합니다.
④ 해당 유통채널이 본 정보공개서의 가맹사업과 구분되는 점을 기재합니다.

7) 그 밖에 영업지역에 관한 내용

※ 상기의 기재사항 외, 영업지역 관련 영업방침이 있을 경우 기재합니다.

5. 계약기간, 계약의 갱신·연장·종료·해지·수정

1) 가맹계약 및 갱신 기간

[반포삼겹살] 가맹사업의 계약기간은 [계약체결일로부터] [   ]년이며, 가맹계약 갱신시 계약기간은 [계약갱신일로부터] [   ]년입니다.

> ※ 가맹계약의 종류(type)가 여러 가지가 있고, 각각 계약기간이 다른 경우 나누어 기재합니다.

2) 계약 연장이나 재계약, 또는 계약 종료에 필요한 절차

가맹사업거래의 공정화에 관한 법률 제13조 및 같은 법 시행령 제14조에 따라 귀하에게는 가맹계약의 갱신을 요구할 수 있는 권리가 최초 계약일로부터 10년간 주어집니다. 구체적인 절차는 다음과 같습니다.

순 서	기간(계약만료일: D-day)
① 가맹점사업자가 계약갱신을 요구하였습니까? 예→②, 아니오→⑦	D-180 ~ D-90
② 3)에서 정한 계약갱신 거절 사유에 해당합니까? 예→④, 아니오→③	D-180 ~ D-90
③ 가맹본부가 계약조건 변경을 서면으로 통지하였습니까? 예→⑤, 아니오→A	D-180 ~ D-90
④ 가맹본부가 가맹점사업자에게 거절 사유를 적은 서면으로 거절 통지를 하였습니까? 예→B, 아니오→A	①+15일 이내
⑤ 가맹점사업자가 계약조건 변경에 동의하였습니까? 예→C, 아니오→⑥	
⑥ 변경된 계약조건이 다른 가맹점사업자에게 통상적으로 적용되는 계약조건입니까? 예→B, 아니오→D	
⑦ 가맹본부가 계약갱신을 하지 않겠다는 사실을 서면으로 통지하였습니까? 예→B, 아니오→⑧	D-180 ~ D-90

⑧ 가맹점사업자가 계약갱신 또는 계약조건에 대하여 이의를 제기하였습니까? 　　　예→E, 아니오→A	D-60일 이전
A. 종전과 같은 조건으로 다시 가맹계약 체결	D-day
B. 계약기간이 만료되는 날 계약 종료	D-day
C. 변경된 조건으로 다시 가맹계약 체결	D-day
D. 양자가 합의하여 계약조건을 바꾸어야 함(가맹본부가 계약 변경을 강행할 경우 불공정거래행위에 해당할 수 있음)	-
E. 양자가 합의하여 계약을 만료하거나 변경된 조건으로 다시 가맹계약 체결(민사상 문제로 가맹사업법에서 특별하게 제한하는 규정 없음)	-

3) 계약 갱신 거절(종료) 사유

　　당사가 가맹계약의 갱신요구를 거절할 수 있는 사유는 다음과 같습니다.

갱신요구 거절 사유	관련 계약조문
○ 가맹계약상의 가맹금 등의 지급의무를 지키지 아니한 경우	O조 O항
○ 다른 가맹점사업자에게 통상적으로 적용되는 계약조건이나 영업방침을 귀하가 수락하지 아니한 경우	O조 O항
○ 가맹점 운영에 필요한 점포·설비의 확보나 법령상 필요한 자격·면허·허가의 취득을 하지 못한 경우	O조 O항
○ 판매하는 상품이나 용역의 품질을 유지하기 위하여 필요한 제조공법 또는 서비스기법을 지키지 않은 경우	O조 O항
○ [반포삼겹살] 경영에 필수적인 지식재산권을 보호하기 위한 방침을 지키지 않은 경우	O조 O항
○ 정기적으로 실시하는 교육·훈련을 준수하지 않은 경우(다만, 교육·훈련 비용이 같은 업종의 다른 가맹본부가 통상적으로 요구하는 비용보다 뚜렷하게 높은 경우는 제외합니다.)	O조 O항

※ 가맹계약서에 기재되지 않은 사유를 정보공개서에 기재하여서는 아니됩니다.

4) 계약 해지 사유 및 그 절차

당사가 귀하와의 가맹계약을 해지할 수 있는 사유는 다음과 같습니다.

계약 해지 사유	관련 계약조문
○	O조 O항
○	O조 O항
....	

가맹사업거래의 공정화에 관한 법률 제14조와 같은 법 시행령 제15조에 따라 당사는 가맹계약을 해지하려는 경우에는 귀하에게 서면으로 2개월 이상의 유예기간을 두고 계약의 위반 사실 및 이를 시정하지 않을 경우 계약을 해지한다는 사실을 2회 이상 통지하고 있습니다. 이러한 절차를 거치지 않은 계약해지는 무효가 됩니다.

다만, 가맹사업법 시행령 제15조의 계약해지 사유에 해당되는 아래의 경우에는 2개월 이상의 유예기간이나 2회 이상의 서면통지없이 계약서에 따른 절차를 거쳐 계약이 해지될 수 있으므로 주의하여야 합니다.

즉시계약 해지 사유	관련 계약조문
○ 가맹점사업자에게 파산 신청이 있거나 강제집행절차 또는 회생절차가 개시된 경우	O조 O항
○ 가맹점사업자가 발행한 어음·수표가 부도 등으로 지불정지된 경우	O조 O항
○ 천재지변, 중대한 일신상의 사유 등으로 가맹점사업자가 더 이상 가맹사업을 경영할 수 없게 된 경우	O조 O항
○ 가맹점사업자가 다음 각 목의 어느 하나에 해당하여 가맹사업에 중대한 장애를 초래한 경우 가. 가맹점사업자가 공연히 허위사실을 유포함으로써 가맹본부의 명성이나 신용을 뚜렷이 훼손한 경우	O조 O항

나. 가맹점사업자가 가맹점 운영과 관련되는 법령을 위반하여 다음의 어느 하나에 해당하는 행정처분을 받음으로써 가맹본부의 명성이나 신용을 뚜렷이 훼손한 경우 1) 그 위법사실을 시정하라는 내용의 행정처분 2) 그 위법사실을 처분사유로 하는 과징금·과태료 등 부과처분 3) 그 위법사실을 처분사유로 하는 영업정지 명령 다. 가맹점사업자가 가맹본부의 영업비밀 또는 중요정보를 유출한 경우	
○ 가맹점사업자가 가맹점 운영과 관련되는 법령을 위반하여 이를 시정하라는 내용의 행정처분(과징금·과태료 등의 부과처분을 포함한다)을 통보받고도 행정청이 정한 시정기한(시정기한을 정하지 아니한 경우에는 통보받은 날부터 10일) 내에 시정하지 않는 경우	○조 ○항
○ 가맹점사업자가 가맹점 운영과 관련되는 법령을 위반하여 자격·면허·허가 취소 또는 영업정지 명령(15일 이내의 영업정지 명령을 받은 경우는 제외한다) 등 그 시정이 불가능한 성격의 행정처분을 받은 경우. 다만, 법령에 근거하여 행정처분을 갈음하는 과징금 등의 부과 처분을 받은 경우는 제외한다.	○조 ○항
○ 가맹점사업자가 법 제14조제1항 본문에 따른 가맹본부의 시정요구에 따라 위반사항을 시정한 날부터 1년(계약갱신이나 재계약된 경우에는 종전 계약기간에 속한 기간을 합산한다) 이내에 다시 같은 사항을 위반하는 경우. 다만, 가맹본부가 시정을 요구하는 서면에 다시 같은 사항을 1년 이내에 위반하는 경우에는 법 제14조제1항의 절차를 거치지 아니하고 가맹계약이 해지될 수 있다는 사실을 누락한 경우는 제외한다.	○조 ○항
○ 가맹점사업자가 가맹점 운영과 관련된 행위로 형사처벌을 받은 경우	○조 ○항
○ 가맹점사업자가 공중의 건강이나 안전에 급박한 위해를 일으킬 염려가 있는 방법이나 형태로 가맹점을 운영하는 경우	○조 ○항
○ 가맹점사업자가 정당한 사유 없이 연속하여 7일 이상 영업을 중단한 경우	○조 ○항

※ 보다 자세한 내용은 가맹사업법 제14조 및 같은 법 시행령 제15조를 참고하기 바랍니다.
※ 가맹계약서에 기재되지 않은 사유를 정보공개서에 기재하여서는 아니됩니다.
※ 가맹계약 즉시해지사유는 가맹사업법 제14조 및 같은 법 시행령 제15조에 규정된 사유를 기재하시기 바랍니다.

5) 계약 수정의 사유, 사전 통보 여부 및 동의 절차

당사는 계약기간 중에 계약서의 내용을 변경하지 않는 것을 원칙으로 합니다. 다만, 다음의 경우에는 [귀하의 동의를 얻어] 계약 조건을 수정할 수 있습니다.

계약 수정 사유	관련 계약조문
○	O조 O항
○	O조 O항
○	O조 O항
....	

재조정 절차	동의 절차
계약 수정 사유 발생 → 당사 담당 팀 검토 → 수정계약서(안) 작성 → 가맹점사업자에게 서면 통지 → 가맹점사업자 동의 → 수정 완료	수정 계약서(안)를 서면으로 통지하고 30일 이내에 동의 여부 회신 동의가 있는 경우 수정계약서에 정한 날부터 효력 발생

※ 예시처럼 계약 수정 절차나 동의를 얻는 방법은 최대한 자세히 기재하되, 동의를 얻지 못할 경우 가맹본부의 조치에 대해서도 반드시 기재하여야 합니다.

6. 가맹점운영권의 환매·양도·상속 및 대리행사

1) 가맹점운영권의 환매

당사는 [귀하가 가맹점을 운영하다가 개인 사정 등으로 조기에 계약을 해지하려는 경우 새로운 가맹점사업자를 찾을 때까지 일시적으로]① 가맹점운영권을 다시 사들여 직영점 체제로 운영하는 제도를 운영하고 있습니다. 자세한 내용은 다음과 같습니다.

환매 조건②	환매 절차③	비고④
○ 가맹점에게 계약서 ○○조, ○○조, ○○조, ○○조의 계약 해지 사유가 존재하지 않을 것 ○ 가맹점사업자의 매출액이 당사가 정한 기준 이상일 것 ○ 가맹점운영 기간이 2년 이상일 것 ○	가맹점사업자가 소정의 양식을 갖추어 가맹본부에 환매 신청 → 당사 담당팀 검토(현장조사 포함, 20일 가량 소요) → 환매 여부 통지	문의: ○○팀 (02-XXX-XXXX)

① 가맹점운영권 환매 제도를 운영하고 있는 경우에 그 사유를 알기 쉽게 기재합니다.
② 환매에 필요한 조건을 자세하기 기재합니다.
③ 대략적인 소요기간 등도 가능하면 기재합니다.
④ 그 밖에 가맹점사업자에게 필요한 내용을 기재합니다.

2) 가맹점운영권의 양도①

귀하가 가맹점운영권을 다른 사업자에게 양도하기 위해서는 [사전에 당사에게 서면으로 그 사실을 통지하여야 하고, 당사의 승인이 있어야만 합니다.] 자세한 내용은 다음과 같습니다.

양도 가능 조건②	양도 절차③	비고④
○ 양수인이 당사가 정한 가맹점 운영 기준을 준수할 것 ○	가맹점사업자가 서면으로 양도 신청 → 당사 담당팀 검토(양수인 면담 포함, 30일 가량 소요) → 승인 여부 통지 → 양도인, 양수인, 가맹본부의 양수.양도 계약 체결(5일 소요) → 가맹점운영권 이전 완료	문의: OO팀 (02-XXX-XXXX)

[당사가 양도를 승인하면 양수인은 양도인의 모든 권리의무를 승계하게 되며 양수인은 교육비 및 계약이행 보증금을 납입하여야 합니다. 다만, 양수인이 원할 경우 당사는 양수인과 신규 가맹계약을 맺을 수 있습니다. 이 경우 신규가맹계약일지라도 가맹점 모집비용, 개점행사비 등이 일반적인 신규가맹계약보다 적게 소요될 경우에는 비용 소요액에 상응하는 가맹금을 당사와 협의하여 지급하실 수 있습니다.]

① 가맹점사업자가 계약기간 중에 **운영권을 양도.양수계약을 통해 다른 사람에게 넘기는 경우** 해당됩니다.
② 양도에 필요한 조건을 자세하기 기재합니다. **가맹점사업자는 가맹본부와 독립된 사업자로서 조건을 지나치게 까다롭게 설정하는 경우 불공정거래 행위에 해당할 수 있습니다.**
③ 대략적인 소요기간 등도 가능하면 기재합니다.
④ 그 밖에 가맹점사업자에게 필요한 내용을 기재합니다.

3) 가맹점운영권의 상속, 대리행사, 위탁 등

가맹점운영권은 원칙적으로 당사와 가맹계약을 체결한 귀하에게 주어집니다. 따라서 개인사정 등으로 가맹점운영권을 다른 사람에게 대리행사하게 할 경우에는 당사에 사전에 서면으로 그 사실을 통지하여야 합니다.

가맹점사업자의 상속인은 가맹점 영업을 상속할 수 있으며, 이 경우 상속개시일로부터 3개월 이내에 상속사실을 통지하여야 합니다. 다만, 상속인이 미성년자, 피성년후견인에 해당하거나 이에 준하는 사유가 있는 경우에는 가맹계약은 종료합니다.

구분①	가능 여부(조건)②	이전 범위③	절차④	기타 의무사항⑤
상속	상속인 사후통지시	모든 권리의무	[앞서 내용을 참고하여 작성]	교육수료 및 교육비 지급
대리행사	본부 승인시 가능	가맹점사업자가 지정한 범위 내의 권리의무		
업무위탁	본부 승인시 가능	-		
....				

① 가맹점사업자가 계약기간 중에 **운영권의 전부 또는 일부를 양수.양도 계약 외의 방법으로 다른 사람에게 넘기는 경우**에 해당됩니다.
② ①의 행위가 인정되는지 여부를 기재하고, 인정될 경우 그 조건을 기재합니다.
③ 상속인(대리인, 수탁인 등 포함)에게 이전되는 가맹점운영권의 범위를 기재합니다.
④ 대략적인 소요기간 등도 가능하면 기재합니다.
⑤ 가맹점 운영에 필요한 교육이수에 따른 교육비 등이 있으면 기재합니다.

7. 경업금지, 영업시간 제한, 가맹본부의 영업장 관리·감독

1) 경업금지의 범위

당사는 계약기간 동안 [지역 내에서] 귀하가 [반포삼겹살]과 동일한 업종의 영업을 하는 행위를 금지하고 있습니다. 만약 귀하가 그러한 행위를 하기 위해서는 [사전에 가맹본부에 서면으로 그 사실을 통지하여야 합니다.] 자세한 내용은 다음과 같습니다.

경업금지 되는 업종[1]	경업허가 절차[2]	비고[3]
○ 일반인에게 식사류를 제공하면서 돼지고기나 쇠고기를 철판에 굽는 형태로 판매하는 업종 ○	가맹점사업자가 서면으로 경업허가 신청 → 당사 담당팀 검토(시장조사 포함, 30일 가량 소요) → 허가 여부 통지 → 완료	문의: ○○팀 (02-XXX-XXXX)

[1] 가맹점사업자가 쉽게 알 수 있도록 자세히 기재합니다.
[2] 대략적인 소요기간 등도 가능하면 기재합니다.
[3] 그 밖에 가맹점사업자에게 필요한 내용을 기재합니다.
※ 경업금지의 범위를 동일업종이 아니라 **유사한 업종까지 확대하는 것은 약관규제법상 무효**가 됩니다.

2) 영업시간 및 영업일수 제한

당사는 [반포삼겹살]의 영업시간 및 영업일수를 제한하고 있습니다. 자세한 내용은 다음과 같습니다.

영업시간	영업일수	비고
1일 24시간	365일 연중 무휴 영업	문의: OO팀 (02-XXX-XXXX)

가맹사업거래의 공정화에 관한 법률 시행령 제15조제10호에 따라 귀하가 정당한 사유없이 연속하여 7일 이상 영업을 중단한 경우 가맹계약 해지가 될 수 있으므로 주의하시기 바랍니다.

[귀하는 가맹사업거래의 공정화에 관한 법률 제12조의3에 의거 오전 0시 또는 1시부터 오전 6시까지의 매출이 영업에 소요되는 비용에 비하여 저조하여 3개월간 영업손실이 발생하거나, 질병의 발생과 치료 등 불가피한 사유가 발생하는 경우 당사에 영업시간 단축을 요청할 수 있으며 영업시간을 조정해야 할 경우에는 사전에 담당팀에 통지하시기 바랍니다.]

3) 권장 종업원 수 및 영업장 근무 여부

당사는 귀하가 운영하는 가맹점포(영업장)의 종업원 및 근무 형태를 제한하고 있으며 자세한 내용은 다음과 같습니다.

권장[1] 종업원수	직접 근무 여부[2]	대체 가능 인력[3]	비고[4]
3명 이상	직접 근무	점주의 배우자, 직계가족	점주의 부재시 가맹본부에 사전 통보

[1] 가맹본부가 종업원수를 제한하고 있는 경우 그 내용을 기재합니다.
[2] 가맹점사업자가 직접 영업장에서 근무해야 할 경우 그 내용을 기재합니다.
[3] 가맹점사업자가 개인사정 등으로 직접 근무하지 못하는 경우 대체 가능 인력과 절차를 기재합니다.
[4] 그 밖에 가맹점사업자에게 필요한 내용을 기재합니다.

4) 가맹본부의 영업장 관리·감독

당사는 귀하가 운영하는 가맹점포(영업장)를 정기적으로 관리·감독하고 있으며 자세한 내용은 다음과 같습니다.

관리·감독 항목[①]	감독 절차	빈도 및 시기	담당팀[②]	비고[③]
매장 청결(4항목)	담당자 매장 방문 → 청결도 확인 → 관리표 작성 → 가맹점사업자 확인 및 서명 → 완료	4회/1주일	각 지역 XX팀	
친절도(5항목)	담당자 매장 암행방문 → 주문 → 친절도 확인 → 관리표 작성 → 완료	1회/2주일	본사 OO팀	
품질 관리(7항목)	담당자 매장 방문 → 품질 확인 → 관리표 작성 → 가맹점사업자 확인 및 서명 → 완료	4회/1주일	각 지역 XX팀	
....				

[당사는 감독의 공정성을 기하기 위하여 다음과 같은 가맹점 관리표를 작성하고 있습니다. 본 표는 감독이 끝난 후 귀하의 서명을 받아 (주)공정위와 귀하가 각 1부씩 보관하게 됩니다. ※ 관리표가 있는 경우 첨부합니다.]

> ① 가맹점사업자의 영업장을 관리·감독하는 항목을 자세히 기재합니다. 양이 많은 경우 별지에 기재합니다.
> ② 관리·감독을 실제 수행하는 담당팀을 기재합니다. 필요한 경우 연락처도 함께 기재합니다.
> ③ 그 밖에 가맹점사업자에게 필요한 내용을 기재합니다.

8. 광고 및 판촉 활동

1) 가맹본부와 가맹점사업자의 비용 분담 기준

당사는 [반포삼겹살 영업표지 이미지 제고 및 매출액 증대를 위한 전국 단위의] 광고 및 판촉 활동을 위해 필요한 비용을 [가맹점사업자와 나누어 부담하고 있습니다.] 자세한 내용은 다음과 같습니다.

구분①	광고 성격②	부담비율		분담 절차④	비고⑤
		본사부담③	가맹점부담		
광고 전체 행사	상품 광고	광고비의 50%	광고비 50% 중 가맹점 총매출액 비율 따라 산정	광고 계획 공고 → 가맹점의 광고참여 여부 결정 → 가맹점부담액 제시(명세서)	대중매체 광고 명절, Day 이벤트 행사 (전국 행사)
	상품광고+가맹점모집광고	광고비의 75%	광고비 25% 중 가맹점 총매출액 비율 따라 산정		
	가맹점모집광고	전액 부담	없음		
판촉행사	할인 행사	할인금액 (소비자가) 50%	할인금액 (소비자가) 50%	행사계획 공고 → 가맹점부담액 제시 → 가맹점의 행사 참여 결정 → 행사 시행 → 종료 후 최종분담금 확정	판촉행사 동의 절차를 거친 후 전체 가맹점 사업자의 70% 이상의 동의시 전체 적용
	증정 행사	증정상품 출하가 50%	증정상품 출하가 50%	〃	〃
	팜플렛 등 제작	판촉물 제작 비용 50%	판촉물 제작비용 50%	〃	〃
	기타 개별 행사	행사에 따라 유동적 (2018년의 경우 행사별로 가맹점당 20~50만원 부담)		〃	〃

할인카드. 멤버십 제휴서비스	제휴 행사	서비스로 인한 월 할인 금액의 50%	서비스로 인한 월 할인 금액의 50%	(가맹점) 월 할인금액 제시 → (가맹본부) 자료제출일로부터 10일 이내 부담액 송금	할인서비스 등의 종료시까지

[전국단위의 광고일 경우 가맹점부담액은 광고비 중 일부를 광고 시행 직전 분기의 각 가맹점사업자의 총매출액 비율에 따라 분담합니다. 지역 광고일 경우에는 해당 지역 내 가맹점사업자가 가맹점부담액 부분을 분담합니다.]

> ※ 실제 가맹본부의 광고 및 판촉활동 내용의 기재하셔야 합니다. 특히 **할인카드.멤버스 제휴 서비스가** 있으신 경우 해당 내용을 **반드시 기재**하셔야 합니다.

> ① **광고와 판촉행사를 구분**하되 가능한 자세히 기재합니다. 할인카드·제휴 서비스 사용으로 인한 비용 부담도 포함합니다.
> ② 반드시 **광고의 성격(상품광고인지, 가맹점 모집광고인지 등)에 따라 구분**하여 **기재**합니다.
> ③ 분담 비율이 있으면 비율을, 가맹점사업자가 정액으로 부담하면 그 액수를 기재합니다.
> ④ 분담 기준이 매번 달라질 경우 그 절차를 기재합니다.
> ⑤ 그 밖에 가맹점사업자에게 필요한 내용을 기재합니다.
> ※ 가맹점부담 비율을 제시할 경우에는 광고에 따른 예상이익 등을 고려해서 **광고비의 산출근거를 명확하게 제시**하여야 합니다. 특히 가맹점의 월매출액 대비 일정비율을 광고비로 부담시키는 경우에는 **가맹점 매출을 구체적으로 산정하는 기준을 제시**하여야 합니다.

2) 가맹점사업자의 독자적 광고·판촉 활동

[개별 가맹점사업자가 스스로 또는 다른 가맹점사업자와 함께 독자적으로 광고·판촉 활동을 할 수 있습니다. 이 경우 특별하게 필요한 절차는 없습니다.]

> ※ 가맹본부가 가맹점사업자의 독자적인 광고·판촉 활동에 대해 **별도의 조건(사전 협의 등)을 요구하는 경우에는** 그 내용을 **기재**합니다.

9. 영업비밀 보호에 관한 사항

당사의 영업비밀이란, 공공연히 알려져 있지 아니하고 독립된 경제적 가치를 가지는 것으로서, 가맹본부의 상당한 노력에 의하여 비밀로 유지된 생산방법, 판매방법, 그 밖에 영업활동에 유용한 기술상 또는 경영상의 정보를 말합니다.

귀하는 계약체결 및 가맹점 운영상 알게 된 가맹본부의 영업비밀을 계약기간은 물론 계약종료 후에도 제3자에게 누설해서는 안 됩니다. 가맹본부의 허락 없이 교육과 세미나자료 기타 가맹점운영과 관련하여 영업비밀이 담긴 관계서류의 내용을 인쇄 또는 복사할 수 없습니다.

당사의 영업비밀을 무단으로 유출할 경우 부정경쟁방지 및 영업비밀보호에 관한 법률에 의해 처벌 받을 수 있음을 알려드립니다. 또한, 당사의 영업비밀은 한국특허정보원의 영업비밀 원본 증명 서비스에 가입되어 있습니다.(※ 해당사항이 있는 경우 기재합니다.)

10. 가맹계약 위반시 손해배상에 관한 사항

이 계약의 당사자는 상대방의 계약위반이나 불법행위로 인한 손해에 대하여 손해배상액의 예정으로서 위약금을 청구하거나 별도로 손해배상을 청구할 수 있습니다.

※ 가맹계약서에 기재된 내용을 구체적으로 기재하시기 바랍니다.

VI. 가맹사업의 영업 개시에 관한 상세한 절차와 소요기간

1. 상담·협의 과정에서부터 가맹점 영업 시작까지 필요한 절차 요약

귀하가 당사와 가맹계약을 체결할 경우 상담일로부터 실제 가맹점이 개설될 때까지 걸리는 시간과 필요한 절차는 다음과 같습니다.

(단위: 천원, 부가세 포함)

구분	내용	소요기간[①]	소요비용[②]
합계		47일 내외	
가맹희망자 문의	- 전화문의 접수 - 희망지역 확인, 담당자 배정	D-47	
사업 설명·상담	- 정보공개서 및 가맹계약서 제공 - 인근 10개 가맹점 현황문서 제공 - 가맹희망자 상담	D-46~45	
점포개발 및 상권분석 실시	- 입지선정 - 입지 주위 점포 정보 제공	필요시 실시	
최종 협의	- 개설 승인	D-34~31	
가맹계약 체결	- 계약 체결	D-30	
가맹금 예치	- ○○기관에 가맹금 예치	D-29(1일)	
점포실측/설계	- 투자비 산출	D-27~25(3일)	
실내외 공사착수	- 도면협의 및 공사일정 확인	D-24(1일)	
인테리어 공사	- 공사 실시	D-24~5(20일)	
교육 실시	- 점포운영교육 실시	D-7~4(3일)	
점포 개설	- 가맹점 개설 및 영업시작	D-day	

위 표에 따른 소요기간은 평균적인 가맹점을 기준으로 작성된 것으로, 협의 과정에서 시장상황 등에 따라 그 기간이 늘어날 수 있습니다.[③]

귀하는 본사와 계약을 체결하는 과정에서 변호사나 가맹거래사의 자문을 받을 수 있습니다. 자문이 필요하신 경우는 본사에 소속되어 있거나 업무 연관성이 있는 변호사나 가맹거래사를 제외하고 귀하께서 선택하신 변호사나 가맹거래사에게 정보공개서 및 가맹계약서 등에 대하여 자문을 받으시기 바라며, 특히 정보공개서에 대하여 자문을 받으신 경우에는 계약체결일이 정보공개서 제공 14일 후에서 7일 후로 단축됩니다.

① 소요기간이 정확하게 산정되지 않을 경우에는 **추정된 기간임을 밝히고 상한과 하한을 포함한 구간**으로 표시합니다.
② 소요비용은 앞서 기재한 가맹점사업자의 부담내용 관련 페이지를 참조하도록 합니다.
③ 기간이 늘어날 수 있는 사유를 구체적으로 기재합니다.

2. 가맹본부와의 분쟁 해결 절차

[가맹계약 당사자는 계약의 해석 또는 계약에 의해 명시되지 아니한 사항에 관하여 다툼이 있을 경우 법적 절차에 이르기 전까지 우선적으로 대화와 협상을 통해 분쟁을 해결하도록 합니다.]

[대화와 협상으로 분쟁이 해결되지 아니할 경우, 가맹사업거래의 공정화에 관한 법률 제22조에 따라 한국공정거래조정원의 **가맹사업거래분쟁조정협의회(연락처: 1588-1490, 홈페이지: http://www.kofair.or.kr) 또는 시·도의 분쟁조정협의회**에 조정을 신청하거나 다른 법령에 의해 설치된 중재기관에 중재를 신청할 수 있습니다.]

[중재를 신청하지 아니한 경우, 법적 분쟁에 관한 소송은 민사소송법상의 관할법원에 제기합니다. 단, 가맹본부와 가맹점사업자가 관할법원에 대해 약정할 경우에는 그러하지 아니합니다.]

> ※ 가맹본부가 분쟁 해결을 위하여 별도의 통제 시스템을 갖추고 있는 경우 자세히 기재합니다. 또한 가맹사업거래의 공정화에 관한 법률에 따른 분쟁조정협의회에 관한 내용도 기재하고, 민사소송 외에 중재제도를 통해 분쟁을 해결할 경우 그 내용도 포함합니다.

Ⅶ. 가맹본부의 경영 및 영업활동 등에 대한 지원

1. 점포환경개선 시 비용지원 내역

[당사는 가맹사업거래의 공정화에 관한 법률 제12조의2 및 시행령 제13조의2 규정에 의거 다음의 사유가 발생하는 경우에 한하여 점포환경개선을 실시하고 있으며, 가맹점사업자의 점포환경개선에 소요되는 비용의 일부를 분담하고 있습니다. 분담비율 및 구체적 절차는 다음과 같습니다.]

[다만, 가맹사업거래의 공정화에 관한 법률 제12조의2 규정에 의거 가맹점사업자의 자발적 의사에 의하여 점포환경개선을 실시하는 경우 및 가맹점사업자의 귀책사유로 인하여 위생·안전 및 이와 유사한 문제가 발생하여 불가피하게 점포환경개선을 하는 경우에는 비용분담을 하지 않습니다.]

점포환경 개선 사유①	○점포의 시설, 장비, 인테리어 등의 노후화가 객관적으로 인정되는 경우 ○위생이나 안전의 결함으로 인하여 가맹사업의 통일성을 유지하기 어렵거나 정상적인 영업에 현저한 지장을 주는 경우	○점포의 시설, 장비, 인테리어 등의 노후화가 객관적으로 인정되는 경우 ○위생이나 안전의 결함으로 인하여 가맹사업의 통일성을 유지하기 어렵거나 정상적인 영업에 현저한 지장을 주는 경우
가맹본부 부담 비용항목 ②	○간판교체 비용 ○인테리어 공사비용(장비·집기의 교체비용을 제외한 실내건축공사에 소요되는 일체의 비용. 단, 가맹사업의 통일성과 무관하게 가맹점사업자가 추가 공사를 실시함에 따라 소요되는 비용은 제외)	○간판교체비용 ○인테리어 공사비용(장비·집기의 교체비용을 제외한 실내건축공사에 소요되는 일체의 비용. 단, 가맹사업의 통일성과 무관하게 가맹점사업자가 추가 공사를 실시함에 따라 소요되는 비용은 제외) ○집기·장비교체비용
가맹본부 부담 비용비율 ③	○점포의 확장 또는 이전을 수반하지 않는 점포환경개선 : 20% ○점포의 확장 또는 이전을 수반하는 점포환경개선 : 40%	○가맹점사업자의 투자금액(임차료 등), 월평균 매출액 등을 고려하여 - 점포의 확장 또는 이전을 수반하지 않는 점포환경개선 : 50%~100% - 점포의 확장 또는 이전을 수반하는 점포환경개선 : 50~80% - 단, 집기·장비교체비용은 20% 부담

지급절차 ④	ㅇ가맹점사업자의 비용 청구(공사계약서 등 공사비용을 증빙할 수 있는 서류 첨부) → 90일 이내에 가맹본부 부담액을 가맹점사업자에게 지급 (단, 가맹본부와 가맹점사업자간 별도의 합의가 있는 경우 1년의 범위내에서 분할지급 가능) ㅇ가맹점사업자가 가맹본부 또는 가맹본부가 지정한 자를 통하여 점포환경개선을 한 경우에는 점포환경개선이 끝난 날부터 90일 이내에 가맹본부 부담액을 지급 <분할지급 시 절차> ㅇ가맹점사업자의 비용 청구(공사계약서 등 공사비용을 증빙할 수 있는 서류 첨부) → 3차에 걸쳐 가맹본부 부담액을 분할 지급 (1차 : 청구일로부터 90일 이내, 총 부담액의 30%, 2차 : 1차 지급일로부터 60일 이내, 총 부담액의 30%, 3차 : 2차 지급일로부터 60일 이내, 총 부담액의 40%)	"
비용부담 제외사유 ⑤	ㅇ점포환경개선일로부터 3년 이내에 가맹본부의 책임없는 사유로 계약이 종료(계약의 해지·영업양도 포함)되는 경우 가맹본부 부담액 중 잔여기간에 비례하는 부담액은 지급하지 아니하거나 이미 지급한 경우에는 환수 가능	"
비고		

① 가맹사업거래의 공정화에 관한 법률 시행령 제13조의2 규정상의 점포 환경개선 사유를 기재합니다.
② 가맹본부가 부담하는 비용항목을 기재하되, 가맹사업거래의 공정화에 관한 법률에 따라 의무적으로 부담하여야 하는 항목(간판교체비용 및 인테리어 공사비용)은 반드시 포함하여 기재하여야 합니다.
③ 가맹본부가 부담하는 비용부담 비율을 기재하되, 가맹사업거래의 공정화에 관한 법률에 따라 의무적으로 부담하여야 하는 비율(점포 이전·확장 수반 시 40%, 점포 이전·확장 미수반 시 20%)은 반드시 포함하여 기재하여야 합니다.
④ 가맹사업거래의 공정화에 관한 법률 시행령 제13조의2 규정상의 지급 절차를 기재하되, 분할지급 시 분할지급 시기, 분할지급 비율 등의 분할지급 절차를 상세히 기재합니다.
⑤ 가맹사업거래의 공정화에 관한 법률 시행령 제13조의2 규정상의 비용 부담 제외사유를 기재합니다.

2. 판매촉진행사 시 인력지원 등 내역

[당사는 가맹점을 개설 또는 운영함에 있어 다음과 같은 지원제도를 운영하고 있습니다. 다만, 해당 지원제도는 가맹본부의 경영사정 등에 의하여 가맹계약 기간 중이라도 지원여부 및 그 범위가 변경 또는 추가될 수 있습니다.]

(단위 : 천원, 부가세 별도)

지원 정책①	주요 내용②	지원조건③	지원 기간	지원금액④	비고⑤
개점 행사비	가맹점 오픈시 판촉인원 파견 및 전단지, 기념품 등의 판촉비용 지원	가맹점의 매장면적, 예상매출액에 따라 판촉인원 수 및 판촉비용 차등 지원	오픈일 로부터 3일간	300만원 한도	
판촉 장려금	매월 가맹점 매입금액의 5% 이내 범위에서 장려금 지원	직전 2개월 평균 매입 금액이 1000만원 이상 가맹계약 위반사항이 없을 것 *지원조건 미충족시 지원하지 않음	가맹계 약기간	직전 2개월 평균 매입금액이 1000~2000만 원 : 매입금액의 2% 2000만원 초과~ 3000만원 : 매입금액의3% 3000만원 초과시 : 매입금액의 5%	익월 상품대 금 차감방 식으로 지원
판촉 지원	매월 전체 가맹점의 제품 주문량의 1~5%를 가맹점의 판촉물로 지원	없음 (전 가맹점 해당)	가맹계 약기간	소요되는 비용 전액 당사 부담	
판매용 집기 무상 대여	가맹점에 필요한 판매용집기를 계약기간 동안 무상대여	없음 (전 가맹점 해당)	가맹계 약기간	소요되는 비용 전액 당사 부담	

반품 지원	시즌행사(크리스마 스, 연말연시 가정의 날 등에 출시되는 제품류 중 일정한 품목에 대하여 반품지원	시즌행사 제품류 중 반품지원 품목 지정상품에 한함	시즌 행사 종료 후 30일 이내	가맹점 매입금액의 80% 인정하여 지원금액 산정	
마일 리지	구매회원에 대한 2~5% 마일리지 적립	없음 (전 가맹점 해당)	가맹계 약기간	소요되는 비용 전액 당사 부담	가맹점 판촉마일 리지 지급
CRM	우수고객에 대한 고객 유입 DM발송	없음 (전 가맹점 해당)	분기별 1회	소요되는 비용 전액 당사 부담	
테스터	고객이 사용할 수 있는 테스터공급 지원	없음 (전 가맹점 해당)	신제품 출시시	소요되는 비용 전액 당사 부담	
....					

① 가맹본부가 운영하는 지원제도를 작성하되 최대한 자세히 구분하고 서로 겹치지 않도록 항목을 조정합니다.
② 가맹희망자가 지원하는 내용을 알 수 있도록 구체적으로 기재하고, 필요한 경우 주석을 다는 것도 바람직합니다.
③ 지원조건이 있는 경우 그 내용을 기재하고, 지원조건을 충족하지 못하면 지원을 하지 않는 경우 그 내용도 함께 기재합니다.
④ 정액인 경우 그 금액을, 정률인 경우 그 기준을 기재하되 금액이 확정되지 않는 경우에는 추정치임을 알 수 있도록 상한선과 하한을 포함한 구간으로 표시합니다.
⑤ 그 밖에 필요한 내용을 기재합니다.
※ 가맹본부가 운영하는 지원제도가 없는 경우에는 "해당없음"으로 기재합니다.

3. 경영활동 자문

[당사는 가맹점사업자의 경영활성화를 위하여 가맹점사업자의 경영활동에 대한 경영지도를 하고 있으며 자세한 내용은 다음과 같습니다.]

구 분	대상 및 내용①	절 차②	비용 부담	비 고
가맹본부 요청 시	상품, 설비(집기), 판매촉진, 고객관리, 위생관리, 교육훈련, 회계 등 가맹점 운영 전반에 대한 경영지도	가맹본부는 경영지도계획서(경영지도내용, 기간, 경영진단 및 지도관계자의 성명, 소요비용 등 포함)를 가맹점사업자에게 제시 → 경영지도 후 [ ]일 이내에 가맹본부 담당자가 가맹점사업자에게 직접 방문하여 경영지도 결과 및 경영개선방안을 서면으로 제시하고 이를 설명	가맹본부 부담	문의: OO팀 (02-XXX-XXXX)
가맹점사업자 요청 시	상품, 설비(집기), 판매촉진, 고객관리, 위생관리, 교육훈련, 회계 등 가맹점 운영 전반에 대한 경영지도	가맹점사업자 경영지도 요청 → 가맹본부는 경영지도계획서(경영지도내용, 기간, 경영진단 및 지도관계자의 성명, 소요비용 등 포함)를 가맹점사업자에게 제시 → 경영지도 후 [ ]일 이내에 가맹본부 담당자가 가맹점사업자에게 직접 방문하여 경영지도 결과 및 경영개선방안을 서면으로 제시하고 이를 설명	가맹점 부담 (가맹금에 포함된 통상의 경영지도 비용을 초과한 부분에 한함)	문의: OO팀 (02-XXX-XXXX)

① 가맹본부가 경영지도하는 대상 및 내용을 가맹희망자가 알 수 있도록 구체적으로 기재합니다.
② 경영지도가 이루어지는 절차를 가맹희망자가 알 수 있도록 구체적으로 기재합니다.
※ 가맹본부가 가맹점사업자의 경영활동에 대해 경영지도를 하지 않는 경우에는 "해당없음"으로 기재합니다.

4. 신용 제공 등 내역

당사는 [반포삼겹살] 가맹점사업자를 위하여 다음과 같이 신용 제공 또는 알선을 하고 있습니다.

(단위: 원, 부가세 포함)

신용명 또는 내용①	신용제공자②	금액③	신용 형태④	신용제공 조건⑤
자금 지원	(주)공정위	최대 5천만원	신용 대출	임원 면담 후 결정
프랜차이즈 우대신용 대출	한강은행	최대 3천만원	담보 대출	가맹본부 확인 신용등급 ○○이상 5천만원 이상 담보 제공

[구체적인 신용제공 조건은 귀하의 신용상태에 따라 달라질 수 있습니다. 신용 지원을 원하는 경우 02-XXX-XXXX로 상담하기 바랍니다.]

① 신용제공 상품명이 있으면 기재하기 바랍니다.
② 가맹본부 또는 신용제공 기관의 상호를 기재합니다.
③ 최대 제공 금액을 기재합니다.
④ 신용 대출, 담보 대출, 가맹본부 보증 등 실제 신용이 제공되는 형태를 기재합니다.
⑤ 신용 제공이 가능한 조건(필요 서류 포함)을 기재하되, 양이 많은 경우 별도의 주석을 다는 것도 바람직합니다.

VIII. 교육·훈련에 대한 설명

1. 교육·훈련의 주요내용

[당사는 반포삼겹살 운영에 필요한 제반 지식 및 노하우를 귀하에
게 전수하기 위하여 교육·훈련을 실시하고 있습니다. 자세한 내용
은 다음과 같습니다.]

구분	주요내용	교육방식[1]	기한	비고[2]
신규 교육	회사 소개 음식 가공 POS 사용, 입금 방법 등	합숙 실습교육 집단 강의	가맹계약 체결 후 1개월 이내	필수 교육
보수 교육	신메뉴 가공 종업원 관리 실무 등	실습교육	매년 가맹계약 체결일로부터 1개월 이내	매년 필수적으로 이수
...				

① 집단 강의 및 실습 교육을 구분하여 기재합니다.
② 가맹점사업자가 반드시 이수하여야 하는 필수적 사항인지 여부를 포
함합니다.

2. 교육·훈련의 최소시간 및 비용

귀하가 [반포삼겹살] 가맹사업을 운영하는데 필요한 교육·훈련의
최소시간 및 비용은 다음과 같습니다.

구분	최소시간	비용(단위: 천원, 부가세 포함)	비고
신규 교육	7일(2박 3일 합숙 포함)	1,100	최초 계약시 이수
보수 교육	3일	770	매년 필수적으로 이수
...			

3. 교육·훈련의 주체

교육·훈련은 가맹계약을 맺는 당사자가 직접 받아야 합니다. [다만, 귀하가 직접 받기 어려운 경우에는 본사의 사전 승인을 받아 가맹점을 함께 운영하는 사람으로 하여금 대신하게 할 수 있습니다.] 또한, 가맹계약 당사자가 원하여 당사자 외 직원도 같이 교육을 받게 되면 인원 추가에 따라 비용도 추가됩니다.

> ※ 교육·훈련을 받는 주체가 가맹계약 당사자가 아닌 경우 그 내용을 반드시 기재합니다.

4. 교육·훈련 불참시에 받을 수 있는 불이익

[기한내 신규 교육을 받지 않은 경우에는 가맹계약서 OO조에 따라 OO일 내로 교육을 이수하여야 합니다. 그렇지 않은 경우에는 가맹계약이 해지될 수 있습니다.]

[기한내 보수 교육을 받지 않은 경우에는 가맹계약서 XX조에 따라 XX일 내로 교육을 이수하여야 합니다. 그렇지 않은 경우에는 본사가 정한 기준에 따라 벌점을 부여받는 등 불이익이 있을 수 있습니다.]

> ※ **정기적이고 의무적으로 실시되는 교육·훈련에 가맹점사업자가 불참한 경우에 받을 수 있는 불이익에 대하여 기재합니다.**

가맹희망자에 대한 정보 제공 가이드라인

(공정거래위원회 가맹거래과, 2017.12.27.)

I. 목적

이 가이드라인은 가맹본부의 가맹희망자에 대한 정보 제공 행위와 관련하여, 「가맹사업거래의 공정화에 관한 법률」(이하 '법'이라 한다) 및 「가맹사업거래의 공정화에 관한 법률 시행령」(이하 '시행령'이라 한다) 상의 관련규정을 올바르게 해석하고 준수하기 위한 참고기준을 제시함으로써, 가맹본부가 스스로 법 위반을 예방할 수 있도록 하는 데 그 목적이 있다.

이 가이드라인은 위 법령 규정에 따라 가맹본부가 준수하여야 할 절차 등을 안내하고, 허위·과장의 정보제공 또는 기만적인 정보제공 행위(이하 '허위·과장정보 등의 제공행위'라 한다)로 판단될 수 있는 공통적이고 대표적인 행위유형을 예시한 것이므로, 이 가이드라인에서 설명되지 않은 유형의 행위라고 해서 법 위반에 해당하지 않는 것은 아니다.

II. 가맹희망자와의 상담 과정

1. 수익상황 관련 정보 제공시 유의사항

1) 서면으로 제공할 의무

가맹본부가 가맹점의 장래 예상수익상황이나 과거 수익상황에 대한 정보(이하 '수익상황 정보')를 가맹희망자나 가맹점사업자에게 제공하려면, 반드시 서면으로 하여야 한다.

수익상황 정보란, 가맹점 운영에 따라 발생하였거나, 발생할 것으로 예상되는 금전적 이익에 관한 모든 정보를 뜻함에 유의하여야 한다. 즉, 매출액, 매출이익, 영업이익, 순이익 등 직접적인 수익 정보뿐 아니라, 고객 수, 객단가, 주문 접수 건수, 기간당 판매량 등 수익과 직결되는 정보도 포함될 수 있다.

따라서, 가맹희망자에게 서면 자료 없이 구두 설명, 문자메시지 전송, 사업설명회 과정에서의 화면.영상 등의 수단만을 이용해

수익상황 정보를 제공하는 행위는 법 위반에 해당한다.

또한, 가맹본부가 자신의 웹사이트·간판·브로슈어·상품 포장지 등 불특정 다수가 확인할 수 있는 곳에 수익상황 정보를 표시해 둔 경우, 가맹희망자와의 상담 과정에서 반드시 해당 정보를 다시 서면으로 제공하여야 할 것이다.

2) 근거 자료를 비치하고, 열람시켜 줄 의무

가맹본부가 수익상황 정보를 가맹희망자나 가맹점사업자에게 제공하려면, 그 산출 근거가 되는 다음 자료를 사무소에 비치해 두고, 가맹희망자·가맹점사업자가 요구할 경우 언제든지 이를 열람할 수 있게 하여야 한다.

① 현재수익 또는 예상수익의 산출에 사용된 사실적인 근거와 예측에 관한 자료

② 현재수익 또는 예상수익의 산출근거가 되는 가맹사업의 점포(직영점 및 가맹점) 수와 그 비율

③ 최근의 일정기간(시작일과 종료일을 표시하여야 함) 동안에 가맹본부나 가맹중개인이 표시 또는 설명하는 현재수익 또는 예상수익과 같은 수준의 수익을 올리는 가맹점사업자의 수와 그 비율

3) 객관적 근거 없이 예상수익상황을 과장하는 행위 금지

가맹본부가 객관적인 근거 없이 가맹희망자의 예상수익상황을 과장하여 제공하는 경우, 이는 허위·과장의 정보제공행위로 법 위반에 해당한다.

가맹본부가 자신이 제공한 정보가 실제로 실현될 수익상황과 다를 수 있음을 가맹희망자에게 고지하였다 하더라도, 제공된 정보의 전체적인 내용과 맥락에 비추어 보아 가맹희망자가 이를 자신의 예상수익상황으로 받아들일 만한 충분한 사정이 있는 경우, 이는 예상수익상황에 대한 정보제공 행위로 본다.

< '객관적인 근거' 유무의 판단기준 >

예상수익상황 정보에 '객관적인 근거'가 있는지 여부를 판단할 때는, 수익상황 예측의 합리성, 적정성, 정보제공 내용의 정확성 등 여러 면을 종합적으로 고려하여야 할 것이며, 법원도 이와 같은

취지로 판단한 바 있다. (2012누8764, 서울고등법원 2012.8.23. 선고)

이러한 원칙에 기초하였을 때, 예상수익상황 정보에 객관적인 근거가 없다고 판단할 수 있는 대표적인 경우는 다음과 같다.

첫째, 객관성 여부를 떠나, 수익상황 예측에 어떠한 근거가 뒷받침되어 있다고 보기 어려운 경우다. 구체적 산정기준 없이 막연한 추정으로 어림잡은 수치를 제시하거나, 가맹점의 예상 이익금·이익률 등을 산정해 제공하면서 가맹점사업자가 지출하게 될 비용을 반영하지 않은 경우 등이 이에 해당한다.

아울러, 만일 가맹본부가 자신이 운영하는 가맹사업의 예상수익 상황을 경쟁사업자 또는 타 업종과 비교하여 정보를 제공하려는 경우, 독립된 조사기관이 실시한 시장조사에 근거하여야 하며, 가맹희망자나 가맹점사업자가 조사기관 및 조사방법, 조사시점·조건 등을 구체적으로 알 수 있도록 해야 할 것이다.

가맹본부가 가맹희망자 등에게 제공하는 예상수익상황 정보의 근거자료는, 적어도 수익상황 정보 제공시 자신의 사무소에 비치해 두어야 하는 자료(III.1.2) 참조) 이상의 수준으로 마련되어야 할 것이다. 즉, 예상수익상황 정보를 제공하면서 이러한 자료 비치 의무를 위반할 경우, 예상수익상황의 산출 근거가 결여된 것으로 판단되어 허위.과장정보 제공행위에도 해당할 수 있으므로 주의하여야 한다.

둘째, 활용 가능한 근거자료 중에서 가맹본부가 자의적으로 특정 자료를 선별하여 반영함에 따라, 수익상황 예측이 객관성을 잃은 경우다. 예를 들어, 기존 가맹점에서 발생한 매출액 자료를 활용하면서 연평균 매출액이 아닌 성수기 매출액만을 반영하는 경우가 있다. 또한, 가맹점 개점 직후에는 일시적인 판매촉진 효과로 인해 장기적으로 예상되는 수준보다 높은 매출액이 발생함에도, 일부 가맹본부는 개점한 지 얼마 되지 않은 가맹점의 매출액 자료를 활용함으로써 예상매출액을 과장하기도 한다. 특히, 상당수의 가맹본부가 가맹희망자에게 수익성 분석자료 등의 이름으로 예상 매출액·비용·이익 등을 상세히 기재한 자료를 제공하고 있는 바, 이때 가맹본부는 이 자료의 산정 근거가 된 기존 가맹점들이 전체 가맹점을 대표하거나, 정보를 제공받을 가맹희망자가 개설할 가맹점의 특성을 반영할 수 있는지에 각별히 유의하여야 한다. 예를 들어, 전체 가맹점 중 매출액과 이익이 현저히 높은 가맹점만을 선택하거나, 해당 정보를 제공받는 가맹희망자가 개설할 점포와는 상권·점포 크기·계약조건 등이 전혀 다른 가맹점을 선택하여 자료를 작성하였을 경우, 근거의 객관성이 인정되기 어렵다.

또한, 가맹본부가 법상 예상매출액 산정서 제공의무(IV.1.4) 참조)에 따라 가맹희망자에게 예상매출액 산정서를 제공할 때에는, 반드시 시행령이 정하는 구체적인 산정 방식을 준수하여야 한다. 그렇지 않을 경우, 예상매출액 산정서 제공 의무 위반에 해당하게 될 뿐 아니라, 예상수익상황의 산정 근거가 객관성을 결여한 것으로 판단되어 허위·과장의 정보제공행위에 해당하게 될 소지가 큼에 유의하여야 한다.

<예시: 객관적 근거 없이 예상수익상황을 과장한 사례 >

◆ A 가맹본부(빙수)는 가맹희망자의 점포 예정지 인근에 위치한 5개 가맹점의 실제 매출액을 이용하여 예상매출액 산정서를 작성·제공했으나,
- 법령이 정한 바에 따라 이들 가맹점의 직전연도 연간매출액 전체를 반영하지 않고, 성수기인 여름의 매출액만을 선별적으로 반영(2개 가맹점에 대해서는 6~7월 매출액만을, 다른 1개 가맹점에 대해서는 7월 매출액만을 반영)함으로써 예상매출액을 과장함
◆ B 가맹본부(주점)는 가맹희망자에게 예상 매출액 정보를 제공함에 있어, 개점한 지 수 일밖에 지나지 않은 점포 한 곳의 매출만을 근거로 하였으며,
- 가맹희망자가 가맹점을 개점할 시기에 수요가 증가할 것이라는 막연한 추정에 근거하여, 어림짐작으로 위의 기존 가맹점 매출액에 임의의 숫자를 곱하여 예상매출액을 산정함.
◆ C 가맹본부(한식)는 영남 지역에서 사업설명회를 개최하여 가맹희망자에게 예상 수익·비용구조를 제시하면서, 수도권에 위치한 가맹점 중 영업실적이 좋은 10여 개 가맹점에서 단기간(직전 3

개월)에 발생한 수익 · 비용 자료를 활용하였음

- 또한, 가맹점 '순이익' 정보를 제공하면서 고정자산의 감
가상각비, 세금 등 가맹점사업자가 부담하게 될 상당한 수준
의 비용을 반영하지 않음

◆ D 가맹본부(커피)는 'ㄱ' 브랜드 가맹점을 개점하려는 가맹희망자
에게 예상매출액 정보를 제공하면서, 해당 브랜드보다 가맹점
수가 4배 이상 많아 소비자들의 인지도가 높은 'ㄴ' 브랜드 가
맹점들의 매출액 자료를 활용함

◆ E 가맹본부(편의점)는 가맹희망자에게 예상매출액을 산정하여 제
공하면서, 법령에 따라 점포예정지 인근 가맹점의 매출액 자료를
활용하지 않고, 예상매출액을 부풀려 산정하기 위해 자의적으로
멀리 떨어진 가맹점을 선정하여 그 매출액 자료를 활용함

2. 기타 정보 제공시 유의사항

1) 사실로 확인되지 않은 상권 분석 정보 제공 금지

가맹본부가 가맹희망자에게 점포 예정지(가맹희망자가 가맹점을
개점하려 하는 위치) 상권의 분석 등과 관련하여 사실 여부가
확인되지 않은 정보를 제공할 경우, 이는 허위·과장의 정보제공
행위로 법 위반에 해당한다.

〈예시: 사실로 확인되지 않은 상권 분석 정보를 제공한 사례 〉

◆ A 가맹본부(한식)는 가맹희망자에게 상권 분석 정보를 제공하면
서, 향후 점포예정지 인근에 대기업 공장, 종합병원, 오피스텔
등이 입주할 것이라고 주장했으나,

- 정작 자신도 해당 시설들의 정확한 입주 시기를 알고 있지
못하였으며, 막연한 추정에 의거해 상권 발달 시점과 이에 따라
증가할 내점 고객 수 등의 정보를 제공함

2) 지식재산권을 취득하였다는 허위 정보 제공 금지

가맹본부가 특정한 지식재산권을 취득한 바 없음에도 불구하고,
마치 이를 취득한 것처럼 가맹희망자나 가맹점사업자에게 정보
를 제공할 경우, 이는 허위·과장의 정보제공행위로 법 위반에
해당한다.

'지식재산'이란 인간의 창조적 활동·경험 등에 의하여 창출·발견

된 지식·정보·기술, 사상이나 감정의 표현, 영업이나 물건의 표시 등 무형적인 것으로서 재산적 가치가 실현될 수 있는 것을 말하며, '지식재산권'이란 법령 또는 조약 등에 따라 인정되거나 보호되는 지식재산에 관한 권리를 말한다(「지식재산 기본법」 제3조). 따라서, 지식재산권을 '취득'하였다는 것은 해당 지식재산에 대한 권리를 인정 또는 보호하고 있는 법령·조약이 정하고 있는 요건과 절차에 따라 해당 권리를 획득하였음을 뜻한다.

<참고: 국내 법령으로 인정·보호되는 주요 지식재산권 >

지식재산권	관련법	권리의 대상이 되는 지식재산
저작권	저작권법	저작물: 인간의 사상 또는 감정을 표현한 창작물 (문학·음악·회화·건축물·사진·컴퓨터 프로그램 등)
특허권	특허법	발명: 자연법칙을 이용한 기술적 사상의 창작으로서 고도한 것
상표권	상표법	상표: 자기의 상품·서비스와 타인의 상품·서비스를 식별하기 위하여 사용하는 기호·문자·도형·소리·색채 등의 표장
실용신안권	실용신안법	고안: 자연법칙을 이용한 기술적 사상의 창작으로, 생애주기가 짧고 모방이 용이한 등 특허보다는 그 수준이 낮은 것
디자인권	디자인 보호법	디자인: 물품의 형상·모양·색채 또는 이들을 결합한 것으로서, 시각을 통하여 미감을 일으키게 하는 것

<예시: 지식재산권을 취득하였다는 허위 정보를 제공한 사례>

◆ A 가맹본부(한식)는 가맹계약서·정보공개서 등에 자신이 가맹점에 공급하는 식재료가 특허를 받았다고 기재하였으나, 실제로는 과거에 특허 출원을 한 사실이 있었을 뿐, 특허를 받은 사실은 없었음
◆ B 가맹본부(건강식품 유통)는 가맹희망자에게 제공한 회사소개서를 통해, 자신이 판매하는 제품의 제조업체인 C사가 보유한 특허를 마치 자신이 보유한 것처럼 표현함

참고로, 취득하지 않은 지식재산권을 마치 취득한 것처럼 허위로 표시하는 행위*는 특허법·상표법·디자인보호법 등 관련법에 따른 형사처벌의 대상도 될 수 있음에 유의하여야 한다.

*「특허법」제224조(허위표시의 금지), 「상표법」제224조(거짓 표시의 금지), 「디자인보호법」제215조(허위표시의 금지) 위반으로, 3년 이하 징역·3천만원 이하 벌금의 대상

3) 가맹점사업자에 대한 지원의 전제조건을 숨겨, 무조건 지원하는 것처럼 정보를 제공하는 행위 금지

가맹본부가 일정 요건 하에서만 가맹점사업자에게 금전·상품·용역 등을 지원하면서, 가맹희망자나 가맹점사업자에게 해당 요건을 알리지 않고 모든 경우에 지원하는 것처럼 정보를 제공하는 경우, 이는 기만적인 정보제공행위에 해당한다.

'금전·상품·용역 등'의 범위에는 가맹본부가 가맹점의 경영·영업활동에 대해 제공하는 모든 지원사항이 포함된다.

〈예시: 지원의 전제조건을 숨겨, 무조건 지원하는 것처럼 정보를 제공한 사례〉

◆ A 가맹본부(제과)는 가맹희망자에 대한 구두 설명, 신문 광고, 안내책자 등을 통해 가맹점 개점 후 2개월 간은 가맹본부에서 공급받은 물품을 100% 반품할 수 있다고 안내하여, 안심하고 창업할 수 있음을 강조하였으나,

- 실제로는 완제품에 대해서만 반품을 허용하였으며, 식자재 등 원·부재료는 반품받지 않는 등, 제공된 정보와는 달리 특정 조건 하에서만 반품을 허용하였음

참고로, 가맹본부가 가맹희망자·가맹점사업자에게 지원을 약속하고도 이를 이행하지 않는 경우, 법 위반(부당한 영업지원 등의 거절)으로 제재받을 수 있을 뿐 아니라, 계약 불이행으로 민사상 책임을 지게 됨에 유의하여야 한다.

<참고: 가맹본부의 부당한 영업지원 거절 금지 규정>

◆ 법 제12조(불공정거래행위의 금지)
① 가맹본부는 다음 각 호의 어느 하나에 해당하는 행위로서 가맹사업의 공정한 거래를 저해할 우려가 있는 행위를 하거나 다른 사업자로 하여금 이를 행하도록 하여서는 아니된다.
1. 가맹점사업자에 대하여 상품이나 용역의 공급 또는 영업의 지원 등을 부당하게 중단 또는 거절하거나 그 내용을 현저히 제한하는 행위

◆ 시행령 [별표 2] 1.거래거절 가. 영업지원 등의 거절
정당한 이유없이 거래기간 중에 가맹사업을 영위하는데 필요한 부동산 · 용역 · 설비 · 상품 · 원재료 또는 부재료의 공급과 이와 관련된 영업지원, 정보공개서 또는 가맹계약서에서 제공하기로 되어 있는 경영 및 영업활동에 관한 지원 등을 중단 또는 거절하거나 그 지원하는 물량 또는 내용을 현저히 제한하는 행위

Ⅲ. 가맹계약 체결 과정
1. 관련 서류 제공 의무
1) 정보공개서 : 계약체결일 또는 가맹금 수령일의 15일 전까지 제공

가맹본부는 가맹희망자에게 공정거래위원회에 등록된 정보공개서를 제공하지 않았거나, 제공한 날로부터 14일이 지나지 아니한 경우, 가맹희망자로부터 가맹금을 수령하거나, 가맹계약을 체결하여서는 아니된다.
예를 들어, 1월 1일에 정보공개서를 제공했다면, 가맹금 수령.가맹계약 체결은 이로부터 14일이 경과한 날(1월 15일)이 지난 뒤인 1월 16일부터 가능하다. 즉, 가맹계약 체결일 또는 가맹금 수령일 기준으로, 최소한 15일 이전까지는 가맹희망자에게 정보공개서를 제공하여야 한다.
다만, 가맹희망자가 정보공개서에 대하여 변호사나 가맹거래사의 자문을 받은 경우, 14일의 숙려기간을 7일로 단축할 수 있다.

즉, 위의 사례에서는 1월 9일부터 계약 체결.가맹금 수령이 가능하다.

① 시행령이 정하는 방법으로 제공

가맹본부는 위와 같이 정보공개서를 제공하는 경우, 시행령(제6조제1항)이 정하는 다음의 방법 가운데 하나를 이용하여야 함에 유의하여야 한다.

i. 직접 전달 (제공일시.장소 등을 상호 확인하는 서면을 작성)

ii. 내용증명우편으로 송부

iii. 정보통신망에 게시 (가맹희망자가 읽어 본 시간이 확인될 수 있어야 함)

iv. 전자우편으로 송부 (발송시간.수신시간이 확인될 수 있어야 함)

② '중요사항'이 누락된 정보공개서 제공 금지

가맹본부가 가맹희망자에게 '중요사항'을 적지 아니한 정보공개서를 제공하는 경우, 이는 기만적인 정보제공행위로 법 위반에 해당한다. 정보공개서의 기재사항 중 어떠한 사항이 '중요사항'에 해당하는지는 시행령 제5조의5제2항을 통해 다음과 같이 규정되어 있다.

* <참고> 시행령 [별표 1] 정보공개서의 기재사항 중 '중요사항'

기재사항		중요사항 해당여부	기재사항	중요사항 해당여부
제1호 (정보공개서의 표지)		해당	제4호 (가맹본부와 그 임원의 법 위반 사실 등) *가맹사업 관련 공정위 시정조치, 민사소송 패소.화해 및 형의 선고 사실	해당
제2호 (가맹본부의 일반 현황)	가목, 나목 *설립일, 특수 관계인 등	가맹본부 관련 사항만 해당		
	다목~바목 *가맹본부 연혁, 재무상황 등	해당	제5호 (가맹점사업자의 부담) *계약금.인테리어 비용 등 초기 부담, 로열티.광고판촉비 등 영업 중 부담 등	해당

제3호 (가맹본부의 가맹사업 현황)	사목 *가맹본부 임원 및 사업 경험	대표자 관련 사항만 해당	**제6호** (영업활동에 대한 조건 및 제한) *가맹본부가 구입을 요구하는 품목, 가맹계약 및 갱신기간, 광고판촉비 분담 등	해당
	아목~차목 *지식재산권 보유 현황 등	해당	**제7호** (가맹사업의 영업 개시에 관한 상세한 절차와 소요기간) *계약체결부터 영업개시까지의 기간.절차	비해당
	가목 *가맹사업 시작일	비해당	**제8호** (가맹본부의 경영 및 영업활동 등에 대한 지원) *판촉 지원.경영 자문.신용 제공 등	해당
	나목~카목 *가맹점 수, 평균매출액 등	해당	**제9호** (교육·훈련에 대한 설명) *교육.훈련의 주요내용, 소요시간, 비용 등	해당

또한, '중요사항'으로 분류된 기재사항이 정보공개서에 아예 기재되지 않은 경우뿐 아니라, 그 내용 중 일부분이 누락된 경우에도 '중요사항을 적지 아니한' 것으로 판단됨에 유의하여야 한다.

〈예시: 중요사항이 누락된 정보공개서를 제공한 사례〉

◆ A 가맹본부(한식)는 'ㄱ' 광역시에 소재한 가맹희망자에게 정보공개서를 제공함
- 이 정보공개서에는 중요사항에 해당하는 '직전 3개년도 말에 전국 및 각 광역자치단체 내에서 영업 중이었던 가맹점 · 직영점의 총 수'(시행령 〔별표 1〕 제3호 라목) 항목이 포함되어 있었으나,
- 이 중 'ㄱ' 광역시 란의 숫자가 모두 누락되어, 가맹희망자는 직전 3년 간 자신의 점포예정지 인근에서 가맹점 두 곳이 영업하다가 폐업한 사실을 알지 못하고 계약을 체결함
⇒ 중요사항이 누락된 정보공개서를 제공한 행위로 보아 시정 조치함

③ 계약체결 전에 '중요사항'이 변경된 경우 지체 없이 고지

정보공개서를 제공하고 난 뒤, 아직 가맹계약을 체결하지 않은 상태에서 정보공개서의 '중요사항'에 기재된 내용에 변동이 발생했을 경우, 가맹본부는 이러한 사실을 지체 없이 가맹희망자에게 알려야 한다.

이는 정보공개서에 기재된 내용 자체를 변경하는 것과는 별도의 의무임에 유의해야 한다. 예를 들어, 가맹본부가 가맹희망자에게 정보공개서를 제공한 뒤 가맹사업거래와 관련하여 공정거래위원회의 시정조치 처분을 받은 경우, 처분을 받은 날부터 30일 이내에 이 사실을 기재하여 정보공개서 변경 등록을 신청하여야 한다(시행령 [별표 1의2]). 이와 별도로, 정보공개서를 제공받았던 가맹희망자에게는 시정조치 처분을 받은 즉시 그 사실을 알려야 한다.

2) 가맹계약서 : 계약체결일 또는 가맹금 수령일의 15일 전까지 제공

가맹본부는 가맹희망자가 가맹계약 체결 전에 그 내용을 미리 이해할 수 있도록, 가맹희망자에게 가맹계약서를 제공한 날로부터 14일이 지나지 아니한 경우, 가맹희망자로부터 가맹금을 수령하거나 가맹계약을 체결하여서는 아니된다.

예를 들어, 1월 1일에 가맹계약서를 제공했다면, 실제 가맹계약 체결은 이로부터 14일이 경과한 날(1월 15일)이 지난 뒤인 1월 16일부터 가능하다. 즉, 가맹계약 체결일 또는 가맹금 수령일 기준으로, 최소한 15일 이전까지는 가맹희망자에게 가맹계약서를 제공하여야 한다.

3) 인근가맹점 현황문서 : 계약체결.가맹금 수령일의 15일 전까지 제공

가맹본부는 가맹희망자에게 정보공개서와 함께 '인근가맹점 현황문서'를 제공하여야 한다. 인근가맹점 현황문서란, 가맹희망자의 장래 점포 예정지에서 가장 인접한 가맹점 10개의 상호.소재지.전화번호*가 적힌 문서를 말한다.

* 점포 예정지가 소재한 광역자치단체 내의 가맹점이 10개 미만인

경우, 이들 가맹점 전체의 상호.소재지.전화번호를 기재

정보공개서 제공시 인근가맹점 현황문서를 함께 제공해야 하므로, 인근가맹점 현황문서를 제공하지 않았거나, 제공한 날로부터 14일이 지나지 아니한 경우 가맹희망자로부터 가맹금을 수령하거나, 가맹계약을 체결하여서는 아니된다.

4) 예상매출액 산정서 : 계약체결일까지 제공

법으로 정하는 일정 규모 이상의 가맹본부*는 가맹계약 체결시 가맹희망자의 예상매출액의 범위 및 산출 근거를 기재한 '예상매출액 산정서'를 제공하여야 한다.

* ① 중소기업자(중소기업기본법 제2조제1항 또는 제3항에 따른 자)가 아닌 가맹본부 및 ②직전 사업연도 말에 영업 중이었던 해당 브랜드 가맹점이 100개 이상인 가맹본부

예상매출액의 범위는 최고액이 최저액의 1.7배를 초과하지 않도록 산정하여야 한다. 다만, 시행령으로 정하는 일정한 경우*에는, 가맹희망자의 점포예정지와 가장 인접한 가맹점 5개의 매출액 중 최고치.최저치를 제외한 나머지 3개 매출액의 최저-최고 범위로 이를 갈음할 수 있다.

* 가맹희망자의 점포예정지가 속한 광역자치단체 내에서 직전 사업연도에 6개월 이상 영업하였던 가맹점이 5개 이상인 경우

공정거래위원회에서는 가맹본부들의 올바른 예상매출액 산정서 작성을 돕기 위해 표준양식을 제정하여 보급하고 있다*. 법령이 정한 구체적인 산정방식을 따르지 않는 경우, 예상매출액 산정서 제공 의무의 위반에 해당할 뿐 아니라, 예상수익상황의 산정 근거가 객관성을 결여한 것으로 판단되어 허위·과장의 정보제공 행위로 제재받을 수 있음에 유의하여야 한다.

* 공정거래위원회 홈페이지(www.ftc.go.kr) 등에서 확인 가능

Ⅳ. 관련 법령 규정

1. 각종 서류* 제공 의무 관련 규정

* 정보공개서.가맹계약서.인근가맹점 현황문서.예상매출액 산정서

가맹사업거래의 공정화에 관한 법률

제7조(정보공개서의 제공의무 등) ①가맹본부(가맹지역본부 또는 가맹중개인이 가맹점사업자를 모집하는 경우를 포함한다. 이하 같다)는 가맹희망자에게 제6조의2제1항 및 제2항에 따라 등록 또는 변경등록한 정보공개서를 내용증명우편 등 제공시점을 객관적으로 확인할 수 있는 대통령령으로 정하는 방법에 따라 제공하여야 한다.

② 가맹본부는 제1항에 따라 정보공개서를 제공할 경우에는 가맹희망자의 장래 점포 예정지에서 가장 인접한 가맹점 10개(정보공개서 제공시점에 가맹희망자의 장래 점포 예정지가 속한 광역지방자치단체에서 영업 중인 가맹점의 수가 10개 미만인 경우에는 해당 광역지방자치단체 내의 가맹점 전체)의 상호, 소재지 및 전화번호가 적힌 문서(이하 "인근가맹점 현황문서"라 한다)를 함께 제공하여야 한다. 다만, 정보공개서를 제공할 때 장래 점포 예정지가 확정되지 아니한 경우에는 확정되는 즉시 제공하여야 한다.

③ 가맹본부는 등록된 정보공개서 및 인근가맹점 현황문서(이하 "정보공개서등"이라 한다)를 제1항의 방법에 따라 제공하지 아니하였거나 정보공개서등을 제공한 날부터 14일(가맹희망자가 정보공개서에 대하여 변호사 또는 제27조에 따른 가맹거래사의 자문을 받은 경우에는 7일로 한다)이 지나지 아니한 경우에는 다음 각 호의 어느 하나에 해당하는 행위를 하여서는 아니 된다.

1. 가맹희망자로부터 가맹금을 수령하는 행위. 이 경우 가맹희망자가 예치기관에 예치가맹금을 예치하는 때에는 최초로 예치한 날(가맹본부가 가맹희망자와 최초로 가맹금을 예치하기로 합의한 때에는 그 날)에 가맹금을 수령한 것으로 본다.

2. 가맹희망자와 가맹계약을 체결하는 행위

제9조(허위·과장된 정보제공 등의 금지) ⑤ 제3항에도 불구하고 다음 각 호의 어느 하나에 해당하는 가맹본부는 가맹계약을 체결할 때 가맹희망자에게 대통령령으로 정하는 예상매출액의 범

위 및 그 산출 근거를 서면(이하 "예상매출액 산정서"라 한다)으로 제공하여야 한다.

1. 중소기업자(「중소기업기본법」 제2조제1항 또는 제3항에 따른 자를 말한다)가 아닌 가맹본부
2. 직전 사업연도 말 기준으로 가맹본부와 계약을 체결·유지하고 있는 가맹점사업자(가맹본부가 복수의 영업표지를 보유하고 있는 경우에는 동일 영업표지를 사용하는 가맹점사업자에 한정한다)의 수가 대통령령으로 정하는 수 이상인 가맹본부

제11조(가맹계약서의 기재사항 등) ①가맹본부는 가맹희망자가 가맹계약의 내용을 미리 이해할 수 있도록 제2항 각 호의 사항이 적힌 문서를 가맹희망자에게 제공한 날부터 14일이 지나지 아니한 경우에는 다음 각 호의 어느 하나에 해당하는 행위를 하여서는 아니 된다.

1. 가맹희망자로부터 가맹금을 수령하는 행위. 이 경우 가맹희망자가 예치기관에 예치가맹금을 예치하는 때에는 최초로 예치한 날(가맹희망자가 최초로 가맹금을 예치하기로 가맹본부와 합의한 날이 있는 경우에는 그 날)에 가맹금을 수령한 것으로 본다.
2. 가맹희망자와 가맹계약을 체결하는 행위

가맹사업거래의 공정화에 관한 법률 시행령

제6조(정보공개서의 제공 등) ① 가맹본부(가맹지역본부 또는 가맹중개인이 가맹점사업자를 모집하는 경우를 포함한다. 이하 같다)는 법 제7조제1항에 따라 가맹희망자에게 정보공개서를 제공할 경우에는 다음 각 호의 어느 하나에 해당하는 방법에 따라야 한다. 다만, 제3호 및 제4호의 경우에는 문서의 형태로 인쇄 또는 출력이 가능하도록 하는 조치를 취하여야 한다.

1. 가맹희망자에게 정보공개서를 직접 전달하는 방법. 이 경우 다음 각 목의 모든 사항을 적은 서면을 작성(가목부터 다목까지의 사항은 가맹희망자가 자필로 작성하는 것을 말한다)하여 가맹희망자에게 주어야 한다.
   가. 정보공개서를 제공받았다는 사실, 제공받은 일시 및 장소
   나. 가맹희망자의 성명·주소 및 전화번호
   다. 가맹희망자의 서명 또는 기명날인
   라. 가맹본부의 서명 또는 기명날인

2. 가맹희망자에게 정보공개서의 제공시점을 확인할 수 있는 내용증명우편으로 제공하는 방법
3. 정보통신망을 이용하여 정보공개서의 내용을 게시한 후 게시 사실을 가맹희망자에게 알리는 방법. 이 경우 가맹본부는 특정 가맹희망자가 정보공개서의 내용을 읽어 본 시간을 그 가맹희망자 및 가맹본부가 확인할 수 있는 시스템을 마련하여야 한다.
4. 가맹희망자의 전자우편 주소로 정보공개서의 내용이 포함된 전자적 파일을 보내는 방법. 이 경우 가맹본부는 전자우편의 발송시간과 수신시간의 확인이 가능한 방법으로 하여야 한다.
③ 가맹본부는 정보공개서를 제공한 후 가맹계약 체결 전에 중요사항이 변경된 경우에는 변경된 내용을 제1항 각 호의 어느 하나에 해당하는 방법으로 가맹희망자에게 지체 없이 알려야 한다.

제9조(예상수익상황에 대한 정보제공 등) ③ 법 제9조제5항 각 호 외의 부분에서 "대통령령으로 정하는 예상매출액의 범위"란 가맹희망자의 점포 예정지에서 영업개시일부터 1년간 발생할 것으로 예상되는 매출액의 최저액과 최고액으로 획정된 범위를 말한다. 이 경우 그 매출액의 최고액은 그 매출액의 최저액의 1.7배를 초과해서는 아니 된다.
④ 제3항에도 불구하고 가맹희망자의 점포 예정지가 속한 해당 특별시·광역시·특별자치시·도·특별자치도에 해당 가맹본부의 가맹점(직전 사업연도의 영업기간이 6개월 이상인 가맹점으로 한정한다. 이하 이 항에서 같다)이 5개 이상 있는 경우에는 그 점포 예정지에서 가장 인접한 가맹점 5개 중 별표 1의3에 따른 직전 사업연도 매출환산액이 가장 작은 가맹점과 가장 큰 가맹점을 제외한 나머지 3개 가맹점의 같은 표에 따른 직전 사업연도 매출환산액 중 최저액과 최고액으로 획정된 범위로 제3항에 따른 범위를 갈음할 수 있다.
⑤ 법 제9조제5항제2호에서 "대통령령으로 정하는 수"란 100개를 말한다.

2. 허위.과장 정보 등의 제공금지 관련 규정

가맹사업거래의 공정화에 관한 법률

제9조(허위·과장된 정보제공 등의 금지) ① 가맹본부는 가맹희망자나 가맹점사업자에게 정보를 제공함에 있어서 다음 각 호의 행위를 하여서는 아니 된다.

1. 사실과 다르게 정보를 제공하거나 사실을 부풀려 정보를 제공하는 행위(이하 "허위·과장의 정보제공행위"라 한다)
2. 계약의 체결·유지에 중대한 영향을 미치는 사실을 은폐하거나 축소하는 방법으로 정보를 제공하는 행위(이하 "기만적인 정보제공행위"라 한다)

② 제1항 각 호의 행위의 유형은 대통령령으로 정한다.

가맹사업거래의 공정화에 관한 법률 시행령

제8조(허위·과장의 정보제공행위 등의 유형) ① 법 제9조제1항제1호에 따른 허위·과장의 정보제공행위의 유형은 다음 각 호와 같다.

1. 객관적인 근거 없이 가맹희망자의 예상수익상황을 과장하여 제공하거나 사실과 다르게 가맹본부가 최저수익 등을 보장하는 것처럼 정보를 제공하는 행위
2. 가맹희망자의 점포 예정지 상권의 분석 등과 관련하여 사실 여부가 확인되지 아니한 정보를 제공하는 행위
3. 가맹본부가 취득하지 아니한 지식재산권을 취득한 것처럼 정보를 제공하는 행위
4. 제1호부터 제3호까지의 규정에 따른 행위에 준하여 사실과 다르게 또는 사실을 부풀려 정보를 제공하는 행위로서 공정거래위원회가 정하여 고시하는 행위

② 법 제9조제1항제2호에 따른 기만적인 정보제공행위의 유형은 다음 각 호와 같다.

1. 중요사항을 적지 아니한 정보공개서를 가맹희망자에게 제공하는 행위
2. 가맹본부가 가맹점사업자에게 지원하는 금전, 상품 또는 용역 등이 일정 요건이 충족되는 경우에만 지원됨에도 불구하고 해당 요건을 제시하지 아니하면서 모든 경우에 지원되는 것처럼 정보를 제공하는 행위

3. 제1호 또는 제2호에 따른 행위에 준하여 계약의 체결·유지
   에 중대한 영향을 미치는 사실을 은폐하거나 축소하는 방법
   으로 정보를 제공하는 행위로서 공정거래위원회가 정하여 고
   시하는 행위

3. 수익상황 정보의 서면제공 의무 관련 규정

가맹사업거래의 공정화에 관한 법률

제9조(허위·과장된 정보제공 등의 금지) ③가맹본부는 가맹희망자
나 가맹점사업자에게 다음 각 호의 어느 하나에 해당하는 정보
를 제공하는 경우에는 서면으로 하여야 한다.
1. 가맹희망자의 예상매출액·수익·매출총이익·순이익 등 장래의
   예상수익상황에 관한 정보
2. 가맹점사업자의 매출액·수익·매출총이익·순이익 등 과거의
   수익상황이나 장래의 예상수익상황에 관한 정보
④ 가맹본부는 제3항에 따라 정보를 제공하는 경우에는 그 정보의
산출근거가 되는 자료로서 대통령령으로 정하는 자료를 가맹본
부의 사무소에 비치하여야 하며, 영업시간 중에 언제든지 가맹
희망자나 가맹점사업자의 요구가 있는 경우 그 자료를 열람할
수 있도록 하여야 한다.

가맹사업거래의 공정화에 관한 법률 시행령

제9조(예상수익상황에 대한 정보제공 등) ①법 제9조제4항에서 "
대통령령으로 정하는 자료"란 다음 각 호의 자료를 말한다.
1. 현재수익 또는 예상수익의 산출에 사용된 사실적인 근거와
   예측에 관한 자료
2. 현재수익 또는 예상수익의 산출근거가 되는 가맹사업의 점포
   (직영점과 가맹점을 포함한다. 이하 같다)의 수와 그 비율
3. 최근의 일정기간 동안에 가맹본부나 가맹중개인이 표시 또는
   설명하는 현재수익 또는 예상수익과 같은 수준의 수익을 올
   리는 가맹점사업자의 수와 그 비율(이 경우 최근의 일정기간
   에 대하여 시작하는 날짜와 끝나는 날짜를 표시하여야 한다)

용어정리

가맹계약서

가맹사업의 구체적 내용과 조건등에 있어 가맹본부 또는 가맹점사업자의 권리와 의무에 관한 사항을 기재한 문서를 말함.

가맹금

① 가입비·입회비·가맹비·교육비 또는 계약금 등 가맹점사업자가 영업표지의 사용허락 등 가맹점운영권이나 영업활동에 대한 지원·교육 등을 받기 위하여 가맹본부에 지급하는 대가.
② 가맹점사업자가 가맹본부로부터 공급받는 상품의 대금 등에 관한 채무액이나 손해배상액의 지급을 담보하기 위하여 가맹본부에 지급하는 대가.
③ 가맹점사업자가 가맹점운영권을 부여받을 당시에 가맹사업을 착수하기 위하여 가맹본부로부터 공급받는 정착물·설비·상품의 가격 또는 부동산의 임차료 명목으로 가맹본부에 지급하는 대가.
④ 가맹점사업자가 가맹본부와의 계약에 의하여 허락받은 영업표지의 사용과 영업활동 등에 관한 지원·교육, 그 밖의 사항에 대하여 가맹본부에 정기적으로 또는 비정기적으로 지급하는 대가.
⑤ 그 밖에 가맹희망자나 가맹점사업자가 가맹점운영권을 취득하거나 유지하기 위하여 가맹본부에 지급하는 모든 대가.

가맹본부

가맹사업자, franchisor이라고도 하며 자기의 상표, 서비스표, 휘장등을 사용하여 자기와 동일한 이미지로 상품판매의 영업활동을 하도록 허용하고 그 영업을 위하여 지원.교육.통제를 하며 이에 대한 대가로 가맹비를 수령하는 사업체를 말함.

가맹사업

자기의 동일한 이미지로 본부에서 개발한 상품이나 서비스를 독점 판매할 권리를 주고 그 영업을 위하여 각종 교육 및 경영지도, 통제를 하며 이에 대한 대가로 가입비,로열티등을 수령하여 판매시장을 개척해 나가는 사업방식을 말함.

가맹점사업자

영업표지의 사용과 경영 및 영업활동등에 대한 지원.교육의 대가로 가맹본부에게 가맹금을 지급하고 가맹점 운영권을 부여받은 사업자를 말함.

가맹점운영권

가맹본부가 가맹계약에 의하여 가맹점사업자에게 가맹사업을 영위하도록 부여하는 권리를 말함.

가맹희망자

가맹계약을 체결하기 위하여 가맹본부나 가맹지역본부와 상담하거나 협의하는 자를 말함.

거래거절

공정거래법상 불공정거래행위의 한 유형으로 사업자가 단독 또는 경쟁사업자와 공동으로 특정사업자에 대하여 거래의 개시를 거절하거나, 계속적인 거래관계에 있는 특정사업자에 대하여 거래를 중단하거나, 거래하는 상품 또는 용역의 수량 및 내용을 현저히 제한하는 행위등을 말함. 거래거절행위는 행위 자체만으로 위법성이 인정되는 것은 아니며, 거래처 선택의 제한, 특정사업자의 신규진입 방해 또는 경쟁사업자 배제등 부당성이 있어야 함.

구속조건부거래

공정거래법상 불공정거래행위의 한 유형으로 사업자가 거래상대방에게 자기의 상품 또는 용역을 공급함에 있어 거래지역 또는 거래상대방을 부당하게 구속하거나 거래상대방의 사업활동을 부당하게 구속하는 조건으로 거래상대방과 거래하는 행위를 말함. 구속조건부거래행위에는 배타조건부 거래와 거래지역 또는 거래상대방제한이 있음.「배타조건부거래」란 부당하게 거래상대방이 자기 또는 계열회사의 경쟁사업자와 거래하지 아니하는 조건으로 그 거래상대방과 거래하는 행위를 말하고,「거래지역·상대방 제한」이란 사업자가 상품 또는 용역을 거래함에 있어서 그 거래상대방의 거래지역 또는 거래상대방을 부당하게 구속하는 조건으로 거래하는 행위를 말함. 구속조건부거래행위에는 가격구속, 거래처구속, 거래지역구속, 거래중단, 거래수량제한, 리베이트 지급방법제한, 영업방법제한 등이 있음. 물품공급업자가 대리점에 대하여 대리점의 의사에 반해 물품구입을 강요하는 행위및 건설위탁시 원사업자의 수급사업자에 대한 건설장비구입을 강요하는 행위가 이에 해당됨.

구입강제

공정거래법상 구입강제는 동법상의 불공정거래행위인「거래강제」및「우월적지위남용행위」의 일종으로서 자기의 상품 또는 용역을 공급하면서 정상적인 거래관행에 비추어 부당한 조건등의 불이익을 거래상대방에게 제시하여 자기 또는 자기가 지정하는 사업자의 상품 또는 용역을 구입하도록 강제하거나 우월적지위에 있는 사업자가 거래상대방에 대해 구입할 의사가 없는 상품 또는 용역을 구입하도록 강제하는 행위를 말하며 하도급상 구입강제는 원사업자가 목적물의 품질개선이나 기타 정당한 사유없이 그가 지정하는 물품·장비등을 수

급사업자에게 매입 또는 사용하도록 강요하는 행위를 말함. 구입강제는 공정거래법상 거래강제의 대표적 유형인 끼워팔기와 같이 주된 상품에 대한 부차적인 상품을 구입하도록 강제하는 행위와 우월적지위에 있는 물품공급업자가 대리점에 대하여 대리점의 의사에 반해 물품구입을 강요하는 행위및 건설위탁시 원사업자의 수급사업자에 대한 건설장비구입을 강요하는 행위가 이에 해당됨.

끼워팔기

공정거래법상 불공정거래행위인 「거래강제」행위의 한 유형으로 거래상대방에 대하여 자기의 상품 또는 용역을 공급하면서 정상적인 거래관행에 비추어 부당하게 다른 상품 또는 용역을 자기 또는 자기가 지정하는 사업자로부터 구입하도록 하는 행위를 말함. 끼워팔기는 어떤 사업자가 거래상대방에 대하여 주된 물품을 판매하면서 거래상대방의 의사에 반하여 부수적인 물품을 구입하지 않으면 주된 물품을 판매하지 않는다는 조건으로 부수적인 물품의 구입을 강제하거나 통상 시장에서 인기있는 제품을 공급하면서 인기없는 제품을 일정비율로 끼워서 공급하는 경우 등이 이에 해당됨.

배타조건부거래

공정거래법상 불공정거래행위인 「구속조건부거래」의 대표적 유형으로 부당하게 거래상대방이 자기 또는 계열회사의 경쟁사업자와 거래하지 아니 하도록 구속하는 조건으로 거래하는 행위를 말함. 통상 배타조건부거래는 계약서 자체에 경쟁사업자와의 거래를 배제하거나 제품취급을 못하게 조건을 설정하는 경우와 거래도중 경쟁사업자와 거래를 하고 있는 사업자에 대해 부당하게 자기하고만 거래하도록 전환시켜 경쟁자와의 거래거절·거래방해등을 하도록 하는 경우가 해당됨. 이는 사업자가 경쟁사업자의 진입을 배제하여 자기상품의 유통경로를 독점함으로써 시장지배를 용이하게 하기 위하여 거래상대방에게 자기나 계열회사이외의 자와의 거래 또는 자사제품이나 계열회사 제품이외의 제품취급을 못하게 하는 경우가 대부분임.

부당고객유인

공정거래법상 불공정거래행위의 한유형으로 사업자가 불특정다수
의 고객에게 정상적인 거래관행에 비추어 부당하거나 과다한 경제
적 이익을 제공 또는 제공할 제의를 하거나 자기가 공급하는 상품
또는 용역의 내용이나 거래조건 기타 거래에 관한 사항에 대해서
고객에게 표시·광고이외의 방법으로 다소 오인의 소지가 있는 행위
또는 기타의 방법으로 고객을 부당하게 유인하는 행위를 말함. 동
법은 부당한 고객유인을 부당한 이익에 의한 고객유인, 위계에 의
한 고객유인과 기타의 유인으로 구분하고 있으며, 동행위를 금지한
이유는 부당한 고객유인행위로 인하여 고객의 적정하고 자유스런
상품선택을 왜곡할 우려가 있기 때문임.

부당염매

① 염매는 덤핑(Dumping)이라고도 하며, 통상은 해외시장에 동일상
   품을 원가이하로 또는 국내 가격보다 현저히 낮은 가격으로 판매
   하는 행위를 말함. 이경우 원가이하판매는 약탈가격의 의미를 갖
   고 있고 국내가격보다 낮은 가격의 판매는 가격차별의 성격이 강
   함. 또한 부당염매에는 국내시장에서 경쟁사업자 배제나 시장점유
   율증대 또는 신규시장 진입등 판매촉진전략의 일환으로 통상 시장
   에서 거래되고 있는 가격이나 제조원가 또는 구매가격에 비해 에
   비해 현저히 낮은 가격으로 판매하는 행위를 말함.
② 공정거래법상 부당염매는 후자를 말하며 동법은 이를 불공정거래
   행위인「경쟁사업자배제」의 한 유형으로 보고 있음. 즉 부당염매
   란 사업자가 상품 또는 용역을 공급하거나 장기 납품 또는 운송계
   약등 장기간 동안의 상품 또는 용역을 거래하는 계약에 있어서 정
   당한 이유없이 그 공급에 소요되는 비용보다 현저히 낮은 대가로
   계속 공급하거나 부당하게 낮은 대가로 계약함으로써 자기 또는

계열회사의 경쟁사업자를 배제시킬 우려가 있는 행위를 말함.

③ 동법은 부당염매를 계속거래상의 부당염매와 장기거래계약상의 부당염매로 구분하고 있으며 이는 사업자가 자기가 공급하는 상품이나 용역에 대해서 원가보다 현저히 낮은 가격으로 판매하여 궁극적으로 경쟁사업자의 배제를 통해 공정한 경쟁을 저해하기 때문에 규제대상이 되는 것임.

④ 동법상 부당염매 행위의 위법성판단기준은 일반적으로 말하는 염매행위 즉 싼가격으로 판매하는 행위 자체가 문제되는 것이 아니며 염매행위 자체에 부당성이 있어야 함. 즉 염매를 행하는 동기, 목적, 염매규모, 주변제반상황, 경쟁사업자의 배제여부등을 종합판단하여 정당한 이유가 없는 경우에만 부당염매로 간주될 수 있음.

불이익제공

공정거래법상 불공정거래행위인 「거래상지위남용행위」의 한 유형으로 일정한 시장에서 거래상의 우월적 지위에 있는 자가 자기의 거래상대방에 대하여 불이익이 되도록 거래조건을 설정 또는 변경하거나 그 이행과정에서 불이익을 주는 행위를 말함. 불이익이 되는 거래조건에는 각종의 구속조건, 저가매입 또는 고가매입, 가격조건, 대금지급방법 및 시기, 반품, 제품검사방법등이 거래상대방에게 불리하게 되어 있는 경우를 말하며, 불이익제공행위에는 이러한 불이익한 거래조건을 당초부터 설정 또는 변경하는 행위, 거래조건을 불이행하는 행위, 계속적인 거래관계에 있어 어떤 사실행위를 강요함으로써 거래상대방에게 불이익이 되는 행위등 거래상대방의 의사에 반한 제반불이익을 주는 행위등이 포함됨

사원판매

공정거래법상 불공정거래행위인 「거래강제」행위 유형의 하나로 부당하게 자기 또는 계열회사의 임직원으로 하여금 자기 또는 계열회사의 상품이나 용역을 구입하도록 강제하는 행위를 말함. 통상

불이익은 인사상 불이익, 사용인이 피사용인에게 줄 수 있는 모든 불이익이 포함됨. 구체적 유형으로는 판매목표량의 부과, 구입대금 미납에 대한 급여공제, 판매책임의 지정등 사원으로서는 거절할 수 없는 제반사정에 처해 있는 경우가 해당됨.

위계에 의한 고객유인

공정거래법상 불공정거래행위인 「부당고객유인」행위의 한 유형으로 부당한 표시·광고이외의 방법으로 자기가 공급하는 상품 또는 용역의 내용이나 거래조건 기타 거래에 관한 사항에 관하여 실제보다 또는 경쟁사업자의 것보다 현저히 우량 또는 유리한 것으로 고객을 오인시키거나 경쟁사업자의 것이 실제보다 또는 자기의 것보다 현저히 불량 또는 불리한 것으로 고객을 오인시켜 경쟁사업자의 고객을 자기와 거래하도록 부당하게 유인하는 행위를 말함. 위계에 의한 고객유인행위는 고객의 적정하고 자유로운 상품선택을 왜곡하는 등 그 자체의 경쟁수단이 불공정하므로 이를 금지하고 있음.

이익제공강요

공정거래법상 불공정거래행위인 우월적지위남용행위의 한유형으로 사업자가 거래상대방에게 자기를 위하여 금전·물품·용역 기타의 경제적이익을 제공하도록 강요하는 행위를 말함. 이익제공강요는 이익제공을 거래조건에 명시하거나 이익제공이 실제로 이루어진 경우등 거래상대방의 의사에 반해 경제적 이익이 제공되는 경우를 포함하며 예로 사업자가 자기의 대리점에 담보액을 과다하게 제공하도록 거래조건을 설정하거나 계약서상 하자보증기간을 준공후 2년으로 약정하였음에도 보증기간 경과후 적절한 비용보상없이 계속하여 하자보수를 강제한 경우등이 이에 해당됨.

정보공개서

가맹본부의 사업현황, 임원경력, 가맹점사업자의 부담, 영업활동의 조건, 가맹점사업자에 대한 교육.지도, 가맹계약의 해제.갱신 기타 해당 가맹사업에 관하여 책자로 편철한 문서를 말함.

판매목표강제

공정거래법상 불공정거래행위인 『우월적지위남용행위』의 한 유형으로서 우월적지위에 있는 사업자 또는 사업자단체가 자기의 거래상대방에 대하여 자기가 공급하는 물품 또는 용역과 관련하여 거래상대방의 거래에 관한 목표를 제시하고 이를 달성하도록 강제하는 행위를 말함. 동법은 판매목표 강제행위가 제품의 밀어내기(구입강제·끼워팔기)와 부당염매를 유발할 가능성이 크기 때문에 금지하고 있으나 그 행위의 위법성은 단순히 판매목표를 설정한 행위 그자체보다는 판매목표를 달성하지 않으면 계약해지, 리베이트율 조정등을 한다는 강제수단이 있는 경우에 한함. 구체적 예로는

1. 제시된 목표가 과다하고 이를 달성하게 하는 수단이 제재적인 경우
2. 판매목표와 연계된 장려금지급등이 판매촉진을 위한 순수한 유인수단의 범위를 넘어선 경우
3. 공정거래법상 밀어내기·판매목표강제등 위법 또는 부당한 행위를 달성할 목적으로 사용되는 경우등이 있음.

가맹사업거래의 공정화에 관한 법률

(약칭: 가맹사업법)

[시행 2019. 7. 1] [법률 제16176호, 2018. 12. 31, 일부개정]

제1장 총칙

제1조(목적) 이 법은 가맹사업의 공정한 거래질서를 확립하고 가맹본부와 가맹점사업자가 대등한 지위에서 상호보완적으로 균형있게 발전하도록 함으로써 소비자 복지의 증진과 국민경제의 건전한 발전에 이바지함을 목적으로 한다.

제2조(정의) 이 법에서 사용하는 용어의 정의는 다음과 같다. <개정 2007. 8. 3., 2013. 8. 13.>

1. "가맹사업"이라 함은 가맹본부가 가맹점사업자로 하여금 자기의 상표·서비스표·상호·간판 그 밖의 영업표지(이하 "영업표지"라 한다)를 사용하여 일정한 품질기준이나 영업방식에 따라 상품(원재료 및 부재료를 포함한다. 이하 같다) 또는 용역을 판매하도록 함과 아울러 이에 따른 경영 및 영업활동 등에 대한 지원·교육과 통제를 하며, 가맹점사업자는 영업표지의 사용과 경영 및 영업활동 등에 대한 지원·교육의 대가로 가맹본부에 가맹금을 지급하는 계속적인 거래관계를 말한다.

2. "가맹본부"라 함은 가맹사업과 관련하여 가맹점사업자에게 가맹점운영권을 부여하는 사업자를 말한다.

3. "가맹점사업자"라 함은 가맹사업과 관련하여 가맹본부로부터 가맹점운영권을 부여받은 사업자를 말한다.

4. "가맹희망자"란 가맹계약을 체결하기 위하여 가맹본부나 가맹지역본부와 상담하거나 협의하는 자를 말한다.

5. "가맹점운영권"이란 가맹점사업자가 가맹본부의 가맹사업과 관련하여 가맹점을 운영할 수 있는 계약상의 권리를 말한다.

6. "가맹금"이란 명칭이나 지급형태가 어떻든 간에 다음 각 목의 어느 하나에 해당하는 대가를 말한다. 다만, 가맹본부에 귀속되

지 아니하는 것으로서 대통령령으로 정하는 대가를 제외한다.

가. 가입비·입회비·가맹비·교육비 또는 계약금 등 가맹점사업자가 영업표지의 사용허락 등 가맹점운영권이나 영업활동에 대한 지원·교육 등을 받기 위하여 가맹본부에 지급하는 대가

나. 가맹점사업자가 가맹본부로부터 공급받는 상품의 대금 등에 관한 채무액이나 손해배상액의 지급을 담보하기 위하여 가맹본부에 지급하는 대가

다. 가맹점사업자가 가맹점운영권을 부여받을 당시에 가맹사업을 착수하기 위하여 가맹본부로부터 공급받는 정착물·설비·상품의 가격 또는 부동산의 임차료 명목으로 가맹본부에 지급하는 대가

라. 가맹점사업자가 가맹본부와의 계약에 의하여 허락받은 영업표지의 사용과 영업활동 등에 관한 지원·교육, 그 밖의 사항에 대하여 가맹본부에 정기적으로 또는 비정기적으로 지급하는 대가로서 대통령령으로 정하는 것

마. 그 밖에 가맹희망자나 가맹점사업자가 가맹점운영권을 취득하거나 유지하기 위하여 가맹본부에 지급하는 모든 대가

7. "가맹지역본부"라 함은 가맹본부와의 계약에 의하여 일정한 지역 안에서 가맹점사업자의 모집, 상품 또는 용역의 품질유지, 가맹점사업자에 대한 경영 및 영업활동의 지원·교육·통제 등 가맹본부의 업무의 전부 또는 일부를 대행하는 사업자를 말한다.

8. "가맹중개인"이라 함은 가맹본부 또는 가맹지역본부로부터 가맹점사업자를 모집하거나 가맹계약을 준비 또는 체결하는 업무를 위탁받은 자를 말한다.

9. "가맹계약서"라 함은 가맹사업의 구체적 내용과 조건 등에 있어 가맹본부 또는 가맹점사업자(이하 "가맹사업당사자"라 한다)의 권리와 의무에 관한 사항(특수한 거래조건이나 유의사항이 있는 경우에는 이를 포함한다)을 기재한 문서를 말한다.

10. "정보공개서"란 다음 각 목에 관하여 대통령령으로 정하는 사항을 수록한 문서를 말한다.

가. 가맹본부의 일반 현황

나. 가맹본부의 가맹사업 현황(가맹점사업자의 매출에 관한 사항을 포함한다)

다. 가맹본부와 그 임원(「독점규제 및 공정거래에 관한 법률」 제2조제5호에 따른 임원을 말한다. 이하 같다)이 다음의 어느 하나에 해당하는 경우에는 해당 사실

　1) 이 법, 「독점규제 및 공정거래에 관한 법률」 또는 「약관의 규제에 관한 법률」을 위반한 경우

　2) 사기·횡령·배임 등 타인의 재산을 영득하거나 편취하는 죄에 관련된 민사소송에서 패소의 확정판결을 받았거나 민사상 화해를 한 경우

　3) 사기·횡령·배임 등 타인의 재산을 영득하거나 편취하는 죄를 범하여 형을 선고받은 경우

라. 가맹점사업자의 부담

마. 영업활동에 관한 조건과 제한

바. 가맹사업의 영업 개시에 관한 상세한 절차와 소요기간

사. 가맹본부의 경영 및 영업활동 등에 대한 지원과 교육·훈련에 대한 설명

11. "점포환경개선"이란 가맹점 점포의 기존 시설, 장비, 인테리어 등을 새로운 디자인이나 품질의 것으로 교체하거나 신규로 설치하는 것을 말한다. 이 경우 점포의 확장 또는 이전을 수반하거나 수반하지 아니하는 경우를 모두 포함한다.

12. "영업지역"이란 가맹점사업자가 가맹계약에 따라 상품 또는 용역을 판매하는 지역을 말한다.

제3조(적용배제) ①이 법은 다음 각 호의 어느 하나에 해당하는 경우에는 적용하지 아니한다. <개정 2012. 2. 17., 2013. 8. 13.>

1. 가맹점사업자가 가맹금의 최초 지급일부터 6개월까지의 기간동안 가맹본부에게 지급한 가맹금의 총액이 100만원 이내의 범위에서 대통령령으로 정하는 금액을 초과하지 아니하는 경우

2. 가맹본부의 연간 매출액이 2억원 이내의 범위에서 대통령령으로 정하는 일정규모 미만인 경우. 다만, 가맹본부와 계약을 맺은 가맹점사업자의 수가 5개 이상의 범위에서 대통령령으로 정하는

수 이상인 경우는 제외한다.

② 제1항에도 불구하고 제9조 및 제10조(제10조제1항제1호는 제외한다)는 모든 가맹사업거래에 대하여 적용한다. <신설 2013. 8. 13.>

제2장 가맹사업거래의 기본원칙

제4조(신의성실의 원칙) 가맹사업당사자는 가맹사업을 영위함에 있어서 각자의 업무를 신의에 따라 성실하게 수행하여야 한다.

제5조(가맹본부의 준수사항) 가맹본부는 다음 각호의 사항을 준수한다.
1. 가맹사업의 성공을 위한 사업구상
2. 상품이나 용역의 품질관리와 판매기법의 개발을 위한 계속적인 노력
3. 가맹점사업자에 대하여 합리적 가격과 비용에 의한 점포설비의 설치, 상품 또는 용역 등의 공급
4. 가맹점사업자와 그 직원에 대한 교육·훈련
5. 가맹점사업자의 경영·영업활동에 대한 지속적인 조언과 지원
6. 가맹계약기간중 가맹점사업자의 영업지역안에서 자기의 직영점을 설치하거나 가맹점사업자와 유사한 업종의 가맹점을 설치하는 행위의 금지
7. 가맹점사업자와의 대화와 협상을 통한 분쟁해결 노력

제6조(가맹점사업자의 준수사항) 가맹점사업자는 다음 각호의 사항을 준수한다.
1. 가맹사업의 통일성 및 가맹본부의 명성을 유지하기 위한 노력
2. 가맹본부의 공급계획과 소비자의 수요충족에 필요한 적정한 재고유지 및 상품진열
3. 가맹본부가 상품 또는 용역에 대하여 제시하는 적절한 품질기준의 준수
4. 제3호의 규정에 의한 품질기준의 상품 또는 용역을 구입하지 못하는 경우 가맹본부가 제공하는 상품 또는 용역의 사용
5. 가맹본부가 사업장의 설비와 외관, 운송수단에 대하여 제시하는

적절한 기준의 준수

6. 취급하는 상품·용역이나 영업활동을 변경하는 경우 가맹본부와의 사전 협의

7. 상품 및 용역의 구입과 판매에 관한 회계장부 등 가맹본부의 통일적 사업경영 및 판매전략의 수립에 필요한 자료의 유지와 제공

8. 가맹점사업자의 업무현황 및 제7호의 규정에 의한 자료의 확인과 기록을 위한 가맹본부의 임직원 그 밖의 대리인의 사업장 출입허용

9. 가맹본부의 동의를 얻지 아니한 경우 사업장의 위치변경 또는 가맹점운영권의 양도 금지

10. 가맹계약기간중 가맹본부와 동일한 업종을 영위하는 행위의 금지

11. 가맹본부의 영업기술이나 영업비밀의 누설 금지

12. 영업표지에 대한 제3자의 침해사실을 인지하는 경우 가맹본부에 대한 영업표지침해사실의 통보와 금지조치에 필요한 적절한 협력

제3장 가맹사업거래의 공정화

제6조의2(정보공개서의 등록 등) ① 가맹본부는 가맹희망자에게 제공할 정보공개서를 대통령령으로 정하는 바에 따라 공정거래위원회 또는 특별시장·광역시장·특별자치시장·도지사·특별자치도지사(이하 "시·도지사"라 한다)에게 등록하여야 한다. <개정 2013. 8. 13., 2018. 1. 16.>

② 가맹본부는 제1항에 따라 등록한 정보공개서의 기재사항 중 대통령령으로 정하는 사항을 변경하려는 경우에는 대통령령으로 정하는 기한 이내에 공정거래위원회 또는 시·도지사에게 기재사항의 변경등록을 하여야 한다. 다만, 대통령령으로 정하는 경미한 사항을 변경하려는 경우에는 신고하여야 한다. <신설 2013. 8. 13., 2018. 1. 16.>

③공정거래위원회 및 시·도지사는 제1항 또는 제2항에 따라 등록·변경등록하거나 신고한 정보공개서를 공개하여야 한다. 다만, 「개

인정보 보호법」제2조제1호에 따른 개인정보와 「부정경쟁방지 및
영업비밀보호에 관한 법률」제2조제2호에 따른 영업비밀은 제외한
다. <개정 2013. 8. 13., 2016. 12. 20., 2018. 1. 16.>
④공정거래위원회 및 시·도지사는 제3항에 따라 정보공개서를 공
개하는 경우 해당 가맹본부에 공개하는 내용과 방법을 미리 통지
하여야 하고, 사실과 다른 내용을 정정할 수 있는 기회를 주어야
한다. <개정 2013. 8. 13., 2016. 3. 29., 2018. 1. 16.>
⑤공정거래위원회는 제3항에 따른 정보공개서의 공개(시·도지사가
공개하는 경우를 포함한다)를 위하여 예산의 범위 안에서 가맹사업
정보제공시스템을 구축·운용할 수 있다. <개정 2013. 8. 13.,
2018. 1. 16.>
⑥그 밖에 정보공개서의 등록, 변경등록, 신고 및 공개의 방법과
절차는 대통령령으로 정한다. <개정 2013. 8. 13.>
[본조신설 2007. 8. 3.]

제6조의3(정보공개서 등록의 거부 등) ①공정거래위원회 및 시·도지
사는 제6조의2에 따른 정보공개서 등록 신청이 다음 각 호의 어느
하나에 해당하는 경우에는 정보공개서의 등록을 거부하거나 그 내
용의 변경을 요구할 수 있다. <개정 2016. 12. 20., 2018. 1. 16.>
1. 정보공개서나 그 밖의 신청서류에 거짓이 있거나 필요한 내용을
   적지 아니한 경우
2. 정보공개서에 기재된 가맹사업의 내용에 다른 법률에서 금지하
   고 있는 사항이 포함되어 있는 경우
②공정거래위원회 및 시·도지사는 정보공개서의 등록을 하였을 때
에는 가맹본부에게 등록증을 내주어야 한다. <개정 2016. 12. 20.,
2018. 1. 16.>
[본조신설 2007. 8. 3.]

제6조의4(정보공개서 등록의 취소) ①공정거래위원회 및 시·도지사는
정보공개서가 다음 각 호의 어느 하나에 해당하는 경우에는 그 등
록을 취소할 수 있다. 다만, 제1호 및 제2호에 해당하는 경우에는
등록을 취소하여야 한다. <개정 2013. 8. 13., 2016. 12. 20.,
2018. 1. 16.>

1. 거짓이나 그 밖의 부정한 방법으로 정보공개서가 등록된 경우
2. 제6조의3제1항제2호에 해당하는 경우
3. 제2조제10호 각 목의 기재사항 중 대통령령으로 정하는 중요한 사항(이하 "중요사항"이라 한다)이 누락된 경우
4. 가맹본부가 폐업 신고를 한 경우
5. 가맹본부가 정보공개서 등록취소를 요청하는 경우
② 공정거래위원회 및 시·도지사는 정보공개서 등록이 취소된 가맹본부의 명단을 공개할 수 있다. <신설 2013. 8. 13., 2018. 1. 16.>
[본조신설 2007. 8. 3.]

제6조의5(가맹금 예치 등) ①가맹본부는 가맹점사업자(가맹희망자를 포함한다. 이하 이 조, 제15조의2 및 제41조제3항제1호에서 같다)로 하여금 가맹금(제2조제6호가목 및 나목에 해당하는 대가로서 금전으로 지급하는 경우에 한하며, 계약체결 전에 가맹금을 지급한 경우에는 그 가맹금을 포함한다. 이하 "예치가맹금"이라 한다)을 대통령령으로 정하는 기관(이하 "예치기관"이라 한다)에 예치하도록 하여야 한다. 다만, 가맹본부가 제15조의2에 따른 가맹점사업자피해보상보험계약 등을 체결한 경우에는 그러하지 아니하다. <개정 2016. 3. 29.>
②예치기관의 장은 가맹점사업자가 예치가맹금을 예치한 경우에는 예치일부터 7일 이내에 그 사실을 가맹본부에 통지하여야 한다.
③가맹본부는 다음 각 호의 어느 하나에 해당하는 경우에는 예치기관의 장에게 대통령령으로 정하는 바에 따라 예치가맹금의 지급을 요청할 수 있다. 이 경우 예치기관의 장은 10일 이내에 예치가맹금을 가맹본부에 지급하여야 한다.
1. 가맹점사업자가 영업을 개시한 경우
2. 가맹계약 체결일부터 2개월이 경과한 경우. 다만, 2개월이 경과하기 전에 가맹점사업자가 제5항제1호부터 제3호까지의 규정 중 어느 하나에 해당하는 조치를 취한 사실을 예치기관의 장에게 서면으로 통보한 경우에는 그러하지 아니하다.
④가맹본부는 거짓이나 그 밖의 부정한 방법으로 예치가맹금의 지급을 요청하여서는 아니 된다.

⑤예치기관의 장은 제1호부터 제3호까지의 규정 중 어느 하나에 해당하는 경우에는 제24조에 따른 가맹사업거래분쟁조정협의회의 조정이나 그 밖의 분쟁해결의 결과(이하 "분쟁조정 등의 결과"라 한다) 또는 제33조에 따른 공정거래위원회의 시정조치가 확정될 때(공정거래위원회의 시정조치에 대하여 이의신청이 제기된 경우에는 재결이, 시정조치나 재결에 대하여 소가 제기된 경우에는 확정판결이 각각 확정된 때를 말한다. 이하 이 조에서 같다)까지 예치가맹금의 지급을 보류하여야 하고, 제4호에 해당하는 경우에는 예치가맹금의 지급요청을 거부하거나 가맹본부에 그 내용의 변경을 요구하여야 한다.

1. 가맹점사업자가 예치가맹금을 반환받기 위하여 소를 제기한 경우
2. 가맹점사업자가 예치가맹금을 반환받기 위하여 알선, 조정, 중재 등을 신청한 경우
3. 가맹점사업자가 제10조의 위반을 이유로 가맹본부를 공정거래위원회에 신고한 경우
4. 가맹본부가 제4항을 위반하여 거짓이나 그 밖의 부정한 방법으로 예치가맹금의 지급을 요청한 경우

⑥예치기관의 장은 가맹본부 또는 가맹점사업자가 분쟁조정 등의 결과나 시정조치 결과를 첨부하여 예치가맹금의 지급 또는 반환을 요청하는 경우 요청일부터 30일 이내에 그 결과에 따라 예치가맹금을 가맹본부에 지급하거나 가맹점사업자에게 반환하여야 한다.

⑦예치기관의 장은 가맹점사업자가 가맹본부의 동의를 받아 예치가맹금의 반환을 요청하는 경우에는 제5항 및 제6항에도 불구하고 요청일부터 10일 이내에 예치가맹금을 가맹점사업자에게 반환하여야 한다.

⑧그 밖에 가맹금의 예치 등에 관하여 필요한 사항은 대통령령으로 정한다.

[본조신설 2007. 8. 3.]

제7조(정보공개서의 제공의무 등) ①가맹본부(가맹지역본부 또는 가맹중개인이 가맹점사업자를 모집하는 경우를 포함한다. 이하 같다)는 가맹희망자에게 제6조의2제1항 및 제2항에 따라 등록 또는 변

경등록한 정보공개서를 내용증명우편 등 제공시점을 객관적으로 확인할 수 있는 대통령령으로 정하는 방법에 따라 제공하여야 한다. <개정 2007. 8. 3., 2013. 8. 13.>

② 가맹본부는 제1항에 따라 정보공개서를 제공할 경우에는 가맹희망자의 장래 점포 예정지에서 가장 인접한 가맹점 10개(정보공개서 제공시점에 가맹희망자의 장래 점포 예정지가 속한 광역지방자치단체에서 영업 중인 가맹점의 수가 10개 미만인 경우에는 해당 광역지방자치단체 내의 가맹점 전체)의 상호, 소재지 및 전화번호가 적힌 문서(이하 "인근가맹점 현황문서"라 한다)를 함께 제공하여야 한다. 다만, 정보공개서를 제공할 때 장래 점포 예정지가 확정되지 아니한 경우에는 확정되는 즉시 제공하여야 한다. <신설 2013. 8. 13.>

③가맹본부는 등록된 정보공개서 및 인근가맹점 현황문서(이하 "정보공개서등"이라 한다)를 제1항의 방법에 따라 제공하지 아니하였거나 정보공개서등을 제공한 날부터 14일(가맹희망자가 정보공개서에 대하여 변호사 또는 제27조에 따른 가맹거래사의 자문을 받은 경우에는 7일로 한다)이 지나지 아니한 경우에는 다음 각 호의 어느 하나에 해당하는 행위를 하여서는 아니 된다. <신설 2007. 8. 3., 2013. 8. 13.>

1. 가맹희망자로부터 가맹금을 수령하는 행위. 이 경우 가맹희망자가 예치기관에 예치가맹금을 예치하는 때에는 최초로 예치한 날(가맹본부가 가맹희망자와 최초로 가맹금을 예치하기로 합의한 때에는 그 날)에 가맹금을 수령한 것으로 본다.

2. 가맹희망자와 가맹계약을 체결하는 행위

④공정거래위원회는 대통령령이 정하는 바에 따라 정보공개서의 표준양식을 정하여 가맹본부 또는 가맹본부로 구성된 사업자단체에게 그 사용을 권장할 수 있다. <개정 2007. 8. 3., 2013. 8. 13.>

[제목개정 2007. 8. 3.]

제8조 삭제 <2007. 8. 3.>

제9조(허위·과장된 정보제공 등의 금지) ① 가맹본부는 가맹희망자나 가맹점사업자에게 정보를 제공함에 있어서 다음 각 호의 행위를

하여서는 아니 된다. <개정 2013. 8. 13.>

1. 사실과 다르게 정보를 제공하거나 사실을 부풀려 정보를 제공하는 행위(이하 "허위·과장의 정보제공행위"라 한다)

2. 계약의 체결·유지에 중대한 영향을 미치는 사실을 은폐하거나 축소하는 방법으로 정보를 제공하는 행위(이하 "기만적인 정보제공행위"라 한다)

② 제1항 각 호의 행위의 유형은 대통령령으로 정한다. <신설 2013. 8. 13.>

③가맹본부는 가맹희망자나 가맹점사업자에게 다음 각 호의 어느 하나에 해당하는 정보를 제공하는 경우에는 서면으로 하여야 한다. <개정 2007. 8. 3., 2013. 8. 13.>

1. 가맹희망자의 예상매출액·수익·매출총이익·순이익 등 장래의 예상수익상황에 관한 정보

2. 가맹점사업자의 매출액·수익·매출총이익·순이익 등 과거의 수익상황이나 장래의 예상수익상황에 관한 정보

④가맹본부는 제3항에 따라 정보를 제공하는 경우에는 그 정보의 산출근거가 되는 자료로서 대통령령으로 정하는 자료를 가맹본부의 사무소에 비치하여야 하며, 영업시간 중에 언제든지 가맹희망자나 가맹점사업자의 요구가 있는 경우 그 자료를 열람할 수 있도록 하여야 한다. <개정 2007. 8. 3., 2013. 8. 13.>

⑤ 제3항에도 불구하고 다음 각 호의 어느 하나에 해당하는 가맹본부는 가맹계약을 체결할 때 가맹희망자에게 대통령령으로 정하는 예상매출액의 범위 및 그 산출 근거를 서면(이하 "예상매출액 산정서"라 한다)으로 제공하여야 한다. <신설 2013. 8. 13.>

1. 중소기업자(「중소기업기본법」 제2조제1항 또는 제3항에 따른 자를 말한다)가 아닌 가맹본부

2. 직전 사업연도 말 기준으로 가맹본부와 계약을 체결·유지하고 있는 가맹점사업자(가맹본부가 복수의 영업표지를 보유하고 있는 경우에는 동일 영업표지를 사용하는 가맹점사업자에 한정한다)의 수가 대통령령으로 정하는 수 이상인 가맹본부

⑥ 가맹본부는 예상매출액 산정서를 가맹계약 체결일부터 5년간

보관하여야 한다. <신설 2013. 8. 13.>

⑦ 공정거래위원회는 예상매출액 산정서의 표준양식을 정하여 사용을 권장할 수 있다. <신설 2013. 8. 13.>

제10조(가맹금의 반환) ①가맹본부는 다음 각 호의 어느 하나에 해당하는 경우에는 가맹희망자나 가맹점사업자가 대통령령으로 정하는 사항이 적힌 서면으로 요구하는 날부터 1개월 이내에 가맹금을 반환하여야 한다. <개정 2007. 8. 3., 2013. 8. 13.>

1. 가맹본부가 제7조제3항을 위반한 경우로서 가맹희망자 또는 가맹점사업자가 가맹계약 체결 전 또는 가맹계약의 체결일부터 4개월 이내에 가맹금의 반환을 요구하는 경우

2. 가맹본부가 제9조제1항을 위반한 경우로서 가맹희망자가 가맹계약 체결 전에 가맹금의 반환을 요구하는 경우

3. 가맹본부가 제9조제1항을 위반한 경우로서 허위 또는 과장된 정보나 중요사항의 누락된 내용이 계약 체결에 중대한 영향을 준 것으로 인정되어 가맹점사업자가 가맹계약의 체결일부터 4개월 이내에 가맹금의 반환을 요구하는 경우

4. 가맹본부가 정당한 사유 없이 가맹사업을 일방적으로 중단하고 가맹점사업자가 대통령령으로 정하는 가맹사업의 중단일부터 4개월 이내에 가맹금의 반환을 요구하는 경우

②제1항의 규정에 의하여 반환하는 가맹금의 금액을 정함에 있어서는 가맹계약의 체결경위, 금전이나 그 밖에 지급된 대가의 성격, 가맹계약기간, 계약이행기간, 가맹사업당사자의 귀책정도 등을 고려하여야 한다. <개정 2007. 8. 3.>

제11조(가맹계약서의 기재사항 등) ①가맹본부는 가맹희망자가 가맹계약의 내용을 미리 이해할 수 있도록 제2항 각 호의 사항이 적힌 문서를 가맹희망자에게 제공한 날부터 14일이 지나지 아니한 경우에는 다음 각 호의 어느 하나에 해당하는 행위를 하여서는 아니된다. <개정 2007. 8. 3., 2017. 4. 18.>

1. 가맹희망자로부터 가맹금을 수령하는 행위. 이 경우 가맹희망자가 예치기관에 예치가맹금을 예치하는 때에는 최초로 예치한 날(가맹희망자가 최초로 가맹금을 예치하기로 가맹본부와 합의한

날이 있는 경우에는 그 날)에 가맹금을 수령한 것으로 본다.

2. 가맹희망자와 가맹계약을 체결하는 행위

②가맹계약서는 다음 각호의 사항을 포함하여야 한다. <개정 2007. 8. 3., 2018. 10. 16.>

1. 영업표지의 사용권 부여에 관한 사항
2. 가맹점사업자의 영업활동 조건에 관한 사항
3. 가맹점사업자에 대한 교육·훈련, 경영지도에 관한 사항
4. 가맹금 등의 지급에 관한 사항
5. 영업지역의 설정에 관한 사항
6. 계약기간에 관한 사항
7. 영업의 양도에 관한 사항
8. 계약해지의 사유에 관한 사항
9. 가맹희망자 또는 가맹점사업자가 가맹계약을 체결한 날부터 2 개월(가맹점사업자가 2개월 이전에 가맹사업을 개시하는 경우에는 가맹사업개시일)까지의 기간 동안 예치가맹금을 예치기관에 예치하여야 한다는 사항. 다만, 가맹본부가 제15조의2에 따른 가맹점사업자피해보상보험계약 등을 체결한 경우에는 그에 관한 사항으로 한다.
10. 가맹희망자가 정보공개서에 대하여 변호사 또는 제27조에 따른 가맹거래사의 자문을 받은 경우 이에 관한 사항
11. 가맹본부 또는 가맹본부 임원의 위법행위 또는 가맹사업의 명성이나 신용을 훼손하는 등 사회상규에 반하는 행위로 인하여 가맹점사업자에게 발생한 손해에 대한 배상의무에 관한 사항
12. 그 밖에 가맹사업당사자의 권리·의무에 관한 사항으로서 대통령령이 정하는 사항

③가맹본부는 가맹계약서를 가맹사업의 거래가 종료된 날부터 3년 간 보관하여야 한다.

④공정거래위원회는 가맹본부에게 건전한 가맹사업거래질서를 확립하고 불공정한 내용의 가맹계약이 통용되는 것을 방지하기 위하여 일정한 가맹사업거래에서 표준이 되는 가맹계약서의 작성 및 사용을 권장할 수 있다.

[제목개정 2007. 8. 3.]

제12조(불공정거래행위의 금지) ①가맹본부는 다음 각 호의 어느 하나에 해당하는 행위로서 가맹사업의 공정한 거래를 저해할 우려가 있는 행위를 하거나 다른 사업자로 하여금 이를 행하도록 하여서는 아니된다. <개정 2007. 8. 3., 2013. 8. 13., 2016. 3. 29.>

1. 가맹점사업자에 대하여 상품이나 용역의 공급 또는 영업의 지원 등을 부당하게 중단 또는 거절하거나 그 내용을 현저히 제한하는 행위

2. 가맹점사업자가 취급하는 상품 또는 용역의 가격, 거래상대방, 거래지역이나 가맹점사업자의 사업활동을 부당하게 구속하거나 제한하는 행위

3. 거래상의 지위를 이용하여 부당하게 가맹점사업자에게 불이익을 주는 행위

4. 삭제 <2013. 8. 13.>

5. 계약의 목적과 내용, 발생할 손해 등 대통령령으로 정하는 기준에 비하여 과중한 위약금을 부과하는 등 가맹점사업자에게 부당하게 손해배상 의무를 부담시키는 행위

6. 제1호부터 제3호까지 및 제5호 외의 행위로서 부당하게 경쟁가맹본부의 가맹점사업자를 자기와 거래하도록 유인하는 행위 등 가맹사업의 공정한 거래를 저해할 우려가 있는 행위

②제1항 각호의 규정에 의한 행위의 유형 또는 기준은 대통령령으로 정한다.

제12조의2(부당한 점포환경개선 강요 금지 등) ① 가맹본부는 대통령령으로 정하는 정당한 사유 없이 점포환경개선을 강요하여서는 아니 된다.

② 가맹본부는 가맹점사업자의 점포환경개선에 소요되는 비용으로서 대통령령으로 정하는 비용의 100분의 40 이내의 범위에서 대통령령으로 정하는 비율에 해당하는 금액을 부담하여야 한다. 다만, 다음 각 호의 어느 하나에 해당하는 경우에는 그러하지 아니하다.

1. 가맹본부의 권유 또는 요구가 없음에도 가맹점사업자의 자발적 의사에 의하여 점포환경개선을 실시하는 경우

2. 가맹점사업자의 귀책사유로 인하여 위생·안전 및 이와 유사한 문제가 발생하여 불가피하게 점포환경개선을 하는 경우

③ 제2항에 따라 가맹본부가 부담할 비용의 산정, 청구 및 지급절차, 그 밖에 필요한 사항은 대통령령으로 정한다.

[본조신설 2013. 8. 13.]

제12조의3(부당한 영업시간 구속 금지) ① 가맹본부는 정상적인 거래관행에 비추어 부당하게 가맹점사업자의 영업시간을 구속하는 행위(이하 "부당한 영업시간 구속"이라 한다)를 하여서는 아니 된다.

② 다음 각 호의 어느 하나에 해당하는 가맹본부의 행위는 부당한 영업시간 구속으로 본다.

1. 가맹점사업자의 점포가 위치한 상권의 특성 등의 사유로 대통령령으로 정하는 심야 영업시간대의 매출이 그 영업에 소요되는 비용에 비하여 저조하여 대통령령으로 정하는 일정한 기간 동안 영업손실이 발생함에 따라 가맹점사업자가 영업시간 단축을 요구함에도 이를 허용하지 아니하는 행위

2. 가맹점사업자가 질병의 발병과 치료 등 불가피한 사유로 인하여 필요 최소한의 범위에서 영업시간의 단축을 요구함에도 이를 허용하지 아니하는 행위

[본조신설 2013. 8. 13.]

제12조의4(부당한 영업지역 침해금지) ① 가맹본부는 가맹계약 체결 시 가맹점사업자의 영업지역을 설정하여 가맹계약서에 이를 기재하여야 한다.

② 가맹본부가 가맹계약 갱신과정에서 상권의 급격한 변화 등 대통령령으로 정하는 사유가 발생하여 기존 영업지역을 변경하기 위해서는 가맹점사업자와 합의하여야 한다. <개정 2018. 1. 16.>

③ 가맹본부는 정당한 사유 없이 가맹계약기간 중 가맹점사업자의 영업지역 안에서 가맹점사업자와 동일한 업종(수요층의 지역적·인적 범위, 취급품목, 영업형태 및 방식 등에 비추어 동일하다고 인식될 수 있을 정도의 업종을 말한다)의 자기 또는 계열회사(「독점규제 및 공정거래에 관한 법률」 제2조제3호에 따른 계열회사를 말한다. 이하 같다)의 직영점이나 가맹점을 설치하는 행위를 하여서

는 아니 된다. <개정 2018. 1. 16.>

[본조신설 2013. 8. 13.]

제12조의5(보복조치의 금지) 가맹본부는 가맹점사업자가 다음 각 호의 어느 하나에 해당하는 행위를 한 것을 이유로 그 가맹점사업자에 대하여 상품·용역의 공급이나 경영·영업활동 지원의 중단, 거절 또는 제한, 가맹계약의 해지, 그 밖에 불이익을 주는 행위를 하거나 계열회사 또는 다른 사업자로 하여금 이를 행하도록 하여서는 아니된다.

1. 제22조제1항에 따른 분쟁조정의 신청
2. 제32조의2에 따른 공정거래위원회의 서면실태조사에 대한 협조
3. 제32조의3제1항에 따른 신고 및 같은 조 제2항에 따른 공정거래위원회의 조사에 대한 협조

[본조신설 2018. 1. 16.]

[종전 제12조의5는 제12조의7로 이동 <2018. 1. 16.>]

제12조의6(광고·판촉행사 관련 집행 내역 통보 등) ① 가맹본부는 가맹점사업자가 비용의 전부 또는 일부를 부담하는 광고나 판촉행사를 실시한 경우 그 집행 내역을 가맹점사업자에게 통보하고 가맹점사업자의 요구가 있는 경우 이를 열람할 수 있도록 하여야 한다.
② 제1항에 따른 집행 내역 통보 또는 열람의 구체적인 시기·방법·절차는 대통령령으로 정한다.

[본조신설 2016. 3. 29.]

제12조의7(업종별 거래기준 권고) 공정거래위원회는 가맹사업거래의 공정한 거래질서 확립을 위하여 필요한 경우 업종별로 바람직한 거래기준을 정하여 가맹본부에 이의 준수를 권고할 수 있다.

[본조신설 2013. 8. 13.]

[제12조의5에서 이동 <2018. 1. 16.>]

제13조(가맹계약의 갱신 등) ①가맹본부는 가맹점사업자가 가맹계약 기간 만료 전 180일부터 90일까지 사이에 가맹계약의 갱신을 요구하는 경우 정당한 사유 없이 이를 거절하지 못한다. 다만, 다음 각 호의 어느 하나에 해당하는 경우에는 그러하지 아니하다.

1. 가맹점사업자가 가맹계약상의 가맹금 등의 지급의무를 지키지 아니한 경우
2. 다른 가맹점사업자에게 통상적으로 적용되는 계약조건이나 영업방침을 가맹점사업자가 수락하지 아니한 경우
3. 가맹사업의 유지를 위하여 필요하다고 인정되는 것으로서 다음 각 목의 어느 하나에 해당하는 가맹본부의 중요한 영업방침을 가맹점사업자가 지키지 아니한 경우
   가. 가맹점의 운영에 필요한 점포·설비의 확보나 법령상 필요한 자격·면허·허가의 취득에 관한 사항
   나. 판매하는 상품이나 용역의 품질을 유지하기 위하여 필요한 제조공법 또는 서비스기법의 준수에 관한 사항
   다. 그 밖에 가맹점사업자가 가맹사업을 정상적으로 유지하기 위하여 필요하다고 인정되는 것으로서 대통령령으로 정하는 사항

②가맹점사업자의 계약갱신요구권은 최초 가맹계약기간을 포함한 전체 가맹계약기간이 10년을 초과하지 아니하는 범위 내에서만 행사할 수 있다.

③가맹본부가 제1항에 따른 갱신 요구를 거절하는 경우에는 그 요구를 받은 날부터 15일 이내에 가맹점사업자에게 거절 사유를 적어 서면으로 통지하여야 한다.

④가맹본부가 제3항의 거절 통지를 하지 아니하거나 가맹계약기간 만료 전 180일부터 90일까지 사이에 가맹점사업자에게 조건의 변경에 대한 통지나 가맹계약을 갱신하지 아니한다는 사실의 통지를 서면으로 하지 아니하는 경우에는 계약 만료 전의 가맹계약과 같은 조건으로 다시 가맹계약을 체결한 것으로 본다. 다만, 가맹점사업자가 계약이 만료되는 날부터 60일 전까지 이의를 제기하거나 가맹본부나 가맹점사업자에게 천재지변이나 그 밖에 대통령령으로 정하는 부득이한 사유가 있는 경우에는 그러하지 아니하다.

[전문개정 2007. 8. 3.]

제14조(가맹계약해지의 제한) ①가맹본부는 가맹계약을 해지하려는 경우에는 가맹점사업자에게 2개월 이상의 유예기간을 두고 계약의 위반 사실을 구체적으로 밝히고 이를 시정하지 아니하면 그 계약

을 해지한다는 사실을 서면으로 2회 이상 통지하여야 한다. 다만, 가맹사업의 거래를 지속하기 어려운 경우로서 대통령령이 정하는 경우에는 그러하지 아니하다. <개정 2007. 8. 3.>

②제1항의 규정에 의한 절차를 거치지 아니한 가맹계약의 해지는 그 효력이 없다.

제14조의2(가맹점사업자단체의 거래조건 변경 협의 등) ① 가맹점사업자는 권익보호 및 경제적 지위 향상을 도모하기 위하여 단체(이하 "가맹점사업자단체"라 한다)를 구성할 수 있다.

② 특정 가맹본부와 가맹계약을 체결·유지하고 있는 가맹점사업자(복수의 영업표지를 보유한 가맹본부와 계약 중인 가맹점사업자의 경우에는 동일한 영업표지를 사용하는 가맹점사업자로 한정한다)로만 구성된 가맹점사업자단체는 그 가맹본부에 대하여 가맹계약의 변경 등 거래조건(이하 이 조에서 "거래조건"이라 한다)에 대한 협의를 요청할 수 있다.

③ 제2항에 따른 협의를 요청받은 경우 가맹본부는 성실하게 협의에 응하여야 한다. 다만, 복수의 가맹점사업자단체가 협의를 요청할 경우 가맹본부는 다수의 가맹점사업자로 구성된 가맹점사업자단체와 우선적으로 협의한다.

④ 제2항에 따른 협의와 관련하여 가맹점사업자단체는 가맹사업의 통일성이나 본질적 사항에 반하는 거래조건을 요구하는 행위, 가맹본부의 경영 등에 부당하게 간섭하는 행위 또는 부당하게 경쟁을 제한하는 행위를 하여서는 아니 된다.

⑤ 가맹본부는 가맹점사업자단체의 구성·가입·활동 등을 이유로 가맹점사업자에게 불이익을 주는 행위를 하거나 가맹점사업자단체에 가입 또는 가입하지 아니할 것을 조건으로 가맹계약을 체결하여서는 아니 된다.

[본조신설 2013. 8. 13.]

제15조(자율규약) ①가맹본부 또는 가맹본부를 구성원으로 하는 사업자단체는 가맹사업의 공정한 거래질서를 유지하기 위하여 자율적으로 규약을 정할 수 있다.

②가맹본부 또는 가맹본부를 구성원으로 하는 사업자단체는 제1항

의 규정에 의하여 자율규약을 정하고자 하는 경우 그 규약이 제12조제1항의 규정에 위반하는 지에 대한 심사를 공정거래위원회에 요청할 수 있다.

③공정거래위원회는 제2항의 규정에 의하여 자율규약의 심사를 요청받은 때에는 그 요청을 받은 날부터 60일 이내에 심사결과를 신청인에게 통보하여야 한다.

제15조의2(가맹점사업자피해보상보험계약 등) ①가맹본부는 가맹점사업자의 피해를 보상하기 위하여 다음 각 호의 어느 하나에 해당하는 계약(이하 "가맹점사업자피해보상보험계약 등"이라 한다)을 체결할 수 있다. <개정 2012. 2. 17.>

1. 「보험업법」에 따른 보험계약
2. 가맹점사업자 피해보상금의 지급을 확보하기 위한 「금융위원회의 설치 등에 관한 법률」 제38조에 따른 기관의 채무지급보증계약
3. 제15조의3에 따라 설립된 공제조합과의 공제계약

②가맹점사업자피해보상보험계약 등에 의하여 가맹점사업자 피해보상금을 지급할 의무가 있는 자는 그 지급사유가 발생한 경우 지체 없이 이를 지급하여야 한다. 이를 지연한 경우에는 지연배상금을 지급하여야 한다.

③가맹점사업자피해보상보험계약 등을 체결하고자 하는 가맹본부는 가맹점사업자피해보상보험계약 등을 체결하기 위하여 매출액 등의 자료를 제출함에 있어서 거짓 자료를 제출하여서는 아니 된다.

④가맹본부는 가맹점사업자피해보상보험계약 등을 체결함에 있어서 가맹점사업자의 피해보상에 적절한 수준이 되도록 하여야 한다.

⑤가맹점사업자피해보상보험계약 등을 체결한 가맹본부는 그 사실을 나타내는 표지를 사용할 수 있다.

⑥가맹점사업자피해보상보험계약 등을 체결하지 아니한 가맹본부는 제5항에 따른 표지를 사용하거나 이와 유사한 표지를 제작 또는 사용하여서는 아니 된다.

⑦그 밖에 가맹점사업자피해보상보험계약 등에 대하여 필요한 사항은 대통령령으로 정한다.

[본조신설 2007. 8. 3.]

제15조의3(공제조합의 설립) ①가맹본부는 제15조의2제1항제3호에 따른 공제사업을 영위하기 위하여 공정거래위원회의 인가를 받아 공제조합(이하 "공제조합"이라 한다)을 설립할 수 있다.

②공제조합은 법인으로 하며, 주된 사무소의 소재지에 설립등기를 함으로써 성립한다.

③공제조합에 가입한 가맹본부는 공제사업의 수행에 필요한 출자금 등을 조합에 납부하여야 한다.

④공제조합의 기본재산은 조합원의 출자금 등으로 조성한다.

⑤공제조합의 조합원의 자격, 임원에 관한 사항 및 출자금의 부담 기준에 관한 사항은 정관으로 정한다.

⑥공제조합의 설립인가 기준 및 절차, 정관기재사항, 운영 및 감독 등에 관하여 필요한 사항은 대통령령으로 정한다.

⑦공제조합이 제1항에 따른 공제사업을 하고자 하는 때에는 공제 규정을 정하여 공정거래위원회의 인가를 받아야 한다. 공제규정을 변경하고자 하는 때에도 또한 같다.

⑧제7항의 공제규정에는 공제사업의 범위, 공제료, 공제사업에 충당하기 위한 책임준비금 등 공제사업의 운영에 관하여 필요한 사항을 포함하여야 한다.

⑨공제조합에 관하여 이 법에 규정된 것을 제외하고는 「민법」 중 사단법인에 관한 규정을 준용한다.

⑩이 법에 따른 공제조합의 사업에 대하여는 「보험업법」을 적용하지 아니한다.

[본조신설 2007. 8. 3.]

제15조의4(가맹본부와 가맹점사업자 간 협약체결의 권장 등) ① 공정거래위원회는 가맹본부와 가맹점사업자가 가맹사업 관계 법령의 준수 및 상호 지원·협력을 약속하는 자발적인 협약을 체결하도록 권장할 수 있다.

② 공정거래위원회는 가맹본부와 가맹점사업자가 제1항에 따른 협약을 체결하는 경우 그 이행을 독려하기 위하여 포상 등 지원시책을 마련하여 시행하여야 한다.

③ 공정거래위원회는 제1항 및 제2항에 따른 협약의 내용·체결절

차·이행실적평가 및 지원시책 등에 필요한 사항을 정한다.
[본조신설 2013. 8. 13.]

제15조의5(신고포상금) ① 공정거래위원회는 이 법의 위반행위를 신고하거나 제보하고 그 신고나 제보를 입증할 수 있는 증거자료를 제출한 자에게 예산의 범위에서 포상금을 지급할 수 있다.
② 제1항에 따른 포상금 지급대상자의 범위, 포상금 지급의 기준·절차 등에 필요한 사항은 대통령령으로 정한다.
[본조신설 2018. 1. 16.]

제4장 분쟁의 조정 등

제16조(가맹사업거래분쟁조정협의회의 설치) ① 가맹사업에 관한 분쟁을 조정하기 위하여 「독점규제 및 공정거래에 관한 법률」 제48조의2제1항에 따른 한국공정거래조정원(이하 "조정원"이라 한다)에 가맹사업거래분쟁조정협의회(이하 "협의회"라 한다)를 둔다. <개정 2018. 3. 27.>
② 시·도지사는 특별시·광역시·특별자치시·도·특별자치도(이하 "시·도"라 한다)에 협의회를 둘 수 있다. <신설 2018. 3. 27.>
[전문개정 2007. 8. 3.]

제17조(협의회의 구성) ①협의회는 위원장 1인을 포함한 9인의 위원으로 구성한다.
②위원은 공익을 대표하는 위원, 가맹본부의 이익을 대표하는 위원, 가맹점사업자의 이익을 대표하는 위원으로 구분하되 각각 동수로 한다.
③조정원에 두는 협의회(이하 "조정원 협의회"라 한다)의 위원은 조정원의 장이 추천한 자와 다음 각 호의 어느 하나에 해당하는 자 중 공정거래위원회 위원장이 임명 또는 위촉하는 자가 되고, 시·도에 두는 협의회(이하 "시·도 협의회"라 한다)의 위원은 조정원의 장이 추천한 자와 다음 각 호의 어느 하나에 해당하는 자 중 시·도지사가 임명 또는 위촉하는 자가 된다. <개정 2005. 12. 29., 2007. 8. 3., 2018. 3. 27.>

1. 대학에서 법률학·경제학·경영학을 전공한 자로서 「고등교육법」
   제2조제1호·제2호 또는 제5호에 따른 학교나 공인된 연구기관에
   서 부교수 이상의 직 또는 이에 상당하는 직에 있거나 있었던 자
2. 판사·검사 직에 있거나 있었던 자 또는 변호사의 자격이 있는 자
3. 독점금지 및 공정거래업무에 관한 경험이 있는 4급 이상 공무
   원(고위공무원단에 속하는 일반직공무원을 포함한다)의 직에 있
   거나 있었던 자
④조정원 협의회의 위원장은 공익을 대표하는 위원중에서 공정거
래위원회 위원장이 임명 또는 위촉하고, 시·도 협의회의 위원장은
공익을 대표하는 위원 중에서 시·도지사가 임명 또는 위촉한다.
<개정 2007. 8. 3., 2018. 3. 27.>
⑤위원의 임기는 3년으로 하고 연임할 수 있다.
⑥위원중 결원이 생긴 때에는 제3항의 규정에 의하여 보궐위원을 위
촉하여야 하며, 그 보궐위원의 임기는 전임자의 잔임기간으로 한다.

제18조(공익을 대표하는 위원의 위촉제한) ①공익을 대표하는 위원은
위촉일 현재 가맹본부 또는 가맹점사업자의 임원·직원으로 있는
자중에서 위촉될 수 없다.
②공정거래위원회 위원장 및 시·도지사는 공익을 대표하는 위원으로
위촉받은 자가 가맹본부 또는 가맹점사업자의 임원·직원으로 된 때
에는 즉시 해촉하여야 한다. <개정 2007. 8. 3., 2018. 3. 27.>

제19조(협의회의 회의) ①협의회의 회의는 위원 전원으로 구성되는 회
의(이하 "전체회의"라 한다)와 공익을 대표하는 위원, 가맹본부의 이
익을 대표하는 위원, 가맹점사업자의 이익을 대표하는 위원 각 1인
으로 구성되는 회의(이하 "소회의"라 한다)로 구분한다. <개정 2007.
8. 3.>
② 협의회의 전체회의는 다음 각 호의 사항을 심의·의결한다. <신
설 2013. 8. 13.>
1. 소회의가 전체회의에서 처리하도록 결정한 사항
2. 협의회 운영세칙의 제정·개정에 관한 사항
3. 그 밖에 전체회의에서 처리할 필요가 있다고 인정하는 사항으로
   서 협의회의 위원장이 전체회의에 부치는 사항

③ 협의회의 소회의는 제2항 각 호 외의 사항을 심의·의결한다. <개정 2013. 8. 13.>

④협의회의 전체회의는 위원장이 주재하며, 재적위원 과반수의 출석으로 개의하고, 출석위원 과반수의 찬성으로 의결한다. <개정 2007. 8. 3., 2013. 8. 13.>

⑤협의회의 소회의는 공익을 대표하는 위원이 주재하며, 구성위원 전원의 출석과 출석위원 전원의 찬성으로 의결한다. 이 경우 소회의의 의결은 협의회의 의결로 보되, 회의의 결과를 전체회의에 보고하여야 한다. <신설 2007. 8. 3., 2013. 8. 13.>

⑥위원장이 사고로 직무를 수행할 수 없을 때에는 공익을 대표하는 위원중에서 공정거래위원회 위원장 또는 시·도지사가 지명하는 위원이 그 직무를 대행한다. <개정 2007. 8. 3., 2013. 8. 13., 2018. 3. 27.>

⑦조정의 대상이 된 분쟁의 당사자인 가맹사업당사자(이하 "분쟁당사자"라 한다)는 협의회의 회의에 출석하여 의견을 진술하거나 관계자료를 제출할 수 있다. <개정 2007. 8. 3., 2013. 8. 13.>

제20조(위원의 제척·기피·회피) ①위원은 다음 각 호의 어느 하나에 해당하는 경우에는 해당 조정사항의 조정에서 제척된다. <개정 2016. 3. 29.>

1. 위원 또는 그 배우자나 배우자이었던 자가 해당 조정사항의 분쟁당사자가 되거나 공동권리자 또는 의무자의 관계에 있는 경우

2. 위원이 해당 조정사항의 분쟁당사자와 친족관계에 있거나 있었던 경우

3. 위원 또는 위원이 속한 법인이 분쟁당사자의 법률·경영 등에 대하여 자문이나 고문의 역할을 하고 있는 경우

4. 위원 또는 위원이 속한 법인이 해당 조정사항에 대하여 분쟁당사자의 대리인으로 관여하거나 관여하였던 경우 및 증언 또는 감정을 한 경우

②분쟁당사자는 위원에게 협의회의 조정에 공정을 기하기 어려운 사정이 있는 때에 협의회에 그 위원에 대한 기피신청을 할 수 있다. <개정 2016. 3. 29.>

③위원이 제1항 또는 제2항의 사유에 해당하는 경우에는 스스로 해당 조정사항의 조정에서 회피할 수 있다. <개정 2016. 3. 29.>

제21조(협의회의 조정사항) 협의회는 공정거래위원회 또는 분쟁당사자가 요청하는 가맹사업거래의 분쟁에 관한 사항을 조정한다.

제22조(조정의 신청 등) ①분쟁당사자는 제21조의 규정에 의하여 협의회에 대통령령이 정하는 사항이 기재된 서면으로 그 조정을 신청할 수 있다.

② 분쟁당사자가 서로 다른 협의회에 분쟁조정을 신청하거나 여러 협의회에 중복하여 분쟁조정을 신청한 때에는 다음 각 호의 협의회 중 가맹점사업자가 선택한 협의회에서 이를 담당한다. <신설 2018. 3. 27.>

1. 조정원 협의회
2. 가맹점사업자의 주된 사업장이 소재한 시·도 협의회
3. 가맹본부의 주된 사업장이 소재한 시·도 협의회

③공정거래위원회는 가맹사업거래의 분쟁에 관한 사건에 대하여 협의회에 그 조정을 의뢰할 수 있다. <개정 2018. 3. 27.>

④협의회는 제1항의 규정에 의하여 조정을 신청받은 때에는 즉시 그 조정사항을 분쟁당사자에게 통지하여야 한다. <개정 2007. 8. 3., 2018. 3. 27.>

⑤ 제1항에 따른 분쟁조정의 신청은 시효중단의 효력이 있다. 다만, 신청이 취하되거나 각하된 때에는 그러하지 아니하다. <신설 2017. 4. 18., 2018. 3. 27.>

⑥ 제5항 단서의 경우에 6개월 내에 재판상의 청구, 파산절차참가, 압류 또는 가압류, 가처분을 한 때에는 시효는 최초의 분쟁조정의 신청으로 인하여 중단된 것으로 본다. <신설 2017. 4. 18., 2018. 3. 27.>

⑦ 제5항 본문에 따라 중단된 시효는 다음 각 호의 어느 하나에 해당하는 때부터 새로이 진행한다. <신설 2017. 4. 18., 2018. 3. 27.>

1. 분쟁조정이 이루어져 조정조서를 작성한 때
2. 분쟁조정이 이루어지지 아니하고 조정절차가 종료된 때

제23조(조정 등) ① 협의회는 제22조제1항에 따라 조정을 신청 받거나 같은 조 제2항에 따라 조정을 의뢰 받는 경우에는 대통령령으로 정하는 바에 따라 지체 없이 분쟁조정 절차를 개시하여야 한다. <신설 2016. 3. 29.>

②협의회는 분쟁당사자에게 조정사항에 대하여 스스로 조정하도록 권고하거나 조정안을 작성하여 이를 제시할 수 있다. <개정 2016. 3. 29.>

③협의회는 다음 각 호의 어느 하나에 해당되는 경우에는 그 조정신청을 각하하여야 한다. <개정 2007. 8. 3., 2016. 3. 29., 2018. 12. 31.>

1. 조정신청의 내용과 직접적인 이해관계가 없는 자가 조정신청을 한 경우

2. 이 법의 적용 대상이 아닌 사안에 대하여 조정신청을 한 경우

3. 조정신청이 있기 전에 공정거래위원회가 제32조의3제2항에 따라 조사를 개시한 사건에 대하여 조정신청을 한 경우

④협의회는 다음 각 호의 어느 하나에 해당되는 경우에는 조정절차를 종료하여야 한다. <개정 2007. 8. 3., 2016. 3. 29., 2018. 12. 31.>

1. 분쟁당사자가 협의회의 권고 또는 조정안을 수락하거나 스스로 조정하는 등 조정이 성립된 경우

2. 조정을 신청 또는 의뢰 받은 날부터 60일(분쟁당사자 쌍방이 기간연장에 동의한 경우에는 90일로 한다)이 경과하여도 조정이 성립하지 아니한 경우

3. 분쟁당사자의 일방이 조정을 거부하거나 해당 조정사항에 대하여 법원에 소를 제기하는 등 조정절차를 진행할 실익이 없는 경우

⑤협의회는 제3항에 따라 조정신청을 각하하거나 제4항에 따라 조정절차를 종료한 경우에는 대통령령으로 정하는 바에 따라 공정거래위원회 및 시·도에 조정의 경위, 조정신청 각하 또는 조정절차 종료의 사유 등과 관계서류를 서면으로 지체없이 보고하여야 하고 분쟁당사자에게 그 사실을 통보하여야 한다. <개정 2016. 3. 29., 2018. 3. 27., 2018. 12. 31.>

⑥협의회는 해당 조정사항에 관한 사실을 확인하기 위하여 필요한 경우 조사를 하거나 분쟁당사자에 대하여 관련자료의 제출이나 출석을 요구할 수 있다. <개정 2016. 3. 29.>

⑦공정거래위원회는 조정사항에 관하여 조정절차가 종료될 때까지 해당 분쟁당사자에게 시정조치를 권고하거나 명하여서는 아니된다. 다만, 공정거래위원회가 제32조의3제2항에 따라 조사를 개시한 사건에 대하여는 그러하지 아니하다. <개정 2016. 3. 29., 2018. 12. 31.>

제24조(조정조서의 작성과 그 효력) ①협의회는 조정사항에 대하여 조정이 성립된 경우 조정에 참가한 위원과 분쟁당사자가 기명날인하거나 서명한 조정조서를 작성한다. <개정 2016. 3. 29., 2018. 4. 17.>

②협의회는 분쟁당사자가 조정절차를 개시하기 전에 조정사항을 스스로 조정하고 조정조서의 작성을 요구하는 경우에는 그 조정조서를 작성하여야 한다. <개정 2016. 3. 29.>

③ 분쟁당사자는 제1항 또는 제2항에 따른 조정에서 합의된 사항을 이행하여야 하고, 이행결과를 공정거래위원회에 제출하여야 한다. <신설 2018. 12. 31.>

④ 공정거래위원회는 제3항에 따른 이행이 이루어진 경우에는 제33조제1항에 따른 시정조치 및 제34조제1항에 따른 시정권고를 하지 아니한다. <신설 2018. 12. 31.>

⑤ 제1항 또는 제2항에 따라 조정조서를 작성한 경우 조정조서는 재판상 화해와 동일한 효력을 갖는다. <신설 2016. 3. 29., 2018. 12. 31.>

제25조(협의회의 조직 등에 관한 규정) 제16조 내지 제24조의 규정 외에 협의회의 조직·운영·조정절차 등에 관하여 필요한 사항은 대통령령으로 정한다.

제26조 삭제 <2007. 8. 3.>

제27조(가맹거래사) ①공정거래위원회가 실시하는 가맹거래사 자격시험에 합격한 후 대통령령이 정하는 바에 따라 실무수습을 마친 자는

가맹거래사의 자격을 가진다. <개정 2004. 1. 20., 2007. 8. 3.>

②다음 각 호의 어느 하나에 해당하는 자는 가맹거래사가 될 수 없다. <개정 2007. 8. 3., 2017. 4. 18.>

1. 미성년자·피성년후견인 또는 피한정후견인

2. 파산선고를 받고 복권되지 아니한 자

3. 금고 이상의 실형의 선고를 받고 그 집행이 종료(종료된 것으로 보는 경우를 포함한다)되거나 집행을 받지 아니하기로 확정된 후 2년이 경과되지 아니한 자

4. 금고 이상의 형의 집행유예를 받고 그 집행유예기간중에 있는 자

5. 제31조의 규정에 의하여 가맹거래사의 등록이 취소된 날부터 2년이 경과되지 아니한 자

③ 제1항에 따른 시험에 응시한 사람이 그 시험에 관하여 부정한 행위를 한 경우에는 해당 시험을 무효로 하고 그 시험의 응시일부터 5년간 시험의 응시자격을 정지한다. <신설 2016. 3. 29.>

④가맹거래사 자격시험의 시험과목·시험방법, 실무수습의 기간 등 자격시험 및 실무수습에 관하여 필요한 사항은 대통령령으로 정한다. <신설 2004. 1. 20., 2007. 8. 3., 2016. 3. 29.>

[제목개정 2007. 8. 3.]

제28조(가맹거래사의 업무) 가맹거래사는 다음 각 호의 사항에 관한 업무를 수행한다. <개정 2013. 8. 13., 2017. 4. 18.>

1. 가맹사업의 사업성에 관한 검토

2. 정보공개서와 가맹계약서의 작성·수정이나 이에 관한 자문

3. 가맹점사업자의 부담, 가맹사업 영업활동의 조건 등에 관한 자문

4. 가맹사업당사자에 대한 교육·훈련이나 이에 대한 자문

5. 가맹사업거래 분쟁조정 신청의 대행 및 의견의 진술

6. 정보공개서 등록의 대행

[전문개정 2007. 8. 3.]

제29조(가맹거래사의 등록) ①가맹거래사 자격이 있는 자가 제28조에 따른 가맹거래사의 업무를 개시하고자 하는 경우에는 대통령령이 정하는 바에 따라 공정거래위원회에 등록하여야 한다. <개정 2004. 1. 20., 2007. 8. 3.>

②제1항의 규정에 의하여 등록을 한 가맹거래사는 공정거래위원회가 정하는 바에 따라 5년마다 등록을 갱신하여야 한다. <개정 2007. 8. 3.>

③제1항의 규정에 의하여 등록을 한 가맹거래사가 아닌 자는 제27조의 규정에 의한 가맹거래사임을 표시하거나 이와 유사한 용어를 사용하여서는 아니된다. <개정 2007. 8. 3.>

[제목개정 2007. 8. 3.]

제30조(가맹거래사의 책임) ①가맹거래사는 성실히 직무를 수행하며 품위를 유지하여야 한다. <개정 2007. 8. 3.>

②가맹거래사는 직무를 수행함에 있어서 고의로 진실을 감추거나 허위의 보고를 하여서는 아니된다. <개정 2007. 8. 3.>

[제목개정 2007. 8. 3.]

제31조(가맹거래사의 등록취소와 자격정지) ①공정거래위원회는 제29조의 규정에 의하여 등록을 한 가맹거래사가 다음 각 호의 어느 하나에 해당하는 경우에는 그 등록을 취소할 수 있다. 다만, 제1호 및 제2호에 해당하는 경우에는 그 등록을 취소하여야 한다. <개정 2007. 8. 3.>

1. 허위 그 밖의 부정한 방법으로 등록 또는 갱신등록을 한 경우
2. 제27조제2항의 규정에 의한 결격사유에 해당하게 된 경우
3. 업무수행과 관련하여 알게 된 비밀을 다른 사람에게 누설한 경우
4. 가맹거래사 등록증을 다른 사람에게 대여한 경우
5. 업무수행과 관련하여 고의 또는 중대한 과실로 다른 사람에게 중대한 손해를 입힌 경우

②제29조제2항의 규정에 의한 갱신등록을 하지 아니한 가맹거래사는 그 자격이 정지된다. 이 경우 공정거래위원회가 고시로서 정하는 바에 따라 보수교육을 받고 갱신등록을 한 때에는 그 때부터 자격이 회복된다. <개정 2007. 8. 3.>

③ 제1항에 따라 가맹거래사의 등록을 취소하려는 경우에는 청문을 실시하여야 한다. <신설 2012. 2. 17.>

[제목개정 2007. 8. 3.]

제31조의2(가맹사업거래에 대한 교육 등) ①공정거래위원회는 공정한 가맹사업거래질서를 확립하기 위하여 다음 각 호의 업무를 수행할 수 있다.

1. 가맹본부에 대한 교육·연수

2. 가맹희망자 및 가맹점사업자에 대한 교육·연수

3. 가맹거래사에 대한 교육·연수(제27조제1항에 따른 실무수습을 포함한다)

4. 가맹본부가 이 법을 자율적으로 준수하도록 유도하기 위한 자율준수프로그램의 보급·확산

5. 그 밖에 공정한 가맹사업거래질서 확립을 위하여 필요하다고 인정하는 업무

②공정거래위원회는 제1항의 업무를 대통령령으로 정하는 시설·인력 및 교육실적 등의 기준에 적합한 법인으로서 공정거래위원회가 지정하는 기관 또는 단체(이하 "교육기관 등"이라 한다)에 위탁할 수 있다.

③교육기관 등은 제1항에 따른 업무를 수행하는데 필요한 재원을 조달하기 위하여 수익사업을 할 수 있다.

④공정거래위원회는 교육기관 등이 제1항에 따른 업무를 충실히 수행하지 못하거나 대통령령으로 정하는 기준에 미치지 못하는 경우에는 지정을 취소하거나 3개월 이내의 기간을 정하여 지정의 효력을 정지할 수 있다.

⑤교육기관 등의 지정절차 및 방법, 제3항에 따른 수익사업 등에 관하여 필요한 사항은 공정거래위원회가 정하여 고시한다.

[본조신설 2007. 8. 3.]

제5장 공정거래위원회의 사건처리절차 등

제32조(조사개시대상의 제한 등) ① 이 법의 규정에 따라 공정거래위원회의 조사개시대상이 되는 가맹사업거래는 그 거래가 종료된 날부터 3년을 경과하지 아니한 것에 한정한다. 다만, 그 거래가 종료된 날부터 3년 이내에 제22조제1항에 따른 조정이 신청되거나 제

32조의3제1항에 따라 신고된 가맹사업거래의 경우에는 그러하지 아니하다. <개정 2018. 12. 31.>

② 공정거래위원회는 다음 각 호의 구분에 따른 기간이 경과한 경우에는 이 법 위반행위에 대하여 이 법에 따른 시정조치를 명하거나 과징금을 부과하지 아니한다. 다만, 법원의 판결에 따라 시정조치 또는 과징금 부과처분이 취소된 경우로서 그 판결이유에 따라 새로운 처분을 하는 경우에는 그러하지 아니하다. <신설 2018. 12. 31.>

1. 공정거래위원회가 이 법 위반행위에 대하여 제32조의3제1항 전단에 따른 신고를 받고 같은 조 제2항에 따라 조사를 개시한 경우: 신고일부터 3년

2. 제1호의 경우 외에 공정거래위원회가 이 법 위반행위에 대하여 제32조의3제2항에 따라 조사를 개시한 경우: 조사개시일부터 3년

[제목개정 2018. 12. 31.]

제32조의2(서면실태조사) ① 공정거래위원회는 가맹사업거래에서의 공정한 거래질서 확립을 위하여 가맹본부와 가맹점사업자 등 사이의 거래에 관한 서면실태조사를 실시하여 그 결과를 공표하여야 한다. <개정 2016. 12. 20.>

② 공정거래위원회가 제1항에 따라 서면실태조사를 실시하려는 경우에는 조사대상자의 범위, 조사기간, 조사내용, 조사방법, 조사절차 및 조사결과 공표범위 등에 관한 계획을 수립하여야 하고, 조사대상자에게 거래실태 등 조사에 필요한 자료의 제출을 요구할 수 있다.

③ 공정거래위원회가 제2항에 따라 자료의 제출을 요구하는 경우에는 조사대상자에게 자료의 범위와 내용, 요구사유, 제출기한 등을 명시하여 서면으로 알려야 한다.

④ 가맹본부는 가맹점사업자로 하여금 제2항에 따른 자료를 제출하지 아니하게 하거나 거짓 자료를 제출하도록 요구해서는 아니 된다. <신설 2018. 4. 17.>

[본조신설 2013. 8. 13.]

제32조의3(위반행위의 신고 등) ① 누구든지 이 법에 위반되는 사실이 있다고 인정할 때에는 그 사실을 공정거래위원회에 신고할 수 있다. 이 경우 공정거래위원회는 대통령령으로 정하는 바에 따라 신고자가 동의한 경우에는 가맹본부 또는 가맹지역본부에게 신고가 접수된 사실을 통지하여야 한다.

② 공정거래위원회는 제1항 전단에 따른 신고가 있거나 이 법에 위반되는 혐의가 있다고 인정할 때에는 필요한 조사를 할 수 있다.

③ 제1항 후단에 따라 공정거래위원회가 가맹본부 또는 가맹지역본부에게 통지한 때에는 「민법」 제174조에 따른 최고가 있은 것으로 본다. 다만, 신고된 사실이 이 법의 적용대상이 아니거나 제32조제1항 본문에 따른 조사개시대상행위의 제한 기한을 경과하여 공정거래위원회가 심의절차를 진행하지 아니하기로 한 경우, 신고된 사실에 대하여 공정거래위원회가 무혐의로 조치한 경우 또는 신고인이 신고를 취하한 경우에는 그러하지 아니하다. <개정 2018. 12. 31.>

④ 공정거래위원회는 제2항에 따라 조사를 한 경우에는 그 결과(조사결과 시정조치 명령 등의 처분을 하고자 하는 경우에는 그 처분의 내용을 포함한다)를 서면으로 해당 사건의 당사자에게 통지하여야 한다.

[본조신설 2016. 12. 20.]

제33조(시정조치) ①공정거래위원회는 제6조의5제1항·제4항, 제7조제3항, 제9조제1항, 제10조제1항, 제11조제1항·제2항, 제12조제1항, 제12조의2제1항·제2항, 제12조의3제1항·제2항, 제12조의4, 제12조의5, 제12조의6제1항, 제14조의2제5항, 제15조의2제3항·제6항을 위반한 가맹본부에 대하여 가맹금의 예치, 정보공개서등의 제공, 점포환경개선 비용의 지급, 가맹금 반환, 위반행위의 중지, 위반내용의 시정을 위한 필요한 계획 또는 행위의 보고 그 밖에 위반행위의 시정에 필요한 조치를 명할 수 있다. <개정 2007. 8. 3., 2013. 8. 13., 2016. 3. 29., 2018. 1. 16.>

② 삭제 <2018. 12. 31.>

③공정거래위원회는 제1항에 따라 시정명령을 하는 경우에는 가맹

본부에게 시정명령을 받았다는 사실을 공표하거나 거래상대방에 대하여 통지할 것을 명할 수 있다. <개정 2007. 8. 3.>

제34조(시정권고) ①공정거래위원회는 이 법의 규정을 위반한 가맹본부에 대하여 제33조의 규정에 의한 시정조치를 명할 시간적 여유가 없는 경우에는 대통령령이 정하는 바에 따라 시정방안을 마련하여 이에 따를 것을 권고할 수 있다. 이 경우 그 권고를 수락한 때에는 시정조치를 한 것으로 본다는 뜻을 함께 통지하여야 한다. <개정 2016. 3. 29.>

②제1항의 규정에 의한 권고를 받은 가맹본부는 그 권고를 통지받은 날부터 10일 이내에 이를 수락하는 지의 여부에 관하여 공정거래위원회에 통지하여야 한다. <개정 2016. 3. 29.>

③제1항의 규정에 의한 권고를 받은 가맹본부가 그 권고를 수락한 때에는 제33조의 규정에 의한 시정조치를 받은 것으로 본다. <개정 2016. 3. 29.>

제35조(과징금) ① 공정거래위원회는 제6조의5제1항·제4항, 제7조제3항, 제9조제1항, 제10조제1항, 제11조제1항·제2항, 제12조제1항, 제12조의2제1항·제2항, 제12조의3제1항·제2항, 제12조의4, 제12조의5, 제12조의6제1항, 제14조의2제5항, 제15조의2제3항·제6항을 위반한 가맹본부에 대하여 대통령령으로 정하는 매출액(대통령령으로 정하는 사업자의 경우에는 영업수익을 말한다. 이하 같다)에 100분의 2를 곱한 금액을 초과하지 아니하는 범위에서 과징금을 부과할 수 있다. 다만, 그 위반행위를 한 가맹본부가 매출액이 없거나 매출액의 산정이 곤란한 경우로서 대통령령으로 정하는 경우에는 5억원을 초과하지 아니하는 범위에서 과징금을 부과할 수 있다. <개정 2016. 3. 29., 2018. 1. 16.>

② 공정거래위원회는 제1항에 따라 과징금을 부과하는 경우에는 다음 각 호의 사항을 고려하여야 한다.

1. 위반행위의 내용 및 정도
2. 위반행위의 기간 및 횟수
3. 위반행위로 취득한 이익의 규모 등

③ 이 법을 위반한 회사인 가맹본부가 합병을 하는 경우에는 그

가맹본부가 한 위반행위는 합병 후 존속하거나 합병으로 설립되는 회사가 한 위반행위로 보아 과징금을 부과·징수할 수 있다.

④ 공정거래위원회는 이 법을 위반한 회사인 가맹본부가 분할되거나 분할합병되는 경우 분할되는 가맹본부의 분할일 또는 분할합병일 이전의 위반행위를 다음 각 호의 어느 하나에 해당하는 회사의 행위로 보고 과징금을 부과·징수할 수 있다.

1. 분할되는 회사

2. 분할 또는 분할합병으로 설립되는 새로운 회사

3. 분할되는 회사의 일부가 다른 회사에 합병된 후 그 다른 회사가 존속하는 경우 그 다른 회사

⑤ 공정거래위원회는 이 법을 위반한 회사인 가맹본부가 「채무자 회생 및 파산에 관한 법률」 제215조에 따라 신회사를 설립하는 경우에는 기존 회사 또는 신회사 중 어느 하나의 행위로 보고 과징금을 부과·징수할 수 있다.

⑥ 제1항에 따른 과징금의 부과기준은 대통령령으로 정한다.

[전문개정 2013. 8. 13.]

제36조(관계행정기관의 장의 협조) 공정거래위원회는 이 법의 시행을 위하여 필요하다고 인정하는 때에는 관계행정기관의 장의 의견을 듣거나 관계행정기관의 장에 대하여 조사를 위한 인원의 지원 그 밖의 필요한 협조를 요청할 수 있다.

제37조(「독점규제 및 공정거래에 관한 법률」의 준용) ①이 법에 의한 공정거래위원회의 조사·심의·의결 및 시정권고에 관하여는 「독점규제 및 공정거래에 관한 법률」 제42조, 제43조, 제43조의2, 제44조, 제45조, 제50조제1항 내지 제4항, 제52조, 제52조의2, 제53조, 제53조의2 및 제55조의2의 규정을 준용한다. <개정 2007. 8. 3., 2016. 12. 20.>

②이 법에 의한 과징금의 부과·징수에 관하여는 「독점규제 및 공정거래에 관한 법률」 제55조의4부터 제55조의8까지를 준용한다. <개정 2004. 12. 31., 2007. 8. 3., 2013. 8. 13.>

③이 법에 의한 이의신청, 소의 제기 및 불복의 소의 전속관할에 관하여는 「독점규제 및 공정거래에 관한 법률」 제53조, 제53조의

2, 제54조, 제55조의 규정을 준용한다. <개정 2007. 8. 3., 2016. 3. 29., 2017. 4. 18.>

④이 법에 의한 직무에 종사하거나 종사하였던 공정거래위원회의 위원, 공무원 또는 협의회에서 가맹사업거래에 관한 분쟁의 조정업무를 담당하거나 담당하였던 자에 대하여는 독점규제및공정거래에 관한법률 제62조의 규정을 준용한다.

⑤ 삭제 <2007. 8. 3.>

[제목개정 2007. 8. 3.]

제37조의2(손해배상책임) ① 가맹본부는 이 법의 규정을 위반함으로써 가맹점사업자에게 손해를 입힌 경우에는 가맹점사업자에 대하여 손해배상의 책임을 진다. 다만, 가맹본부가 고의 또는 과실이 없음을 입증한 경우에는 그러하지 아니하다.

② 제1항에도 불구하고 가맹본부가 제9조제1항, 제12조제1항제1호 및 제12조의5를 위반함으로써 가맹점사업자에게 손해를 입힌 경우에는 가맹점사업자에게 발생한 손해의 3배를 넘지 아니하는 범위에서 배상책임을 진다. 다만, 가맹본부가 고의 또는 과실이 없음을 입증한 경우에는 그러하지 아니하다. <개정 2018. 1. 16.>

③ 법원은 제2항의 배상액을 정할 때에는 다음 각 호의 사항을 고려하여야 한다.

1. 고의 또는 손해 발생의 우려를 인식한 정도
2. 위반행위로 인하여 가맹점사업자가 입은 피해 규모
3. 위법행위로 인하여 가맹본부가 취득한 경제적 이익
4. 위반행위에 따른 벌금 및 과징금
5. 위반행위의 기간·횟수
6. 가맹본부의 재산상태
7. 가맹본부의 피해구제 노력의 정도

④ 제1항 또는 제2항에 따라 손해배상청구의 소가 제기된 경우 「독점규제 및 공정거래에 관한 법률」 제56조의2 및 제57조를 준용한다.

[본조신설 2017. 4. 18.]

제38조(「독점규제 및 공정거래에 관한 법률」과의 관계) 가맹사업거래

에 관하여 이 법의 적용을 받는 사항에 대하여는 「독점규제 및 공정거래에 관한 법률」 제23조제1항제1호(부당하게 거래를 거절하는 행위에 한한다)·제3호(부당하게 경쟁자의 고객을 자기와 거래하도록 유인하는 행위에 한한다)·제4호·제5호(거래의 상대방의 사업활동을 부당하게 구속하는 조건으로 거래하는 행위에 한한다) 및 동법 제29조제1항의 규정을 적용하지 아니한다. <개정 2007. 8. 3.>
[제목개정 2007. 8. 3.]

제39조(권한의 위임과 위탁) ①이 법에 의한 공정거래위원회의 권한은 그 일부를 대통령령이 정하는 바에 따라 소속기관의 장이나 시·도지사에게 위임하거나 다른 행정기관의 장에게 위탁할 수 있다. <개정 2007. 8. 3., 2018. 3. 27.>
②공정거래위원회는 다음 각 호의 어느 하나에 해당하는 업무를 대통령령으로 정하는 바에 따라 「독점규제 및 공정거래에 관한 법률」 제48조의2에 따라 설립된 한국공정거래조정원이나 관련 법인·단체에 위탁할 수 있다. 이 경우 제1호의 위탁관리에 소요되는 경비의 전부 또는 일부를 지원할 수 있다. <개정 2007. 8. 3., 2012. 2. 17.>
1. 제6조의2 및 제6조의3에 따른 정보공개서의 등록, 등록 거부 및 공개 등에 관한 업무
2. 제27조제1항에 따른 가맹거래사 자격시험의 시행 및 관리 업무

제40조(보고) 공정거래위원회는 제39조의 규정에 의하여 위임 또는 위탁한 사무에 대하여 위임 또는 위탁받은 자에게 필요한 보고를 하게 할 수 있다.

제6장 벌칙

제41조(벌칙) ①제9조제1항의 규정에 위반하여 허위·과장의 정보제공행위나 기만적인 정보제공행위를 한 자는 5년 이하의 징역 또는 3억원 이하의 벌금에 처한다. <개정 2007. 8. 3., 2013. 8. 13.>
②다음 각 호의 어느 하나에 해당하는 자는 3년 이하의 징역 또는 1억원 이하의 벌금에 처한다. <개정 2007. 8. 3., 2018. 1. 16.>

1. 제12조의5를 위반하여 가맹점사업자에게 불이익을 주는 행위를 하거나 다른 사업자로 하여금 이를 행하도록 한 자
2. 제33조제1항에 따른 시정조치의 명령에 따르지 아니한 자
3. 제37조제4항의 규정에 의하여 준용되는「독점규제 및 공정거래에 관한 법률」제62조의 규정에 위반한 자

③다음 각 호의 어느 하나에 해당하는 자는 2년 이하의 징역 또는 5천만원 이하의 벌금에 처한다. <개정 2007. 8. 3., 2013. 8. 13.>
1. 제6조의5제1항을 위반하여 가맹점사업자로부터 예치가맹금을 직접 수령한 자
2. 제7조제3항을 위반하여 가맹금을 수령하거나 가맹계약을 체결한 자
3. 제15조의2제6항을 위반하여 가맹점사업자피해보상보험계약 등을 체결하였다는 사실을 나타내는 표지 또는 이와 유사한 표지를 제작하거나 사용한 자

④제6조의5제4항을 위반하여 거짓이나 그 밖의 부정한 방법으로 예치가맹금의 지급을 요청한 자는 예치가맹금의 2배에 상당하는 금액 이하의 벌금에 처한다. <신설 2007. 8. 3.>

제42조(양벌규정) 법인의 대표자나 법인 또는 개인의 대리인, 사용인, 그 밖의 종업원이 그 법인 또는 개인의 업무에 관하여 제41조의 위반행위를 하면 그 행위자를 벌하는 외에 그 법인 또는 개인에게도 해당 조문의 벌금형을 과(科)한다. 다만, 법인 또는 개인이 그 위반행위를 방지하기 위하여 해당 업무에 관하여 상당한 주의와 감독을 게을리하지 아니한 경우에는 그러하지 아니하다.
[전문개정 2010. 3. 22.]

제43조(과태료) ①가맹본부가 제3호 또는 제4호의 규정에 해당하는 경우에는 1억원이하, 제1호, 제1호의2 또는 제2호의 규정에 해당하는 경우에는 5천만원 이하의 과태료를 부과한다. <개정 2007. 8. 3., 2013. 8. 13., 2018. 4. 17.>
1. 제32조의2제2항에 따른 자료를 제출하지 아니하거나 거짓의 자료를 제출한 자
1의2. 제32조의2제4항을 위반하여 가맹점사업자로 하여금 자료를

제출하지 아니하게 하거나 거짓 자료를 제출하도록 요구한 자
2. 제37조제1항의 규정에 의하여 준용되는 「독점규제 및 공정거래
   에 관한 법률」 제50조제1항제1호의 규정에 위반하여 정당한 사
   유 없이 2회이상 출석하지 아니한 자
3. 제37조제1항의 규정에 의하여 준용되는 「독점규제 및 공정거래
   에 관한 법률」 제50조제1항제3호 또는 동조제3항의 규정에 의한
   보고 또는 필요한 자료나 물건의 제출을 정당한 사유없이 하지
   아니하거나, 허위의 보고 또는 자료나 물건을 제출한 자
4. 제37조제1항의 규정에 의하여 준용되는 「독점규제 및 공정거래
   에 관한 법률」 제50조제2항의 규정에 의한 조사를 정당한 사유
   없이 거부·방해 또는 기피한 자

② 삭제 <2018. 4. 17.>

③ 가맹본부의 임원이 제1항제3호에 해당하는 경우에는 5천만원
이하, 같은 항 제1호, 제1호의2 또는 제2호에 해당하는 경우에는
1천만원 이하의 과태료를 부과한다. <개정 2018. 4. 17.>

④ 가맹본부의 종업원 또는 이에 준하는 법률상 이해관계에 있는
자가 제1항제3호에 해당하는 경우에는 5천만원 이하, 같은 항 제2
호에 해당하는 경우에는 1천만원 이하, 같은 항 제1호 또는 제1호
의2에 해당하는 경우에는 500만원 이하의 과태료를 부과한다. <개
정 2018. 4. 17.>

⑤제37조제1항의 규정에 의하여 준용되는 「독점규제 및 공정거래에
관한 법률」 제43조의2의 규정에 의한 질서유지명령에 응하지 아니
한 자는 100만원 이하의 과태료에 처한다. <개정 2007. 8. 3.>

⑥다음 각 호의 어느 하나에 해당하는 자에게는 1천만원 이하의
과태료를 부과한다. <개정 2007. 8. 3., 2013. 8. 13.>

1. 제6조의2제2항 본문을 위반하여 기한 내에 변경등록을 하지 아
   니하거나 거짓으로 변경등록을 한 자
2. 제9조제3항을 위반하여 같은 항 각 호의 어느 하나에 해당하는
   정보를 서면으로 제공하지 아니한 자
3. 제9조제4항을 위반하여 근거자료를 비치하지 아니하거나 자료
   요구에 응하지 아니한 자

4. 제9조제5항을 위반하여 예상매출액 산정서를 제공하지 아니한 자

5. 제9조제6항을 위반하여 예상매출액 산정서를 보관하지 아니한 자

6. 제11조제3항을 위반하여 가맹계약서를 보관하지 아니한 자

⑦다음 각 호의 어느 하나에 해당하는 자에게는 300만원 이하의 과태료를 부과한다. <개정 2007. 8. 3., 2013. 8. 13.>

1. 제6조의2제2항 단서를 위반하여 신고를 하지 아니하거나 거짓으로 신고한 자

2. 제29조제3항을 위반하여 가맹거래사임을 표시하거나 유사한 용어를 사용한 자

⑧제1항부터 제7항까지의 규정에 따른 과태료는 대통령령으로 정하는 바에 따라 공정거래위원회가 부과·징수한다. <신설 2007. 8. 3.>

⑨ 삭제 <2010. 3. 22.>

⑩ 삭제 <2010. 3. 22.>

⑪ 삭제 <2010. 3. 22.>

제44조(고발) ①제41조제1항, 제2항제1호·제2호 및 제3항의 죄는 공정거래위원회의 고발이 있어야 공소를 제기할 수 있다. <개정 2018. 1. 16.>

②공정거래위원회는 제41조제1항, 제2항제1호·제2호 및 제3항의 죄중 그 위반의 정도가 객관적으로 명백하고 중대하다고 인정하는 경우에는 검찰총장에게 고발하여야 한다. <개정 2018. 1. 16.>

③검찰총장은 제2항의 규정에 의한 고발요건에 해당하는 사실이 있음을 공정거래위원회에 통보하여 고발을 요청할 수 있다. <개정 2013. 8. 13.>

④ 공정거래위원회가 제2항에 따른 고발요건에 해당하지 아니한다고 결정하더라도 감사원장, 중소벤처기업부장관은 사회적 파급효과, 가맹희망자나 가맹점사업자에게 미친 피해 정도 등 다른 사정을 이유로 공정거래위원회에 고발을 요청할 수 있다. <신설 2013. 8. 13., 2017. 7. 26.>

⑤ 제3항 또는 제4항에 따른 고발요청이 있는 때에는 공정거래위원회 위원장은 검찰총장에게 고발하여야 한다. <신설 2013. 8. 13.>

⑥공정거래위원회는 공소가 제기된 후에는 고발을 취소하지 못한

다. <개정 2013. 8. 13.>

부칙 <제16176호, 2018. 12. 31.>

제1조(시행일) 이 법은 공포 후 6개월이 경과한 날부터 시행한다.

제2조(조사개시대상 제한의 예외에 관한 적용례) 제32조제1항 단서의 개정규정은 이 법 시행 이후 제22조제1항에 따라 조정신청되는 가맹사업거래의 경우부터 적용한다.

제3조(위반행위에 대한 시정조치 또는 과징금 처분 기간 제한에 관한 적용례) ① 제32조제2항 각 호 외의 부분 및 같은 항 제1호의 개정규정은 이 법 시행 이후 공정거래위원회가 제32조의3제1항 전단에 따른 신고를 받는 경우부터 적용한다.

② 제32조제2항 각 호 외의 부분 및 같은 항 제2호의 개정규정은 이 법 시행 이후 공정거래위원회가 제32조의3제2항에 따라 조사를 개시하는 경우부터 적용한다.

제4조(조정절차 등에 관한 경과조치) 이 법 시행 전에 조정신청된 조정의 경우에는 제23조제3항부터 제5항까지의 개정규정에도 불구하고 종전의 규정에 따른다.

■ 편저 프랜차이즈창업연구회 ■

■ 법률감수 김태구 ■

□ 건국대학교 법학과 졸
□ 1984년 제26회 사법시험 합격
□ 경찰대학 교무과장
□ 강서경찰서 서장
□ 경찰청 외사3 담당관
□ (현)변호사

프랜차이즈
준비에서 분쟁해결까지 Q&A로 해결

초판 1쇄 인쇄 2020년 3월 10일
초판 1쇄 발행 2020년 3월 15일

편 저 프랜차이즈창업연구회
감 수 김태구
발행인 김현호
발행처 법문북스
공급처 법률미디어

주소 서울 구로구 경인로 54길4(구로동 636-62)
전화 02)2636-2911~2, **팩스** 02)2636-3012
홈페이지 www.lawb.co.kr

등록일자 1979년 8월 27일
등록번호 제5-22호

ISBN 978-89-7535-824-1 (13360)

정가 18,000원

이 도서의 국립중앙도서관 출판예정도서목록(CIP)은 서지정보유통지원시스템 홈페이지(http://seoji.nl.go.kr)와 국가자료종합목록 구축시스템(http://kolis-net.nl.go.kr)에서 이용하실 수 있습니다. (CIP제어번호 : CIP2020009923)

법문북스 & 법률미디어 <법률전문서적>

홈페이지 http://www.lawb.co.kr
전화 02-2636-2911 / 팩스 02-2636-3012

도 서 명	저 자	정 가
스마트한 공탁신청절차와 방법	이창범	70,000
환경 공해 법규 정보지식총람	대한실무법률편찬연구회	70,000
친족 상속 라이브러리	이기옥	48,000
정석 법인등기실무	김만길	180,000
판례사례 형사소송 실제	김창범	180,000
사이버범죄 수사총람	이창복	160,000
계약법 서식 사례 대전	김만기	120,000
범죄수사규칙	신현덕	160,000
병의원 약국 법규총람	대한의료법령편찬연구회	90,000
법정증언의 이해	박병종 외	120,000
(증보판)수사·형사 서류작성 실무	이창범	150,000
여성 청소년 범죄 수사실무총서	박태곤	160,000
형사특별법 수사실무총서	박태곤	160,000
형법 수사실무총서	박태곤	160,000
수사서류 작성과 요령 실무총서	박태곤	160,000
신부동산등기실무	최돈호	180,000
(사례별)종합법률 서식대전	김만기	180,000
민사소송 집행 실무총람	김만기	180,000
민법백과사전(3권)	대한민사법실무연구회	90,000
민법백과사전(2권)	대한민사법실무연구회	90,000
민법백과사전(1권)	대한민사법실무연구회	90,000
민법백과사전(전3권세트)	대한민사법실무연구회	270,000
부동산등기소송정해	최돈호	60,000
여성 청소년 범죄 수사실무총서	박태곤	160,000
정석 형벌법 실무정해(형사특별법)	김창범	160,000
정석 형벌법 실무정해(형법)	김창범	160,000
정석 형벌법 실무정해(전2권)	김창범	320,000
나홀로 가압류 가처분 개시부터 종결까지	김만기	70,000
종합 건설 대법전	대한건축건설법령연구회	80,000
나홀로 민사소송 개시에서 종결까지	김만기	70,000
수사 형사 서류작성 실무	이창범 /감수 신현덕	150,000
의료분쟁 사고소송총람	이창범 외	180,000
정통형사소송법실무	대한법률실무연구회	180,000
정통상업등기실무	김만기	180,000
정통부동산등기 실무	김만기	180,000